Modellierungs-Software

Herausgegeben von Hans-Dieter Heike

Modellierungs-Software

Konzeption und Anwendung

Herausgegeben von
Hans-Dieter Heike

Walter de Gruyter · Berlin · New York 1981

CIP-Kurztitelaufnahme der Deutschen Bibliothek

Modellierungs-Software: Konzeption u. Anwendung / hrsg. von Hans-Dieter Heike. – Berlin; New York: de Gruyter, 1981.
ISBN 3-11-008301-9
NE: Heike, Hans-Dieter [Hrsg.]

Druck: Rotaprint-Druck Werner Hildebrand. – Bindearbeiten: Dieter Mikolai, Berlin.

Inhalt

Einleitung

Hans-Dieter Heike, Technische Universität Berlin

1. Überblick

Der vorliegende Band enthält die überarbeiteten Fassungen von Beiträgen zum Symposium "Modellierungssoftware, Konzeption und Anwendung", das am 5. und 6.Oktober 1978 an der Technischen Universität Berlin gemeinsam mit der Jahrestagung 1978 der Gesellschaft für Informatik stattfand. Die Beiträge werden ergänzt durch eine Fragebogenaktion zur Klassifikation der vorgestellten Modellierungssoftware mit dem Stand von 198o.

In den Beiträgen werden ökonometrische Systeme und Mikrosimulationssysteme vorgestellt, die in Hochschulforschungszentren der Bundesrepublik Deutschland benutzt werden. Die Vorträge zur Simulationssprache DYNAMO und zum Modellbanksystem der Gesellschaft für Mathematik und Datenverarbeitung,(GMD), Bonn, runden den Themenkreis ab. Mit Hilfe von DYNAMO können Differentialgleichungssysteme näherungsweise in Form von Differenzengleichungen gelöst werden. Die ökonometrischen Systeme stellen auf die Lösung von Differenzengleichungssystemen ab. Ausnahmen wie das Programmsystem für Differentialgleichungssysteme von N.C.R. Wymer befinden sich noch in der Entwicklung und werden daher kaum angewandt. Das Modellbanksystem der GMD bietet als Weiterantwicklung der vorhandenen Systeme Schnittstellen für Modelle unterschiedlichen Typs an und erleichtert damit die Verknüpfung von Modellen und die Kooperation von räumlich getrennten - mit unterschiedlicher Software ausgestatteten - Arbeitsgruppen.

2. Ökonometrische Systeme

Die Modellierung wirtschaftlicher Zusammenhänge mit Hilfe ökonometrischer Techniken hat seit den 1939 veröffentlichten Arbeiten von Tinbergen in starkem Maße zugenommen. Nach der Weiterentwicklung und Standardisierung der Volkswirtschaftlichen Gesamtrechnungen und der Anwendung inferenztheoretischer Verfahren in der Ökonometrie in den 4oger und 5oger Jahren hat neben der Verfeinerung des statistischen Instrumentariums vor allem die Entwicklung der elektronischen Datenverarbeitung in den letzten 2o Jahren für diesen Aufschwung gesorgt. Ökonometrische Modelle werden in zunehmendem Maße für theoretische Erörterungen und praktische Anwendung eingesetzt. Wirtschaftspolitische Entscheidungen werden mehr und mehr auch mit ökonometrischen Modellen simuliert. Das gilt für demokratische Industrieländer und mit Einschränkungen auch für Entwicklungsländer und kommunistische Länder. Die zur Verfügung stehende Software hat teilweise einen hohen Stand erreicht. Die vorgestellte ökonometrische Modellierungssoftware gibt einen Überblick über die Entwicklung in der Bundesrepublik Deutschland und zeigt, daß hier der Anschluß an den internationalen Standard erreicht worden ist.

Im Beitrag "Softwaresysteme für die empirische Wirtschaftsforschung - Erfahrungen aus Entwicklung und Anwendung des MEBA-Systems -" werden von Schips Hinweise zur Konzeption von Programmsystemen gegeben, deren Verwirklichung die Vermittlung empirischen Arbeitens an den Hochschulen und die Akzeptanz empirischer Arbeiten bei den Praktikern erleichtern und verbessern. Der komplexe Modellentwicklungs- und -bearbeitungsprozess wird mit Hilfe einer Schautafel in übersichtlicher Weise dargestellt. Anhand dieser Tafel wird auf die Forderungen eingegangen, die Softwaresysteme bei Modellspezifikation,Datenbereitstellung und -aufbereitung, Schätzung, Simulation, Entscheidung und Dokumentation erfüllen sollten. Besonderes Gewicht wird darauf gelegt, die Systeme offen für Erweiterungen zu halten und sie in einheitlicher Form auf unterschiedlichen Anlagen für unterschiedliche Benutzerklassen zur Verfügung zu stellen. Wartung und Weiterentwicklung sollten von zentraler Stelle nach einheitlichen Richtlinien erfolgen.

Das Methodenprogrammsystem DELFI wurde an der Universität Freiburg (Breisgau) entwickelt. Datenaufbereitung, -organisation und -bereitstellung werden vom Datenbanksystem SOZIUS übernommen. DELFI erhält vom Datenbanksystem Daten zur Spezifikation und Entwicklung von Modellen. Beide - Methodenprogramm- und Datenbanksystem - haben Schnittstellen zum statistisch - ökonometrischen Programmpaket COMET der Firma UNIVAC. Neben den ökonometrischen Standardverfahren sind u.a. Zeitreihenverfahren, Spline-Funktionen sowie spezielle Funktionen für verteilte Verzögerungen implementiert. Das System ist in FORTRAN geschrieben und bis auf die betriebssystemnahe Ein- und Ausgabe portabel.

Das ökonometrische Programmsystem IAS wird in der an der Universität Bonn bearbeiteten Version vorgestellt. Es bietet eine gute Unterstützung von Datenaufbereitung, Schätzung, Simulation, Prognose und Ergebnisausgabe. Die Auswertung umfaßt auch Fehleranalyse, Multiplikatoranalyse und die Berechnung von Elastizitäten. Es werden mehrere Fassungen für Gleichungssysteme unterschiedlichen Umfanges zur Verfügung gestellt. Das System ist nahezu vollständig in Fortran geschrieben. Nur an drei Stellen wird auf Funktionen des Betriebssystems zugegriffen.

Für das SYSIFO-Forschungsprojekt an der Universität Hamburg wurde das Programmpaket PROFESSIONAL entwickelt. Neben den üblichen Funktionen für Schätzen und Simulieren von Modellen enthält das Paket insbesondere eine gute Unterstützung bei Hypothesentests. Optimalkontrolle ist auch für nichtlineare (deterministische) Systeme mit nichtquadratischen Zielfunktionen möglich. Das Paket ist zum größten Teil in Fortran geschrieben. Der Anteil der Betriebssystem - Steuersprache ist jedoch beträchtlich, so daß die Übertragbarkeit auf andere Anlagen eingeschränkt ist.

Hansen berichtet in seinem Methodenbeitrag über das im Rahmen des SYSIFO-Projektes entwickelte Konzept zur Festlegung von Parametern. Er diskutiert die Vor- und Nachteile von simultanen Schätzern und K-Q Schätzern und betont, daß in Vierteljahresmodellen zwar die Bedeutung der Simultaneität aufgrund der verzögerten endogenen Variablen verringert ist, dafür aber die Schwierigkeiten bei der Schätzung der verteilten Verzögerungen zunehmen. Diese Schwierigkeiten können prinzipiell gemildert werden durch eine verbesserte Spezifikation auch der Lagverteilungen mit Hilfe einer sorgfältigen Anwendung der einschlägigen Tests. Eine über das übliche Maß hinausgehende Zahl von Testverfahren ist nach einer genauen Analyse der vorhandenen Möglichkeiten in das System aufgenommen worden. Die mit den einzelnen Tests verbundenen Probleme werden aufgezeigt und vor einer rigorosen Anwendung wird gewarnt. Es wird empfohlen, die Tests als Arbeitshilfe beim Entdecken von Spezifikationsfehlern auch in Konkurrenz zu anderen heuristischen Instrumenten zu verwenden.

3. Mikrosimulationssysteme

Mit hinreichend disaggregierten ökonometrischen Modellen lassen sich Auswirkungen von Änderungen der Steuersätze, der Sozialversicherungsbeiträge, der Zinssätze, der staatlichen Investitionen usw. auf die Gesamtwirtschaft, auf Sektoren und Branchen, auf Variablen mit hohem und mittlerem Aggregationsniveau ermitteln. Wenn dagegen die Auswirkungen wirtschaftspolitischer Maßnahmen auf die Verteilung von Merkmalen einzelner Personen, Haushalte, Unternehmen ermittelt werden sollen, dann sind Analysen mit Mikrosimulationsmodellen erforderlich. Mikrosimulationsmodelle wurden sehr viel später als ökonometrische Modelle entwickelt. Den Anstoß gaben Arbeiten von Orcutt und Mitarbeitern Anfang der 60ger Jahre in den USA. 1968 wurde in den USA die Entwicklung des ersten von der Regierung geförderten Mikrosimulationsmodelles (RIM) unter der Leitung von Nelson McClung begonnen. 1973 wurde ebenfalls unter der Leitung von McClung eine neue Version dieses Modelles (TRIM) abgeschlossen. 1975 wurde die Arbeitsversion des dynamischen Mikrosimulationsmodelles DYNASIM von Orcutt und Mitarbeitern fertiggestellt. Wohlfahrtsprogramme werden in den USA heute in der Regel nicht mehr ohne entsprechende Vorarbeiten mit Mikrosimulationsmodellen verabschiedet. Maßnahmen, die die Beschäftigung, die berufliche Qualifikation, die Gesundheit, die Wohnungsversorgung, die Einkommens- und Vermögensverteilung usw. betreffen, werden m.H. von Mikrosimulationen auf Kosten, Zahl der Anspruchsberechtigten, Verteilungswirkungen usw. überprüft. In der Bundesrepublik Deutschland begannen Arbeiten am Mikrosimulationsmodell des SPES-Projektes Anfang der 7oger Jahre. Auch hier gewinnen wirtschafts- und sozialpolitiscne Analysen m.H. von Mikrosimulationsmodellen an Bedeutung. Die Software der Mikrosimulationsmodelle ist wegen ihrer relativ jungen Geschichte noch zugeschnitten auf eine kleine Zahl von Anwendern an den Hochschulen, in privaten Instituten und in der öffentlichen Verwaltung. Sie ist noch nicht so weit entwickelt, daß sie heute schon generell wie ökonometrische Modellierungssoftware einem breiten Kreis von Benutzern zur Verfügung gestellt werden könnte.

Galler gibt in seinem Beitrag einen Überblick über Aufbau, Anwendung und technische Probleme des SPES-Mikrosimulationssystems. Der Simulator ist ein rekursiv aufgebautes Modell des Haushaltssektors, in dem die Haushalte zunächst demografisch fortgeschrieben werden. Darauf wird die Bildungsbeteiligung berücksichtigt und den einzelnen Personen ein Bildungsabschluß zugeordnet. Es folgen die Berücksichtigung der Erwerbsbeteiligung, die Erklärung der Ersteinkommen sowie die Fortschreibung der laufenden Einkommen. Schließlich werden die Regelungen der Steuertarife und der Sozialversicherung angewandt. Mit den verbleibenden Nettoeinkommen werden die Ausgaben der Haushalte erklärt. Nachdem jeder Haushalt auf diese Weise verarbeitet worden ist, steht ein neuer Datensatz zur Verfügung, der wiederum für die folgende Periode fortgeschrieben werden kann. Das Mikrosimulationssystem wurde bisher u.a. für Analysen der demografischen Entwicklung und der Verteilungswirkungen der Bildungspolitik eingesetzt. Ungelöste Probleme der Softwaretechnik ergeben sich bei der Entwicklung von Datenstrukturen und Datenzugriffen für Lebenszyklus- Simulationen. Es sollen einerseits die sequentielle Verarbeitung bei der personellen Fortschreibung ermöglicht werden und andererseits die Verknüpfung von Informationen über eine Vielzahl von Perioden. Verschiedene Lösungsvorschläge - die aber noch der Realisierung bedürfen - werden in dem vorliegenden Beitrag entwickelt.

Im 2. SPES-Beitrag wird ein mikroökonomisches Konsumausgabenmodell für ca. 48000 Haushalte der Einkommens- und Verbrauchsstichproben dargestellt. Mehr als 20 Ausgabekategorien werden unterschieden, und etwa 30 quantitative und qualitative Variablen werden zur Erklärung verwendet. Besonderes Gewicht wird auf methodische Aspekte gelegt. Logit- und Tobit-Schätzer werden zur Schätzung der Koeffizienten in den Gleichungen für dauerhafte Konsumgüter eingesetzt. Auf die Bestimmung der Ausgaben für dauerhafte Konsumgüter folgt die Ermittlung der Ausgaben für nicht- dauerhafte Konsumgüter und des Sparens. Die Koeffizienten des linearen Ausgabesystems werden in einem iterativen Verfahren geschätzt. Den Abschluß bilden erste Ergebnisse der Querschnittsschätzungen des privaten Konsums und des Sparens in der Bundesrepublik Deutschland. Eine Überprüfung m.H. von ex-post- und ex-ante-Simulationen steht noch aus.

Mit dem System TRIPAS stellt Hecheltjen ein Programmpaket zur Auswertung von Paneldaten vor, mit dem Verhaltensfunktionen von Haushalten (und Unternehmen) in differenzierter Weise überprüft werden können.Flexible Formen der Verknüpfung von Daten unterschiedlicher Perioden und zeitvariable Faktoren zur Gewichtung von Panelhaushalten sind Bestandteil des Auswertungssystems. Die von TRIPAS aufbereiteten Daten können über eine Systemschnittstelle an eine Vielzahl von Individualdaten-Analysatoren übergeben werden. Systemeigene Routinen ermöglichen Auswertungs- und Fortschreibungs- Mikrosimulationen.

DAMTAS ist ein interaktives Software-Paket zur Analyse von Entwicklungstendenzen kommunaler Finanzen, das am Fraunhofer-Institut für Systemtechnik und Innovationsforschung (ISI), Karlsruhe, entwickelt wurde. Grundlage der Auswertung ist eine Datenbank mit ca.140 Millionen Daten von 255 deutschen Gemeinden mit über 20000 Einwohnern für die Jahre 1956 bis 197o und entsprechende Daten von ausgewählten Landkreisen. Mittels Cluster- und Faktorenanalysen wird eine Auswahl repräsentativer Städte bestimmt, auf die sich die weitere Analyse konzentrieren kann. Vorgesehen sind der Entwurf von Städtemodellen, die gekoppelt werden, um das Verhalten des Städteverbundes beschreiben und prognostizieren zu können.

4. DYNAMO,Modellbanksystem (MBS)

Krallmann führt in seinem Beitrag in die Programmiersprache DYNAMO und in die verschiedenen DYNAMO-Compiler ein. Mit DYNAMO lassen sich Differentialgleichungen näherungsweise durch Differenzengleichungen abbilden. Die Sprache ist benutzerfreundlich; ihre Grenzen erkennt man, wenn prozedurale Sprachelemente verlangt werden. DYNAMO ist zur Bearbeitung einer Vielzahl von ökonomischen und technischen Problemen verwendet worden. Die ausgewählten Beispiele zeigen DYNAMO-Anwendungen, in denen unterschiedliche Modelltypen wie z.B. System Dynamics-Modelle, Modelle der linearen Planungsrechnung,I-O-Modelle kombiniert wurden. DYNAMO-Compiler sind auf IBM-,Siemens-,UNIVAC-,CDC- u.a. Großrechnern implementiert.

Das GMD-Modellbanksystem MBS ist ein Dialogsystem zur Unterstützung der Arbeit mit ökonometrischen Modellen, System Dynamics-Modellen, Gruppen- und Mikromodellen bei Konstruktion, Verknüpfung, Simulation und Verwaltung. Die im MBS entwickelten Modelle sind in Fortran zu schreiben. Für die ökonometrische Methodenbank MEBA und für die Simulationssprache DYNAMO wurden spezielle Übernahmeprozessoren entwickelt, mit deren Hilfe die in diesen Systemen formulierten Modelle direkt in die für den MBS-Simu-

lator erforderliche Form gebracht werden. Datenzuweisung und - aufbereitung, Ergebnistabellensteuerung, Dialog- und Ablaufsteuerung werden von MBS-Funktionsprogrammen übernommen.
Auf diese Weise können neu in MBS entwickelte Modelle und bereits vorhandene Modelle aus anderen Systemen in einheitlicher Form zur Verfügung gestellt, bearbeitet und verknüpft werden. Hierdurch wird ein beachtlicher Beitrag zur Modularisierung, zum Transfer von Modellen und zu ihrer Wartung erbracht. MBS ist überwiegend in Fortran geschrieben worden; ein erheblicher Teil liegt freilich in Assembler vor. Lauffähigkeit wurde bisher lediglich für den Siemensrechner mit dem Betriebssystem 2000 erreicht.

Klassifikation von Modellierungs-Software unter besonderer Berücksichtigung der Sozialwissenschaften

Hans-Dieter Heike, Technische Universität Berlin

1. Modelle und Softwaresysteme

Im sozialwissenschaftlichen Bereich wurde eine Fülle von Softwarepaketen für unterschiedliche Modelltypen wie ökonometrische Makro-, I-O-, Sektoren-, Branchen- und Firmenmodelle, für O-R-, System Dynamics- und Mikrosimulationsmodelle usw. entwickelt. Die Entwicklung ging dabei von einfachen Methoden-Unterprogrammsammlungen zu Programmsystemen, die alle Bereiche der Modellierung und Anwendung integrieren und sie dem Benutzer in einer anwendungsfreundlichen Art präsentieren. Wir versuchen diese Entwicklung in den folgenden Tabellen mit dem Wandel der Aufgaben, der Konzeption und der Funktionsbereiche darzustellen.

H.-D. Heike, Modellierungs-Software

Tabelle 1 : Aufgaben von Softwarepaketen

Software / Aufgaben	Unterprogramm-Sammlungen	Integrierte Programmsysteme (Stapelbetrieb-u. Dialogsysteme)	Methoden-,Modellbanksysteme (Teilnehmersysteme)
Datenaufbereitung	Daten müssen für die Verarbeitung vorbereitet sein.	In bescheidenem Umfang i.a. möglich	Umfangreiche Möglichkeiten im System vorgesehen.
Modellentwicklung Simulation	Unterprogramme für statistische Analysen, Schätzen u. Testen (u.evtl. Simulation) vorhanden.	Für fest vorgegebene Alternativen statistische Analysen, Schätzen, Testen und evtl. Simulationen möglich.	Umfangreiche, variable, erweiterbare Möglichkeiten vorhanden.
Algorithmen-Entwicklung	Nicht vorgesehen.	I.a. nicht vorgesehen.	Unterstützung i.a.vorhanden.

Tabelle 2 : Konzeption von Softwarepaketen

Software / Konzeption	Unterprogramm-Sammlungen	Integrierte Programmsysteme	Methoden-,Modellbanksysteme
Programmstruktur	Unterprogramme	I.a.modularisiert.	Getrennte Bereiche für Steuerung, Methoden, Modelle,Daten.
Sprachstruktur			
- Anwendung	Höhere Programmiersprache (Steuersprache des Betriebssystems)	Kommandosprache, höhere Programmiersprache.	Kommandosprache.
- Pflege - Erweiterung	-"-	höhere Programmiersprache, Steuersprache d.Betriebssystems, Assembler.	Kommandosprache,Makros,höhere Programmiersprache, Steuersprache d.Betriebssystems, Assembler.
Portabilität	Einzelne Programme in höherer Programmiersprache ,i.a.portabel.	Häufig Verwendung von maschinennaher Software,daher Forderung nach Portabilität nur eingeschränkt erfüllt.	I.a.Verwendung von maschinennaher Software,daher Forderung nach Portabilität nur eingeschränkt erfüllt.
Betriebsart	Batch	Batch, Dialog.	Batch, Dialog, Teilnehmer.
Sicherung	---	Teilweise bei unbefugter Nutzung, fehlerhafter Nutzung,Systemzusammenbruch.	Sicherung bei unbefugter Nutzung, fehlerhafter Nutzung,Systemzusammenbruch vorhanden.
Benutzerfreundlichkeit	---	Teilweise Integration unterschiedlicher Aufgabenbereiche, automatische Anforderung von Kommandos u.Argumenten, Zuweisung von Parametern.	Integration unterschiedlicher Aufgabenbereiche, automatische Anforderung von Kommandos und Argumenten,Zuweisung von Parametern. Teilweise Auswahl-u.Interpretationshilfen.

Tabelle 3 : Funktionsbereiche von Softwarepaketen

Software / Funktionsbereiche	Unterprogrammsammlungen	Integrierte Programmsysteme	Methoden-,Modellbanksysteme
Eingabe	Über vom Benutzer zu schreibende Hauptprogramme	M.H. von Funktionen des Betriebssystems,z.T.mit systemeigenen Schnittstellen	I.d.R. mit systemeigenen Schnittstellen,z.T. m.H. von Betriebssystemfunktionen.
Steuerung	---	Datenverwaltungssystem, teilweise Informationen über Modelle,Befehle,Testhilfen,Fehlermeldungen.	Datenbank, Synchronisation des Teilnehmerbetriebes,Überprüfung von Benutzerberechtigungen, Abrechnung, Unterstützung bei der Entwicklung von Algorithmen, Informationen über Module, Befehle, Testhilfen, Fehlermeldungen.
Datentransformation	Z.T.m.H.von Unterprogrammen.	In begrenztem Umfang möglich.	Zahlreiche, erweiterbare Möglichkeiten.
Festlegung von Parametern	Unterprogramme zum Schätzen u.Testen vorhanden.	Vorgegebene Möglichkeiten zum Schätzen u. Testen.	Zahlreiche erweiterbare Möglichkeiten.
Modellspezifikation	---	Teilweise vorhanden: leicht erlernbare Kommandosprache,Makros,Funktionsbibliothek,beliebige algebraische Ausdrücke,Spezifikation auf Datenebene, Strukturanalyse.	Vorhanden: leicht erlernbare Kommandosprache, Makros,Funktionsbibliothek,beliebige algebraische Ausdrücke, Spezifikation auf Datenebene, Strukturanalyse.
Simulation	Über Hauptprogramme die vom Anwender zu schreiben sind.	Vorgegebene Möglichkeiten zur Festlegung,Durchführung,Abänderung der Simulationen.	Umfangreiche,erweiterbare Möglichkeiten zur Festlegung,Durchführung, Abänderung der Simulationen.Eingriff in die laufenden Simulationen möglich.
Ausgabe	- " -	I.a.vorgegebene Listen, Tabellen,graph.Darstellung.	Listen, Tabellen, graph.Darstellung; verschiedene Formen,variabler Umfang; unterschiedliche Terminals.

2. Klassifikation der Modellierungssoftware

Eine Erweiterung des Gliederungsschemas

Aufgaben,
Konzeption und
Funktionsbereiche
von Softwarepaketen

haben wir für eine Fragebogenaktion benutzt, die die auf der Arbeitstagung vorgestellten Softwarepakete mit dem Stand von 198o umfaßt. Das Ergebnis der Befragung schlug sich in den folgenden 9 Tabellen zur Klassifikation von Modellierungssoftware nieder.

Tabelle 4: Allgemeine Angaben

	Ökonometrische Systeme			
	MEBA	IAS	DELFI	PROFESSIONAL (SYSIFO)
Hauptaufgaben des Systems	Modellentwicklung, Simulation, Entwicklung von Algorithmen.	Modellentwicklung, Simulation.	Modellentwicklung, Simulation.	Modellentwicklung, Simulation, Optimierung.
Entwickler	Institut für Angewandte Wirtschaftsforschung, Universität Tübingen, Mathematischer Beratungs- u.Programmierdienst GmbH, Dortmund.	Institut für höhere Studien, Wien (bis 1975). Institut für Gesellschafts- u. Wirtschaftswissenschaften, Universität Bonn,	D.Friedrich, Institut für Allgemeine Wirtschaftsforschung, Abt.Statistik u.Ökonometrie, Universität Freiburg.	Günter Bock v.Wülfingen,XI.Ordinariat für theoretische Volkswirtschaftslehre, Universität Hamburg.
Vertrieb, Versendung durch	Institut für Angewandte Wirtschaftsforschung, Universität Tübingen.	Institut für Gesellschafts- u. Wirtschaftswissenschaften, Wirtschaftstheoretische Abt.I, Universität Bonn.	S.o..	---
Implementierung auf folgenden Rechnern	TR 440 (Siemens, im Test).	IBM, Siemens.	UNIVAC.	TR 44o.
Kernspeicherbedarf	6o K Worte.	Minimum 25o K Byte.	Bis 65 K Worte.	6o-11o K Worte.
Plattenbedarf	Ca. 5oo K Worte.	Dto..	---	≈2 M Worte, variabel.
Wartung erfolgt durch	Noch ungeklärt.	Institut für Gesellschafts- u. Wirtschaftswissenschaften, Wirtschaftstheoretische Abt.I, Universität Bonn.	D.Friedrich, Institut für Allgemeine Wirtschaftsforschung, Abt.Statistik u.Ökonometrie, Universität Freiburg.	Günter Bock v.Wülfingen,XI.Ordinariat für theoretische Volkswirtschaftslehre,Universität Hamburg.
Literatur	Hauer, Abschlußbericht..., Bericht Nr.33, Dortmund 1978. M.Lösch, Benutzerhandbuch zum MEBA-System, Bericht Nr.35, Tübingen.	M.Fleck, IAS-System Bonn. Benutzerhandbuch 2.verbesserte Auflage. Bonn 1978.	D.Friedrich, DELFI-Dynamic Econometric Linear Forecasting Inquiry System. Freiburg 1976.	G.Bock v.Wülfingen,PROFESSIONAL Benutzerhandbuch. Hamburg 198o.

Tabelle 5: Allgemeine Angaben

	Ökonometrische Systeme	Mikrosimulationsmodelle			DYNAMO,Modellbanksystem	
	TROLL	Mikrosimulations-system (SPES)	TRIPAS	DAMTAS	DYNAMO	MBS
Hauptaufgaben des Systems	Modellentwicklung, Simulation,Optimierung,Statistische Analyse,Entwicklung von Algorithmen.	Simulation demographischer,sozioökonomischer,ökonomischer Prozesse auf Haushaltsebene.	Auswertung von Panel-Daten.	Datenverwaltung,Modellentwicklung,Simulation auf der Ebene der Kommunalpolitik.	Simulation kontinuierlicher Systeme.	Entwicklung und Simulation sozioökonomischer Modelle
Entwickler	MIT,Center for Computational Research in Economics and Management Science,Cambridge,Mass..	SPES-Forschungsgruppe Universität Frankfurt (SFB 3,Projekt B-3).	P.Hecheltjen, FB IV-VWL,Universität Trier.	S.Klaczko,Fraunhofer-Institut für Systemtechnik u.Innovations forschung,Karlsruhe.	Pugh & Roberts, Cambridge, Mass..	Gesellschaft für Mathematik und Datenverarbeitung mbH-IPES, Bonn.
Vertrieb,Versendung durch	S.o..	S.o..	S.o..	Fraunhofer-Institut für Systemtechnik u. Innovationsforschung, Karlsruhe.	S.o..	S.o..
Implementierung auf folgenden Rechnern	IBM VM37o,OS37o.	DEC 1o91.	TR 44o.	Siemens 4oo4 und 77oo (BS 2ooo).	CDC,IBM,ICL, Siemens, TR 44o, UNIVAC u.a..	Siemens BS 2ooo.
Kernspeicherbedarf	Minimum 44o K Byte.	6o K Worte.	4o K Worte.	1 M Byte.	z.B.Mini-DYNAMO: 16 K 16 bit Worte; DYNAMO II/F: 28 K Worte (DEC-1o), 8o K Bytes (IBM).	6oo-2ooo K Byte.
Plattenbedarf	Minimum ≈1o M Byte.	2oo K Worte.	Minimum 5oo K Worte.	1 Plattenturm.		≈2 M Byte.
Wartung erfolgt durch	MIT,Center for Computational Research in Economics and Management Science,Cambridge,Mass..	SFB3, Projekt Mikrosimulation.	P.Hecheltjen, FB IV-VWL, Universität Trier.	---	Pugh & Roberts Cambridge,Mass..	Gesellschaft für Mathematik und Datenverarbeitung mbH-IPES,Bonn.
Literatur	TROLL: An Introduction and Demonstration.Cambridge,Mass., 1978 TROLL Primer. Cambridge,Mass..	H.P.Galler,Mikrosimulation von Lebenszyklen... Beitrag im vorliegenden Band.	P.Hecheltjen,Die Analyse von Panel-Daten privater Haushalte-Eine Einführung in das Panel-Auswertungs-System TRIPAS.Beitrag im vorliegenden Band.	Benutzeranweisungen für die Unterpakete FIDAS,OSIRIS, SPIN,GRIPS.	A.L.Pugh,DYNAMO, User's Manual.MIT, Cambridge,Mass., 1976.	S.Dickhoven,W.Klösgen, W.Schwarz, Das GMD-Modellbank-System zur Unterstützung der Arbeit mit sozioökonomischen Planungsmodellen.Beitrag im vorliegenden Band.

Tabelle 6: Modelltyp [1)]

	Aufgaben					Hypothesen																													Daten		
						Gegenstand								Form						Art		Aggregation					Struktur			Festlegung							
	Beschreibung	Erklärung	Prognose	Entscheidung	Kontrolle	Verhalten von Personen	Verhalten von Institutionen	Technische Relationen	Physikalische Relationen	Biologische Relationen	Psychologische Relationen	Gleichgewichtsbedingungen	Definitionen	Gleichungen	Differenzengleichungen	Differentialgleichungen	Graphen	Prozeduren	Tabellen	Kausalrelationen	Korrelationsaussagen	Mikroebene	Gruppen	Branchen	Sektoren	Makroebene	interdependent	blockrekursiv	rekursiv	klassische Inferenz	Bayes-Inferenz	parameterfreie Verfahren	Erfahrung	a Priori	Zeitreihen	Querschnitte	Paneldaten
MEBA	x	x	x	x		x	x	x				x	x	x	x					x	x		(x)	(x)	(x)	x	x	x	x	x			x	x	x		
IAS	x	x	x	x		x	x	x				x	x	x	x					x	x		(x)	(x)	(x)	x	x	x	x	x			x	x	x	(x)	
DELFI	x	x	x	x		x	x	x				x	x	x	x					x	x		(x)	(x)	(x)	x	x	x	x	x			x	x	x		
PROFESSIONAL (SYSIFO)	x	x	x	x	x	x	x	x				x	x	x	x					x	x		(x)	(x)	(x)	x	x	x	x	x			x	x	x		
TROLL	x	x	x	x	x	x	x	x	x	x	x	x	x	x	x					x	x		x	x	x	x	x	x	x	x	(x)		x	x	x	x	x
MIKROSIMULATIONS-SYSTEM (SPES)	x	x	x			x	x						x	x				x	x	x	x	x							x	x			x	x	x	x	
TRIPAS	x	x	x			x								x	x					x	x	x							x	x			x				x
DAMTAS	x	x	x				x								x		x			x	x	x	(x)	(x)	(x)	(x)			x	x					x	x	x
DYNAMO	x	x	x			x	x	x	x	x	x			x	x					x		x	x	x	x	x	x	x	x				x	x	x		
MBS	x	x	x	x	x	x	x	x				x	x	x	x		x			x	x		(x)	(x)	(x)	x	x	x	x	x			x	x	x	x	x

1) Für alle folgenden Tabellen: ( ) = Eintrag gilt nur eingeschränkt.

Tabelle 7: Software,Konzeption

	Programmstruktur			Sprachstruktur							Portabilität		
				Anwendung		Systempflege - Erweiterung		Implementierung			wurde getestet für folgende		
	ungegliedert	modular	Steuer-,Methoden-Datenbereich	Kommandosprache	Höhere Programmiersprache	Kommandosprache und höhere Programmiersprache	Höhere Programmiersprache,Assembler, Steuersprache des Betriebssystems	Höhere Programmiersprache	Höhere Programmiersprache,Assembler	Höhere Programmiersprache, Assembler. Steuersprache des betriebssystems	Rechner	Compiler	Betriebssysteme
MEBA		x	x	x		x				x	TR 44o (Siemens)	FORTRAN	BS 3 (BS 2ooo)
IAS		x		x			x	x			Siemens,IBM	FORTRAN	VM 37o, OS/VS BS 2ooo
DELFI		x	x	x			x			x	UNIVAC	FORTRAN, ASCII	EXEC
PROFESSIONAL (SYSIFO)		x	x	x						x	Siemens 7755 z.T. IBM 37o	FOR1 FORTRAN IV	BS 2ooo TSO
TROLL		x	x	x		x				x	IBM 37o	AED FORTRAN	VM,CMS, OS
MIKROSIMULATIONS-SYSTEM (SPES)		x		(x)			x			x	UNIVAC 11o8 DEC 1o91	FORTRAN V FORTRAN 1o	UNIVAC-EXEC 8 DEC-MONITOR 6
TRIPAS		x	x		x		x	x			TR 44o	FORTRAN	
DAMTAS		x	x	x			x		x		Siemens 4oo4 und 7ooo	FORTRAN	BS 2ooo
DYNAMO		x		x			x			x	Siemens,IBM CDC,Telefunken,UNIVAC...	FORTRAN AED	BS 2ooo MVS,CMS
MBS		x	x		x		x			x	Siemens	FORTRAN	BS 2ooo

Tabelle 8: Software, Konzeption

	Portabilität							
	Anteil der Sprachen (%)					Betriebssystemfunktionen		
	Höhere Programmiersprache	Assembler	Steuersprache des Betriebssystems	Maschinensprache	Mikroprogramme	Sind Betriebssystemfunktionen in eine höhere Programmiersprache eingebettet? Wenn ja, in welche?	Folgende Betriebssystemfunktionen werden benötigt?	Weitere Anforderungen
MEBA	8o	15	5			ja,FORTRAN	Organisation des Datenzugriffs,dynamisch laden,starten,Fehlerroutinen	
IAS	1oo	a.m.[1] 1o				nein	Datum, Uhrzeit	
DELFI	99	o,5	o,5			nein	Fileanforderung Datum	
PROFESSIONAL (SYSIFO)	9o		1o			nein		TR 44o Standardprogramme
TROLL	99	o,5	o,5			nein	nichtprivilegierte Maschinenanweisungen der IBM 37o	
MIKROSIMULATIONS-SYSTEM (SPES)	9o	5	4,5	o,5		ja,FORTRAN	input-output	
TRIPAS	1oo					nein		Bibliotheksprogramme
DAMTAS	97	2	1			ja,FORTRAN	dynamische Speicherreservierung	Daten-Selektion
DYNAMO	88	1o	2			ja,FORTRAN	input-output	
MBS	75	25				nein	dynamisch linken	Fremdsoftware, DYNAMO,MEBA,IAS

1) a.m.=alternativ möglich

Tabelle 9: Software, Konzeption

	Erweiterbarkeit					Betriebsart			Sicherung			Benutzerfreundlichkeit					
	Neue Methoden werden hinzugefügt als											Das System					
	Module in einer höheren Programmiersprache	Makros	Kombination vorhandener Methoden (m.H. einer Kommandosprache)	Prozeduren	Es existieren Schnittstellen für fremde Datenbanken/Datenverwaltungssysteme	Batchbetrieb	Dialogbetrieb	Teilnehmerbetrieb (parallele Mehrfachbenutzung)	gegen unbefugte Benutzung	gegen fehlerhafte Benutzung	bei Systemzusammenbruch	integriert unterschiedliche Aufgabenbereiche (z.B. Schätzen u.Testen ohne Restart)	unterstützt die Dialogführung durch Anforderung von Kommandos und Argumenten	gibt Hilfen bei der Auswahl von Verfahren	weist Parameterwerte zu	gibt Interpretationshilfen bei Ergebnissen	gibt sonstige Unterstützung
MEBA	x		(x)		x	x	x	x	x	x		x	x	(x)	x	(x)	
IAS	x				x	x	x	(x)	x	(x)		x	(x)				
DELFI	x	x			x	x	x	(x)		(x)	x	x	(x)		(x)		
PROFESSIONAL (SYSIFO)				x		x	x	(x)		x	(x)	x			x		Fehlerdiagnose in Kommandosprache
TROLL	x	x	x		x	x	x	x	x	x	x	x	x		x		default für Optionen, freies Format, on line-Dokumentation
MIKROSIMULATIONS-SYSTEM (SPES)	x				x	x	x	(x)	x		(x)		(x)				
TRIPAS	x				x	x											
DAMTAS	x		x		x	x	x	(x)				x	x	(x)	x	(x)	
DYNAMO	x		x			x	(x)	(x)				(x)					
MBS	x				x	x	x		(x)	x	x	x	x	x	x	(x)	

Tabelle 1c: Konzeption, Eingabe

	Dokumentation												Eingabe			
	Module									System						
	Funktionsbeschreibung	Verwaltungsinformationen (Name, Version, Sprache, Programmierer, Änderungsdaten...)	Information zur Portabilität (Rechner, Compiler, Betriebssystem...)	Parameterbeschreibung	Fehlernachrichten	Liste der Commonbereiche	Strukturdiagramme	Entscheidungstabellen	Testplan	Implementierungsbeispiel	Implementierungsdokumentation	Programmstruktur	Terminal	Kartenleser	Bandgeräte	Platte
MEBA	x	x	x	x						x	x	x	e	e		e
IAS	x	(x)	x	(x)	(x)	x	x			x	x	x	b	b	b	b
DELFI	(x)	(x)	(x)	(x)	(x)			x		x	(x)	(x)	e	e	e	e
PROFESSIONAL (SYSIFO)													b	b	b	b
TROLL	x	beim MIT vorhanden	x	x	x	beim MIT vorhanden				x	x	beim MIT vorhanden	e	e	e	e
MIKROSIMULATIONS-SYSTEM (SPES)	(x)	(x)		(x)		x	(x)			(x)	(x)	(x)	e			e
TRIPAS	(x)													e	e	e
DAMTAS	(x)	(x)	(x)	x	x							(x)	e			e
DYNAMO	(x)	(x)	(x)		x	(x)				x	x	x	b	b	b	b
MBS	x	(x)	(x)	(x)	(x)	(x)				(x)	(x)	(x)	e			e

1) e : systemeigene Schnittstelle
b : m.H.von Betriebssystemfunktionen

Tabelle 11: Steuerung

	Steuerung: Verwaltung von Daten, Methoden, Modellen erfolgt durch: Datenverwaltungs-systeme	Datenbank	Sonstiges	Die Steuerung umfaßt daneben: Informationen über Module	Informationen über Befehle	Informationen über Auswahlhilfen	Informationen über Interpretationshilfen	Informationen über Trainingsmöglichkeiten	Informationen über Testhilfen	Sonstige Informationen	Fehlermeldungen	Zeitangabe, -messung	Synchronisation des Teilnehmerbetriebes	Überprüfung von Benutzerberechtigungen	Abrechnung	Unterstützung bei der Entwicklung von Algorithmen
MEBA		x		x	x				x		x	x	x	x		x
IAS		x									x			x		
DELFI		x		x		(x)			x		x					
PROFESSIONAL (SYSIFO)		x									x					
TROLL		x		x	x	(x)			x		x	x	x	x	x	x
MIKROSIMULATIONS-SYSTEM (SPES)			x 2)											x		
TRIPAS				x												
DAMTAS	(x)	(x)		(x)	(x)	(x)	(x)				(x)	(x)				
DYNAMO	x						(x)	(x)	(x)		x	x				
MBS	x	x		x	x	x			x		x	x				

2) standardisierte Lese- u.Schreibprogramme

Tabelle 12: Datentransformation-, analyse,-bereitstellung; Festlegung von Parametern

	Datentransformation-, analyse,- bereitstellung															Schätzverfahren									
	Berechnen neuer Variablen durch arithmetische und logische Operationen	Gleitende Durchschnitte	Abrundung	Aggregation	Interpolation	Mittelwerte	Streuungsmaße	Korrelationskoeffizienten	Indexzahlen	Saisonbereinigung	Anforderung fehlender Daten	Berechnung von Daten in Definitionsgleichungen	Zufallszahlengenerator	Querschnittsdatenverarbeitung	Sonstiges	Kleinstquadratschätzverfahren (KQ)	Verallgemeinertes KQ	Polynom-Lag-Verfahren	Zweistufen-KQ	Zweistufen-KQ mit Hauptkomponenten	Modifiziertes Zweistufen-KQ	Maximum-Likelihood-Schätzverfahren (ML) bei begrenzter Information	Weitere Schätzverfahren der k-Klasse	Dreistufen-KQ	ML bei voller Information
MEBA	(x)	x	x			x	x	x			x	x				x	x		x		x				(x)
IAS	x	x		x		x	x	x			(x)	x				x		x	x			(x)			
DELFI	x	x		x		x	x	x	x		x	x			x	x			x	x	x				
PROFESSIONAL (SYSIFO)	x	x			x	x	x	x	x			x				x		x	x	x				x	
TROLL	x	x	x	x	x	x	x	x	x	x	x	x	x	x		x	x	x	x	x	x	x	x	x	x
MIKROSIMULATIONS-SYSTEM (SPES)	x	x	x	x	x	x	x	x				x	x	x		x	x								x
TRIPAS	x			x			x	x								x									
DAMTAS	x		x	x	x	x	x	x			x	x		x		(x)		(x)	(x)						
DYNAMO	x					x						x				(x)	(x)								(x)
MBS	--------- entsprechend angeschlossener Fremdsoftware															x	----entsprechend angeschlossener Fremdsoftware-------								

Tabelle 13: Festlegung von Parametern

	Schätzverfahren																	Multivariate Verfahren								
	Nichtlineares KQ	Nichtlineares Zwei-stufen -KQ	Nichtlineares Drei-stufen -KQ	Nichtlineares ML bei begrenzter Information	Nichtlineares ML bei voller Information	Autoregressives KQ	Autoregressive Schätz-verfahren für simul-tane Systeme	Robuste Schätzverfahren	Ridge-Regression	Spektral-Regression	Bayes-Schätzverfahren	Schätzverfahren für qualitative abhängige Variablen	Schätzverfahren für zeitvariable Parameter	MA-,AR-,ARMA-Verfahren	Box-Jenkins-Verfahren	Kalman-Filter-Verfahren	Sonstiges	Spektralanalyse	Clusteranalyse	Faktorenanalytische Verfahren	Varianzanalyse	Exploratorische Verfahren	Diskriminanzanalyse	Kanonische Korrelation	Skalierungsverfahren	Sonstiges
MEBA	(x)				(x)							x				x										
IAS	(x)					(x)																				
DELFI																										
PROFESSIONAL (SYSIFO)							x																			
TROLL	x	x	x	x	x	x	x	x	x	x	x	x	x	x	x	x		x	x	x	x	x	x	x	x	x
MIKROSIMULATIONS-SYSTEM (SPES)					x								x													
TRIPAS													x													
DAMTAS																			x	x						
DYNAMO																x										
MBS	-------------entsprechend angeschlossener Fremdsoftware -------------																									

Tabelle 14: Testverfahren, Modellspezifikation, Simulation

	Testverfahren									Modellspezifikation								Simulation								
																		Festlegung					Simulationsläufe			
	u^2,t-Werte,F-Werte	R^2, $\bar{R}^2$	Betakoeffizienten, Partialkorrelation	Autokorrelationstests	Heteroskedastizitätstests	Multikollinearitätsanalyse	Spezifikationstests	Strukturbruchtests	Sonstiges	leicht erlernbare, formatfreie Spezifikationssprache (nicht höhere Programmiersprache)	Makros	Funktionsbibliothek	Definition neuer Funktionen	Verwendung beliebiger algebraischer Ausdrücke als erklärende Variablen	Modellspezifikation auf Datenebene	Strukturanalyse	Sonstiges	des Simulationszeitraumes	der Schrittweite	der Parameter	der Variablen	von Konstanten, Parametern und Variablen	ex-post-Simulation, statisch	ex-post-Simulation, dynamisch	ex-ante Simulation	Simulation von Teilmengen von Gleichungen
MEBA	x	x		x	x	x	x	x	x	x		x	x	x	x	x		x	x	x	x	x	x	x	x	x
IAS	x	x	x	x						x		x	x	x	x	x		x		x	x	(x)	x	x	x	x
DELFI	x	x	x	x							x	x	x	x		x		x	x		x		x	x	x	
PROFESSIONAL (SYSIFO)	x	x		x	x		x	x		(x)					x	x		x		x	x	x		x	x	x
TROLL	x	x	x	x		x				x	x	x	x	x	x	x		x	x	x	x	x	x	x	x	x
MIKROSIMULATIONS-SYSTEM (SPES)	x	x								(x)					x	x		x		x			x	x	x	x
TRIPAS													x					x		x			x	x		
DAMTAS	(x)	(x)								(x)		(x)		(x)		(x)		(x)	(x)	(x)	(x)	(x)	(x)	(x)	(x)	(x)
DYNAMO	x	x	x							x	x	x	x	x				x	x	x	x	x		x	x	
MBS	--entsprechend angeschlossener Fremdsoftware --											x	x	x				x	x	x	x	x	x	x	x	x

Tabelle 15: Simulation, Ausgabe

		MEBA	IAS	DELFI	PROFESSIONAL (SYSIFO)	TROLL	MIKROSIMULATIONS-SYSTEM (SPES)	TRIPAS	BAMIAS	DYNAMO	MBS
Simulation	Variation der Startwerte	x	x	x	x	x	x	x	x	x	x
	Variation der Parameter	x			x	x	x	x	x	x	x
	Variation der Gleichungen		x	x	x	x	x		x	x	x
	Änderung der Lösungsverfahren		(x)	x		x			x	(x)	x
	Änderung von Konvergenzparametern	x	x	x		x			x		x
	Renormalisierung					x					--------entsprechend angeschlossener Fremdsoftware --------
	Ermittlung absoluter Prognosefehler	x	x	x	x	x					
	Ermittlung relativer Prognosefehler	x	x	x	x	x					
	Ermittlung von Ungleichheitskoeffizienten	x									
	Ermittlung von Januskoeffizienten										
	Umkehrpunktanalyse										
	Fehlerzerlegung			x		(x)					
	Fehlervergleiche	x		x	x	(x)					
	Untersuchung zyklischer und dynamischer Eigenschaften (Multiplikator, Stabilität, Spektraleigenschaften)	x	(x)	(x)	(x)	x				(x)	
	Sonstiges										
Optimalkontrolle	lineare Systeme										
	nichtlineare Systeme				x	x					
	deterministische Systeme				x	x					
	stochastische Systeme										
	quadratische Zielfunktionen										
	nichtquadratische Zielfunktionen				x	x					
Ausgabe	Listen, Tabellen	x	x	x	x	x	x	(x)	x	x	x
	graphische Darstellung		x	x	x	x			x	x	x
	unterschiedliche Arten graphischer Darstellung Streudiagramme, Zeitreihendiagramme, Histogramme			(x)		x				x	
	variabler Umfang	x	x	x	x	x	x	x	x	x	x
	variable Skalen		x	x	x	x	x	x	x	x	x
	über Terminal	x	x	x	x	x	x	x	x	x	x
	über verschiedene Terminals, auch graphische Terminals					x				x	
	Drucker	x	x	x	x	x	x	x	x	x	x
	Platte	x	x	x	x	x	x			x	x
	Band			x	x	x	x			x	x

3. Einige Bemerkungen zu Stand und Entwicklung der Modellierungssoftware

Man kann erkennen, daß unter den vorgestellten Systemen am ehesten TROLL und MEBA den Anforderungen von Methoden- u. Modellbanksystemen entsprechen. Freilich sind einige Einschränkungen zu machen:

Beide Systeme sind nur eingeschränkt portabel.

Auswahl- und Interpretationshilfen sind nur wenig entwickelt.

Bei MEBA ist darüber hinaus u.a. noch folgendes zu berücksichtigen:

Die Entwicklungsphase ist noch nicht abgeschlossen.

Die Wartung ist ungeklärt.

Eine Abrechnung der Nutzung ist nicht vorgesehen.

Die Zahl der zur Verfügung stehenden Schätzverfahren ist relativ gering.

Optimalkontrolle ist nicht möglich.

Die Ausgabemöglichkeiten sind eingeschränkt.

Die hier besprochenen Mikrosimulationssysteme werden fast ausschließlich in der Forschung eingesetzt. Das ist wohl auch ein Grund dafür - neben ihrer jungen Geschichte -, daß ihr Komfort noch hinter dem ökonometrischer Systeme zurücksteht. Im einzelnen ist u.a. folgendes zu bemerken:

Es handelt sich nicht um Teilnehmerbetriebssysteme.

Die Dokumentation ist unvollständig.

Die Portabilität ist (Ausnahme TRIPAS) stark eingeschränkt.

Die Systeme können nur mit Hilfe einer höheren Programmsprache erweitert werden (evtl. Ausnahme DAMTAS).

Sicherung gegen unbefugte Nutzung, gegen fehlerhafte Nutzung, bei Systemzusammenbruch sind nicht vorgesehen (Ausnahme: einige Vorkehrungen bei SPES).

Die Benutzerfreundlichkeit ist noch nicht weit entwickelt: nur bei DAMTAS werden z.B. unterschiedliche Aufgabenbereiche integriert.

Die Datenverwaltung ist noch nicht auf dem Stand einer Datenbank.
Abrechnung ist nicht möglich.
Die Ausgabemöglichkeiten sind eingeschränkt.

Bei dieser Beurteilung muß allerdings erwähnt werden, daß die speziellen Ausprägungen der Mikrosimulationssysteme - die Handhabung sehr großer Datenmengen, die periodenweise Fortschreibung, die Berücksichtigung einer Fülle von ökonomischen, demographischen und sozioökonomischen Merkmalen - nur ungenügend in der Klassifikation Berücksichtigung gefunden haben, sodaß die Aussagefähigkeit der Mikrosimulationssysteme im Vergleich mit den ökonometrischen Systemen zu gering erscheinen mag.

DYNAMO bietet eine alternative Möglichkeit ökonometrische Modelle zu formulieren. Differentialgleichungssysteme lassen sich näherungsweise als Differenzengleichungssysteme in DYNAMO schreiben. DYNAMO ist auf vielen Rechnern verfügbar. Verschiedene Versionen unterschiedlichen Umfangs und unterschiedlichen Komforts werden angeboten.

Als Nachteile sind u.a. zu nennen:
Teilnehmerbetrieb ist nicht möglich.
Die Sprache ist unzureichend, wenn prozedurale Elemente verlangt werden.
Schnittstellen zu fremden Datenbanken fehlen.
Sicherungsmöglichkeiten sind nicht vorgesehen.
Informationsmöglichkeiten des Systems sind stark begrenzt.
Überprüfung von Benutzerberechtigungen und Abrechnung sind nicht vorgesehen.
Schätzverfahren sind kaum integriert.
Optimalkontrolle ist nicht möglich.

MBS ist eine Neuentwicklung, die vor allem darauf gerichtet ist, Modelle, die in unterschiedlichen Systemen entwickelt wurden, zu übernehmen und die Arbeit mit sozioökonomischen Modellen allgemein zu unterstützen. MBS ist vom Entwicklungsstand hergesehen mit hochentwickelten ökonometrischen Systemen nicht zu vergleichen:

Die Entwicklungsphase ist noch nicht abgeschlossen.
Ein Teilnehmerbetriebssystem ist nicht möglich.
Die Erweiterbarkeit ist nur m.H. einer höheren Programmiersprache möglich.
Die Dokumentation ist unvollständig.
Eingabe- und Ausgabemöglichkeiten sind eingeschränkt.
Überprüfung von Benutzerberechtigungen und Abrechnung sind nicht vorgesehen.
Hinsichtlich der Verarbeitungsverfahren ist es abhängig von angeschlossener Fremdsoftware.

MBS ist vom Ansatz her gesehen sehr zu befürworten. Der weitere Ausbau wird von den Nutzungsmöglichkeiten in unterschiedlichen Institutionen abhängig sein.

Die weitere Entwicklung der Modellierungssoftware wird voraussichtlich u.a. durch die Forderungen bestimmt werden, die an Methoden-und Modellbanksysteme gestellt werden. Besondere Bedeutung wird dabei die Portabilität von Systemen gewinnen angesichts der Kosten von Neuentwicklungen und umfangreicher Anpassungen. Die Forderung nach Portabilität wurde verschärft z.B. durch weitgehende Wünsche bezüglich Steuerung und Benutzerfreundlichkeit von Softwaresystemen. Die hierdurch ausgelösten Entwicklungen führten zu größerem Umfang der Systeme und zu einer effizienten Ausnutzung der von den Betriebssystemen vorgesehenen Möglichkeiten und erschwerten damit wegen der Anforderungen an Speicherkapazitäten und an Funktionen der Betriebssysteme Übertragungen auf andere Datenverarbeitungsanlagen. Nationale oder internationale Rechnerverbundsysteme mit unterschiedlichen Rechnertypen könnten auf längere Sicht helfen die entstandenen Schwierigkeiten zu beseitigen. Auf absehbare Zeit wird jedoch Portabilität nur zu realisieren sein, wenn man sich auf eine Programmiersprache wie Standard - FORTRAN IV einigt, für die überall effiziente Compiler zur Verfügung stehen, auf Besonderheiten verzichtet, die Betriebssystemanschlüsse in die höhere Programmiersprache einbettet und Programmteile, die häufig benutzt werden aus Effizienzgründen auch (nicht nur) in Assembler schreibt. Dann verbleibt immer noch eine Reihe von Schwierigkeiten: Die Wortlänge, die pro Wort ablegbare Anzahl von Zeichen, die größte Integer-Zahl, die kleinste Real-Zahl können unterschiedlich sein. Die technische Bauart der Ein- und Ausgabeeinheiten in unterschiedlichen Anlagen muß nicht aufeinander abgestimmt sein. Die Speicher besitzen verschiedene Kapazitäten. Unterprogrammbibliotheken stellen nicht immer die gleiche Auswahl von Programmen zur Verfügung. Diese Schwierigkeiten lassen sich jedoch i.d.R. alle ohne größeren zeitlichen Aufwand überwinden, sodaß über die Portabilität mit der Wahl der Programmiersprache entschieden wird.

Zugleich mit der Forderung nach Übertragbarkeit der Software auf unterschiedliche Anlagen der gleichen Größe wird in zunehmendem Maße die Forderung nach Übertragbarkeit auf DVA kleinen oder mittleren Umfanges gestellt. Auch hier können auf längere Sicht Rechnerverbundsysteme zur Problemlösung beitragen. Kurzfristig wird man auch hier die oben skizzierte Lösung anstreben und darüber hinaus die vorhandene Software anpassen und Neuentwicklungen in Kauf nehmen müssen.

Noch nicht ausdiskutiert ist die Forderung nach Hilfen bei der Auswahl von Methoden und der Interpretation von Ergebnissen. Die Gefahr der unsachgemäßen Nutzung durch Laien ist nicht zu übersehen bei der Erstellung von Kochrezepten und Menüs für den Gebrauch komplizierter Auswertungsverfahren; als Gedächtnisstütze für erfahrene Anwender, die nur unregelmäßig Gebrauch von den zur Verfügung stehenden Methoden machen, könnten sich derartige Unterstützungen als wertvoll erweisen.

Literaturverzeichnis

Dittrich, Klaus R., Hüber,Rainer, Lockemann,Peter C.: Methodenbanksysteme:Ein Werkzeug zum Maßschneidern von Anwendersoftware. Universität Karlsruhe, Fakultät für Informatik

Dittrich,K.R., Hüber,R.,Lockemann,P.C.: Das KARAMBA Methodenbanksystem, In:Böhling,K.H.,Spies,P.P.(Hrsg.):GI:9.Jahrestagung. Informatik-Fachberichte Bd.19.Berlin, Heidelberg, New York 1979, S.322 ff.

Esprester,A,C.: Die Entwicklung einer Methodenbank und einer Methodenbanksprache. Angew.Informatik 20, 203-206 (1978)

Hauer, K.-H.: Aufbau und Analyse der Effizienz von portablen Dialogsystemen zur Steuerung von Methodenbanken. Dissertation, Universität Dortmund, 1978

Hauer, K.-H.: Abschlußbericht der Entwicklung eines Software-Systems zur Steuerung von FORTRAN-Moduln im Rahmen einer ökonometrischen Methodenbank. Projektbericht Nr.33, IAW Tübingen, 1978

Hauer,K.-H.: Methodenbank-Monitorsysteme und ihre Einsatzmöglichkeiten. In: Böhling,K.H.,Spies,P.P.(Hrsg.):GI:9.Jahrestagung, Informatik-Fachberichte Bd.19. Berlin,Heidelberg, New York 1979,S.262 ff.

Klösgen,W.,Schwarz,W.: Die Realisierung von Architekturprinzipien für Methodenbanksysteme im Modellbanksystem MBS. In: Böhling,K.-H.,Spiess,P.P.(Hrsg.):GI:9.Jahrestagung. Informatik-Fachberichte Bd.19.Berlin,Heidelberg,New York 1979, S.274 ff.

Mertens,P.,Bodendorf,F.:Interaktiv nutzbare Methodenbanken -Entwurfskriterien und Stand der Verwirklichung.Angew.Informatik 21 (1979),S.533-544

Schips,B.: Ein Beitrag zum Thema "Methodenbanken".Angew.Informatik 19, S.465-47o (1977)

Schneider,H.J.:Möglichkeiten und Grenzen normativer Ansätze für die Gestaltung von Informationssystemen.In: H.R.Hansen (Hrsg.) Entwicklungstendenzen der Systemanalyse, S.31-58, München, Wien: Oldenbourg 1978

TEIL I
Ökonometrische Systeme

Softwaresysteme für die empirische Wirtschaftsforschung - Erfahrungen aus Entwicklung und Anwendung des MEBA-Systems

Bernd Schips, Universität St. Gallen

Dank der Leistungsfähigkeit moderner Rechenanlagen und der Verfügbarkeit von geeigneter Anwendersoftware steht die empirische Wirtschaftsforschung an der Schwelle zu einem neuen Aufbruch. Es ist heute kaum mehr daran zu zweifeln, daß nun auch in den Wirtschaftswissenschaften empirische Untersuchungen endlich den ihnen eigentlich zukommenden Stellenwert bekommen und systematisch den Theoriebildungsprozeß beeinflussen werden 1) und so empirische Arbeiten nicht mehr nur Anhängsel an theoretische Abhandlungen oder vereinzelte Bemühungen sogenannter Praktiker zur Aufhellung des komplexen ökonomischen Geschehens bleiben.

Damit es aber dazu kommt, bedarf es noch einigen Umdenkens bei der Vermittlung des ökonomischen Wissens an den Hochschulen, einer erhöhten Akzeptanz der erweiterten Möglichkeiten bei Praktikern, d.h. vor allem bei denjenigen, die ökonomisch relevante Entscheidungen vorbereiten. Dies zeigt sich deutlich in den Volkswirtschaften, die auf diesem Wege schon einige Schritte voraus sind 2).

Im Rahmen dieses Beitrages soll nun lediglich die Frage diskutiert werden, wie Softwaresysteme konzipiert sein sollen, damit diese angedeutete Entwicklung möglichst effizient eingeleitet und vorangetrieben werden kann. Dabei werden eigentliche softwaretechnische Darstellungen im engeren Sinne nach Möglichkeit vermieden und ganz bewußt die Position der empirisch arbeitenden Wirtschaftswissenschaftler eingenommen.

H.-D. Heike, Modellierungs-Software

Die Überlegungen stützen sich dabei auf eine längere Erfahrung mit der Anwendung, aber auch Entwicklung von Softwaresystemen für die Arbeit an und mit ökonometrischen Modellen. Dabei wird der Begriff ökonometrisches Modell ganz bewußt sehr weit gefaßt, so daß technisch gesprochen z.B. auch Definitionsgleichungssysteme miterfaßt werden.

Von diesem Blickwinkel aus wäre es also besser, von Fragen der Aufstellung und Bearbeitung sozioökonomischer Modelle zu reden, wobei die Parameter dieser Modelle entweder bereits numerisch konkretisiert sind, wie im Falle von Definitionsgleichungssystemen oder auf der Basis von empirischen Daten mit Hilfe einer geeigneten Methode noch geschätzt werden müssen, wie im Falle von ökonometrischen Modellen im engeren Sinne. Die Verwendung des Begriffes 'Ökonometrisches Modell' sollte daher nicht als Einschränkung aufgefaßt werden. Die folgenden Ausführungen beziehen sich auf die Arbeit des empirischen Wirtschaftsforschers schlechthin. Es ist ja auch nicht einzusehen, wieso zur Bearbeitung eines demographischen Modells oder eines Modells zur Analyse der künftigen Entwicklung von Einnahmen und Ausgaben in der gesetzlichen Rentenversicherung der Wirtschaftsforscher ein anderes Software-Instrumentarium benützen sollte wie zur Analyse der gesamtwirtschaftlichen Entwicklung oder des Arbeitsmarktes usw..

Damit wird bereits ein wichtiges Anliegen sichtbar. Es sollte ein einheitliches Softwaresystem für solche Aufgaben konzipiert werden. Um eine breite Akzeptanz und vor allem ständige Anstöße zur Weiterentwicklung und Pflege zu erreichen, sollte es auf unterschiedlichen Rechenanlagen mit unterschiedlichen Betriebssystemen und in unterschiedlicher Betriebsart von verschiedenen Benutzerklassen in gleicher und einheitlicher Weise eingesetzt werden können. Dabei spielt es m.E. eine geringe Rolle, wie diese entscheidende Kompatibilitäts- und Portabilitätsforderung erreicht wird. Es ist zunächst nebensächlich, ob als Portabilitätsvehikel ein weitgehend portabler Methodenmonitor benutzt wird oder ob anlagenspezifische Sonderentwicklungen für die Ablaufsteuerung des einheitlichen, in einer geeignet eingeschränkten Untermenge einer höheren Programmiersprache geschriebenen Methodenblocks vorgezogen werden. Eine abschließende Beurteilung der verschiedenen Ansätze zur Methodenbankentwicklung kann nach dem heutigen Stand der Dinge noch nicht gegeben werden 3). Vom Anwenderstandpunkt viel entscheidender ist die institutionelle und organisatorische Regelung der Entwicklung und Betreuung eines solchen Softwaresystems. Eine zentrale Institution mit der nötigen Aufgeschlossenheit und Flexibilität bezüglich Anregungen und Weiterentwicklungen ist die wesentliche Voraussetzung für den Testbestand und die Akzeptanz eines solchen Systems. Auf diese Frage der organisatorischen Einbettung des Entwicklungsträgers und der Pflegestelle wird daher noch zurückzukommen sein.

Modellerstellungssysteme sind in den letzten Jahren an den verschiedensten Stellen entwickelt und eingesetzt worden. Zu den bekanntesten Systemen dieser Art gehören:

TROLL	Econometric System, National Bureau of Economic Research, Cambridge (Mass.)
DRI	Data Resources, Inc., Lexington (Mass.)
EPLAN	Epl Econometric Planning Language, IBM
IAS	Interactive Simulation System, Institut für höhere Studien, Wien
WHAR	Wharton EFA/Boeing Computer Services, Philadelphia
ESP	Econometric Software Package, University of Chicago
XSIM	Dynamics Associates and Interactive Data Corp.,Waltham (Mass.)
MES	Modellerstellungssystem, Universität Frankfurt
EPS	Econometric Program System, Freie Universität Berlin
MEBA	Ökonometrische Methodenbank, IAW Tübingen
	usw..

Zunächst soll die inhaltliche Komponente eines Softwaresystems zur Unterstützung der Arbeit des empirischen Wirtschaftsforschers angesprochen werden. Ausgangspunkt und Orientierungs-

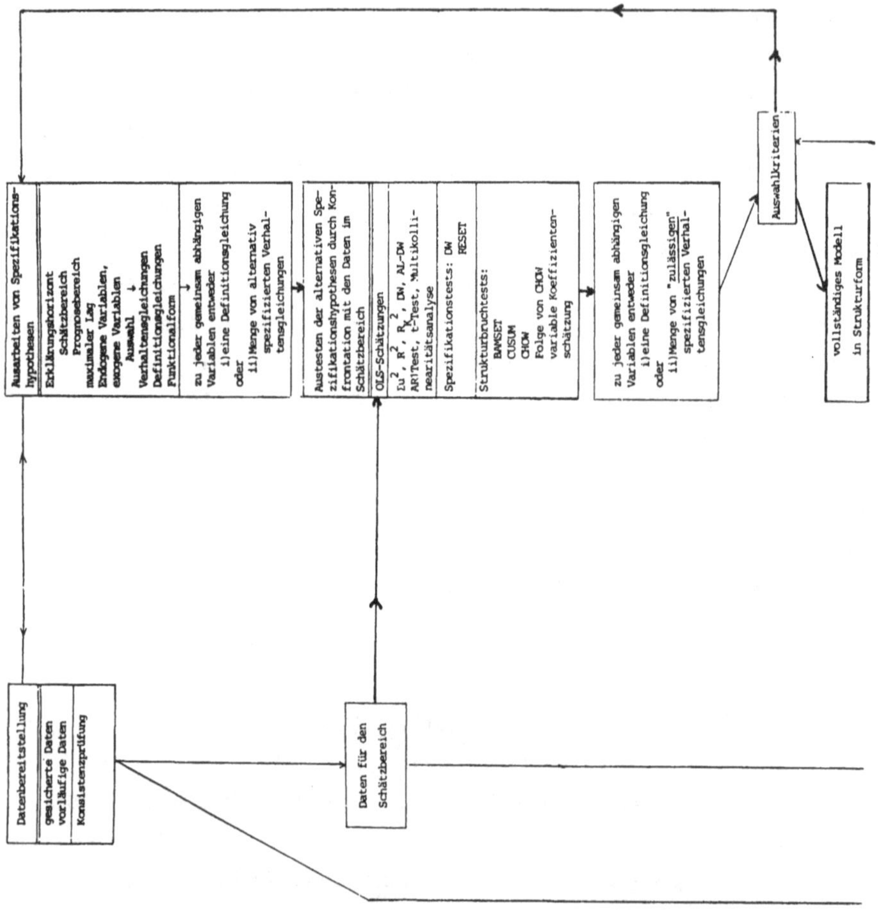
Datenbereitstellung
gesicherte Daten
vorläufige Daten
Konsistenzprüfung
Daten für den Schätzbereich
Ausarbeiten von Spezifikationshypothesen
Erklärungshorizont
Schätzbereich
Prognosebereich
maximaler Lag
Endogene Variablen, exogene Variablen
Auswahl
Verhaltensgleichungen
Definitionsgleichungen
Funktionalform
zu jeder gemeinsam abhängigen Variablen entweder
i) eine Definitionsgleichung
oder
ii) Menge von alternativ spezifizierten Verhaltensgleichungen
Austesten der alternativen Spezifikationshypothesen durch Konfrontation mit den Daten im Schätzbereich
OLS-Schätzungen
Σu², R², R̄², DW, AL-DW
AR1Test, t-Test, Multikollinearitätsanalyse
Spezifikationstests: DW
RESET
Strukturbruchtests:
BAMSET
CUSUM
CHOW
Folge von CHOW
variable Koeffizientenschätzung
zu jeder gemeinsam abhängigen Variablen entweder
i) eine Definitionsgleichung
oder
ii) Menge von "zulässigen" spezifizierten Verhaltensgleichungen
Auswahlkriterien
vollständiges Modell in Strukturform

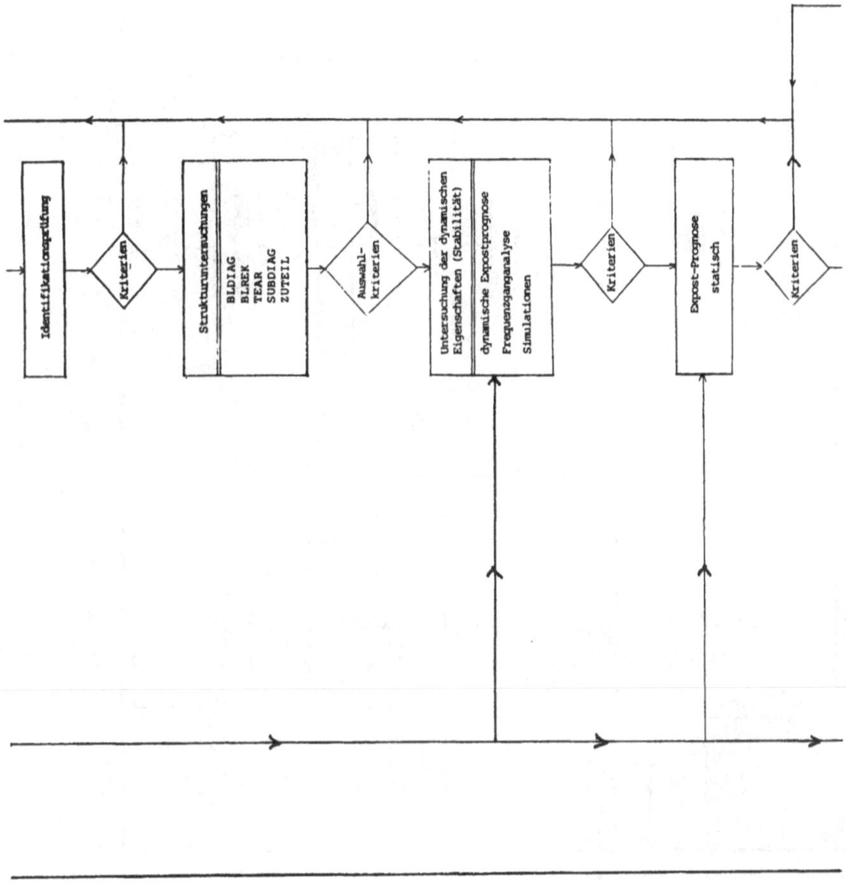
Identifikationsprüfung
Kriterien
Strukturuntersuchungen
BLDIAG
BLREK
TEAR
SUBDIAG
ZUTEIL
Auswahl-
kriterien
Untersuchung der dynamischen
Eigenschaften (Stabilität)
dynamische Expostprognose
Frequenzganganalyse
Simulationen
Kriterien
Expost-Prognose
statisch
Kriterien

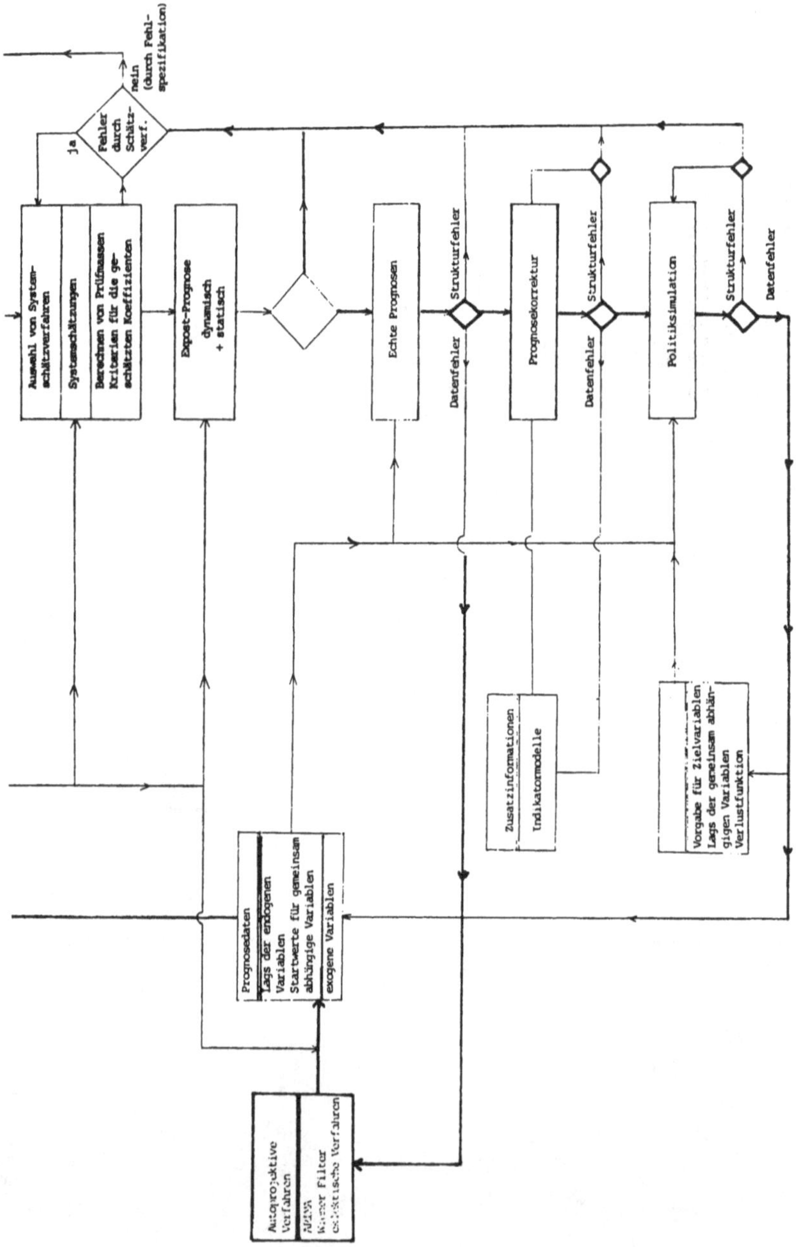
Auswahl von System-schätzverfahren
Systemschätzungen
Berechnen von Prüfmassen Kriterien für die geschätzten Koeffizienten
ja
Fehler durch Schätz-verf.
nein (durch Fehl-spezifikation)
Expost-Prognose dynamisch + statisch
Echte Prognosen
Strukturfehler
Datenfehler
Prognosekorrektur
Strukturfehler
Datenfehler
Politiksimulation
Strukturfehler
Datenfehler
Prognosedaten
Lags der endogenen Variablen
Startwerte für gemeinsam abhängige Variablen
exogene Variablen
Zusatzinformationen
Indikatormodelle
Vorgabe für Zielvariablen
Lags der gemeinsam abhängigen Variablen
Verlustfunktion
Autoprojektive Verfahren
Wiener Filter

hilfe soll dabei ein Schema des Ablaufs der Entwicklung eines ökonometrischen Modells sein, wobei dies - wie bereits ausgeführt - nicht im Sinne einer Einschränkung aufzufassen ist. Das hier verwendete Schema kann natürlich durch ein anderes, aus der Literatur bekanntes ausgetauscht werden 4). Es soll hier wirklich nur eine gewisse Orientierungshilfe für den komplexen Modellentwicklungs- und - bearbeitungsprozess abgeben.

Die Arbeit mit Modellen beginnt stets mit der Phase der Aufstellung des Gleichungssystems. Bei der Entwicklung eines solchen Softwaresystems muß deshalb dem Bereich 'Modellspezifikation' besondere Bedeutung zugemessen werden, da bei der praktischen Arbeit mit sozio-ökonomischen Modellen ständig neue Modelle spezifiziert oder bereits spezifizierte Modelle abgeändert werden müssen.

Sogar bei der Übernahme fremder Modelle dürfte es im Regelfall notwendig sein, Änderungen in der Gleichungsstruktur vorzunehmen und solche Änderungen sollten ohne Programmierarbeiten möglich sein. Dabei genügt es nicht, Normierungsvorschriften für die Programmierung von Modellen zu erarbeiten, denn gerade der mit dem eigentlichen Sachproblem vertraute Anwender sollte von Programmierarbeiten vollständig verschont bleiben. Dies impliziert aber sofort, daß auch Modelle auf der Datenebene spezifiziert werden müssen.

Eine Spezifikation von Modellen auf der Datenebene bedeutet für den Anwender, daß ein Eingriff in ein Modell, z.B. die Streichung und die Änderung von Gleichungen oder Variablen nicht mehr den Charakter eines Eingriffs in ein DV-System hat, sondern lediglich eine Eintragung in eine Datei erfordert. Diese Datei wird dann von einem unveränderten DV-System aufs neue und sinnentsprechend interpretiert. Anders ausgedrückt: Modellveränderungen und die Spezifikation neuer Modelle erfordern keine Übersetzung von Unterprogrammen und vor allem keine neue

Montage. Dies ist besonders unter dem Aspekt einer Modellverknüpfung wichtig.

Um diese Forderung zu erfüllen, muß ein Programm vorhanden sein, das ein von einem Anwender spezifiziertes Modell auf richtige Syntax überprüft und einen Code erzeugt, den dann alle anderen Methodenprogramme - wie z.B. Strukturuntersuchungs-, Schätz- und Prognoseprogramme usw. - auswerten.

Von besonderer Wichtigkeit für einen Benutzer ist vor allem die Sprache, in der er seine Modelle formulieren muß. Es ist wenig sinnvoll, für die Spezifikation eine Sprache zu schaffen, die in ihrer Kompliziertheit einer Programmiersprache gleichkommt und deswegen erst mit erheblichem Aufwand erlernt werden muß. Vielmehr sollte die Sprache möglichst einfach gestaltet werden und sich eng an der Darstellungsform orientieren, die ein Wirtschafts- und Sozialwissenschaftler gewöhnlich bei der Darstellung seiner Modelle benutzt. Ferner sollten Konventionen, die bei großen Modellen leicht zu Fehlern führen können, vermieden werden. Daher wird in den genannten Systemen meist auch eine formatfreie Sprache zur Spezifikation von Modellen verwendet.

Bei der Spezifikation der einzelnen Gleichung eines Modells muß zwischen Verhaltensgleichungen mit numerisch noch nicht spezifizierten Koeffizienten und Definitionsgleichungen unterschieden werden.

Eine Definitionsgleichung hat stets die Form:

erklärte Variable: = arithmetischer Ausdruck.

Bei der Bildung des arithmetischen Ausdrucks sollten alle vom System bereitgestellten und alle von einem Benutzer definierten Funktionen beliebig verknüpft werden können.

Bei der Spezifikation von Verhaltensgleichungen kann zwischen in den Koeffizienten linearen und nichtlinearen Verhaltensgleichungen unterschieden werden. Da sich die meisten Anwendungsfälle auf in den zu schätzenden Koeffizienten lineare Gleichungen beschränken, sollte gerade für die Spezifikation solcher Verhaltensgleichungen einiger Komfort bereitgestellt werden. Da eine lineare Verhaltensgleichung eindeutig durch die Angabe ihres Typs und durch die Nennung der mit der Gleichung erklärten Variablen definiert ist, kann z.B. folgende Spezifikationsweise für in den Koeffizienten lineare Verhaltensgleichungen gewählt werden:

erklärte Variable = Typ (Liste der erklärenden Variablen).

Selbstverständlich sollte als erklärende Variable auch ein beliebiger arithmetischer Ausdruck auftreten und über die Typvereinbarung sollten der Gleichung noch verschiedene konstruierte Variablen hinzugefügt werden können, wie z.B. eine Variable, die für alle Zeitpunkte identisch 1 ist, oder eine Variable, die für die Zeit steht und die Werte 1,2,...,T durchläuft.

Selbstverständlich müssen sich auch in den Koeffizienten nichtlineare Gleichungen spezifizieren lassen. In diesen Fällen müssen anstelle der unbekannten, d.h. noch zu schätzenden Koeffizienten, Platzhalter in Form eines Sonderzeichens angegeben werden. Beide Spezifikationsformen müssen auch zusammen benutzt werden können.

Ein Modell wird nun in der Spezifikationssprache in eine Texthaltungsdatei eingetragen (Benutzereingaben: Inhalt dieser Datei). Für die Eintragungen stehen heute auf allen Rechenanlagen komfortable Texteditoren zur Verfügung.

Ein Modell ist damit also einfach eine Menge syntaktisch richtiger Verhaltens- und Definitionsgleichungen, die der Bedingung genügen, daß jede Variable in höchstens einer Gleichung erklärt wird. Es dürfen also keine Doppelerklärungen einer Variablen auftreten. Weitere Konventionen brauchen nicht zu existieren und die Gleichungen sollten auch nicht in einer besonderen Reihenfolge angeordnet werden müssen. Insbesondere sollte auch eine rekursive Anordnung der Definitionsgleichungen nicht erforderlich sein und auch der Typ der einzelnen Modellvariablen sollte nicht angegeben werden müssen.

Neben den vom System zur Verfügung gestellten internen Funktionen, deren Liste jederzeit relativ einfach zu erweitern sein muß, sollte ein Benutzer auch selbst Funktionen definieren und diese innerhalb seines Modells aufrufen können. Eine solche Systemleistung kann immer dann besonders geschickt ausgenutzt werden, wenn in einem Modell häufig gleiche Transformationen verschiedener Variablen auftreten wie etwa Wachstumsraten, Veränderungsraten, gleitende Durchschnitte usw. Bei einer Funktionsvereinbarung ist lediglich die Konvention zu beachten, daß die Vereinbarung vor dem ersten Aufruf der vom Benutzer definierten Funktion erfolgen muß.

Schließlich sei noch auf eine weitere Besonderheit bei der Spezifikation eines Modells hingewiesen. Als erklärende Variablen in Verhaltensgleichungen sind auch arithmetische Ausdrücke zugelassen. Ein arithmetischer Ausdruck stellt dabei eine Definitionsgleichung dar. Deshalb sollte das System für einen solchen arithmetischen Ausdruck implizit eine Definitionsgleichung einführen, wenn nicht der Benutzer innerhalb seines Modells selbst noch eine Variable durch diesen arithmetischen Ausdruck definiert.

Um jedoch auf diese Weise das Modell nicht unnötig zu vergrößern, dürfen aber nur die impliziten Definitionsgleichungen dem Modell hinzugefügt werden, die für dessen interdependente Struktur von Bedeutung sind. Das sind aber genau die impliziten Definitionsgleichungen, die gemeinsam abhängige, d.h. durch das Modell erklärte Variablen enthalten. Die anderen impliziten Definitionsgleichungen können wie vorherbestimmte Variablen behandelt werden. Die dadurch definierten Hilfsvariablen sollen nur beim Datenzugriff zur Ausrechnung der Variablen ausgewertet werden.

Da bei einer Modellspezifikation von einem Benutzer weder eine bestimmte Anordnung der Gleichung noch eine Deklaration des Typs der einzelnen Modellvariablen verlangt wird, d.h. eine Angabe darüber, ob eine bestimmte Variable durch das Modell erklärt oder im Rahmen des Modells als exogen zu betrachten ist, muß das System verschiedene Möglichkeiten bieten, um sich über ein Modell zu informieren.

Für die Analyse eines Modells, für eine effiziente Strukturschätzung und Weiterverarbeitung einer geschätzten Struktur ist eine Untersuchung der Gleichungsstruktur eines Modells notwendig. Das System muß Informationen darüber liefern, ob ein Modell eventuell in unabhängige Teilmodelle zerfällt und aus wievielen rekursiven Blöcken das Modell bzw. die einzelnen Teilmodelle bestehen.

Da vom Modell auch Teilmodelle zu bearbeiten sind, muß bei einer weiteren Verarbeitung genau angegeben werden, ob ein Modell insgesamt oder nur ein bestimmtes Teilmodell davon betrachtet wird.

Alle implementierten Verfahren müssen auf sämtliche Teilstrukturen d.h. auf Teilmodelle oder einzelne Blöcke angewendet werden. Dies ist eine für praktische Arbeit, insbesondere bei Verknüpfungen von sozio-ökonomischen Modellen besonders wichtige Systemleistung.

Bezüglich der Verknüpfung von für verschiedene Bereiche entwickelte Teilmodelle zu einem Gesamtmodell ist allerdings anzumerken, daß hier noch einige mehr grundsätzlichere Fragen zu lösen sind, die ihrerseits wieder Softwareprobleme mit sich bringen. Ebenso wenig wie aus der Zusammenstellung von wahlspezifizierten Einzelgleichungen zu einem Modell sofort ein funktionsfähiger Modellkomplex entsteht, ist bei der Verknüpfung von Teilmodellen mit einem direkten Erfolg zu rechnen. Nur gestaltet sich die Fehlersuche und deren Behebung erheblich komplizierter 5).

Ein interdependentes sozio-ökonomisches Modell ist dadurch charakterisiert, daß sich durch Umordnung der Reihenfolge der einzelnen Gleichungen keine Rekursivität erzielen läßt. Technisch gesprochen heißt dies, daß bei einem interdependenten Modell die Besetzungsmatrix der gemeinsam abhängigen Variablen nicht auf die Gestalt einer unteren Dreiecksmatrix gebracht werden kann. Nun ist unter Umständen die Interdependenz eines Modells oder einer Teilstruktur eines Modells auf eine oder einige wenige Variablen zurückzuführen. Für eine Weiterverarbeitung eines Modells ist aber häufig eine Information über den Grad der Interdependenz von Wichtigkeit. Gesucht ist also in einem Modell oder in einer Teilstruktur eines Modells eine Variable und die zugehörige Gleichung, in der sie als erklärende Variable auftritt, mit der Eigenschaft, daß bei einer Entfernung dieser Variablen als erklärende Variable aus der Gleichung, das Modell oder die Teilstruktur vollständig rekursiv wird. Eine solche Untersuchung muß ebenso möglich sein, wie eine optimale Umordnung interdependenter Blöcke, sei es um eine Weiterverarbeitung effizienter zu gestalten oder um bei einer Fehleranalyse rascher voranzukommen.

Im Rahmen eines Modellerstellungssystems hängt die Benutzerfreundlichkeit stark von den Möglichkeiten zur Handhabung der für die einzelnen Verarbeitungsschritte benötigten Daten ab. Häufig stützt sich die Arbeit an und mit ökonometrischen Modellen auf einen Datenbestand, der aus Zweckmäßigkeitsgründen nur die Daten, die unbedingt gespeichert werden müssen, enthält. Alle daraus durch Transformation abzuleitenden Daten werden jeweils bei Bedarf durch Systemunterstützung neu errechnet.

Bezüglich der Datenaufbereitung sollte einiger Komfort zur Verfügung stehen. Der Anforderungskatalog reicht dabei von einfachen Aggregationen über Rundungsoperationen bis zu Saisonbereinigungs- und Extrapolationsverfahren wie Box-Jenkins-Techniken, Wiener-Filter usw.

Sind alle für ein Modell benötigten Daten in der Datenbank vorhanden, läuft die Datenbereitstellung einfacher ab. Es muß jedoch zunächst überprüft werden, ob die Daten vollständig in der angeschlossenen Datenbank vorhanden sind und ob die Definitionsgleichungen, die sich auf Daten aus der Datenbank beziehen, erfüllt sind. Zu dieser Konsistenzprüfung müssen die aus der Datenbank bereitgestellten Werte der gemeinsam abhängigen Variablen mit den aus den Definitionsgleichungen errechneten Werten verglichen werden können.

Für Prognosen sind in der Regel nicht alle benötigten Daten vorhanden. Die fehlenden Daten müssen vom System gezielt angefordert werden. Dabei sollte ein Benutzer die Daten in der Form angeben können, wie sie ihm vorliegen. Kennt er z.B. etwa nur die prozentuale Veränderung gegenüber dem letzten Wert, so muß er direkt diese Prozentzahl mit der entsprechenden Kennung eingeben können. Er sollte also nicht erst den eigentlichen Eingabewert berechnen müssen.

Ein Benutzer muß sich über die für ein Modell bereitgestellten Daten selbstverständlich auch vollständig informieren können. Für ein übersetztes und geordnetes Modell sollte die Datenbereitstellungsroutine alle für das Modell benötigten Daten soweit wie möglich aus der angeschlossenen Datenbank bereitstellen und die Werte der eventuell durch Definitionsgleichungen bestimmten Variablen errechnen. Dieses Datenergebnis sollte vom System dann verwaltet werden. Der Benutzer muß sich dann gezielt über die Werte einzelner oder aller Variablen des Modells informieren können.

Bei der Bereitstellung von Modelldaten sollten auch solche Fälle berücksichtigt werden, in denen das Modell nur aus Definitionsgleichungen besteht. Dabei kann es in Extremfällen sogar vorkommen, daß zur Berechnung der Werte für die durch das Modell beschriebenen Variablen lediglich für einige wenige Variablen Startwerte benötigt und die Werte aller übrigen Variablen durch das Modell errechnet werden, sowohl zu einem Zeitpunkt als auch zu den folgenden Zeitpunkten durch dynamisch rekursive Beziehungen. Modelle dieser Art treten häufig dort auf, wo Planungsaufgaben mit Hilfe von Modellen analysiert und auf der Basis solcher Modelle zahlreiche Alternativen durchgerechnet werden.

Im System sollte eine ganze Reihe verschiedener Verfahren zur Schätzung von Koeffizienten in ökonometrischen Modellen implementiert sein. Beispielhaft seien hier erwähnt: gewöhnliche und zweistufige Kleinst-Quadrat-Schätzungen, Fixpunktmethoden, Instrumentvariablentechniken, Maximum-Likelihood-Schätzungen bei voller Information, Kalman-Schätzungen für variable Koeffizienten usw. Die Anwendung der Schätzverfahren muß für einen Benutzer äußerst bequem sein und er sollte dabei über die jeweiligen, unter Umständen auftretenden numerischen Probleme adäquat informiert werden. Die geschätzten Strukturen müssen für eine Weiterverarbeitung, im einfachsten Fall eine Druckausgabe, abgerufen werden können.

Bei der Spezifikation eines ökonometrischen Modells gibt es in der Regel für jede Gleichung des Modells eine Reihe alternativer ökonomischer Hypothesen. In der sogenannten Einzelgleichungsphase werden dann für die einzelnen Gleichungen die Strukturen der verschiedenen Spezifikationsvarianten geschätzt und anhand ökonomischer Plausibilitätsüberlegungen und statistischer Prüfmaße beurteilt. Neben den üblichen Prüfmaßen zur Beurteilung der stochastischen Spezifikation sollten im System daher auch Verfahren zur Überprüfung des systematischen Teils der Spezifikation implementiert werden.

Über eine mögliche weitergehende Unterstützung dieser Einzelgleichungsphase wie z.B. eine automatische Variation von Grundspezifikationen gehen die Ansichten weit auseinander. Es zeigt sich jedoch, daß trotz aller Bedenken gegen eine solche Automatisierung solche Möglichkeiten den Entwicklungsprozeß eines Modells beschleunigen können.

Bei ökonometrischen Strukturschätzungen interessiert besonders die Frage eines eventuellen Strukturbruches in dem Sinne, daß sich die geschätzten Koeffizienten im Zeitablauf numerisch deutlich verändern. Das System sollte auch dazu verschiedene Möglichkeiten bieten.

Für Ausgabezwecke oder bei der Auflösung von Modellen nach bestimmten Variablen ist es vorteilhaft, wenn auf bequeme Weise die interessierenden Variablen zu Vektoren zusammengefaßt werden können. Ein Benutzer sollte zusätzlich zu festen systeminternen Vektordefinitionen die Möglichkeit haben, sich selbst solche Vektoren von Variablen zu definieren und sie bei nachfolgenden Programmaufrufen zu verwenden. Der Benutzer sollte einen solchen Vektor eintragen und sich dann über diesen Vektor informieren können. Er sollte dabei den systemintern bestimmten Vektor der gemeinsam abhängigen Variablen eines bestimmten Modells als Ausgangspunkt nehmen können. Ein eingetragener Vektor muß bequem verändert und kopiert werden können.

Es braucht nicht betont zu werden, daß die Existenz und die bequeme Handhabung einer solchen Vektorbank die Arbeit mit sozioökonomischen Modellen, insbesondere auch die Durchrechnung von zahlreichen Entscheidungsalternativen auf der Basis von Definitionsgleichungssystemen erheblich erleichtert.

Eine erste Stufe bei der Lösung von Entscheidungsproblemen ist das sogenannte Zielprojektionsverfahren. Ist N die Anzahl der Gleichungen eines Modells, so kann das Modell im Prinzip nach N frei wählbaren Variablen aufgelöst werden, wenn für alle anderen Variablen Werte vorgegeben werden. Für die Koeffizienten des Modells wird dabei, wenn es sich nicht um ein reines Definitionsgleichungssystem handelt, das Ergebnis irgendeiner Strukturschätzung verwendet. Vorausetzung dazu ist, daß das Variablen-Gleichungs-Zuteilungsproblem lösbar ist, d.h. ob bestimmte gemeinsam abhängige Variablen gegen bestimmte vorherbestimmte Variablen ausgetauscht werden können. Dies ist die mehr formale Betrachtungsweise. Materiell geht es darum, ob diese vorherbestimmten Variablen Instrumentvariablencharakter bezüglich dieser gemeinsam abhängigen Variablen haben. Ist dies der Fall, dann lassen sich diese gemeinsam abhängigen Variablen wie vorherbestimmte Variablen behandeln. Für diese vorherbestimmten Variablen können nun Zielwerte vorgegeben werden. Die zuerst vorherbestimmten Variablen sind dann gemeinsam abhängig und aus der Lösung des neuen Modellgleichungssystems ergeben sich so Werte für die Instrumentvariablen.

Eine solche Systemleistung erbringt für die verschiedensten Situationen gute Dienste. Es läßt sich z.B. untersuchen, ob ein Modell überhaupt eine beabsichtigte Ziel-Instrument-Beziehung zum Ausdruck bringt und es lassen sich damit die Arbeitsschritte im Rahmen des gebräuchlichen, auf Definitionsgleichungssystemen beruhenden, sogenannten sukzessiven Annäherungsverfahrens in der kurzfristigen gesamtwirtschaftlichen Vorausschätzung erheblich vereinfachen.

Ist eine Zuteilung gefunden, muß die neue Struktur unmittelbar blockrekursiv geordnet werden. Mit dieser neuen Struktur sollte weitergearbeitet werden können. Es sollten dann bei vorgegebenen Werten für die Zielvariablen die Werte der Instrumentvariablen bestimmt oder weitergehende kontrolltheoretische Verfahren angewendet werden können.

Bei den Prognosemöglichkeiten im Rahmen eines solchen Systems ist einmal zwischen den Verfahren zur Bestimmung der Prognoseform eines Modells und zum andern zwischen der Verwendung einer Prognoseform für unterschiedliche Zielsetzungen zu unterscheiden.

Die allereinfachste Prognosemöglichkeit ist jene über die Strukturform eines Modells. Diese Variante dient lediglich für die Erstellung von sogenannten Strukturform-ex-post-Prognosen. Für vollständig lineare Modelle sollte die reduzierte Form eines Modells berechnet und diese dann direkt für Prognosen verwendet werden können.

Diese beiden Möglichkeiten können
finden. Im allgemeinen wird ein Benutzer deshalb zu den auch für in den Variablen nichtlinearen Modellen geeigneten iterativen Verfahren zur Erstellung einer Prognoseform greifen. Das System sollte dazu Alternativen anbieten.

Bei der Verwendung einer Prognoseform ist zunächst zwischen einer sogenannten ex-post-Prognose und einer Prognosesimulation bzw. Prognose zu unterscheiden. Bei einer ex-post-Prognose werden für alle Variablen die Beobachtungsdaten eingesetzt. Bei einer Prognosesimulation werden nur für die exogenen Variablen Beobachtungswerte verwendet; für alle übrigen Variablen werden mit Ausnahme der Startwerte die vom Modell errechneten Werte benutzt. Mit einer solchen Prognosesimulation läßt sich das dynamische Verhalten eines Modells analysieren und überprüfen, inwieweit das Modell überhaupt in der Lage ist, die Entwicklung der mit dem Modell zu erklärenden Phänomene nachzuzeichnen. Stützt sich dieses Vorgehen nicht nur auf Modelldaten, sondern auch auf Prognosedaten, dann kann es auch zu einer Kombination von ex-post-Prognose und Prognose kommen.

Eine weitere Prognosemöglichkeit ergibt sich durch die Einbeziehung externer Informationen in Prognosen mit strukturellen Modellen. Solche Zusatzinformationen liegen in aller Regel in der Anwendungspraxis vor und können durch Erweiterung des strukturellen Modells durch ein Beobachtungsmodell ausgenutzt werden. Das System sollte alle dazu notwendigen Operatoren enthalten 6).

Bei der Entwicklung des Systems muß vor allem darauf geachtet werden, daß Ergebnisse möglichst direkt für Dokumentationszwecke verwendet werden können. Außerdem muß die Möglichkeit vorgesehen werden, bestimmte Ergebnisse wie Zeitreihen, Prognosereihen und Residuen auf externe Dateien für die Weiterverarbeitung ausserhalb des Systems ausgeben zu können. Die Ausgabe dieser Ergebnisse sollte dabei durch ein vom Benutzer einzugebendes Format gesteuert werden können. Damit ist insbesondere auch der Einsatz systemfremder graphischer Software und Tabellenprogramme möglich. Dazu muß ein Benutzer dann lediglich eine Datei deklarieren und das Ausgabeformat wählen. Die Änderung von Modell- und Prognosedaten ist so ebenfalls möglich.

Das System sollte als modular aufgebaute und nach einheitlichen Dokumentationsrichtlinien hinreichend genau beschriebene Software aus technischer Sicht eine hinreichende Qualität der Wartbarkeit haben. Die Probleme der Wartung müssen schon beim Entwurf gesehen und entsprechend berücksichtigt werden.

Diese knappen Ausführungen zur inhaltlichen Komponente eines Softwaresystems zur Unterstützung der Arbeit des empirischen Wirtschaftsforschers zeigen deutlich, daß die notwendige Methodenvielfalt, die sich aus den ständigen wechselnden Anforderungen ergibt, niemals als ein abgeschlossenes Methodenpaket angesehen werden darf. Das System muß als offenes System konzipiert werden. Es muß ohne größere Schwierigkeiten möglich sein, neue Bausteine einzubringen und bereits vorhandene Elemente des Systems im Hinblick auf bestimmte Anwendungssituationen auf neuartige Weise zu verknüpfen. Die erste Forderung ist besonders wichtig, weil nur so die knappen Forschungsressourcen effizient genutzt werden können. Wenn man einmal davon ausgeht, daß ein lebensfähiges Softwaresystem für den genannten Aufgabenbereich von unterschiedlichen Benutzerklassen und für unterschiedliche Zwecke genutzt werden kann, so ist sicher auch der mögliche Einsatz an den Hochschulen für Forschung und Lehre von nicht unerheblicher Bedeutung. Mit dem Einsatz eines solchen Systems an den Hochschulen wird ein nicht unerhebliches Potential erschlossen. Neuere methodische Ansätze können an den Hochschulen entwickelt, erprobt und dann an den weiteren Interessentenkreis weitergegeben werden. Programmierung, Dokumentation und Benutzeranweisungen müssen dabei nach den Richtlinien der Zentralstelle erfolgen, die auch die Weitergabe und Pflege übernimmt. Damit ergäbe sich nicht nur ein wünschenswertes Wechselspiel zwischen Forschung, Lehre und Anwendungspraxis, sondern es wäre auch sichergestellt, daß die möglicherweise an verschiedenen Stellen intensivierten Anstrengungen zur Entwicklung von Software für die Zwecke der empirischen Wirtschaftsforschung einem breiten Interessentenkreis zugute kommen. Daß ein solches Modell einer Zentralstelle funktionieren kann, zeigt das in etwa vergleichbare Beispiel des National Bureau of Economic Research in den USA und in Verbindung damit das lebensfähige Modellerstellungssystem TROLL, das von verschiedenen Institutionen Forschungsinput erhält.

Es ist erstaunlich, daß es in der Bundesrepublik bis jetzt keine derartige Organisation gibt. Wieviel Doppelarbeit, Ineffizienz und auch Verzicht auf methodisch sachgerechtes Vorgehen ist damit verbunden? Ein Grund für die mangelnde Bedeutung der empirischen Wirtschaftswissenschaften an deutschen Hochschulen und in der Anwendungspraxis ist damit sicher mitgegeben. Mit entsprechender methodischer und softwaretechnischer Unterstützung könnte sich der Wirtschaftswissenschaftler und Wirtschaftspolitiker doch verstärkt den eigentlichen ökonomischen Problemen zuwenden. Eine derartige Institution sollte m.E. wegen der notwendigen Flexibilität, aber auch wegen des notwendigen persönlichen Engagements der Mitarbeiter nicht in eine der bestehenden Großforschungseinrichtungen eingegliedert werden. Ein halbes Dutzend qualifizierter wissenschaftlicher Mitarbeiter, die faktisch so frei arbeiten können wie es im Forschungsbetrieb unabdingbar ist, bei einer gesicherten maßvollen Finanzierung aus den Titeln der in Frage kommenden Ressorts, sollte genügen. Zielsetzung und Arbeitsweise dieser Institution ließe sich durch entsprechende Satzungen und Arbeitsverträge lösen. Bei angemessener Kontinuität in den Reihen der wissenschaftlichen Mitarbeiter sollte die wissenschaftliche Leitung in relativ raschem Wechsel an ausgewiesene Forscherpersönlichkeiten übergeben werden. Auf diese Weise ließe sich nicht nur sicherstellen, daß immer wieder neue Impulse erfolgen, sondern auch die Rückkehr ins normale Wissenschaftlerdasein erleichtern.

Bei entsprechender Reputation dieser Institution, die wegen ihrer immensen Bedeutung sicher bald zu erreichen wäre, ist dann auch die eventuelle zwei- oder dreijährige Übernahme einer solchen Position attraktiv genug. Diese nur einmal lose skizzierte Idee wäre m.E. eines gründlichen Nachdenkens wert.

ANMERKUNGEN

1) Zu der Bedeutung empirischer Methoden in den Naturwissen-wissenschaften vgl. etwa B.Thuering, Die Gravitation und die philosophischen Grundlagen der Physik, Berlin 1967

2) Vgl. dazu die Entwicklung in den USA am Beispiel des Artikels von J.Cameron, The Economic Modelers Vie for Washington's Ear,in: Fortune vom 2o.Nov.1978,S.1o2 ff

3) Vgl. dazu die entsprechenden Bemühungen der Fachgruppe: Methoden- und Modellbanksysteme der Gesellschaft für Informatik

4) z.B. das Schema von A.Zellner aus Statistical Analysis of Econometric Models, in: Journal of the American Statistical Association, 74 (1979),S.628 ff

5) Vgl. dazu B.Schips, Probleme bei einer Verknüpfung von Modellen, im Druck

6) Vgl. R.Kuhl, Anwendungsmöglichkeit der Kalman-Filter-Technik in der Ökonometrie, Bericht zum Forschungsprojekt 'Ökonometrische Methodenbank', IAW, Tübingen 198o

IAS-System Bonn – Konzeption und Anwendung

Michael Fleck, Universität Bonn

Inhalt:

H.-D. Heike, Modellierungs-Software

Einführung

Das IAS - System ist ein System von Computerprogrammen, das die Entwicklung und Handhabung von ökonometrischen Makromodellen unterstützt. Die leicht erlernbare Kommandosprache des Systems macht es möglich, daß selbst Ökonomen, die keinerlei Erfahrungen mit der elektronischen Datenverarbeitung haben, erfolgreich ökonometrischen Modellbau betreiben können. Das IAS - System ist für den Dialogbetrieb über Datensichtgeräte entwickelt worden. Es kann aber auch sinnvoll im Batch eingesetzt werden. Das IAS - System ist von Stefan Schleicher und Mitarbeitern am Institut für Höhere Studien (Institute for Advanced Studies) in Wien entwickelt worden und läuft dort auf einem Rechner vom Typ UNIVAC 11o6 mit Wortstruktur. Über den derzeitigen Ausbauzustand berichtet Plasser[1)].

Die Bonner Variante des IAS - Systems, über die hier berichtet wird, entstand 1975 aus der Zusammenarbeit von Stefan Schleicher und einigen Mitarbeitern des SFB 21 an der Universität Bonn. Wir planten damals den Aufbau des Disaggregierten Bonner Prognosemodells[2)], das die Verflechtungsstruktur der verschiedenen Sektoren der deutschen Volkswirtschaft mit Hilfe von zeitlichveränderlichen Input-Output-Tabellen erfaßt. Bei dem geplanten Umfang des Modells war es selbstverständlich, daß wir uns nach einem Software-System umsehen mußten, das den Modellbau in möglichst allen seinen Phasen (Datenaufbereitung, Schätzung der Modellparameter, Simulation und Prognose) unterstützt[3)]. Solche Programmpakete waren damals auf dem deutschen Markt überhaupt nicht verfügbar. Auf internationaler Ebene aber wurde eine ganze Reihe ökonometrischer Systemprogramme zum Kauf oder zur Miete angeboten. Eine Übersicht über diese und ihre besonderen Eigenschaften gibt Eisenpress (1975). Ich gehe hier nun auf drei dieser Programmpakete ein, um zu erläutern, warum wir sie bei uns nicht verwenden konnten. Ähnliche Argumente führten dazu, daß praktisch auch alle übrigen als für uns nicht geeignet eingestuft werden mußten.

TROLL

Dieses System des National Bureau of Economic Research ist das wohl am weitesten ausgebaute ökonometrische Programmsystem. Es kam für uns nicht in Frage, da es ein spezielles Betriebssystem erfordert, das wir am Rechner der Universität Bonn (IBM 37o/ 168,o5) nicht zur Verfügung hatten.

ESP

Diese Weiterentwicklung des Zeitreihen-Prozessors TSP wurde z.B. an der Universität von Chicago eingesetzt. Diesem System fehlte damals noch völlig ein Simulationsteil, und die Unterstützung bei der Datenaufbereitung genügte auch nicht unseren Vorstellungen.

EPLAN

Dieses Produkt des Hauses IBM basiert auf APL, das in Bonn nicht zur Verfügung stand und erst mit recht hohem Kostenaufwand hätte beschafft werden müssen. Dennoch ließen wir uns andernorts EPLAN vorführen, weil wir hieran unsere größten Hoffnungen geknüpft hatten. Die Bearbeitungszeiten selbst für ein Modell von nur sechs Gleichungen waren allerdings bereits so hoch, daß wir uns keinerlei Chancen für unser Projekt ausrechnen konnten.

Als geeignet für unsere Zwecke erschien uns schließlich nur das System IAS, das damals allerdings noch im Aufbau begriffen war[4]. Wir entschlossen uns, das System nach Bonn zu übernehmen, obwohl

- die vorhandenen Programme erst IBM-kompatibel gemacht werden mußten,
- eine ganze Reihe von Programmen erst noch zu schreiben war, um auch nur die allerwichtigsten Bedürfnisse im Rahmen unseres Großprojektes befriedigen zu können und
- keinerlei Dokumentation der fertigen Programme zur Verfügung stand, was als Voraussetzung für eine Weiterentwicklung des Systems angesehen werden muß.

Ausschlaggebend für unsere Entscheidung waren folgende Gründe:

- Der hohe Bedienungskomfort (Benutzerfreundlichkeit) des Systems und
- die Möglichkeit, daß wir das System selbständig auf unsere speziellen Bedürfnisse würden zuschneiden können. Bei den meisten anderen Programmpaketen haben sich die Autoren Veränderungen selbst vorbehalten, was u.U. den Fortgang unserer Arbeiten hätte beeinträchtigen können.
- Von besonderem Gewicht war schließlich die Tatsache, daß Stefan Schleicher uns bei der Implementierung behilflich sein wollte.

Mit diesem kurzen historischen Abriß wurde versucht, dem Leser vor Augen zu führen, welche Gesichtspunkte alle eine wichtige Rolle spielen können, wenn über die Brauchbarkeit eines Programmsystems entschieden werden muß. Versuchen wir, diese Gesichtspunkte systematisch zusammenzufassen, so ergibt sich etwa folgende Gliederung:

- Bei der Adaption eines Systems sind entscheidend für den zu erwartenden Aufwand: Portabilität (Programmiersprache und Rückgriff auf spezielle Betriebssystemfunktionen) und Service (Unterweisung und Hilfestellung in mündlicher oder schriftlicher Form durch die Systemprogrammierer).
- Bei der Benutzung eines Systems sind wichtige Parameter: Der Leistungsumfang (w a s das System kann), die Effizienz (wieviel Rechenzeit für bestimmte Aufgaben erforderlich ist und wieviel Kernspeicherbedarf) und die Benutzerfreundlichkeit (einfache und knappe Kommandostruktur, freie Formate, möglichst geringe Anforderungen an die DV-Kenntnisse des Benutzers).
- Beim Ausbau eines Systems sind neben der vertraglichen Regelung, (die natürlich den Ausbau durch einen Benutzer überhaupt zulassen muß) entscheidend: Die Gesamtkonzeption des Systems (modularer Aufbau) und die Darstellung des Systems (Programmdokumentation, Darstellung der Programmstruktur), damit sich der Benutzer erst einmal in

das System hineinarbeiten kann, ehe er Erweiterungen vornimmt.

Im Folgenden wird das IAS -System Bonn unter diesen Gesichtspunkten dargestellt. Dabei wird allerdings nicht nach obiger Gliederung vorgegangen.

Die Arbeit gliedert sich in drei Teile. Zunächst wird das System aus der Sicht des Benutzers dargestellt, um den Leistungsumfang und die Benutzerfreundlichkeit deutlich werden zu lassen. Im zweiten Teil findet der Leser technische Details. Programmstruktur und Struktur der internen Datenbank des Systems werden erläutert. Außerdem findet der Interessent hier auch einige Angaben über die verwendeten Methoden und Algorithmen. Vollständig kann diese Information natürlich nicht sein, weil der verfügbare Platz nicht ausreichen würde. Es muß verwiesen werden auf Fleck und Feldmann (1978).

Im dritten Teil stehen ökonometrische Modelle, die mit IAS in Bonn entwickelt wurden, im Vordergrund, um Restriktionen bezüglich Modellgröße und Modelltyp deutlich werden zu lassen. Anschließend wird kurz auf die Bedingungen eingegangen, unter denen das IAS-System Bonn an andere Arbeitsgruppen weitergegeben werden kann. Außer auf einigen IBM-Rechnern läuft unsere Version bisher nur auf SIEMENS Anlagen.

I. Beschreibung des Systems aus der Sicht des Benutzers

1. Einführung

Zur Arbeit mit dem IAS-System benötigt der Benutzer keinerlei Programmierkenntnisse oder Erfahrungen mit der elektronischen Datenverarbeitung. Lediglich der Gebrauch eines Datensichtgerätes sollte ihm etwas geläufig sein, also, wie man eine Sitzung am Bildschirm eröffnet (LOGON-Kommando) und wie man sie ordnungsgemäß wieder beendet (LOGOFF-Kommando). Die Entsprechung im Batch sind die JCL-Karten, die sich der Benutzer aber nur einmal von einem Kollegen schreiben lassen muß, um sie dann immer wieder verwenden zu können.

Das IAS-System ist ein einziges Programm, die Kommandos des Benutzers sind der Dateninput. Die benötigten Dateien für die langzeitige Speicherung der Daten, Gleichungen oder Modelle (das System benötigt drei Dateien mit direktem Zugriff) werden durch eine Prozedur verfügbar gemacht, die der Benutzer durch ein EXEC-Kommando aufrufen kann. Mit Ablauf dieser Prozedur meldet sich das System, und der Benutzer kann das erste IAS-Kommando eingeben. Durch das IAS-Kommando *End wird das Programm verlassen. LOGOFF beendet die Sitzung.

2. Kommandosprache des Systems

Die Kommandosprache des IAS-Systems ist denkbar einfach strukturiert und leicht erlernbar, z.B. wird durch das Kommando *DATA KONSUM eine Zeitreihe gelistet, die unter dem Namen KONSUM geladen wurde. Durch *TIME,DATA 55M1 55M12 hätte man zuvor noch festlegen können, daß nur die Werte der Zeitreihe für das Jahr 1955 (Monatswerte) gelistet werden.

Ganz allgemein hat ein IAS-Kommando folgenden Aufbau[5]:

(1) *command [,option] [spcstr]

[input]

Hierbei bedeutet:

command Aufruf einer Programmgruppe des IAS-Systems für typische Aufgaben. Beispielsweise wird mit dem command 'DATA', abzukürzen durch 'D', die Programmgruppe aufgerufen, die zur Handhabung von Zeitreihen vorgesehen ist. Z.Zt. gibt es ca. 3o derartige Programmgruppen.

option Auswahl einer speziellen Funktion der gew. Programmgruppe. Beispielsweise wird durch die option 'I' der DATA-Gruppe das Laden einer Zeitreihe ausgelöst. Falls option fehlt, wird von der gew. Programmgruppe eine häufig benutzte Funktion ausgeführt, z.B. bei der DATA-Gruppe eine Zeitreihe gelistet.

spcstr Spezifikation eines wichtigen Inputs für die gew. Programmgruppe. Beispielsweise muß für die DATA-Gruppe der Name der zu bearbeitenden Zeitreihe angegeben werden.

input ggf. weiterer Input für die gew. Programmgruppe (z.B. bei der Definition eines Modells müssen die Namen der Gleichungen angegeben werden, die zum Modell gehören sollen).

IAS-Kommandos können formatfrei geschrieben werden; das Zeichen '*' kennzeichnet den Beginn eines Kommandos. Zur vollständigen Darstellung aller z.Zt. möglichen IAS-Kommandos vergl.Fleck (1978).

3. Elemente und Elementgruppen

Das IAS-System kennt bisher <u>drei verschiedene Typen von Elementen:</u>

SER - Elemente: Zeitreihen
EQU - Elemente: Einzelgleichungen
SYS - Elemente: Ökonometrische Modelle.

Geplant ist ein weiterer Elementtypus:

SEC - Elemente: Querschnitte.

Alle diese Elemente werden beim Laden durch einen Namen gekennzeichnet, der aus maximal acht Zeichen bestehen kann. Unter diesem Namen steht ein Element dann für die weitere Arbeit zur Verfügung, bis es durch ein *DELETE - Kommando wieder zerstört wird.

Zu jedem Element kann ein weiteres Feld mit maximal 48 Zeichen beschrieben werden, um den Inhalt des Elements genauer zu kennzeichnen.

Elemente können zu Elementgruppen zusammengefaßt werden, die jede auch wieder einen Namen erhalten, der aus acht (max.) Zeichen besteht. So erweist es sich z.B. als zweckmäßig, alle Daten eines Modells zu einer Gruppe zusammenzufassen und alle Gleichungen in einer anderen. Für eine Elementgruppe kann ein Leseschlüssel und ein Schreibschlüssel definiert werden, so daß nur die Benutzer, die den Leseschlüssel kennen, sich die Daten der entsprechenden Gruppe listen lassen können. Veränderungen an den Elementen kann nur derjenige vornehmen, der den Schreibschlüssel kennt (das hat sich z.B. bei der Benutzung des Systems im Lehrbetrieb als sehr nützlich erwiesen).

Für Gleichungen und Modelle kann der Benutzer auch noch einen Versionsnamen angeben, um z.B. verschiedene Konsumhypothesen von einander zu unterscheiden. Die vollständige und eindeutige Kennzeichnung eines Elementes ist dann file.label (version), wobei file der Name der Gruppe, label der Name des Elementes und version der Name der Version ist.

4. Der Leistungsumfang des Systems

Im folgenden wird ein kurzer Überblick über die wichtigsten Aufgabenstellungen gegeben, sie sich z.Z. mit Hilfe der Bonner Version des IAS-Systems angehen lassen. Für detaillierte Angaben sei der interessierte Leser auf Fleck (1978) verwiesen.

1. Aufbau und Pflege einer Datenbank

    a. Laden formatierter Daten aus einem Kartenpaket
       *DATA,D
    b. Laden einzelner Zeitreihen am Bildschirm
       *DATA,I
    c. Laden von Zeitreihen aus der Bonner Datenbank
       *DATA,B

d. Definition neuer Zeitreihen durch Berechnung aus bereits geladenen Daten
*TIME,DATA
*DATA name (cal64)
oder bei umfangreichen Definitionen (die mehr als 64 Zeichen erfordern):
*TIME,CALC
*CALC
*DATA,CALC

e. Verbesern oder Verlängern von Zeitreihen
*TIME,UPD
*UPD
oder
*TIME,CALC
*CALC
*UPD,CALC

f. Listen aller Daten in einem File
*TIME,LIST
*LIST,F
oder
*DATA,L

g. Graphische Darstellung von Zeitreihen
*TIME,PLOT
*PLOT

h. Ausstanzen von Zeitreihen
*PCH,ID

2. Aufbau einer Hypothesenbank für Einzelgleichungen

a. Laden einer Definitionsgleichung
*EQU,I

b. Schätzen der Parameter einer Einzelgleichung (OLS)[7]
*TIME,REG
*REG
Bei befriedigenden Ergebnissen der Regressionsrechnung können die Ergebnisse (berechnete Zeitreihe, berechnete

Residuen, geschätzte Gleichung) permanent gespeichert werden:

*DATA,YC

*DATA,RES

*EQU,I

c. Prüfen einer Gleichung (ob linke und rechte Seite übereinstimmen)

*EQU,C

d. Listen aller Gleichungen in einem File

*EQU,L

e. Ausstanzen von Gleichungen in IAS - ladefähiger Form

*PCH,IE

3. Aufbau einer Hypothesenbank für ökonometrische Modelle

a. Definition eines Modells (Festlegen der zugehörigen Gleichungen)

*SYS,I

b. Auffinden der block-rekursiven Struktur dieses Modells

*ORD

c. Präparation dieses Modells (automatisches Auffinden der erforderlichen exogenen Variablen)

*SYS,P

d. Prüfen aller Gleichungen des Modells im Systemzusammenhang

*USE BFILE,file

*TIME,SOLVE

*SOLVE,C

e. Speichern eines Modells als SYS-Element (nur sinnvoll, wenn die Prüfung der Gleichungen keine Fehler aufgezeigt hat)

*SYS,I elemtspc

f. Simulation und Prognose mit einem ökonometrischen Modell

*SYS,I

*SYS,P

*TIME SOLVE

*SOLVE

oder, falls das Modell als SYS-Element verfügbar ist
•SYS elemtspc
•TIME,SOLVE
•SOLVE

g. Liste aller Variablen des Modells
•SYS,SX

h. Ausstanzen der FORTRAN-SUBROUTINE MODEL eines Modells
•SYS elemtspc
•PCH,M

4. Simulation und Prognose, Analyse der Ergebnisse

Simulation und Prognose mit einem ökonometrischen Modell erfordern stets, daß die Modellparameter im Kernspeicher zur Verfügung stehen. Dieses kann auf zweierlei Weise erreicht werden: Entweder durch Definition und Präparation des Modells (vergl. 3.a und 3.c) oder durch Aufruf eines bereits existierenden SYS-Elementes mit dem Kommando •SYS elemtspc. Anschließend kann der Lösungsprozessor mit •SOLVE aufgerufen werden, der durch geeignete Wahl von Option und Spezifikation seiner Parameter zahlreiche Möglichkeiten für Simulation und Prognose bietet. Ein Beispiel ist oben in 3.f angegeben. Zur Analyse der Ergebnisse bietet das IAS-System unter anderem folgende Möglichkeiten im Anschluß an •SOLVE:

a. Fehleranalyse einer ex-post Prognose
•TIME,ERR
•ERR

b. Multiplikatoranalyse
•TIME,RPT
•RPT,option MUL
oder, falls man diese Ergebnisse in Form veröffentlichungsreifer Tabellen haben möchte (sinnvollerweise im Batch anzuwenden):
•TIME,TAB
•TAB,option MUL

c. Berechnung von Elastizitäten

*TIME,TAB
*TAB,E QUO
oder, falls man die Ergebnisse nur schnell am Bildschirm sehen möchte:
*TIME,RPT
*RPT,E QUO

d. Darstellung der Prognosen in Form von veröffentlichungsreifen Listen
*TIME,LIST
*LIST,M

5. Dokumentation von Daten und Modellen

a. Verzeichnis der Variablen eines Modells
*SYS elemtspc
*SYS, SX

b. Liste des Gleichungssystems
*DOC

c. Dokumentation zur Erzeugung der verwendeten Daten: Die Daten sollten über ein System von Definitionsgleichungen aus Originaldaten erzeugt werden. Definition der Originaldaten sowie die zugehörigen Quellenangaben können dann im Kommentarfeld der Definitionsgleichungen untergebracht werden. Liste des Definitionsgleichungssystems auch mit
*DOC

6. Kommunikation mit anderen Arbeitsgruppen

Wir werden oft von anderen Arbeitsgruppen gebeten, bei uns entwickelte funktionsfähige ökonometrische Modelle so weiter zu geben, daß man an anderer Stelle ohne Neuprogrammierung direkt damit arbeiten kann. Deshalb habe ich mehrere Möglichkeiten vorgesehen, Modelle und die zugehörigen Daten und Parameter in Kartenform auszustanzen:

a. Kartendecks für Arbeitsgruppen, die selbst über IAS verfügen

EQUPACK (alle Gleichungen eines Modells in IAS-ladefähiger Form) durch •PCH,ME

DATAPACK (alle Zeitreihen eines Modells in IAS-ladefähiger Form) durch •PCH,MD

b. Kartendecks für Arbeitsgruppen, die nicht über IAS verfügen

SMODEL (spezielle FORTRAN-SUBROUTINE eines Modells, die zusammen mit einem kleinen Lösungsprogramm SIM$1 Simulationsrechnungen ermöglicht): durch •PCH,SM auszustanzen.

SIM$1 (Hauptprogramm, das SMODEL aufruft, sowie einige zusätzlich nötige Unterprogramme).

PSIM$1 (enthält alle geschätzten Parameter des Modells) wird gleichzeitig mit SMODEL durch •PCH,SM ausgestanzt.

DSIM$1 (enthält alle Zeitreihen des Modells) wird durch •PCH,SD ausgestanzt.

c. Kartendecks für Project Link

Die Mitarbeit der Bonner Arbeitsgruppe im Projekt Link erfordert, daß wir das BONNER PROGNOSEMODELL 5, welches als Teilmodell in das Gesamtsystem aufgenommen ist, in einer ganz speziellen Form übergeben. Um auch hier bei der jährlichen Aktualisierung des Modells und seiner Daten zusätzlichen Programmieraufwand zu sparen, wurden zur automatischen Ausgabe einige Optionen des Punch-Prozessors neu vorgesehen. Speziell zugeschnitten auf die Erfordernisse des Programmsystems SIM von Link-Central sind die folgenden Kartenpakete:

SOGERM (FORTRAN-SUBROUTINE des Modells) durch •PCH,LM ,

DSIMDT (Parameter des Modells) durch •PCH,LM gleichzeitig mit SOGERM erzeugen, sowie

DBANK (Daten des Modells) durch •PCH,LD.

5. Einige Beispiele für Kommandoabfolgen

Die nachfolgend aufgeführten IAS - Befehle orientieren sich an den Problemstellungen, die sich beim Aufbau des Modells KLEIN1[8] ergeben.

●CAT,ASG KLEIN	Deklaration eines Gruppennamens ohne Lese- und Schreibschlüssel.
●ASG BASIS/LL/SS/	Nachweis der Benutzerberechtigung der Daten in der Gruppe BASIS.
●DATA,I WP LOHNSUMME	Laden einer Zeitreihe unter dem Namen WP in die Datenbank. Startzeitpunkt und Werte der Zeitreihe werden abgefragt.
●COPY,D BASIS,KLEIN	Übertragen aller SER-Elemente aus der Gruppe BASIS in die Gruppe KLEIN.
●TIME,CALC 2O 41	Setzen einer Zeitdefinition für CALC
●CALC Q+WP+WST	Berechnung des Volkseinkommens für die Jahre 192o bis 1941
●DATA,CALC Y VOLKSEINKOMMEN	Laden der eben berechneten Daten als SER-Element Y
●TIME, REG 21 35	
●REG	Schätzen der Konsumfunktion.
C	
P	
P |1|	
<WP + WST>	
●	
●EQU,I Y VOLKSEINKOMMEN	
Y = Q + WP + WST	Laden eines EQU-Elementes.
●	
●SYS,I	Definition des Modells.
C	
I	
WP	
K	

P	
Y	
•ORD,G	Auffinden der Block-rekursiven Struktur
•SYS,P	Auffinden der Exogenen des Modells
•TIME,SOLVE 36 41	
•SOLVE,P	Ex post Prognose 1936 bis 1941
•ERR BASIS,KLEIN	Fehleranalyse dieser Prognose

6. Abschließende Bemerkungen

Das IAS-System ist so angelegt, daß der Benutzer die gleiche Kommandosprache im Batch und am Bildschirm verwenden kann. Bewußt wurde auf die sog. Menu-Technik verzichtet, bei der dem Benutzer am Bildschirm die alternativ möglichen Antworten gelistet werden. Der Benutzer von IAS muß die Alternativen kennen. Als Information hierfür steht ihm leider bislang nur das Benutzerhandbuch zur Verfügung. Ein Kommando•HELP ist bisher nicht implementiert. Sein Fehlen wurde aber offenbar auch noch nicht als zu schmerzlich empfunden, da die Benutzer meistens schon am zweiten Tage die wesentlichen Kommandos beherrschen. Beim weiteren Ausbau des Systems könnte das natürlich anders werden. Dann müßten wir ein entsprechendes Kommando spätestens zur Verfügung stellen.

II. Beschreibung des Systems aus der Sicht des Programmierers

1. Programme und Programmstruktur

a. Das IAS-System Bonn umfaßt z.Zt. etwa 22o Unterprogramme, die in FORTRAN programmiert sind und mit einem Hauptprogramm zu einem einzigen Lade-Modul zusammengebunden werden können. Von einer Reihe von häufig benutzten Unterprogrammen gibt es auch eine ASSEMBLER-Version, die wir in Bonn anstelle der FORTRAN-Version verwenden, um die Bearbeitungszeiten von IAS-Jobs möglichst klein zu halten. Wir verwenden OVERLAY, um den erforderlichen Kernspeicherbedarf möglichst gering zu halten und bieten außerdem verschiedene Versionen des Systems (MINI, MIDI, IAS und BIG) an, damit der Benutzer die Speicherplatzanforderungen an sein Problem anpassen kann. Zur langfristigen Datenhaltung sind Magnetplatten erforderlich, um im direkten Zugriff arbeiten zu können.

b. Bei den Programmen des Systems unterscheiden wir zwei Gruppen von Unterprogrammen: Prozessoren (das sind solche Unterprogramme, die aufgrund eines IAS-Kommandos direkt vom Hauptprogramm aufgerufen werden) mit prozessoreigenen Unterprogrammen (das sind Unterprogramme, die nur von einem Prozessor aufgerufen werden) und Service-Routinen (das sind Unterprogramme, die von zahlreichen Prozessoren und deren Unterprogrammen gebraucht werden). Zum Beispiel gehören alle Programme zur Manipulation einzelner Zeichen in einer Zeichenkette zu den Service-Routinen. Eine Übersicht über alle z.Zt.bereits verfügbaren Unterprogramme des IAS-Systems Bonn findet der interessierte Leser in Fleck und Feldmann (1978).

c. In der nachfolgenden Graphik ist die Struktur des Systems symbolisch dargestellt: Das Main-Programm ruft die Prozessoren auf, die mit ihren speziellen Unterprogrammen durch kleine Kästchen dargestellt sind. Alle diese Programme greifen auf die Gruppe der Service-Routinen zu.

Symbolische Darstellung der Programmstruktur des IAS-Systems:

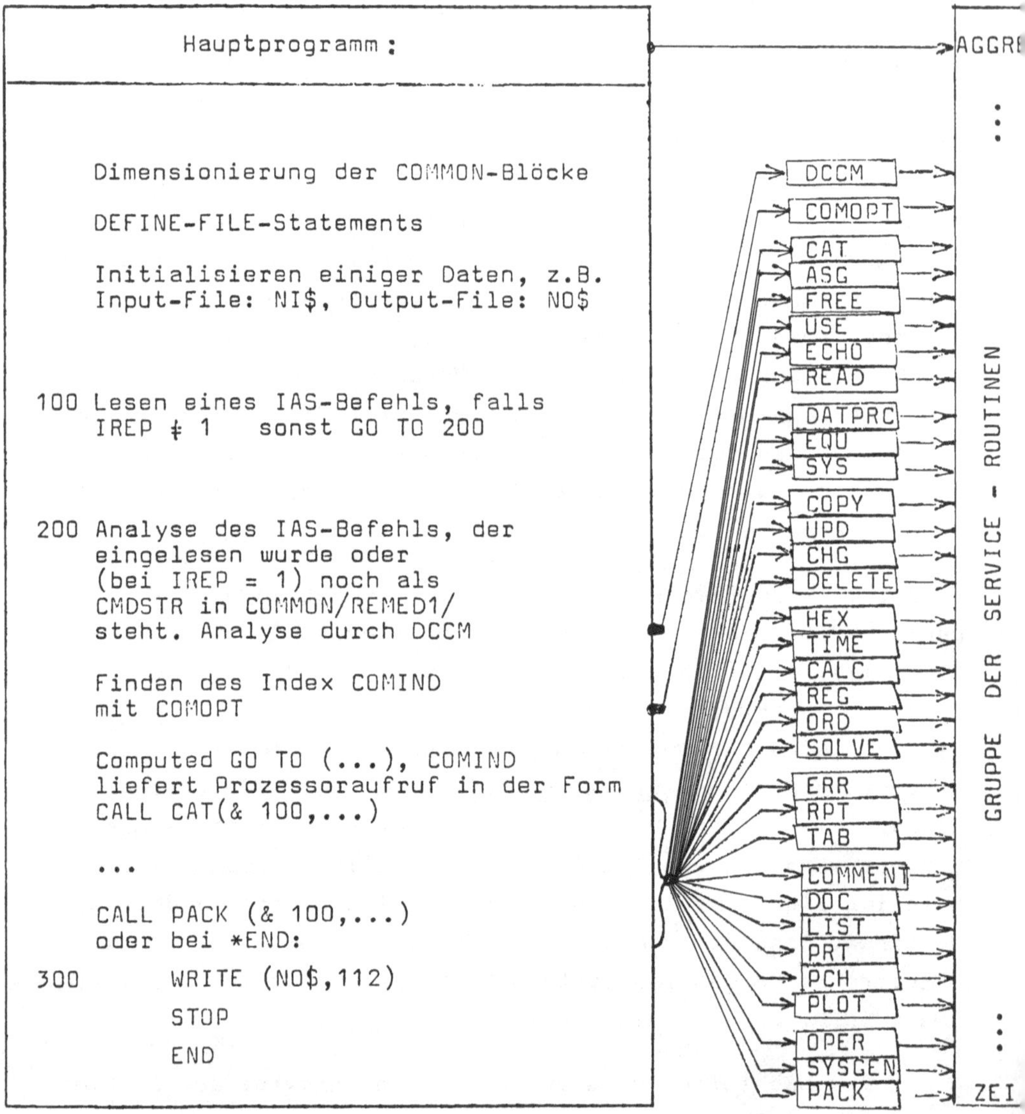

2. Datenbank und Dateistrukturen

Zum Speichern der Filenamen, der Elementnamen und der Elementinhalte werden die drei SYS-Dateien F11IAS, F12IAS und F13IAS verwendet. Sie werden stets benötigt, wenn man mit IAS arbeiten will und ermöglichen den direkten Zugriff zu ihren einzelnen Records (direct-access).

F11IAS dient zum Speichern der Namen und weiterer Informationen für katalogisierte Files[9]. Jeder benutzte Record der Datei ist einem katalogisierten File zugeordnet, das erste Wort im Record trägt den Namen des File. Ist das erste Wort aus Blank-Zeichen zusammengesetzt, gilt der Record als unbenutzt. Beim Katalogisieren wird, bei Record 1 beginnend, der erste unbenutzte Record gesucht und genutzt. Beim Zerstören eines File wird das erste Wort im entsprechenden Record gelöscht.

F12IAS dient zum Speichern der Namen und weiterer Informationen für Elemente. Jeder benutzte Record der Datei ist einem Element zugeordnet, der erste Record der Datei hat eine besondere Bedeutung. Hier wird die Nummer des ersten unbenutzten Record der Datei vermerkt sowie die Kenngröße IAVAIL, deren Wert = O signalisiert, daß z.Zt. kein neues Element geladen werden kann (z.B. während der Ausführung des Kommandos *PACK). Laden eines neuen Elementes erfolgt stets in den Record, der als erster freier Record 1 eingetragen war. Diese Nummer wird anschließend um eins erhöht. Löschen eines Elementes bedeutet nicht, daß der entsprechende Record wieder als unbenutzt gekennzeichnet wird (Gegensatz zu F11IAS). Es wird lediglich der Status des Elementes mit "zerstört" ('DLTD') gekennzeichnet. Diese Vorgehensweise ist wichtig, um binäres Suchen (s.u.) in F12IAS möglich zu machen (Gegensatz zu F11IAS, wo sequentiell, bei Record 1 beginnend, gesucht wird, bis der Name File gefunden worden ist). Sie erfordert andererseits den Prozess des Packens (s.u.).

F13IAS dient zum Speichern der Inhalte der Elemente, d.h. bei

SER-Elementen werden hier die numerischen Werte der Zeitreihen gespeichert, bei EQU-Elementen POLSTR, REGSTR und ALGSTR (s. unten in 5a) und bei SYS-Elementen im wesentlichen die Namen der Gleichungen des Modells. Falls ein Record von F13IAS nicht ausreicht, um den gesamten Inhalt eines Elementes aufzunehmen, werden automatisch Fortsetzungs-Records definiert (Unterschied zu F12IAS, wo zu jedem Element genau ein Record gehört). Die Nummer des Records von F13IAS, in dem die Fortsetzung folgt, wird hinter dem angefangenen Elementinhalt gespeichert. Ist dort eine Null eingetragen, gibt es keine Fortsetzung. Die Nummer des Records, in dem der Elementinhalt beginnt, ist neben dem Namen des Elementes als IP13 in F12IAS gespeichert. Genau wie in F12IAS hat auch der erste Record von F13IAS eine besondere Bedeutung. Hier wird die Nummer des nächsten u.U. zu benutzenden Record von F13IAS vermerkt. Beim Laden eines Elementes wird diese Zahl aktualisiert, nachdem die nächsten freien Records vollgeschrieben wurden. Beim Löschen eines Elementes wird in allen Records von F13IAS, die zu diesem Element gehörten, der Fortsetzungspointer auf -1 gesetzt. Hierdurch werden diese Records als frei gekennzeichnet. Sie werden allerdings erst dann wieder benutzt, wenn der letzte Record von F13IAS vollgeschrieben worden ist und mit dem Suchen des nächsten freien Record wieder bei Record 2 begonnen wurde. (Unterschied zu F11IAS und F12IAS: Dort wird die Suche eingestellt, wenn nach Prüfen des letzten Record der Datei noch kein freier Record gefunden wurde).

3. Binäres Suchen in F12IAS

Um ein bereits geladenes Element, das durch file, label, vers und type eindeutig gekennzeichnet ist, bei Bedarf möglichst schnell wiederfinden zu können, wird es beim Laden in eine Baumstruktur aufgenommen. Alle Elemente eines File bilden einen binären Baum. Die Wurzel des Baumes bildet das Element, das als erstes dem File zugeordnet wurde, sein Pointer IP12 ist beim Namen des File in F11IAS vermerkt. Das Element kann einen linken und einen rechten Nachfolger besitzen, dann sind die Pointer IP12L (für den linken Nachfolger) und IP12R (für den rechten Nachfolger) beim Namen des ersten Elementes in F12IAS eingetragen. Stehen dort Nullen, gibt es keine Nachfolger.

Ob das zweite Element, das dem File zugeordnet wurde, als linker oder als rechter Nachfolger des ersten Elementes vermerkt ist, richtet sich nach dem numerischen Äquivalent der Worte label, vers und type beider Elemente. Beim linken Nachfolger ist dieser Wert größer als beim Vorgänger, beim rechten Nachfolger ist er kleiner. Entsprechend kann auch für jeden der Nachfolger wieder ein linker und ein rechter Nachfolger definiert sein. Die Baumstruktur für einen File spiegelt die historische Reihenfolge beim Laden der Elemente wieder. Sie kann geschickt und ungeschickt sein: Hat man z.B. die Elemente eines File vor dem Laden alphabetisch sortiert, besitzt jedes Element nur einen rechten Nachbarn. Der Baum hat dann nur einen Ast. Einen gut verzweigten Baum erhält man, wenn die Anfangsbuchstaben der Elementnamen vor dem Laden statistisch verteilt sind.

Wie beim Laden werden auch hier beim Suchen eines Elementes die numerischen Äquivalente von label, vers und type genutzt. Die Suche beginnt beim ersten Element des gewünschten File und setzt sich nur im rechten oder im linken Teil des Baumes fort (deshalb: binäres Suchen). Bei sehr ungeschickter Baumstruktur kann das binäre Suchen zum linearen Suchen entarten.

4. Polnische Notation (vergl. Programmtexte POLCAL, POLC)

Im IAS-System wird jede Berechnung auf der Basis der Polnischen Notation durchgeführt: Der Benutzer spezifiziert seine Berechnungsvorschriften in Form einer Zeichenkette (ALGSTR). Diese wird dann intern in einen Vektor (R * 8) POLSTR überführt, dessen Komponenten die Operatoren und Operanden in codierter Form enthalten. Hier soll nicht auf die Polnische Notation selbst eingegangen werden, die eine sequentielle Verarbeitung von Operatoren und Operanden ermöglicht, sondern auf die interne Darstellung der Operatoren und Operanden in POLSTR. Außerdem soll hier auf die nochmalige Transformation im SOLVE-Prozessor hingewiesen werden, die den POLSTR-Vektor jeder Gleichung eines Modells in einen Vektor POL (R * 4) überführt. Die Vektoren POL aller Gleichungen werden dann hintereinander in einem sehr langen Vektor EQUSTR zur Verfügung gehalten. Auch die interne Darstellung der Operatoren und Operanden im Vektor POL soll angegeben werden. Die Gegenüberstellung beider Darstellungsarten verdeutlicht dann auch, warum es sinnvoll ist, die nochmalige Transformation im SOLVE-Prozessor (vgl.Programmtexte SOLVE, SOLPOL) durchzuführen.

Operanden[1]:

	Darst.in POLSTR	Darst.in POL
label o. lag	'__ØØØØ''label___'	I2(1)=Z4 , I2(2)=INDVEC(k)
label m. lag	'__ØØ1g''label___'	I2(1)=Z4 , I2(2)=INDVEC(k)-lg
acof	'__ØØØØ''Ann____'	Wert des acof (R*4)
Konstante	'______',Wert(R*8)	Wert (R*4)

Operatoren[2),3)]:

+	'+_____'	'+$$$'
-	'-_____'	'-$$$'
*	'*_____'	'*$$$'
:	'/_____'	'/$$$'
**	'**____'	'**$$'
sinus	'SIN___'	'SIN$'
cosinus	'COS___'	'COS$'
nat.Logarithm.	'LOG_____'	'LOG$'
e hoch	'EXP_____'	'EXP$'
N(Ø,1)-Verteil.	'ND#_____'	'ND#$'
Benutzer-Funktionen	'F01#____'	'F01#'
	...	...
	'F20#____'	'F20#'

Anmerkungen sh. nächste Seite

Anmerkungen

1) Operanden werden in POLSTR durch eine Zeichenkette kenntlich gemacht, die dem Operanden selbst vorausgeht und deren erste vier Zeichen blank sind. Wenn alle acht Zeichen der Kette blank sind, enthält das nächste Element von POLSTR den Wert einer Konstanten (doppelt genau), anderenfalls steht dort ein Name von Zeitreihen oder Schätzparameter. Die Speicherung eines Operanden in POLSTR erfordert also stets zwei Elemente dieses Vektors (R * 8). Anders in Vektor POL: Erstens ist dieser vom Typ R * 4, zweitens entfällt das vorangestellte Erkennungswort. Weitere Unterschiede betreffen die Schätzparameter und den Datenzugriff: Die Werte der Schätzparameter werden wie Konstanten behandelt in POL. Anstelle von label und lag, die erst interpretiert werden müssen, wenn über POLSTR gerechnet wird, steht in POL die Adresse für den Wert in VALVEC[3]. Sie wird als solche erkannt durch die Zeichenfolge Z4 (:=7FFF) in den ersten beiden Byte der Komponente POL (i), die in den beiden nachfolgenden Byte dann die Adresse (I * 2 - Wert) enthält.

2) Die Operatoren gliedern sich in zwei Gruppen: Die erste enthält Operatoren zu dyadischen Operationen (Verbindung von jeweils zwei Operanden). Die zweite Gruppe enthält die bisher zugelassenen Funktionen, die sämtlich zu den monadischen Operationen gerechnet werden müssen. Sie sind sämtlich Funktionen einer Veränderlichen.

3) Operanden können entweder numerische Konstante sein (auch: geschätzte Parameter) oder Werte, die einer Zeitreihe zu entnehmen sind. Letztere werden vor der Lösung eines Modells (für einen einzelnen Zeitpunkt t) in den Kernspeicher geholt und zwar nur genau die Zeitreihenwerte, die zur Berechnung der Endogenen in t nötig sind. Sie werden in laufender Folge in einem Vektor VALVEC gespeichert: Zu jeder Modellvariablen V_k findet sich dann in diesem Vektor der Wert X_{k-t} (für die laufende Periode) und auf den Plätzen davor in

VALVEC alle nötigen Werte $X_{k,t-1}$, $X_{k,t-2}$, ... $X_{k,t-m}$ (wobei m der maximale Lag der Variablen V_k im Modell ist). Ein zusätzlicher Vektor INVEC liefert mit INDVEC(k) den Index i_k (die Adresse in VALVEC, unter der unverzögerte Wert $X_{k,t}$ zu finden ist).

5. Auffinden der Ordnungsstruktur ökonometrischer Modelle

a. Ein Ökonometrisches Modell wird durch Festlegung der EQU-Elemente definiert, die das Modell bilden sollen. Jedes dieser Elemente enthält in F12IAS einen Elementinhalt mit den drei Vektoren ALGSTR, POLSTR und REGSTR. ALGSTR ist die Gleichung in genau der Form, in der der Benutzer sie definiert hat, POLSTR ist die Übertragung dieses Textes in Polnische Notation. REGSTR enthält die Schätzparameter und die statistischen Prüfmaße, die der REG-Prozessor bereitstellt. Bei Definitionsgleichungen ist REGSTR von der Länge Null. Während ALGSTR der Dokumentation eines Modells dient oder der Übersetzung in eine FORTRAN-SUBROUTINE, werden POLSTR und REGSTR zur Berechnung der linken Seite einer Gleichung verwendet. Ein SYS-Element entsteht durch Verkettung der Vektoren POLSTR aller Gleichungen, die das Modell bilden.

b. Die Basis für das Auffinden der Ordnungsstruktur eines ökonometrischen Modells ist die Inzidenzmatrix A, deren allgemeines Element die Werte Null und Eins annehmen kann:

$$a_{ij} = \begin{cases} 1 & \text{wenn Variable } V_i \text{ unverzögert in Gl. } G_j \text{ erscheint} \\ 0 & \text{sonst} \end{cases}$$

Diese Matrix ist das Abbild eines gerichteten Graphen G, dessen Knoten den endogenen Variablen des Modells entsprechen. Durch $a_{ij} = 1$ wird beschrieben, daß es eine direkte Verbindung von Knoten K_i zum Knoten K_j gibt. Die Matrix A wird automatisch anhand der Vektoren ALGSTR der Gleichungen des Modells bestimmt.

c. Ein erster Rechenschritt bestimmt die reflexiv-transitive Hülle $\bar{A}$ zur Matrix A, für deren allgemeines Element $\bar{a}_{ij}$ gilt:

$$\bar{a}_{ij} = \begin{cases} 1 \text{ wenn es überhaupt eine Verbindung von } K_i \text{ nach } K_j \\ \quad \text{in G gibt (über maximal n-2 Zwischenknoten).} \\ 0 \text{ sonst} \end{cases}$$

$\bar{A}$ wird bestimmt mit Hilfe des Tripelalgorithmus von Floyed[1o)], der $n * (n-1) * (n-2)$ Rechenoperationen benötigt (wobei n die Zahl der Gleichungen des Modells angibt).

d. Ein nächster Rechenschritt liefert die Klasseneinteilung der Variablen: Zwei Variable V_i und V_j werden genau dann einer Klasse zugeordnet, wenn gilt:
$\bar{a}_{ij} = \bar{a}_{ji} = 1$

Alle Variablen einer Klasse (Interdependenzklasse) gehören zu einem interdependenten Block des Gleichungssystems und können bei der Lösung des Systems nur gemeinsam bestimmt werden.

e. Mit Hilfe der Klasseneinteilung der Variablen läßt sich die block-rekursive Anordnung der Gleichungen eines Modells gewinnen. Wir definieren eine Äquivalenzrelation $\cdot$ aller Klassen, wobei: $Kl_k \prec Kl_1$ gilt dann, wenn für $V_i \in Kl_k$ und $V_j \in Kl_1$ gilt: $\bar{a}_{ij} \doteq \bar{a}_{ji}$ und ordnen die Klassen entsprechend dieser Relation.

f. Ein letzter Rechenschritt dient der Verbesserung der Anordnung der Gleichungen innerhalb der einzelnen Interdependenzklassen. Durch diese Umordnung läßt sich die Konvergenzgeschwindigkeit bei der Lösung des Systems erheblich verbessern. Wir folgen einer Idee von Helmstädter[11)], und minimieren die Zahl der Elemente a_{ij} mit dem Wert Eins unterhalb der Hauptdiagonalen von A.

6. Weitere Hinweise für den Programmierer

a. Schätzprogramme müssen numerisch stabil sein, d.h. "kleine" Fehler in den Daten dürfen nicht zu "großen" Fehlern in den Lösungen führen. Wir verwenden zur Lösung der Normalgleichungen eines Regressionsproblems mit einfach genauen Eingabedaten das Choleski-Verfahren zur Invertierung positiv definiter Matrizen und doppelte Genauigkeit, sowie Nachiteration zur Verbesserung des Ergebnisses.

b. Die Lösung eines Modells erfolgt mit Hilfe der Gauss-Seidel Iterationstechnik. Der Anpassungsfaktor, die Iterationsgenauigkeit und die Maximalzahl der Iterationen können vom Benutzer selbst gewählt werden. Verschiedene Möglichkeiten zur Definition der Startwerte sind vorgesehen (Vorperiodenwerte, Werte einer Kontrollösung), alternativ sind statische oder dynamische Simulationen möglich (verzögerte Endogene alternativ von den Basisdaten oder aus der Lösung für vergangene Zeitpunkte).In jedem Lösungszeitpunkt befinden sich nur die Daten im Kernspeicher, die tatsächlich zur Lösung auch benötigt werden.

c. Steigerung der Effizienz des Lösungsvorganges ist möglich durch Erzeugen der FORTRAN-SUBROUTINE eines Modells und Einbinden dieses Programms in das System. Der Pre-Compiler greift auf den Vektor ALGSTR der EQU-Elemente des Modells zurück.

d. Ebenso, wie das FORTRAN-Programm eines Modells kann der Benutzer auch von ihm selbst spezifizierte Funktionen in das Gesamtsystem einbinden. Ein Beispiel hierfür ist die Berechnung des Kapitalstocks in den Unternehmenssektoren: Im Disaggregierten Bonner Prognosemodell wird die 'perpetual inventory method [12] verwendet, mit der die Altersstruktur des Kapitalstocks berücksichtigt werden kann.

III. Das System in der Anwendung

1. Arbeiten mit IAS in Bonn

a. Eine der ersten Aufgaben, die mit Hilfe des IAS-Systems in Bonn gelöst wurden, war die Fertigstellung der Version 5.4 des Bonner Modells, das den deutschen Beitrag zum Project LINK darstellt. Das Modell stellt in seinem Kern die Entwicklung der wichtigsten Komponenten des Bruttoinlandsproduktes der BRD dar, also Konsum, Investitionen, Exporte und Importe sowie Nachfrage des Staates. Außerdem werden behandelt:Löhne,Gewinne, Preise, die Entwicklung auf dem Arbeitsmarkt. Einnahmen und Ausgaben des Staates werden erfaßt und verschiedene Arten von Transferzahlungen. Das Modell umfaßt ca. 13o Gleichungen, die teilweise nichtlinear sind; zu einer Bearbeitung genügt die Standardgröße des IAS-Systems Bonn, die ca. 2oo KBytes an Kernspeicher erfordert.

b. Eine Schwäche des Bonner Modells auch in der neuesten Version 5.5. ist, daß monetäre Größen überhaupt nicht erfaßt werden. Das neue Modell 1o, das jetzt kurz vor der Vollendung steht, wird hier Abhilfe schaffen können. Das Modell ist eine Erweiterung von Modell 5 auf etwa 25o Gleichungen und wird nach seiner Fertigstellung auch im Rahmen des Project LINK das Modell 5 ersetzen.

c. Fertiggestellt ist auch eine erste Version des Disaggregierten Bonner Prognosemodells, das mit seinen etwa 2ooo Gleichungen die Verflechtungsstruktur der deutschen Volkswirtschaft erfaßt. Es werden 12 Sektoren im Bereich der privaten Wirtschaft unterschieden, außerdem vier Staatssektoren sowie Private Haushalte und Private Organisationen ohne Erwerbscharakter. Importe werden zeilenweise in Form von Importmatrizen erfaßt. Das Modell ist nachfrage-orientiert und erlaubt auch eine Bestimmung der Investitionsverflechtung. Einzelheiten findet man bei Frerichs und Kübler (1977). Das Modell ist so groß, daß mit der Standardversion des IAS-Systems Bonn nicht mehr gearbeitet werden kann (diese erlaubt nur Modelle mit maximal 6oo Variablen). Eine gesonderte BIG-Version des Systems für Modelle mit bis zu 3ooo Variablen erfordert einen Kernspeicherbereich von ca. 5oo K Bytes. Auch die Rechenzeiten nehmen bei so großen Modellen naturgemäß erheblich zu: Kann man auf interpretativem Wege das Bonner Modell 5 noch in wenigen Sekunden CPU lösen, so benötigt man für die Lösung des Disaggregierten Modells pro Zeitpunkt mehr als eine volle Minute. Derart rechenintensive Jobs können kaum noch am Bildschirm bearbeitet werden. Hier ist der Übergang zum Batch-Betrieb anzuraten.

d. Eine ausgesprochene Schwäche des Systems ist, daß z.Zt. noch keine Querschnittsdaten definiert werden können. So soll z.B. demnächst ein Modell des Bildungssystems, das vor Jahren noch ohne IAS aufgebaut wurde[13], aktualisiert werden. Wesentliche Daten in diesem Modell sind die ausbildungsspezifischen Erwerbsquoten der verschiedenen Altersgruppe, die nur für Kernjahre vorliegen. Es wird noch einiger Anstrengungen bedürfen, um das System in dieser Richtung zu erweitern. Die Arbeiten hieran haben gerade erst begonnen.

2. Implementierung des IAS-Systems Bonn bei anderen Instituten

a. Das System ist von uns bereits mehrfach an andere Institute weitergegeben worden (Rechenanlagen IBM und SIEMENS), so daß wir inzwischen über einige Erfahrungen bei der Implementierung verfügen. Basis der Weitergabe ist ein Vertrag, der mit uns abgeschlossen werden muß. Er entspricht unseren Vereinbarungen mit dem Institut für Höhere Studien in Wien. Der Wortlaut dieses Vertrages ist auf der folgenden Seite abgedruckt.

b. Als Unterstützung bei der Implementierung erhält der örtliche Systembetreuer eine mündliche Unterweisung sowie ein Handbuch[14], das die Dokumentation der Programme (Programmbeschreibungen) und die Programmstruktur enthält.

Anlage: Vertragstext

Vertrag zur Weitergabe des IAS-Systems Bonn
zwischen

1. ....
   (im folgenden der Empfänger genannt) und

2. dem Institut für Gesellschafts- und Wirtschaftswissenschaften der Universität Bonn
   (im folgenden Institut genannt)

Der Empfänger erhält vom Institut kostenlos sämtliche Programme des IAS-Systems Bonn. Das IAS-System wurde am Institut für Höhere Studien in Wien entwickelt und an der Universität Bonn für IBM-Maschinen adaptiert und weiterentwickelt. Diese Bonner Version, genannt IAS-System Bonn, bildet den Vertragsgegenstand.

Der Empfänger erhält die Programme als Source-Module, so daß auch Fortentwicklungen möglich sind. Diese werden ausdrücklich erlaubt. Der Empfänger verpflichtet sich jedoch, alle Änderungen und Verbesserungen dem Institut sowie auf Anforderung auch dem Institut für Höhere Studien in Wien mitzuteilen und die entsprechenden Programme als Source-Module kostenlos zur Verfügung zu stellen. Eine Weitergabe des IAS-Systems durch den Empfänger an Dritte darf nicht erfolgen.

Gegenüber dem Institut besteht kein Anspruch auf Programmpflege oder Weiterentwicklung der Programme, jedoch wird das Institut eigene Weiterentwicklungen dem Empfänger auf Anforderung kostenlos zur Verfügung stellen. Für diese gelten dann die gleichen Vertragsbedingungen. Bei allen Veröffentlichungen von Arbeiten, die mit Hilfe des IAS-Systems Bonn durchgeführt wurden, ist anzugeben, daß das IAS-System benutzt wurde.

Bonn, den ....

c. Das System ist praktisch voll portabel, lediglich an drei Stellen wird auf Programme zugegriffen, die das jeweilige Rechenzentrum zur Verfügung stellen muß. Hierbei handelt es sich um ein Programm, mit dem man Datum und Uhrzeit abfragen kann, sowie die Kennung des Benutzers. Außerdem ist das Schreiben in den Kernspeicher und das erneute Lesen dieses Inhaltes bei den einzelnen Maschinen unterschiedlich gelöst. Wir benötigen diese Möglichkeit, um einzelne Zeichen verarbeiten zu können. Für jeden dieser drei Fälle gibt es ein kleines FORTRAN-Programm, das allein modifiziert werden muß. Alles andere kann dann unverändert bleiben (falls man sich mit einer reinen FORTRAN-Version des Systems zufrieden geben will). Für die Übertragbarkeit der ASSEMBLER-Programme liegen noch keine Erfahrungen vor.

Zusammenfassung

Es wurde die Bonner Variante des IAS-Systems vorgestellt, das als Softwarepaket den Bau und die Handhabung ökonometrischer Modelle unterstützt. Da das System als reines FORTRAN-Paket verfügbar ist und praktisch keine Programme eines speziellen Betriebssystem erfordert, sollte es keine Probleme bringen, es auf einen anderen Computer (mit Byte-Struktur) zu übertragen. Durch Ersetzen einer Untermenge der Programme durch ASSEMBLER-Programme läßt sich die Effizienz des Systems erheblich steigern. Natürlich wird hierdurch die Portabilität des Systems etwas eingeschränkt.

Die Tatsache, daß das System vollständig in FORTRAN formuliert werden kann, bedingt natürlich, daß das System interpretativ arbeiten muß. Alle Kommandos werden behandelt wie Dateninput, der zu analysieren ist. Das beeinträchtigt mit Sicherheit die Effizienz des Systems. Dennoch hat es sich in der Praxis schon so weit bewährt, daß mehrere andere Institute das Programmpaket übernommen haben. Als angenehm wird empfunden, daß der Benutzer keine Programmierkenntnisse benötigt. Die Kommandosprache des Systems ist leicht zu erlernen.

Fußnoten

1) Plasser (1978)
2) Krelle (1972)
3) Das Modell sollte etwa 2ooo Gleichungen enthalten
4) Plasser (1975)
5) Die symbolische Darstellung in (1) ist so zu interpretieren: Großbuchstaben, Sonderzeichen: Verbindlicher Text.
   Kleingeschriebenes: Hier handelt es sich um Schlüsselworte, die im aktuellen Fall ersetzt werden müssen
   : Zwischen diesen Klammern Stehendes darf ggf. fehlen.
7) Die Programme für die TSLS-Schätzung sind bereits fertig und werden z.Z. ausgetestet. In Arbeit sind die Programme, um polynomialverteilte Lags berücksichtigen zu können.
8) Klein (195o)
9) Ein File ist nichts anderes als eine Gruppe von Elementen. Es sollte wegen dieser Bezeichnung keine Mißverständnisse geben.
1o) Floyed, R.W:Algorithm 97, Shortest Path, Communications of ACM 6 (1962) 345-354
11) Helmstädter (1964)
12) vgl. Frerichs und Kübler (1977A) 7f
13) Krelle, Fleck, Quinke (1975)
14) Fleck und Feldmann (1978)

Literaturverzeichnis

Eisenpress, Harry: An Ideal Econometric Computer Program. Paper. IBM Corporate Headquarters,Armonk,N.Y. 1975

Fleck, Michael: IAS-System Bonn. Benutzerhandbuch. Zweite, verbesserte Auflage. Schriftenreihe des Institutes für Gesellschafts- und Wirtschaftswissenschaften der Universität Bonn Nr. 89 Bonn 1978

Fleck, Michael und Michael Feldmann: IAS - System Bonn. Programmiererhandbuch, Schriftenreihe ... Nr.9o Bonn 1978

Floyed, R.W.: Algorithm 97, Shortest Path, Communications of ACM 6 (1962) 345-354

Frerichs, Walter und Knut Kübler: Interindustry Forecast of the West-German Economy. Paper presented at Ninth Annual Meeting of Project LINK. Kyoto/Japan Sept.6-1o,1977

Frerichs, Walter und Knut Kübler: Input-Output Prognosemodelle für die Bundesrepublik Deutschland. Zeitschrift für die gesamten Staatswissenschaften 133 (1977) 276-286

Helmstädter,E.: Die Dreiecksform der Input-Output-Matrix und ihre möglichen Wandlungen im Wachstumsprozess in: Schriften des Vereins für Socialpolitik N.F. 3o, II (1964) 1oo5-1o54

Klein, Lawrence: Economic Fluctuations in the United States 1921-1941. Cowles Commission Monograph No.11.New York 195o

Krelle, Wilhelm: Stand der Modellbauarbeiten an der Universität Bonn. Schriftenreihe ... Nr.88 Bonn 1977

Krelle, Wilhelm: Das disaggregierte Prognosesystem. Forschungsplan. Manuskript. Bonn 1972

Krelle, Fleck, Quinke: Gesamtwirtschaftliche Auswirkungen einer Ausweitung des Bildungssystems. Tübingen 1975

Plasser, Klaus: Brief Description of the IAS-System. Level IAS-2.1o. Institutsarbeit Nr.91 Institut für Höhere Studien. Wien 1978

Plasser, Klaus: Benützerhandbuch IAS-System Level 2.3. Programmierung: Stefan Schleicher und Klaus Plasser unter Mitarbeit von Bruno Freudenthaler und Peter Hampapa.o.O.,o.J.(1975)

DELFI: System zur Schätzung und Prognose ökonometrischer Modelle – Konzeption und Anwendung

Dieter Friedrich, Universität Freiburg

INHALT:

H.-D. Heike, Modellierungs-Software

Der folgende Beitrag beschreibt ein einfaches ökonometrisches Datenbank- und Methodenprogrammsystem zur Spezifikation, Schätzung und Prognose ökonometrischer Modelle, das am Institut für Allgemeine Wirtschaftsforschung, Abt.Statistik und Ökonometrie der Universität Freiburg (Br), entwickelt wurde und dort zu laufenden Modellarbeiten eingesetzt wird.

Der erste Teil dieser Beschreibung gibt einen kurzen Überblick über die Organisation des gesamten Systems, insbesondere über die Verknüpfung zwischen Datenbanksystemen und Methodenprogrammen.

Im Anschluß an diese Systemübersicht wird in einem zweiten Teil das einfache Datenbanksystem SOZIUS (Statistisch- Oekonometrisches Zeitreihen- Informations- Und Speichersystem) erläutert.

Die Darstellung beschränkt sich hierbei auf die Zusammenfassung wesentlicher Funktionen und organisatorischer Prinzipien. Für eine detaillierte Beschreibung steht eine spezielle Dokumenation dieses Datenbanksystems zur Verfügung[1].

Der dritte Teil dieses Beitrages beschreibt die Funktionen des Methodensystems DELFI (Dynamic Econometric Linear Forecasting Inquiry).

Mit diesem System können (in den Koeffizienten) lineare ökonometrische Modelle problemorientiert spezifiziert, geschätzt und Prognosen berechnet werden.

Diese Beschreibung enthält als Beispiel für die Systemanwendung und die Ergebnispräsentation die Spezifikation und Auszüge aus der Ergebnisdarstellung eines kleinen ökonometrischen Demonstrationsmodells, an dem jeweils wesentliche Funktionen der Spezifikation, der Schätzung und Prognose sowie der Analyseauswertung mit dem System DELFI gezeigt werden.

1. SYSTEMORGANISATION DER DATENBANK UND DER METHODENPROGRAMME

Die nachfolgende Übersicht 1 zeigt in einer schematischen Skizze den Zusammenhang zwischen Datenverwaltung und den Methodenprogrammen. Die Abbildung 1 läßt gleichzeitig auch die wesentlichen Systemelemente: langfristige Datenhaltung (SOZIUS), Methodenprogramme (DELFI), kurzfristige Datenverwaltung (EXCORE) erkennen.

Das Datenbanksystem SOZIUS kann als selbständiges System angesehen werden. Alle Methoden zur Schätzung und Prognose sind auf die Datenversorgung aus der Datenbank angewiesen, in der die langfristig zu speichernden Informationen in Form von statistischen Beobachtungswerten oder Gleichungsspezifikationen abgelegt werden.

Wie aus der schematischen Darstellung weiter hervorgeht, besitzen die Methodenbausteine für die Speicherung von Zwischen- oder Endergebnissen und für die Versorgung mit Übergabeparametern zur Methodensteuerung eine eigene, einheitlich organisierte (temporäre) Datei (EXCORE), für die ein getrenntes Dateiverwaltungssystem zur Verfügung steht.

Die Methodenbausteine sind jeweils selbständige Hauptprogramme. Da zahlreiche Methodenbausteine, insbesondere für die Schätzung und Prognose ganzer Modellsysteme, logisch zusammenhängen, wird die notwendige Parameter- und Datenversorgung jeweils extern über eine Datei abgewickelt (Hauptprogrammkonzeption).

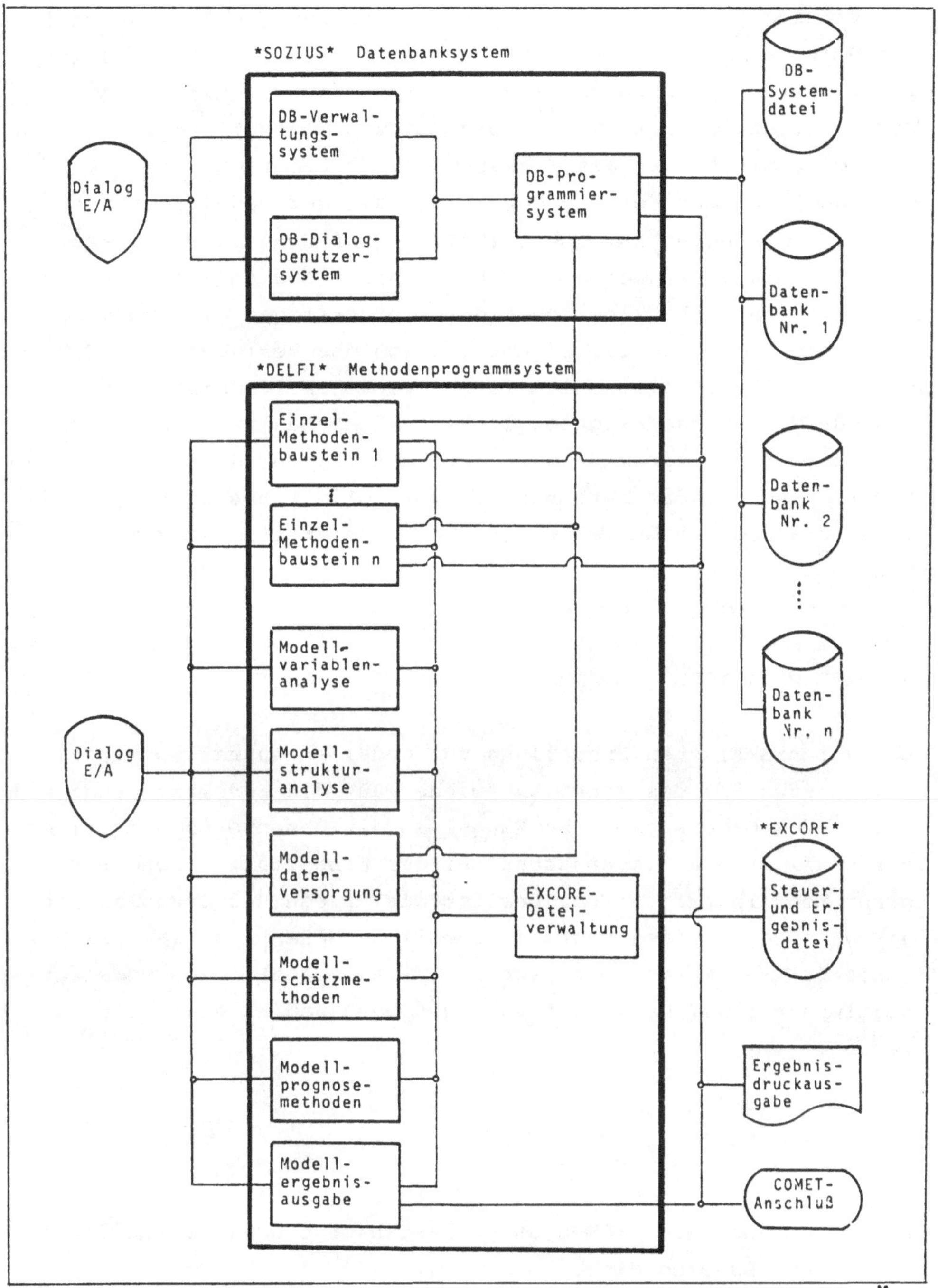

Abb.1 Schematische Übersicht über das Methodenprogrammsystem *DELFI*

Die Verwendung eines eigenen Dateiverwaltungssystems innerhalb der Methodenbausteine konzentriert alle (Datei-) Ein- und Ausgabeschnittstellen in einem Programm und erleichtert so die Portabilität des Systems, das bis auf wenige Routinen in FORTRAN IV programmiert ist. Der Schwerpunkt des Programmsystems und der nachfolgenden Beschreibung liegt auf der Modellsoftware. Neben den Methoden zur Spezifikation, zur Schätzung und Prognose (Simulation) ökonometrischer Modelle stehen auch Einzelbausteine zur Schätzung von Einfachregressionen mit und ohne Berücksichtigung serieller Korrelation der Residuen, zur Schätzung verteilter Lags, univariate autoprojektive Prognosemethoden zur Vorhersage exogener Größen (ARIMA-Ansätze) und Spline-Interpolationsprogramme für Zeitreihen zur Verfügung. Außerdem besitzen sowohl das Datenbanksystem (SOZIUS) als auch die Zwischen- und Ergebnisdatei (EXCORE) Schnittstellen zum COMET-System[2)].

2. DATENBANKSYSTEM 'SOZIUS'

Bei der praktischen Erstellung von Modellen entfallen nicht selten etwa 2/3 des Arbeitsaufwandes auf die Bereitstellung und Pflege des Datensatzes. Da Mängel in der Datenversorgung eine der häufigsten Fehlerursachen bei der Erstellung ökonometrischer Modelle darstellen, besitzt die Pflege und Organisation der Datenbasis eines Systems erhebliche Bedeutung. Zahlreiche Fehlerquellen können hier schon vor der eigentlichen Modellerstellung bei der Datenhaltung abgefangen und ausgeschaltet werden.

2.1. Datenbankorganisation

Das Datenbanksystem (DB-System) besteht aus drei wesentlichen Elementen. Es sind dies:

DB-Verwaltungssystem,
DB-Dialogsystem,
DB-Programmiersystem.

Für den Benutzer der Datenbank ist das Dialogsystem von Interesse. Hiermit sind alle Benutzerfunktionen, wie beispielsweise Eintragen, Korrigieren, Löschen, Kopieren und Ausgeben von gespeicherten Informationen sowohl im Dialogbetrieb als auch im Abschnittsbetrieb (Batchbetrieb) über eine Datenmanipulationssprache ausführbar.

Das DB-Verwaltungssystem besteht aus Programmen, die zur Unterstützung der Verwaltung des Datenbanksystems zur Verfügung stehen. Hiermit können Datenbanksysteme neu initialisiert werden, neue Datenbanken eingebracht und wesentliche Konfigurationsparameter einer Datenbank generiert, Datenstrukturen für Dateien definiert und bestehende Datenbanken reorganisiert oder erweitert werden. Ferner dient das DB-Verwaltungssystem der einfachen Information über Umfang, Belegung und Zugriffshäufigkeit einzelner Datenbanken.

Das DB-Programmiersystem ist ein Unterprogrammpaket, mit dem bestimmte DB-Funktionen, wie Schreiben in eine DB, Lesen aus einer DB, Verändern einer DB usw., durch Unterprogrammaufrufe abgewickelt werden. Diese Programme dienen sowohl dem DB-Dialog- als auch dem DB-Verwaltungssystem als Schnittstelle zu den logischen und physikalischen Ein-/ Ausgabevorgängen. Ferner wird das Programmiersystem in den Methodenbausteinen als Unterprogrammpaket verwendet. Hierdurch wird eine einfache Datenversorgung aus den Datenbanken ermöglicht und die Verbindung zwischen Methoden- und Datenbanksystemen hergestellt.

Es kann eine beliebige Zahl von Datenbanken durch das DB-System verwaltet werden. Für die Verwaltung ist eine eigene (kleine) Verwaltungsdatei (DB-Systemdatei, DB-Systembank) vorgesehen, in der die wesentlichen DB-Parameter in einem Verzeichnis eingetragen sind und beim Eröffnen einer Datenbank vom DB-Programmiersystem abgeholt werden. Diese Systembank wird jeweils nur bei derNeugenerierung, der Löschung oder der Erweiterung einer Datenbank vom DB-Verwaltungssystem verändert.

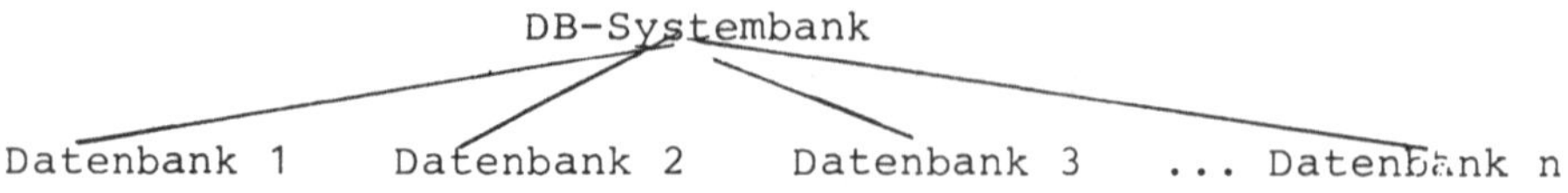

Für die Speicherung der Informationen wird eine einfache hierarchische Organisation der Information vorausgesetzt, die auch bei wissenschaftlichen Problemstellungen, insbesondere bei statistischen und ökonometrischen Untersuchungen, häufig anzutreffen ist. Eine Datenbank belegt jeweils eine Mengendatei (File im Sinne des Betriebssystems). Diese Mengendatei wird vom Benutzer mit Hilfe des DB-Systems inhaltlich verwaltet. Unterschiedliche Benutzer können für verschiedene Projekte (Modelle) jeweils eigene Datenbanken organisieren und verwenden. Hierbei ist jede Datenbank nach der folgenden Baumstruktur hierarchisch zu organisieren:

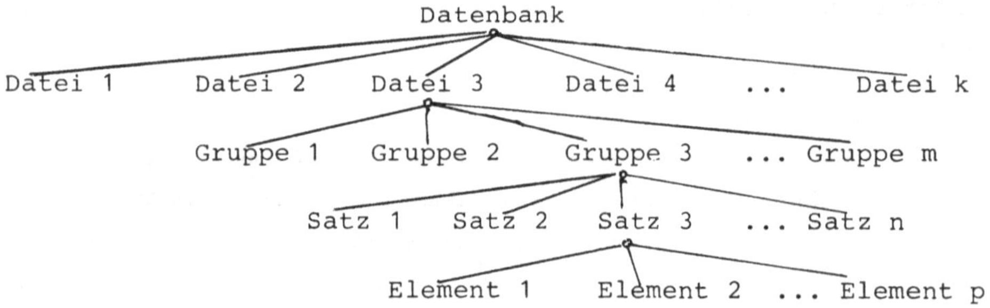

Die Zahl der in einer Datenbank zu verwaltenden Dateien, Gruppen, Sätze und Elemente ist hierbei beliebig. Bei der Datenereröffnung muß jeweils die maximale Zahl der innerhalb einer Gruppe zu speichernden Sätze festgelegt werden. Die Zahl der Gruppen, die Länge der Sätze (Zahl der Elemente je Satz) und die Zahl der Dateien sind nur durch Generierungsgrößen bzw. durch den jeweils für eine Datenbank reservierten Speicherplatz der Mengendatei beschränkt. Es können jeweils Sätze beliebiger Länge und beliebigen Inhalts (binär) geschrieben oder gelesen werden. Ein Element der Datenbank entspricht dabei einem Maschinenwort.

2.2. Schlüssel- und Suchbegriffe

Jedes in einer Datenbank gespeicherte Element muß auf jeder der angegebenen Hierarchiestufen durch einen Schlüssel (Suchbegriff) identifiziert werden. Hierbei ist die folgende Schlüsselverwaltung möglich:

Datenbank:	DB-Nummer und (oder) DB-Mnemo,
Datei:	Datei-Nummer und (oder) Datei-Mnemo,
Gruppe:	Gruppen-Nummer und (oder) Gruppen-Mnemo und (oder) zusammengesetztes Mnemo (Key),
Satz:	Satz-Nummer,
Element:	Element-Nummer, Element-Indexbereich, Zeitangabe.

Jedes Element ist auf jeder Stufe durch eine Nummer größer Null identifizierbar. Für die Angabe einer Datenbank, für die Benennung einer Datei sowie für die Bezeichnung der Gruppen einer Datei können wahlweise auch Mnemos verwendet werden. Als Mnemo ist hierbei eine beliebige Folge von maximal 8 Buchstaben oder Ziffern zugelassen, bei der das erste Zeichen ein Buchstabe sein muß (z.B. BSP1, C11, NR12 usw.). Für die Identifikation von Gruppen innerhalb einer Datei ist zusätzlich noch die Angabe zusammengesetzter Mnemobegriffe möglich. Im folgenden verwenden wir für diese zusammengesetzten Mnemos die Bezeichnung 'Key'. Hierbei können bis zu vier Mnemobegriffe, die durch einen Punkt optisch voneinander getrennt werden, zu einem einheitlichen Suchbegriff zusammengefaßt werden (z.B.BSP.NETTO. REAL; UMSATZ.METALL.HESSEN.REAL; N1.I2.J3.K4 usw.).

Bei der Eingabe oder Ausgabe von Informationen im Dialogsystem ist neben der Schlüsselidentifikation eines Satzes oder eines Elementes auch der Informationstyp anzugeben, wobei als Informationstyp die Bezeichnungen

I: für Integerwerte
R: für Realwerte
A: für Alfanumerische Information (A1-FORMAT),
T: für Texte (A4-FORMAT) und
Z: für Zeitreihen

möglich sind. Zeitreihen werden durch Angabe des Anfangszeitpunktes und der Länge oder durch Benennung des Anfangs- und Endzeitpunktes spezifiziert. Hierbei sind einfache Zeitangaben, wie beispielsweise

1M196o - 12M196o,
1Q6o - 4Q76,
1H1972,4 oder 1H72 - 2H73,
J1961 - J74 oder J6o,14,

möglich. Es steht T für Tages-, W für Wochen-, M für Monats- Q für Quartals-, H für Halbjahres- und J für Jahresbeobachtungswerte.

Andere Informationselemente (vom Typ I, R, A, T) können jeweils durch die Angabe der Elementennummer (=Satzindex) oder durch Angabe eines Indexbereichs angesprochen werden.

Die Art der Verwendung dieser vom DB-System vorgegebenen hierarchischen Organisationsstruktur steht dem Benutzer frei. Im Sinne der vorgegebenen Datenbankstruktur können Zeitreihen beispielsweise unter Gruppenbegriffen abgelegt werden. Eine Gruppe (Zeitreihe) kann dann jeweils aus mehreren Sätzen bestehen.

Beispiel 2.1.: Zeitreihe (Gruppe)

NUMMER= 116; MNEMO= BSP; KEY= BSP.REAL.SBER				
Satz 1 Beobachtungswerte (Typ Z)	Satz 2 Titel d. Reihe (Typ T)	Satz 3 Quellenangabe (Typ T)	Satz 4 Stand der Erfassung (Typ A)	Satz 5 Verwendung in Gleichung Nr. (Typ I)

Die Zahl der Gruppen (in diesem Beispiel: Zeitreihen mit den zugehörenden Attributen) in einer Datei ist beliebig. Die Suchbegriffe (NUMMER,MNEMO, KEY) müssen innerhalb einer Datei stets eindeutig sein. Für Modellsimulationen ist besonders wichtig, daß dieselben Gruppennamen in verschiedenen Dateien einer Datenbank verwendet werden können. Die Nummernvergabe bei Gruppen ist obligatorisch. Wird für eine Gruppe beim Eintrag keine Nummer vergeben, so wird diese Gruppe unter der ersten freien Nummer der betreffenden Datei eingetragen, und die Nummer wird vom Datenbanksystem automatisch zugewiesen.

2.3. Benutzerfunktionen

Die Benutzung des Datenbanksystems kann entweder im Abschnittsbetrieb oder im Dialog erfolgen. Für den Benutzer stehen Funktionen wie Eingabe, Ausgabe, Korrektur, Informieren, Kopieren, Suchen und Generieren sowie einige einfache Dienstprogramme für die Analyse und die grafische Ausgabe zur Verfügung. Es können jeweils einzelne Sätze, Gruppen oder ganze Dateiinhalte mit den oben angegebenen Datenbankfunktionen modifiziert werden. Für den Aufruf einzelner Datenbankfunktionen steht eine einfache Systemsteuerung über eine Datenmanipulationssprache zur Verfügung.

Beispielsweise wird mit einem Befehl

$AUSGABE,D   DABA-DATEI*GNAME/Z (1,1Q60-4Q70);

die Zeitreihe (Satztyp Z), die unter der Satznummer 1 für den Zeitraum vom 1. Quartal 196o bis zum 4. Quartal 197o gespeichert ist und den Gruppennamen mit dem Mnemo GNAME trägt, innerhalb einer Datei mit dem Mnemo DATEI in einer Datenbank mit der Mnemo-Bezeichnung DABA angesprochen. Als auszuführende Funktion wird mit dem Befehl AUSGABE die Ausgabe gewünscht, wobei durch die Option mit dem Buchstaben D die Schnelldruckerausgabe angesprochen werden soll. Analog hierzu kann beispielsweise die Eingabe eines Titels für diese Zeitreihe mit dem Befehl

$EIN,T DABA-DATEI * GNAME/T(2) = TITEL DER REIHE;

unter Satz Nummer 2 (mit dem Typ T) derselben Gruppe GNAME vorgenommen werden, wobei der Funktionsaufruf EINGABE hier mit EIN abgekürzt worden ist. Die Option T ermöglicht die Kontrollausgabe der Eintragung am Terminal. Eine nachfolgende Eintragung einer Zeitreihe mit dem Mnemo ZEITR, der Nummer 17 und dem Key A.B.C kann beispielsweise mit dem Aufruf

$ ZEITR,17,A.B.C / Z (1,1Q6O) = 6.3, 7, 8.1;

vorgenommen werden. Z(1,1Q6O) bezeichnet eine Zeitreihe unter Satz Nummer1, die mit dem Beobachtungswert 6.3 im 1.Quartal 196o beginnen soll. Bei fehlenden Befehlsangaben und Optionen bleiben jeweils die Angaben des vorangegangenen Datenbankkommandos als Voreinstellung erhalten. Die Funktionsausführung EINTRAGEN, der Datenbank DABA und die Dateiangabe DATEI sind bei dem oben angegebenen Befehl somit noch aus dem vorangegangenen Datenbankbefehl voreingestellt.

Aus den in einer Datei der Datenbank abgelegten Werten (Realwerte und Zeitreihenwerte) können durch Verwendung arithmetischer Operationen neue Reihen generiert und bei Bedarf wieder in der Datenbank aufbewahrt werden.

Beispiel 2.2.:

```
    $GENER,T      QUELLE * NAME/Z (1,1Q6O)→ZIEL * NAME/Z (1,1Q6O)
    #1 = #2 + #3  +  BSP * A.B.C,
    NEU =  ALT + A.B.C * SQRT ( ALT ) ;
```

Aus der Reihe mit der Nummer 2 und 3 sowie den Zeitreihen mit dem Mnemo BSP und dem Key A.B.C der Datei Quelle wird beispielsweise nach der angegebenen Vorschrift des ersten arithmetischen Ausdrucks eine neue Zeitreihe mit der Nummer 1 generiert, wobei das Ergebnis dieses Generierungsprozesses in der Datei ZIEL als Zeitreihe, beginnend mit dem 1.Quartal 196o, unter Satz Nummer 1 abgelegt wird. Das Sonderzeichen # der Generierungsanweisung gibt an, daß es sich bei den nachfolgenden Ziffern nicht um eine Konstante, sondern um eine Variablennummer handelt. Andere Generierungsanweisungen, beispielsweise eine Anweisung zur Erzeugung einer neuen Zeitreihe mit dem Mnemo NEU, können folgen. Aufgrund der Option T der Generierungsanweisung in der ersten Zeile des Beispiels werden die berechneten Zeitreihenwerte gleichzeitig protokolliert.

Wenn die Informationen aus einer Datenbank in Methodenbausteinen verwendet werden sollen, so sind jeweils die Schlüsselbegriffe für die Gruppen (Nmmer, Mnemo, Key) als Variablennamen in den Methodenbausteinen zu spezifizieren. Die gewünschte Datenbank, die Datei- und Satznummer kann beim Datenzugriff jeweils flexibel besetzt und ausgetauscht werden. Hierdurch lassen sich beispielsweise verschiedene Modellsimulationen mit unterschiedlichen Daten (Instrumentvorgaben) ohne Änderung der Modellspezifikation durchführen, sofern die zu verändernden Instrumentgrößen unter demselben Gruppennamen in verschiedenen Dateien abgelegt werden.

2.4. Zugriffsmechanismus

Die Datenbankorganisation geht von einer Trennung der logischen und der physikalischen Organisation aus. Logische Sätze beliebiger Länge werden jeweils in physikalischen Blöcken konstanter Länge beschrieben und gelesen. Aus Portabilitätsgründen konzentriert sich die Abwicklung der physikalischen E/A-Zugriffe für das gesamte System auf eine anlageabhängige Routine für den Randomzugriff zum Schreiben und Lesen eines (physikalischen) Records, dessen konstante Länge jeweils über einen maschinenabhängigen Konfigurationsparameter bei der Datenbankimplementierung definiert werden kann.

Der Zugriff auf gewünschte Datenbankinformationen erfolgt über einen Hash-Mechanismus, der in der folgenden Abbildung 2 schematisch skzziert ist:

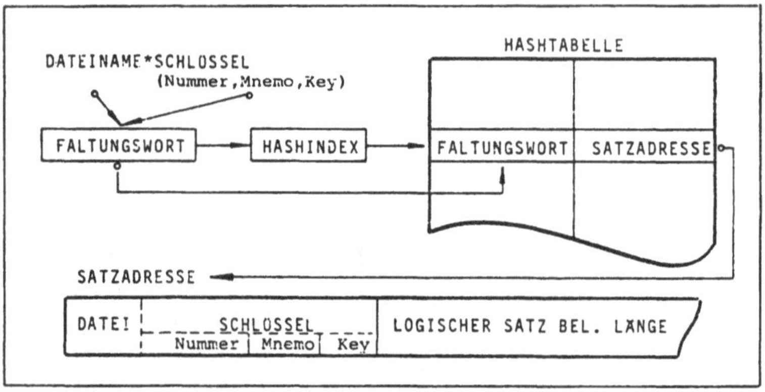

Abbildung 2
Schematische Darstellung des Zugriffsmechanismus des Datenbanksystems

Der Dateiname und der Gruppenname (Schlüssel: Nummer, Mnemo, Key) werden durch eine Faltung in einem Wort (Faltungswort) konzentriert; hieraus errechnet sich ein Hash-Index für den Verweis in einer Hash-Tabelle, die abschnittsweise (paged) resident gehalten wird und aus der die gesuchte (physikalische) Adresse für den gewünschten logischen Satz entnommen wird. Dieser Mechanismus ermöglicht schnelle Zugriffe mit geringem Suchaufwand, bei dem auch bei größeren Datenbankbeständen im Mittel nur 1-2 physikalische Lesevorgänge erforderlich sind. Mit der Festlegung des Zentralspeicherplatzes für den resident gehaltenen Pagepuffer und mit der Dimensionierung der Länge der Hash-Tabelle einer Datenbank stehen dem Benutzer Konfigurationsparameter zur Verfügung, mit denen die Geschwindigkeit des Zugriffes individuellen Wünschen und Möglichkeiten angepaßt werden kann. Da ein Hash-Tabellenplatz nur ein Doppelwort belegt und die Informationssätze kompakt gespeichert werden, stellt der verwendete Zugriffsmechanismus einen vom Benutzer zu optimierenden Kompromiß zwischen Zugriffsgeschwindigkeit und Speicherplatzaufwand dar.

3. METHODENPROGRAMMSYSTEM 'DELFI'

3.1. Zusammenfassung

Das vorliegende Programmsystem DELFI bietet eine einfache Möglichkeit, ökonometrische Modelle ohne besondere softwaretechnische Kenntnisse problemorientiert zu spezifizieren, zu schätzen und aufgrund der Schätzergebnisse flexible Analysen durchzuführen, insbesondere die Prognoseeigenschaften des Systems kennen zu lernen.

Hierbei sind nur Modelle spezifizierbar, die linear in den Koeffizienten sind, also aufgrund von Methoden für lineare Systeme geschätzt werden können. Nichtlineare Beziehungen zwischen den Variablen sind hingegen in beliebiger Form zugelassen.

Mit der gegenwärtig verfügbaren Version des Programmsystems können ökonometrische Modelle mit maximal 3oo Variablen und 2oo Gleichungen geschätzt und prognostiziert werden. Das größte ökonometrische Modell, das mit dem vorliegenden System DELFI bisher geschätzt wurde, umfaßt 192 Gleichungen und 277 Variablen.[3] Als Schätzmethode stehen z.Zt. folgende Verfahren zur Verfügung: OLS (Ordinary Least Squares), ROLS (Recursive Ordinary Least Squares), TSLS (Two Stages Least Squares), TSPC (Two Stages Least Squares with Principal Components), FP (Fix Point).

Die nachfolgende Beschreibung des Systems konzentriert sich auf die Spezifikation, die Schätzung, die Prognose und die Analyse ökonometrischer Modelle. Diese für den Benutzer des Programmsystems interessanten Phasen werden in einzelnen Abschnitten dargestellt.

3.2. Modellspezifikation

3.2.1. Variablenspezifikation

Die Identifikation einzelner Variablen des Systems erfolgt über Variablennummern (zum Problem der Mnemo-Spezifikation vgl. Abschnitt 3.2.3.). Jede Variable innerhalb einer Datei der Datenbank ist durch eine eindeutige Nummernzuordnung (Schlüssel) identifiziert. Diese (erforderlichenfalls vom DB-System beim Eintrag zugewiesene) Variablennummer wird als Kennung der Modellvariablen verwendet. In der vorliegenden Version ist die höchste Variablennummer auf 2000 limitiert. Die zeitliche Zuordnung der Variablen wird in der Regel durch die Angabe eines Zeitindex erreicht.

Beispiel 3.1:
Bei der Spezifikation der Variablen und Gleichungen wird von der folgenden theoretischen Gleichungsform

(3.1) $$y_{1t} = x_{2t} + x_{3t} - x_{4t-1}$$

ausgegangen. In dieser Bilanzgleichung (Definitionsgleichung) wird die abhängige Variable y_1 durch die unabhängigen Variablen x_2, x_3 und x_4 definiert, wobei die Variable x_4 mit einer Verzögerung (Lag) von einer Periode auftritt. Die Spezifikation einer solchen Gleichung in einem Modell lautet

(3.2) Y(1) = X(2,T)+ X(3,T) - X(4,T-1).

Die Indizes der Gleichung (3.1) bzw. (3.2) sind jeweils Variablennummern. Mit Hilfe des Zeitindex T bzw. T-1 wird die Periodisierung der Variablen durchgeführt. Durch Verwendung der Zeitindizes T, T-1, T-2, T-3,... lassen sich dynamische Systeme formulieren, die aus Differenzengleichungen beliebiger Ordnung bestehen können. Diese Differenzengleichungen müssen zeitlich stets so normalisiert sein, daß die abhängige Variable (z.B. y_{1t}) mit dem Index t (also ohne Lag) auftritt. Aufgrund dieser Normalisierungsvorschrift wird auf die Angabe des Zeitindex bei der abhängigen Variablen der linken Gleichungsseite verzichtet und nur Y (1) an Stelle von Y(1,T) geschrieben.

3.2.2. Koeffizientenspezifikation

In ökonometrischen Verhaltensgleichungen, technischen oder institutionellen Gleichungen ökonometrischer Modelle treten in der Regel unbekannte Koeffizienten auf, die durch ein ökonometrisches Schätzverfahren (Parameteroptimierungsverfahren) zu bestimmen sind. Bei der Spezifikationsangabe dieser unbekannten, zu schätzenden Koeffizienten wird von der folgenden theoretischen Gleichungsform ausgegangen:

Beispiel 3.2:

$$(3.3) \quad Y_{1t} = a_{12}\, x_{2t} + a_{13}\, x_{3t} + a_{14}\, x_{4t-1} + u_{1t}$$

Für die Spezifikation von unbekannten Koeffizientenwerten, deren numerischer Wert im Schätzprozeß berechnet wird, ist die Bezeichnung a bzw. A reserviert. Die Indizes beziehen sich bei der Spezifikation jeweils auf die Variablennummern einer Datei der Datenbank. Die Gleichung (3.3) wird in einem Modell in der Form

(3.4) Y(1) = A(1,2)*X(2,T) + A(1,3)*X(3,T) + A(1,4)*X(4,T-1)

spezifiziert. Der erste Index 1 der Koeffizienten A(1,...) bezieht sich auf die Gleichungskennung (Gleichung zur Erklärung der abhängigen Variablen mit der Nummer 1). Der zweite Index der Koeffizienten A(1,2), A(1,3) und A(1,4) bezeichnet jeweils die Variablennummer der zugeordneten erklärenden Variable der Gleichung. Diese explizite Adressierung der Koeffizienten erleichtert im Zusammenhang mit späteren Simulationsuntersuchungen die Abänderung geschätzter Koeffizientenwerte bei Alternativprojektionen.

Für die unter (3.4) angegebene ausführliche Grundspezifikationsform stehen zahlreiche Schreibvereinfachungen zur Verfügung. Das mit u_{1t} in der Gleichung (3.3) angegebene zufällige Störglied bleibt bei der Spezifikation unberücksichtigt. Der stochastische Charakter der Gleichung (3.4) kommt durch die auftretenden formalen Koeffizienten A(i,j) zum Ausdruck. Die homogene Gleichung (3.3) bzw. (3.4) kann beispielsweise durch Aufnahme eines Dummy-Vektors x_{2t} =1, t=1,2,3,... bzw. durch Aufnahme einer Dummy-Variable X(2,T) = 1.O für T= 1,2,3,... in einer Datei der Datenbank in eine inhomogene Funktion umgewandelt werden.

3.2.3. Modelle als FORTRAN-Unterprogramme

Modelle bestehen aus einer beliebigen Folge von Definitions- und Schätzgleichungen (d.h. Gleichungen mit unbekannten Koeffizientenangaben). Eine abhängige Variable hat hierbei keinen Koeffizienten; die Gleichungen sind somit stets in normierter Form anzugeben. Eine implizite Gleichungsspezifikation, bei der eine linksseitige auftretende abhängige Variable einer Gleichung in einer transformierten Form auftritt, ist nicht zulässig. Jede Variable darf jeweils nur in einer Gleichung als abhängige Größe auftreten.

Im Beispiel 3.2 wird die Multiplikation zwischen Koeffizient und Variable durch den Multiplikationsoperator ausgedrückt. Die Form der Gleichung (3.2) und (3.4) entspricht der Schreibweise arithmetischer Ausdrücke in FORTRAN, wobei Y, X und A jeweils indizierte Variablen (Felder) ausdrücken könnten. Modelle können daher vom System als eine Folge FORTRAN-arithmetischer Ausdrücke interpretiert werden. Es sind somit die Konventionen der Programmiersprache FORTRAN zu beachten, insbesondere sind bei der Gleichungspezifikation die Regeln für die Angabe arithmetischer Ausdrücke in FORTRAN einzuhalten.

Der formale Aufbau einer Modellspezifikation lautet somit:

Beispiel 3.3:

```
SUBROUTINE MODELL (Y, T)
INTEGER T
REAL  Y(1)
```

```
      <beliebige Gleichungsspezifikation>
      <beliebige FORTRAN-Anweisung>
      <beliebige Kommentarzeilen>

       RETURN
       END
```

Ein Modell wird durch die FORTRAN-Unterprogramm-Eröffnung SUBROUTINE MODELL (Y,T) definiert. Es folgen die beiden Vereinbarungen INTEGER T und REAL Y(1). Hiernach können Gleichungsspezifikationen in der Form der oben angegebenen arithmetischen Anweisungen folgen. Ein Modell (-Unterprogramm) wird durch die Anweisungen RETURN und END abgeschlossen.

Neben den Spezifikationen der Modellgleichungen in der Form der oben beschriebenen arithmetischen Ausdrücke können beliebige FORTRAN-Anweisungen verwendet werden. Die Programmiersprache FORTRAN steht somit in vollem Umfange als Methoden- und Spezifikationssprache zur Verfügung.

Einige Nachteile, die sich durch die Verwendung der syntaktischen Regeln von FORTRAN ergeben,werden durch die vielfältigen und flexiblen Möglichkeiten der Verwendung einer vollständigen Programmiersprache als Modellspezifikationssprache weitgehend ausgeglichen. Ein mit der Sprache FORTRAN vertrauter Benutzer hat somit zusätzlich noch folgende Möglichkeiten:

1. Neben den einfachen arithmetischen Anweisungen können weitere FORTRAN-Anweisungen für die Modellspezifikation verwendet werden.

2. Formal komplizierte Ausdrücke können zur Schreibvereinfachung in Funktionsvereinbarungen definiert werden. Beispielsweise könnte die Gleichung (3.4) unter Verwendung eines FUNCTION- Unterprogrammes oder einer Funktionsvereinbarung in der Form

(3.5)   Y(1) = LING3(2,T, 3,T, 4,T-1)

spezifiziert werden.

3. Wenn an Stelle der in Abschnitt 3.2.1. beschriebenen Nummernidentifikation eine Variablenidentifikation über Mnemo-Begriffe gewünscht wird, so können den Variablennummern mit Hilfe von arithmetischen Zuweisungen, beispielsweise über BSP = 116, CPR = 17, YHHV = 12 usw., oder über DATA-Zuweisungen, z.B. über DATA BSP, CPR, YHHV/116,17,12/, Variablenmnemos zugewiesen werden. Die verwendeten Mnemobegriffe der Datenbank müssen dann allerdings den Konventionen der Variablennamen in FORTRAN entsprechen. Hier ist jedoch anzumerken, daß die Spezifikation der Variablen mit Hilfe von Mnemoangaben nur bei kleinen Modellen, die auf eine geringe Anzahl von Variablen zurückgreifen, vorteilhaft ist, wo man in der Regel ohne ein ausgedehntes Adreßbuch für die Variablen auskommt. Bei größeren Modellen, bei denen man in der Regel bei der Spezifikation nicht auf eine ausführliche Variablenliste verzichten kann, ist die Identifikation der Variablen über Nummern meist weniger fehleranfällig.[4)]

4. Aus dem Unterprogramm MODELL können beliebige andere SUBROUTINE- oder FUNCTION Unterprogramme aufgerufen werden (sofern keine Kollision der Unterprogrammnamen auftritt). Verschiedene Teilmodelle können unter Verwendung mehrerer SUBROUTINE-Aufrufe mit Hilfe der CALL-Anweisung flexibel zusammengesetzt und kombiniert werden. Da komplizierte arithmetische Anweisungen in speziellen FUNCTION-Unterprogrammen definiert werden können, können die vorhandenen Spezifikationsmöglichkeiten vom Benutzer nach eigenen Wünschen und Vorstellungen erweitert werden. Dies schließt auch die Möglichkeit ein, Modellgleichungen, die im vorangegangenen Abschnitt als gewöhliche arithmetische Ausdrücke spezifiziert wurden, als Unterprogramme zu formulieren. In den Unterprogrammen können die ökonometrischen 'Verhaltensgleichungen' als ein System von arithmetischen und logischen Bedingungen auf (programmier-) sprachlicher Basis formuliert werden, so daß die hier gewählte Vorgehensweise bei der Gleichungs- und Modellspezifikation prinzipiell eine neue Qualität der Formulierung quantitativer ökonomischer Modelle eröffnet, die über den bisher üblichen Rahmen der Spezifikation ökonome-

trischer Modelle aufgrund arithmetischer Ausdrücke hinausgehen kann.

3.2.4. Spezifikationskonventionen und verfügbare Funktionen

Zur einfachen Identifikation verschiedener Modelle und Versionen kann eine Modellspezifikation unter der SUBROUTINE-Anweisung eine Modell- und Versionsbeschreibung enthalten.

Beispiel 3.4:

```
      SUBROUTINE MODELL (Y, T)
C     MODELL: MODELLBEISPIEL FÜR DIE DOKUMENTATION.
C     VERSION: VIERTELJAHRESMODELL
      INTEGER T
      REAL Y(1)
      ⋮
```

Die als Kommentar eingefügten Zeilen mit dem Schlüsselwort MODELL: und VERSION: werden jeweils beim Ergebnisausdruck wieder ausgegeben und erleichtern die organisatorische Modellidentifikation.(Der Trenner':' ist hierbei obligatorisch.)

Bei der Spezifikation der Gleichung (3.4) handelt es sich um eine lineare Differenzengleichung. Diese Funktion ist linear in den Variablen und in den Koeffizienten. An Stelle der Variablen X(2,T), X(3,T) oder X(4,T-1) dieser Gleichung können auch (nichtlineare) Variablentransformationen angegeben werden. Hierdurch erhält man eine (in den Variablen) nichtlineare Modellgleichung. Ferner kann die Schreibweise von Gleichungen durch Verwendung von Standardfunktionen (Abkürzungen) bei der Spezifikation vereinfacht werden. Man schreibt beispielsweise:

(3.6) Y(1) = AXT(1,2) + A(1,3) * D1(3,T-2) + A(1,4) * R2(4,T-1).

In dieser Gleichung steht AXT (1,2) als Zusammenfassung für die ausführliche Schreibweise A(1,2)*X(2,T). Die Funktion D1(3,T-2) drückt die erste Differenz X(3,T-2) - X(3,T-3) der Variablen

X(3,T-2) aus. Die Abkürzung R2(4,T-1) steht für die Wachstumsrate (X(4,T-1)-X(4,T-3))/X(4,T-3) * 100. Neben diesen einfachen Transformationen für die Differenzenbildung und die Wachstumsratenberechnung stehen weitere zahlreiche Standardfunktionen zur Verfügung.

3.2.5. Definition neuer Variablen durch Variablentransformationen

Häufig sollen in Modellen Tranformationen von Variablen verwendet werden, für die keine Beobachtungsreihe in der Datenbank zur Verfügung steht. Die Aufnahme zahlreicher Transformationen in eine Datenbank führt zu redundanter Speicherung und zu einer unnötigen Ausdehnung der Datenbanken. Dies führt häufig zu Problemen bei der Variablenergänzung und der Variablenkorrektur, wenn eine Grundreihe verändert oder ergänzt wird, die hieraus abzuleitenden Transformationen hierbei aber nicht berücksichtigt werden. Um die unnötige Ausdehnung der Datenbanken und die Schwierigkeiten beim Update zu umgehen, kann zwischen die Datenbank und das Modell ein separater Transformationsteil geschaltet werden, in dem Datentransformationen außerhalb der Modellspezifikation durchgeführt werden. Für den Datenfluß gilt folgende schematische Relation:

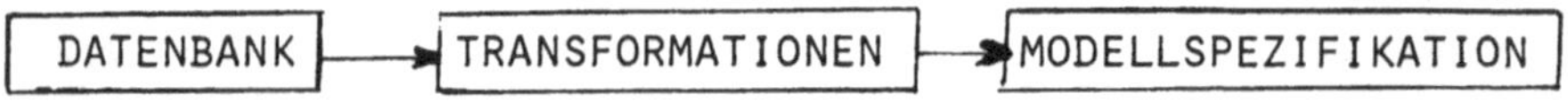

Datentransformationen erhalten hierdurch den Charakter von Modell- und nicht von Datenbankattributen. Der Transformationsteil, der einen besonderen Modellteil darstellt, der nur aus Definitionsgleichungen besteht, hat folgende Form:

Beispiel 3.5:

```
SUBROUTINE TRAFO (Y, T)
INTEGER T
REAL  Y(1)
< Variablentransformationen >
```

X(3,T-2) aus. Die Abkürzung R2(4,T-1) steht für die Wachstumsrate (X(4,T-1)-X(4,T-3))/X(4,T-3) * 100. Neben diesen einfachen Transformationen für die Differenzenbildung und die Wachstumsratenberechnung stehen weitere zahlreiche Standardfunktionen zur Verfügung.

3.2.5. Definition neuer Variablen durch Variablentransformationen

Häufig sollen in Modellen Tranformationen von Variablen verwendet werden, für die keine Beobachtungsreihe in der Datenbank zur Verfügung steht. Die Aufnahme zahlreicher Transformationen in eine Datenbank führt zu redundanter Speicherung und zu einer unnötigen Ausdehnung der Datenbanken. Dies führt häufig zu Problemen bei der Variablenergänzung und der Variablenkorrektur, wenn eine Grundreihe verändert oder ergänzt wird, die hieraus abzuleitenden Transformationen hierbei aber nicht berücksichtigt werden. Um die unnötige Ausdehnung der Datenbanken und die Schwierigkeiten beim Update zu umgehen, kann zwischen die Datenbank und das Modell ein separater Transformationsteil geschaltet werden, in dem Datentransformationen außerhalb der Modellspezifikation durchgeführt werden. Für den Datenfluß gilt folgende schematische Relation:

Datentransformationen erhalten hierdurch den Charakter von Modell- und nicht von Datenbankattributen. Der Transformationsteil, der einen besonderen Modellteil darstellt, der nur aus Definitionsgleichungen besteht, hat folgende Form:

Beispiel 3.5:

```
SUBROUTINE TRAFO (Y, T)
INTEGER T
REAL  Y(1)
< Variablentransformationen >
```

dieselbe abhängige Variable Y(200) in zwei verschiedenen Gleichungen erklärt werden müßte. Eine solche Modellspezifikation würde im vorliegenden Fall als Spezifikationsfehler diagnostiziert.

3.2.6. Spezielle Funktionen zur Spezifikation dynamischer Modelle

Durch die Verwendung der Zeitindizes können dynamische Modelle als Differenzengleichungen spezifiziert werden. Die vorliegende Systemversion bietet ferner die Möglichkeit, spezielle Differenzengleichungsformen durch Verwendung gleitender Durchschnitte bzw. durch die Verwendung verteilter Lags zu spezifizieren. Die Gleichung

$$(3.7) \quad y_{1t} = a_{12}\, x_{2t} + a_{13} \sum_{\tau=o}^{m} w_{\tau}\, x_{3t-\tau} + a_{14} \sum_{\tau=o}^{n} w_{\tau}\, x_{4t-\tau} + u_{1t}$$

enthält beispielsweise jeweils einen gleitenden Durchschnittsprozeß (verteilten Lag) für die Variablen x_3 und x_4. Die Koeffizienten w_τ sind Gewichtungskoeffizienten, deren Verlauf durch eine Lagverteilung beschrieben wird. Die Laggewichte w_τ können bei der Gleichungsspezifikation durch Vorgabe des Lagverteilungstyps und der Parameter der Lagverteilung a priori vorgegeben werden.

Die folgende Zusammenstellung, in der m und n jeweils Variablennummern andeuten, gibt einen Überblick über die Spezifikation von Lagverteilungen:

a) Gleichverteilte Laggewichte

$$\text{GLM}(m,\kappa,\nu) := \frac{1}{\kappa+1} \sum_{\tau=\nu}^{\kappa+\nu+1} X(m,T-\tau) \ ,$$

$$\text{GLAG}(m,\ T-i,\ T-j) := \frac{1}{j-i+1} \sum_{\tau=i}^{j} X(m,T-\tau), \qquad j > i \geq 0 \ ,$$

$$\text{AXM}(m,\ n,\ \kappa\nu\ ) := A(m,n) * \text{GLM}(m,\kappa,\nu), \quad 9 \geq \kappa,\nu \geq 0 .$$

b) Linear degressive Laggewichte

$$\text{DEGRLG}(m,\ T-i,\ T-j,\ p) := \frac{1}{C} \sum_{\tau=0}^{j-i+1} p\cdot(j-i+1-\tau)\cdot X(m,T-i-\tau),$$

c) Geometrisch degressive Laggewichte

$$\text{GEOMLG}(m,\ T-i,\ T-j,\ p) := \frac{1}{C} \sum_{\tau=0}^{j-i+1} p^{\tau}\cdot X(m,T-i-\tau),\quad 0 \leq p \leq 1,$$

d) Poissonverteilte Laggewichte

$$\text{POISLG}(m,\ T-i,\ T-j,\ p) := \frac{1}{C} \sum_{\tau=0}^{j-i+1} \frac{p^{\tau}}{\tau!}\cdot e^{-p}\cdot X(m,T-i-\tau),\ p > 0,$$

e) Gammaverteilte Laggewichte

$$\text{GAMMLG}(m,T-i,T-j,\ p,q) := \frac{1}{C} \sum_{\tau=0}^{j-i+1} \frac{q^{p}}{\Gamma(p)}(\tau+1)^{p-1}\cdot e^{-q(\tau+1)}\cdot X(m,T-i-\tau).$$

Die Parameter i und $j \geq 0$ bezeichnen den Anfang und das Ende der Lagverteilung. p und q sind Parameterwerte der Lagverteilungen. Die Parameterwerte p bzw. q sind vor der Modellspezifikation durch Einzelgleichungsanalysen und Einzelgleichungsschätzungen zu bestimmen und gehen bei der Modellspezifikation als a priori Information in das Modell ein. Die Normierungskonstante C wird jeweils so bestimmt, daß die Summe der Laggewichte w_{Γ} gleich 1 ist.

Zur Bestimmung der Parameterwerte p und q der Lagverteilungen unter a) bis e) steht ein Methodenbaustein zur Verfügung. Dieser ermöglicht die Schätzung der Lagverteilungsparameter mit Hilfe der (nichtlinearen) Methoden der Kleinsten Quadrate. Als besonders vorteilhaft hat sich hierbei die Verwendung einer Poissonlagverteilung erwiesen.[5] Die unter Abbildung 3 dargestellten Laggewichtsfunktionen zeigen verschiedene Beispiele poissonverteilter Lags. Die Ergebnisse der Einzelgleichungsschätzungen sind bei der Spezifikation von Modellen durch Vorgabe des Verteilungstyps und der nichtlinear geschätzten Parameterwerte zu übernehmen. Die verbleibenden linearen Koeffizienten einer Gleichung bleiben bei der Spezifikation unbestimmt und werden im Rahmen der Modellschätzung (simultan) bestimmt.

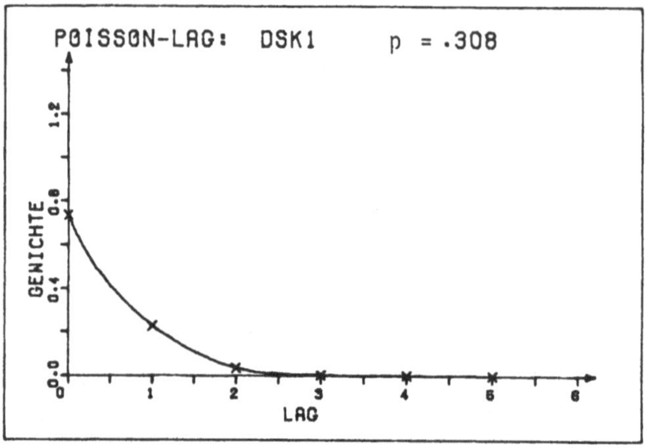

Abbildung 3 Beispiele für poissonverteilte Laggewichte. Lagverteilungen zwischen der Nachfrage der Unternehmen und der Wohnungswirtschaft nach längerfristigen Buchkrediten und

a) dem durchschnittlichen Zinssatz für Kontokorrent-, Wechsel- und Hypothekarkredite,

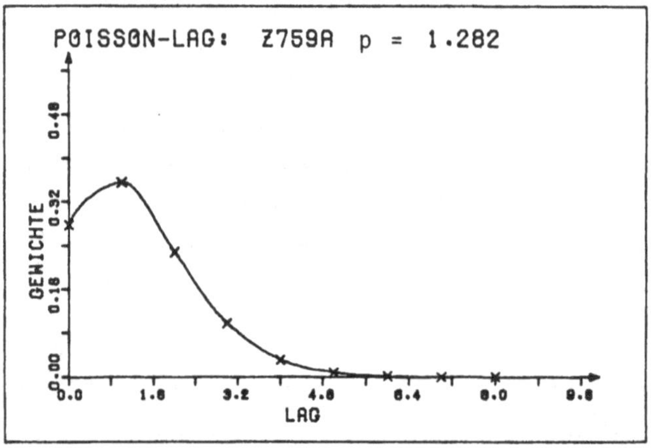

b) der Summe aus den Veränderungen des Angebotes der Unternehmen an Wertpapierkrediten und den Veränderungen der längerfristigen Bankeinlagen der Unternehmen,

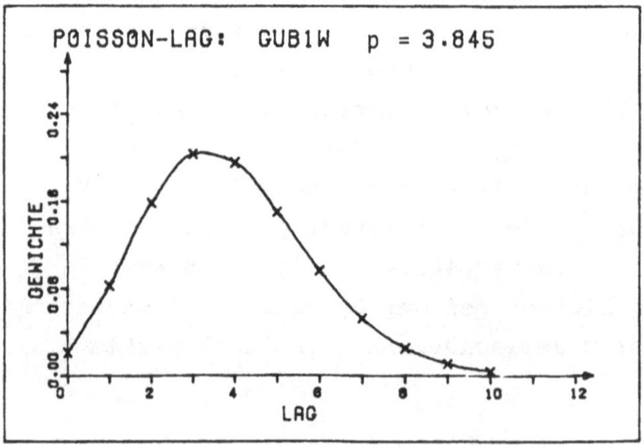

c) der Wachstumsrate der Bruttogewinne der Unternehmen, nominal.

Entnommen aus: FRIEDRICH; KAU; LÜDEKE; v. NATZMER: Ein Ökonometrisches Vierteljahresmodell für den Güterwirtschaftlichen und Monetären Bereich der Bundesrepublik Deutschland, Forschungsbereicht Nr. 3 aus dem Institut für Angewandte Wirtschaftsforschung, Ser. B, Tübingen 1979, S. 199 f.

3.3. Modellübersetzung

Sowohl das Modell als auch die Zusammenfassung der Transformationsgleichungen werden als FORTRAN-Unterprogramme mit dem Namen MODELL und TRAFO erstellt. Mit Hilfe einer FORTRAN-Übersetzung kann der Benutzer die formale Richtigkeit der Gleichungsspezifikationen überprüfen.

Die Modellübersetzung wird vom Benutzer durch den Start eines Steuerelementes ausgelöst. Die Phase der Modellübersetzung erfolgt durch Abwicklung des Steuerelementes DELFI/UEBERS dann in zwei Schritten.

a) Zunächst werden die in der Standarddatenbasis eingebrachten Programme MODELL und TRAFO mit Hilfe des FORTRAN-Compilers in den Objektcode übersetzt.

b) Hieran anschließend werden die im Objektcode vorliegenden Programme mit den ebenfalls im Objektcode vorliegenden Analyse-, Schätz- und Prognoseprogrammen zu lauffähigen Hauptprogrammen montiert (gebunden).

Die Verwendung der Programmiersprache FORTRAN als Quellencode für die Modellspezifikation erspart die Erstellung eines systemeigenen Modellübersetzers oder Modellinterpreters zur formalen Übersetzung der Gleichungs- und Modellspezifikationen. Für die Modellübersetzung im weiteren Sinne (Übersetzung und Montage) kann die Standard-Software der jeweiligen Rechenanlage verwendet werden.

Modelle werden im vorliegenden Fall zu lauffähigen Programmen gebunden. Im Gegensatz zur interpretativen Verarbeitung der Modellspezifikationen mit Hilfe eines (mehr oder weniger) effizienten Gleichungs- und Modellinterpreters erfolgt im System DELFI die Modellverarbeitung auf der Grundlage einer Compilation. Die hierbei verwendete Compilertechnik ermöglicht durch die Ausnutzung der Compilereffizienz eine schnelle Modellverarbeitung. Dies wirkt sich insbesondere bei der Modellprognose aus, wo die iterative Lösung nichtlinearer Gleichungssysteme die wiederholte interpretative Verarbeitung der Modellgleichungen erfordert und zu rechenaufwendigen Iterationsprozessen führen kann.

3.4. Schätzung und Prognose

Die Schätzung und Prognose eines Modells ist in mehrere selbständige Phasen unterteilt. Es sind dies:

- Analyse der Modellstruktur (Programme MOLI,MOST,MOVA),
- Datenversorgung für die Schätzung (Programm MODE),
- Modellschätzung (Programm MOSCH)
- Datenversorgung für die Prognose (Programm MODE),
- Prognoserechnung (Programm MOP).

3.4.1. Strukturuntersuchung des Modells

Die Programme MOLI, MOST, MOVA analysieren die Modellstruktur. Eine Liste der endogenen und exogenen Modellvariablen wird generiert. Im Rahmen der Strukturuntersuchung wird die Blockrekursivität des Modells analysiert. Hierbei werden die Modellgleichungen in ihrer Reihenfolge so angeordnet, daß die Zahl der von 0 verschiedenen Elemente der Koeffizientenmatrix der gemeinsam abhängigen Variablen oberhalb der Hauptdiagonale minimiert wird. Die Lösung dieses Problems einer optimalen Reihenfolge ist sowohl für die Schätzung als auch für die spätere (iterative) Lösung des Prognoseproblems von Bedeutung. Wenn es möglich ist, die Reihenfolge der Gleichungen so festzulegen, daß die Koeffizientenmatrix der gemeinsam abhängigen Variablen als untere Dreiecksmatrix dargestellt werden kann, so ist das Modell vollständig rekursiv. Wegen fehlender (simultaner) Interdependenzen ist die Schätzung und Prognose des rekursiven Modells in einem solchen Fall besonders einfach zu berechnen. (Dies ermöglicht beispielsweise die Anwendung der ROLS-Schätzmethode, bei der die Instrumentvariablen der zweistufigen Schätzung durch OLS-Schätzungen der rekursiv angeordneten Gleichungen möglich ist.)

Die Belegung der Koeffizientenmatrix der endogenen Variablen in der vom Benutzer spezifizierten Ausgangsstruktur und nach Umordnung in der blockrekursiven Form kann bei der Ergebnispräsentation in Listenform und als Diagramm ausgegeben werden.

3.4.2. Datenversorgung

Bevor Koeffizientenschätzungen oder Prognoserechnungen durchgeführt werden können, sind die Methodenprogramme jeweils über das Datenzugriffsprogramm MODE mit Beobachtungswerten zu versorgen. Hierbei wird die Variablenliste des Modells ausgewertet und die benötigten Reihen in der erforderlichen Länge aus der Datenbank abgeholt. Die Datenzugriffsorganisation ist hierbei an der hierarchischen Speicherorganisation des Datenbanksystems SOZIUS ausgerichtet.

Eine Datenbank kann bekanntlich aus mehreren Dateien bestehen. Jede Datei enthält eine beliebige Zahl von Gruppen, die über Nummern oder Mnemos identifiziert werden. Eine Modellvariable stellt im Sinne der Datenbankorganisation eine Gruppe dar, die aus mehreren Sätzen (z.B. aus den Beobachtungswerten, aus dem Titel der Reihe, aus der Quellenangabe usw.) bestehen kann. Für die Abwicklung der Datenzugriffe ist folgendes zu beachten:

a) Für den Datenzugriff ist die Datenbank anzugeben, aus der die spezifizierten Modellvariablen abzuholen sind. Da das gesamte Datenbanksystem mehrere Datenbanken verwalten kann, wobei eine Datenbank jeweils eine Mengendatei des Betriebssystems belegt, ist die gewünschte Datenbank durch Angabe der Datenbanknummer oder des DB-Mnemo zu spezifizieren.
b) Es ist ferner die Nummer der Datei anzugeben, aus der

die Variablen des Modells abzuholen sind. Innerhalb dieser Datei sind dann die gesuchten Variablen aufgrund der Nummernzuweisung der Modellspezifikation präzisiert.

c) Außerdem müssen die Sätze angegeben werden, unter denen die Beobachtungswerte und der Titel der Reihe gespeichert sind. Wenn beispielsweise die Beobachtungswerte unter Satz 1 und der Titel der Reihe jeweils unter Satz 3 abgelegt sind, so sind die beiden Satztypen Nr.1 und Nr. 3 anzugeben.

d) Die Länge des Schätz-, des Prognose- oder des Analysezeitraums ist anzugeben. Dieser Zeitraum wird erst beim Datenzugriff durch eine einfache Zeitraumangabe fixiert. Die Angabe eines Stützbereiches kann beispielsweise in der Form 1Q60-4Q70, 1M1962-12M1976, 1H61-2H76, J60-J76 usw. erfolgen. Es steht Q für Quartal-, M für Monats-, H für Halbjahres- und J für Jahresbeobachtungswerte. Aufgrund der analysierten Lagspezifikationen des Modells werden die Beobachtungswerte für die Anfangsperioden (Startwerte) und den jeweils gewünschten Operationszeitraum(Schätz- oder Prognosezeitraum) aus der Datenbank abgeholt.

Bei der Datenversorgung für die Schätzprogramme werden für alle Variablen (endogene und exogene) Beobachtungswerte für den benötigten Anfangszeitraum und für die gesamte Schätzperiode gelesen. (Für die im Transformationsteil TRAFO definierten Hilfsvariablen wird kein Datenbankzugriff ausgeführt).

Bei der Datenversorgung für die Prognoserechnung werden für die endogenen Variablen jeweils die benötigten Anfangswerte (aufgrund der Lagspezifikationen) aus der Datenbank angefordert. Die bei der Prognose vorzugebenden Beobachtungen der exogenen Variablen werden dagegen für den gesamten Prognosezeitraum aus der Datenbank abgeholt. Auf Wunsch können die Beobachtungswerte der endogenen Variablen noch für die dem ersten Prognosezeitraum vorangehende Periode angefordert werden. Diese Werte werden dann als Startwerte der Modelliteration bei der nichtlinearen Prognoselösung vorgegeben.

Bei dem Datenzugriff für die Schätzung ist es möglich, die Beobachtungswerte in die Definitionsgleichungen des Modells einzusetzen. Übersteigen die hierbei auftretenden Abweichungen eine bestimmte Fehlerschranke, so werden Diagnosemeldungen ausgegeben. Dies ermöglicht neben der Kontrolle des Datensatzes gleichzeitig eine Überprüfung der im Modell spezifizierten Definitionsgleichungen.

Der Benutzer hat die Möglichkeit, für die Klasse der endogenen und exogenen Modellvariablen verschiedene Dateien einer Datenbank zu verwenden. Die Versorgung der endogenen und exogenen Variablen aus verschiedenen Dateien einer Datenbank erleichtert alternative Projektionsrechnungen, die unter Variation des Verlaufes exogener Instrumentvariablen ohne Änderung der Modellspezifikation durch Austausch der Datenbankzugriffe über eine einfache Dateiorganisation durchgeführt werden können.

3.4.3. Koeffizientenschätzung

Für die Koeffizientenschätzung stehen folgende Methoden zur Verfügung.

OLS: Gewöhnliche Methode der kleinsten Quadrate (Ordinary Least Squares).

ROLS: Rekursive OLS-Schätzung. Kleinste-Quadrate-Schätzung unter Ausnutzung der Blockrekursivität eines Modells. Hierbei werden bei der OLS-Schätzung an Stelle der Beobachtungswerte der auf der rechten Gleichungsseite auftretenden endogenen Variablen die Schätzwerte vorausgegangener Gleichungsschätzungen als Instrumentvariablen eingesetzt.

TSLS: Zweistufige Methode der kleinsten Quadrate (Two Stages Least Squares).

TSPC: Zweistufige Methode mit Prinzipalkomponenten. Bei größeren Modellen tritt sehr häufig der Fall auf, daß die Zahl der vorherbestimmten Variablen (also die Zahl der exogenen und der verzögerten Variablen) des Modells die Zahl der Beobachtungswerte übersteigt. Wenn aufgrund der Modellanalyse festgestellt wird, daß der angegebene Schätzzeitraum eine geringere Zahl von Perioden umfaßt als die Zahl der vorhandenen vorherbestimmten Variablen, dann wird bei Anwendung der TSLS-Schätzung automatisch die zweistufige Schätzmethode unter Verwendung von Hauptkomponenten der vorherbestimmten Variablen berechnet.

FP: Einfache Fix-Punkt-Schätzung.

Die Wahl des gewünschten Schätzverfahrens erfolgt jeweils durch Angabe eines Mnemos, beispielsweise durch Angabe von OLS, ROLS, TSLS, TSPC oder FP.

3.4.4. Prognoserechnung

Bei der Datenversorgung werden neben den Startwerten der endogenen Variablen die Beobachtungswerte und die Instrumentvorgaben der exogenen Größen für den Prognosezeitraum angefordert. Da ökonometrische Modelle in der Regel nichtlinear in den Variablen sind, werden die Prognosewerte durch iterative Lösungen des Modellgleichungssystems berechnet, bei denen die maximale Zahl der Iterationsschritte, die Fehlerschranke für den Iterationsabbruch und der Relaxionsfaktor vom System angefordert werden.

3.5. Modellergebnisanalyse

Für die Prüfung des Erklärungs- und Prognoseverhaltens eines ökonometrischen Modells stehen im System einige numerische und heuristische Testhilfen zur Verfügung. Die folgende Abbildung 4 zeigt eine Dialogabwicklung mit einer Informationsliste des Ausgabe- und Analysebausteins DELFI, über den die Ergebnisausgabe des gesamten Modellsystems gesteuert wird.

```
DELFI( 1)-20/ 8/1979-17*48:
EXCORE OPEN: KANAL:     3   RECORDS: 9000
SOLL DIE AUSGABEMASKE ERLAEUTERT WERDEN (JA/NEIN):
>JA
GIB TITEL DER ERGEBNISAUSGABE:
>* DEMONSTRATIONSBEISPIEL *

BESETZUNGSWERTE DES AUSGABEMASKE:
 0 =       KEINE AUSGABE
 0 <       KANAL-NUMMER DER AUSGABE
           5: ALTERN. PRINTS, 6: NORMALDRUCKER
POS:      BEDEUTUNG
1:   STRUKTURORDNUNG DES MODELLS
2:   SPEZIFIKATIONSAUSGABE
3:   KOEFFIZIENTENSCHAETZUNGEN
4:   Y-WERTE DER ABHAENGIGEN VARIABLEN
5:   Y-DACH-WERTE DER ABHAENGIGEN VARIABLEN
6:   U-DACH-WERTE DER RESIDUEN
7:   X-WERTE DER UNABHAENGIGEN VARIABLEN
8:   SCHAETZANPASSUNGSDIAGRAMM
9:   SCATTER ZWISCHEN Y UND Y-DACH
10:  KORREOLOGRAMM DER RESIDUEN U-DACH
11:  PLOT DER LAGGEWICHTE
12:  PROGNOSE MIT SCHAETZANPASSUNG
13:  SCATTER ZWISCHEN Y UND PROGNOSE Y-WERTE
14:  PLOT DER RESIDUEN
15:  VARIABLEN-MNEMOLISTE
16:  VARIABLEN-NUMMERNLISTE
17:  VARIABLEN-INDEXLISTE
18:  GESAMTFIT DES MODELLS
19:  PLOT DER EXOGENEN- UND ISTRUMENTVARIABLEN
20:  BENSON-PLOT DER LAGGEWICHTSFUNKTIONEN

GIB AUSGABEMASKE MIT 0 ODER KANALNUMMERN:
         1         2
12345678901234567890
>00000000006000000000

GIB NAME(NUMMER,MNEMO,KEY) DER ABHAENGIGEN (NR.=0: ALLE):
>29
```

Abbildung 4
Beispiel für die Dialogabwicklung des Ergebnisausgabebausteines DELFI. Besetzung der Maske zur Steuerung des Ergebnisumfanges.

Die Methodenprogramme besitzen, mit Ausnahme der Fehlerdiagnosemeldungen, keine eigene Ergebnisausgabe. Daher werden alle Ausgabeergebnisse der Methodenbausteine auf der für die Parameterversorgung und die Ergebnisausgabe zur Verfügung stehenden Datei (EXCORE) gesammelt und aufbewahrt. Dies ermöglicht eine Trennung zwischen Rechnung und (Dialog-) Ausgabe. Mit Hilfe des Ausgabebausteins DELFI können nach Abwicklung aller Methoden zur Analyse, Schätzung, Datenversorgung und Prognose die Ergebnisse dort im Dialogverfahren abgeholt werden, wobei der Umfang der gewünschten Information variabel steuerbar ist.

3.6. Systemsteuerung

3.6.1. Hauptprogrammkonzeption

Die Steuerung des Schätz- und Prognosesystems wird mit Hilfe der Steuersprache des Betriebssystems durchgeführt. Da alle Methodenbausteine als selbständige Hauptprogramme konzipiert sind, können diese mit Hilfe eines Starte-Kommandos (z.B. mit dem Befehl @XQT DELFI. <Programmname>) initialisiert werden. Der Umfang der nötigen Parameterversorgung zur Systemsteuerung ist sehr gering, so daß das System auch interaktiv benutzt werden kann. Für die Steuerung des Systems und den Start der Modellbausteine steht ein Steuerelement zur Verfügung, in dem der Benutzer die für ihn wichtigen Steuerparameter besetzen kann. Es sind dies Angaben, wie beispielsweise die Datenbank und die Datei der endogenen und exogenen Variablen, der Schätzzeitraum (z.B. 1Q6o-4Q76), die Schätzmethode (z.B. TSLS), der Prognosezeitraum (1Q6o-4Q8o), der Analysezeitraum (z.B. 1Q6o-4Q78) oder die Wahl der Iterationsmethode für die nichtlineare Prognoseberechnung. Weitere Spezifikationen für die Systemsteuerung sind möglich, diese werden in der Regel in der Standardvorbesetzung übernommen.

Die als Methodenbausteine zur Verfügung stehenden Programme (Hauptprogramme, Operatoren) werden zur Ausführung ihrer Funktionen vom Benutzer (oder durch das vom Benutzer verwendete Steuerelement) in folgender Reihenfolge aufgerufen:

MOLI: Modellisten, Erzeugen der Liste der Modellvariablen, Zusammenstellen der endogenen und exogenen Größen des Modells.

MOST: Modellstrukturuntersuchung. Dieses Programm untersucht die Modellstruktur nach interdependenten Klassen und ordnet die Gleichungen blockrekursiv.

MOVA: Modellvariablenanalyse. Das Programm analysiert die Variablen eines Modells. Hierbei wird die maximale Länge der Verzögerungen aufgrund von Transformationen und aufgrund von Angaben der Zeitindizes festgestellt. Bei verteilten Lags können auf Wunsch aus den Variablen, die als gemittelte Lags auftreten, kompakte vorherbestimmte Variablen generiert werden. Beispielsweise kann die gemittelte Variable

$$z_t = \frac{1}{4}(x_t + x_{t-1} + x_{t-2} + x_{t-3}),$$

die bei Verwendung gleichverteilter Lags auftritt, in eine endogene Variable

$$y_t^* = \frac{1}{4} x_t$$

und eine vorherbestimmte Variable

$$z_t^* = \frac{1}{4}(x_{t-1} + x_{t-2} + x_{t-3})$$

zerlegt werden. Durch die hiermit erreichte Reduktion der Zahl der vorherbestimmten Variablen wird in der Regel eine numerische Verbesserung der TSLS Methode oder der Prinzipalkomponentenberechnung erzielt.

MODE: Modelldateneingabe. Dieses Programm besorgt die Datenversorgung aus den Datenbanken. Wegen unterschiedlicher Stützbereiche bei der Schätzung, Prognose und Modellanalyse muß dieser Baustein jeweils vor dem Aufruf der betreffenden Methode gestartet werden; an dieser Stelle werden die Daten für die Schätzung bereitgestellt.

MOSCH: Modellschätzung. Durchführung der Parameterschätzungen in Abhängigkeit von der spezifizierten Schätzmethode.

MODE: Modelldateneingabe. Datenversorgung für die Prognose.

MOP: Modellprognose. Dieses Programm berechnet die Modellprognosen durch Lösen eines (nichtlinearen) Gleichungssystems. Als Startwerte für die Iterationslösung in einer Periode t werden in der Regel die Werte der endogenen Variablen der Vorperiode t-1 eingesetzt.

MODE: Modelldatenversorgung. Datenversorgung für die Modellanalyse.

DELFI: Auswertungs- und Ausgabeprogramm für die Zwischen-, Endergebnisse und die Modellanalyse.

Da die Schätzung und Prognose großer Modellsysteme sehr häufig längere Rechenprozesse erfordert, ist die Benutzung des Systems im Dialog durch den Umfang der erforderlichen Rechenzeit und die Belastung des Kernspeicherplatzes (aufgrund organisatorischer Beschränkungen der Rechenzentren) in der Regel beschränkt. Meist ist es jedoch weder sinnvoll noch notwendig, die umfangreichen Rechenarbeiten in einem zeitraubenden Dialogverkehr abzuwickeln. Der Benutzer kann daher die rechenaufwendigen Methoden im Abschnittsbetrieb (Stapel-, Batchbetrieb) ausführen und die nachfolgende Analyse ohne Berechnungen im Dialogbetrieb interaktiv ausführen, nachdem die Methodenbausteine ihre Ergebnisse auf einer Datei hinterlassen haben. Eine gleichzeitige Parallelverarbeitung mehrerer Modellvarianten erlaubt es einem Benutzer, seine Modellproduktivität zu erhöhen.

3.6.2. Parameter- und Datenübergabe zwischen den Methodenbausteinen

Da jede Phase der Modellbearbeitung, die Schätzung, die Prognose und die Analyse als selbständiger Methodenbaustein (Hauptprogramm) gestartet wird, werden die Programme über eine Datei (EXCORE) mit Parameterwerten und Daten versorgt. Die Programme hinterlassen ihre Ergebnisse ebenfalls in dieser Datei.

Für diese Parameter- und Datenversorgung des Systems ist eine (temporäre) Datei erforderlich, über die sowohl die Parameterversorgung als auch der Ergebnistransfer abgewickelt wird. Eine einfache Schnittstellennormierung aller Dateizugriffe über ein Unterprogramm ermöglicht eine bequeme problemadäquate Dateiorganisation. Hierbei können Informationen beliebiger Art als (maximal) vierdimensionale Felder organisiert und angesprochen werden.

Durch die Konzentration aller peripheren random E/A-Zugriffe auf einige wesentliche Funktionen, wie beispielsweise

- Definieren einer Matrix durch Namensvergabe (Dimensionierung und Speicherreservierung),
- Lesen/Schreiben einer Matrix,
- Lesen/Schreiben beliebiger Zeilen- und Spaltenvektoren,
- Lesen/Schreiben beliebiger Elemente einer Matrix,

die von den Methodenbausteinen als einfache Unterprogrammfunktionen aufgerufen werden, sind die Methodenprogramme von den Problemen der Datenstrukturierung und Dateiorganisation weitgehend freigehalten. Zur Auslagerung von Parameter- oder Datenmatrizen und zum Wiedereinlesen der betreffenden Informationen genügt beispielsweise die Angabe des Namens, bei Vektorzugriffen ist gegebenenfalls die Zeilen- oder Spaltennummer zu nennen; ferner ist der entsprechende Zentralspeicherplatz für die gewünschte Information zur Verfügung zu stellen. Das Prinzip dieser einfachen Dateiorganisation ist in der folgenden Abbildung 5 an einem Beispiel schematisch dargestellt. Der einfache Austausch von Information zwischen Zentralspeicher und Peripherie (Hintergrundspeicher) erleichtert die Dateiorganisation und ermöglicht die Verwendung einfacher Overlay-Strukturen bei der Programmierung. Alle auf den Hintergrundspeicher ausgelagerten Informationen stehen durch Verwendung dieses E/A- Interfaces als 'virtuelle' Kernspeichermatrizen zur Verfügung und können jeweils durch einen einfachen Befehl transferiert werden. Da das Programmpaket zur Abwicklung der E/A-Zugriffe auf die Plattenperipherie über einen Pufferspeicher verfügt und eine eigene Pufferverwaltung vornimmt, führen logische E/A-Zugriffe nicht immer zu physikalischen E/A-Vorgängen. Hierdurch wird eine zusätzliche Zugriffsbeschleunigung für den Datenzugriff erreicht und die Manipulation großer Datenmengen in den Methodenbausteinen schneller abgewickelt. Diese virtuelle Konzeption eröffnet gleichzeitig die Möglichkeit, die EXCORE-Datei als Zwischen- und Arbeitsspeicher bei numerischen Berechnungen einzusetzen.

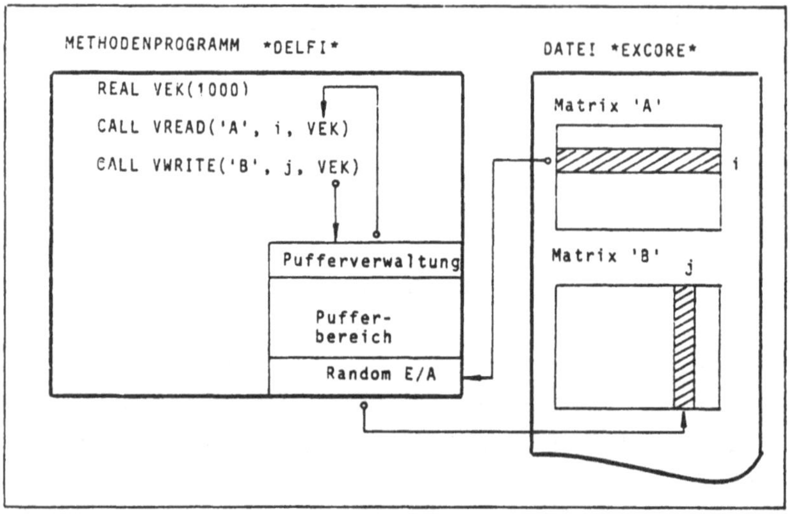

Abbildung 5
Schematische Darstellung der Funktionsweise der Parameterversorgung und der Ergebnisspeicherung mit Hilfe des Dateikonzeptes EXCORE.

3.6.3. Restartmöglichkeit, Systemerweiterung, Portabilität

Die softwaretechnisch hygienische Trennung der einzelnen Phasen der Modellverarbeitung erleichtert die Möglichkeit eines Restarts bei auftretenden Fehlern. Da die Ergebnisse eines Laufes jeweils vollständig extern auf einer Datei zur Verfügung stehen und einmal erzeugte Zwischenergebnisse nicht überschrieben werden, kann jedes Programm wieder neu gestartet werden. Dies schafft die Möglichkeit, einen unterbrochenen Prozeß an einer beliebigen Stelle wieder aufzunehmen. Ferner kann eine Methode mehrfach gestartet werden, ohne daß alle vorangegangenen Phasen jeweils wiederholt werden müssen. So können beispielsweise mit einem geschätzten Modell die Prognosen mehrfach berechnet werden (z.B. für einen unterschiedlichen Prognosezeitraum oder mit verschiedenen Instrumentvorgaben), ohne daß der Prozeß der Modellstrukturuntersuchung, die Datenversorgung zur Schätzung und die Neuberechnung der Schätzung wiederholt werden muß.

Schließlich bietet das verwendete Hauptprogrammkonzept mit der

Parameter- und Datenversorgung über einen Hintergrundspeicher auch eine einfache Möglichkeit der Systemerweiterung und Systemergänzung (z.B. durch Verfahren zur Berechnung von 'Optimal control-Lösungen'), ohne daß alte, lauffähige Teile des Systems verändert oder angepaßt werden müssen.

Die Portabilität des Systems wird dadurch unterstützt, daß beispielsweise für die meist nicht kompatible FORTRAN-Random-E/A für das gesamte System (DELFI und SOZIUS) nur eine Random-E/A-Schnittstelle existiert, die sich auf eine anlageabhängige Lese-Schreibroutine konzentriert. Weitere Anpassungsprobleme entstehen im wesentlichen nur aus der unterschiedlichen Auslegung der FORTRAN-Compiler.

4. Demonstrationsbeispiel

4.1. Modellspezifikation

Die folgenden Abbildungen 6 und 7 zeigen die formale Spezifikation eines kleinen ökonometrischen Vierteljahresmodells für die Bundesrepublik Deutschland.

Dieses Demonstrationsmodell besteht aus 5 Verhaltensgleichungen und 6 Definitionsgleichungen (Bilanzgleichungen) der volkswirtschaftlichen Gesamtrechnung. Als Beobachtungswerte zur Schätzung wurden realisierte Vierteljahreswerte der Vierteljährlichen Volkswirtschaftlichen Gesamtrechnung des Deutschen Instituts für Wirtschaftsforschung (DIW) verwendet. Die Gleichungsspezifikationen sind nicht mit dem Anspruch der Erstellung eines realistischen ökonometrischen Modells ausgewählt worden, sondern sollen nur als Unterstützung der vorliegenden Beschreibung einige wesentliche Funktionen des Programmsystems demonstrieren.

Die wirtschaftstheoretischen Implikationen dieses Modellbeispiels sind einfach zu erkennen, wenn eine nach Nummern geordnete Liste der Modellvariablen zur Verfügung steht. Die zu der vorliegenden Modellspezifikation gehörenden Variablenlisten, alphabetisch nach Mnemobegriffen sortiert, nach aufsteigenden Variablennummern geordnet sowie nach Verarbeitungsindizes angeordnet und nach endogenen und exogenen Variablen getrennt, sind in dem nachfolgenden Abschnitt 4.2. unter den Abbildungen 9,1o und 11 wiedergegeben.

Die erste Gleichung der Spezifikation des Demonstrationsmodells unter Abbildung 6 ist eine Konsumfunktion, die in einer ausführlichen Spezifikationsschreibweise angegeben wird. Bei den nachfolgenden Funktionen, den Investitionsfunktionen, der Importfunktion und den anschließenden Definitionsgleichungen, wurde von den zahlreichen Möglichkeiten der Vereinfachung der Spezifikationsschreibweise durch Verwendung von Abkürzungen und Standardfunktionen Gebrauch gemacht.

Die Abkürzung ARM4 (35, 1o9, 73) in der Wohnungsbauinvestitionsfunktion der Abbildung 6 steht beispielsweise als Abkürzung für die Verknüpfung zwischen dem Koeffizienten A(35,1o9) und der Wachstumsrate R4(1o9,T) der Variable Nummer 1o9, wobei die Angabe der beiden Operatoren $\kappa = 7$ und $\nu = 3$, also die Operatorfolge 73, einen gleichverteilten Lag dieser Wachstumsrate in der Form eines gleitenden Durchschnitts ausdrückt.

```
WSO*DELFI(2).MODELL/DEMO3
C      ================================================================
C
       SUBROUTINE MODELL(Y,T)
C
C
C      DAS IST EIN DEMONSTRATIONSMODELL FUER DAS SYSTEM  * DELFI *
C
C
C
C      MODELL:  * VIERTELJAHRES-DEMONSTRATIONSMODELL *
C
C      VERSION:  * BERLIN *
C
C      ****************************************************************
C
       INTEGER T
       REAL Y(1)
C
C      *** KONSUMFUNKTION.
C
       Y(17) = A(17,2000)*X(2000,T) + A(17,12)*X(12,T)
      *      + A(17,17) * GLAG(17, T-1, T-3)
      *      + A(17,101)*X(101,T)+A(17,102)*X(102,T)+A(17,103)*X(103,T)
C
C
C      *** AUSRUESTUNGSINVESTITIONEN DER UNTERNEHMEN.
C
       Y(30) = AB(30) + AXM(30, 43, 70) + AXM(30,52,30)
      *      + AXM(30,200,70) + AXM(30,201,71) + AX3(30,101,102,103)
C
C
C      *** BAUINVESTITIONEN DER UNTERNEHMEN.
C
       Y(29) = AB(29)           + A(29,43)*  POISLG(43,T,T-7, 0.51302)
      *                         + A(29,97)*  POISLG(97,T,T-9, 2.57311)
      *                         + A(29,52)*  POISLG(52,T,T-11, 6.31963)
      *                         + AX3(29, 101, 102, 103)
C
C
C      *** WOHUNGSBAUINVESTITIONEN.
C
       Y(35) = AB(35) + AXM(35, 20,73) + AXM(35,23,73) + ARM4(35,109,73)
      *      +  AX3(35, 101, 102, 103)
C
C
C      *** IMPORTE
C
       Y(90) = AB(90) + AXM(90,90,11) + A(90,116) * X(116,T)
      *      + AX3(90, 101, 102, 103)
C
C
C      *** DEFINITIONSGLEICHUNGEN.
C
       Y(116) = X(113,T) - X(90,T)
       Y(113) = X(85,T) + X(112,T)
       Y(112) = BILG4(17, 37, 72, 111)
       Y(111) = X(36,T) + X(76,T)
       Y(36) = X(34, T) + X(35, T)
       Y(34) = X(29, T) + X(30, T)
C
       RETURN
       END
```

Abbildung 6   Beispiel für die Spezifikation eines *Demonstrationsmodells* als SUBROUTINE-Unterprogramm MODELL.

Die Abkürzung AX3(35, 1o1, 1o2, 1o3) derselben Gleichung drückt eine Linearkombination der unabhängigen Variablen mit den Nummern 1o1, 1o2 und 1o3 (Saisonhiftvariablen) zur Erklärung der abhängigen Variable Nummer 35 (Bruttoanlageinvestitionen in der Wohnungswirtschaft) aus. Der Ausdruck AXM(35, 23, 73) repräsentiert eine Verknüpfung zwischen einem Koeffizienten A(35,23) und einer Variable X(23,T) mit der Nummer 23 (Abschreibungen der Unternehmen in der Wohnungswirtschaft). Die Zahl 73 ist eine Operatorfolge für die Parameterkombination $\kappa = 7$ und $\nu = 3$, mit der ein gleitender Durchschnitt (gleichverteilter Lag) für die unabhängige Variable mit der Nummer 23 angegeben wird. Mit der Schreibweise POISLG(43, T, T-7, O.513o2) in der Gleichung für die Bauinvestitionen der Unternehmen mit der abhängigen Variable Nummer 29 wird beispielsweise eine Poissonlagverteilung mit einem mittleren Lag von p = o.513o2 Quartalen für die unabhängige Variable Nummer 43 (Bruttogewinne der Unternehmen ohne Wohnungswirtschaft) spezifiziert. Die Form BILG4(17, 37, 72, 111) zur Erklärung der abhängigen Variable mit der Nummer 112 (Güterverwendung im Inland) dient beispielsweise der Spezifikation einer Bilanzgleichung, die sich aus der Summe X(17,T)+X (37,T)+X(72,T)+X(111,T) mit vier erklärenden Variablen zusammensetzt.

Im Transformationsteil TRAFO zu diesem Modell, der in der Abbildung 7 wiedergegeben ist, werden die Variablen mit der Nummer 2oo und 2o1 definiert, die als Hilfsvariablen in das Modell eingehen und die mit Hilfe der Abkürzung R4(98,T) und R4(118,T) als Wachstumsrate der Variable 98 (Preisindex der Bruttoausrüstungsinvestitionen) und der Variable 118 (Bruttolohnsatz) angegeben wurden.

```
WSO*DELFI(2).TRAFO/DEMO3
      C     ==================================================================
      C
            SUBROUTINE TRAFO(Y, T)
      C
      C
      C     MODELL= DEMONSTRATIONSMODELL
      C     VERSION = BERLIN
      C
      C
      C     ******************************************************************
      C
            INTEGER T
            REAL Y(1)
      C
      C
            Y(200) = R4(98,T)
            Y(201) = R4(118,T)
      C
            RETURN
            END
```

Abbildung 7 Beispiel für die Spezifikation des SUBROTINE-Unterprogrammes TRAFO zur Definition von Hilfsvariablen aus Beobachtungsreihen der Datenbank. Transformation durch Wachstumsraten der Variablen Nummer 98 und 118.

4.2. Schätzergebnisse

Die Darstellung 8 zeigt den Kopf einer Modellergebnisausgabe, bei dem auch der bei der Spezifikation des Modells angegebene Identifikationstext (vgl.Abbildung 6) wiederholt wird.

Unter den Zeitangaben für die Schätzung, die Prognose und den Analysezeitraum wird jeweils ein Maß (GESAMT-FIT) für die Anpassung der endogenen Modellvariablen im Schätz- und Prognosezeitraum ausgedruckt. Mit dem Gesamt-Fit des Modells für die Schätzung und die Prognose erhält man ein gewogenes Bestimmtheitsmaß der Schätz- und Prognoseanpassungen aller endogenen Variablen, wobei die Varianzschätzungen der abhängigen Variablen jeweils als Gewichte für die einzelnen Bestimmtheitsmaße zwischen Schätzwerten und Beobachtungswerten bzw. zwischen Prognosewerten und Beobachtungswerten verwendet werden. Diese Maße erleichtern den relativen Vergleich der Anpassungsgüte zweier ähnlich spezifizierter Modelle.

```
********************************
*                              *
*                              *
*       *** D E L F I ***      *
*                              *
*                              *
*     DYNAMIC ECONOMETRIC      *
*     LINEAR FORECASTING       *
*      INQUIRY - SYSTEM        *
*                              *
*                              *
*     INSTITUT FUER ALLGEM.    *
*     WIRTSCHAFTSFORSCHUNG     *
*     UNIVERSITAET FREIBURG    *
*     ABT. STATISTIK UND       *
*         OEKONOMETRIE         *
*                              *
*     LEITUNG:                 *
*     PROF. DR. D. LUEDEKE     *
*                              *
*     AUTOR: D. FRIEDRICH      *
*                              *
********************************


MODELL:         * VIERTELJAHRES-DEMONSTRATIONSMODELL *


VERSION:        * BERLIN *


ERGEBNIS:     * DEMONSTRATIONSBEISPIEL *


SCHAETZMETHODE:     TSLS

SCHAETZZEITRAUM:          1Q1965-   4Q1975
PROGNOSEZEITRAUM:         1Q1975-   2Q1976
ANALYSEZEITRAUM:          1Q1965-   2Q1976

GESAMT-FIT DES MODELLS FUER   11    ENDOGENE VARIABLEN:

SCHAETZANPASSUNG:       .99720    BEI    44    BEOBACHTUNGEN
PROGNOSEANPASSUNG:      .98829    BEI     6    BEOBACHTUNGEN
```

Abbildung 8
Beispiel für den Kopf einer Modellergebnisausgabe mit der Modellidentifikation, der Angabe der Schätzmethode und der Schätz- und Prognoseanpassung für alle Modellgleichungen.

Die Abbildung 9,1o und 11 enthalten Variablenlisten des Demonstrationsmodells, die alphabetisch, nach aufsteigenden Variablennummern und nach den intern verwendeten Variablenindizes geordnet sind. Bei der Variablenliste in Abbildung 11, die nach Indizes geordnet ist, stellen, wenn das Modell aus insgesamt M Gleichungen besteht, die Variablen mit den Indizes 1,2,..

..,M die endogenen Variablen des Modells dar. Exogene Variablen haben einen Index, der größer ist als M. Variablen, die in Transformationen des TRAFO-Teils erklärt sind, werden mit der angegebenen Transformationsformel als Variablentext und dem Variablenmnemo'....' in den Ergebnis-Variablenlisten ausgegeben.

Im Anschluß an die Variablenlisten eines Modells kann das Ergebnis der Modellstrukturuntersuchung angegeben werden. Diese ist in der Abbildung 12 dargestellt. Die linke Besetzungsmatrix zeigt die Koeffizientenmatrix der gemeinsam abhängigen Variablen vor der Strukturuntersuchung mit der in der Spezifikation festgelegten Reihenfolge der Gleichungen. Die rechte Besetzungsmatrix gibt das Ergebnis der Strukturuntersuchung an, bei der die Koeffizientenmatrix blocktriangulär angeordnet ist. Wie aus dieser Darstellung und der ebenfalls wiedergegebenen Liste mit dem Ergebnis der Strukturuntersuchung zu entnehmen ist, lassen sich die Gleichungen dieses Beispielmodells nahezu rekursiv anordnen. Nur die Variable Importe (Variable Nr. 9o) und die Variable Bruttosozialprodukt (Variable Nr.116) sind simultan abhängige Variablen, die gemeinsam die letzte Modellklasse mit dem Klassenindex Nummer 1o bilden.

Die nachfolgenden Darstellungen zeigen einen Ausschnitt der möglichen Ergebnisausgaben für die einzelnen Gleichungen dieses Modells, das mit Hilfe der Zweistufigen Methode (TSLS) geschätzt worden ist (vgl. Abbildung 8). Wegen der weitgehenden Rekursivität des Modells braucht nur die Verhaltensgleichung für die Importe nach der TSLS-Methode geschätzt zu werden. Alle übrigen Funktionen stehen rekursiv zueinander, so daß die Zweistufige Schätzung für diese Gleichungen mit der einfachen OLS-Methode unter Verwendung der Instrumentvariablen für die Beobachtungswerte der endogenen Modellvariablen der vorangehenden Gleichung (Modellklassen) berechnet werden kann.

Bei der Darstellung der Ergebnisausgaben für die Gleichungen, die jeweils in der Reihenfolge der Spezifikationseingabe wieder ausgegeben werden können, beschränken wir uns hier auf die Wie-

*** MODELLVARIABLEN ALPHABETISCH GEORDNET***

IND:	NR.	MNEMO	TITEL
13:	2000	ABS	ABSOLUTGLIED
18:	52	ALG1	AUSLASTUNGSGRAD DER INDUSTRIE
23:	23	AWN1	ABSCHREIBUNGEN DER UNTERNEHMEN IN DER WOHNUNGSWIRTSCHAFT
6:	116	BSP1	BRUTTOSOZIALPRODUKT
1:	17	CHH1	PRIVATER VERBRAUCH, INSGESAMT
27:	72	CST1	STAATSVERBRAUCH, INSGESAMT
25:	85	EXP1	EXPORTE WAREN UND DIENSTLEISTUNGEN
17:	43	GNB1	BRUTTOGEWINNE DER UNTERNEHMEN OHNE WOHNUNGSWIRTSCHAFT
7:	113	GVG1	GUETERVERWENDUNG, INSGESAMT
8:	112	GVI1	GUETERVERWENDUNG IM INLAND
9:	111	IAG1	BRUTTOANLAGEINVESTITIONEN, INSGESAMT
29:	98	IAU2	PREISINDEX DER BRUTTOAUSRUESTUNGSINVESTITIONEN, INSGESAMT
21:	97	IBA2	PREISINDEX DER BRUTTOBAUINVESTITIONEN, INSGESAMT
5:	90	IMP1	IMPORTE WAREN UND DIENSTLEISTUNGEN
11:	34	INB1	BRUTTOANLAGEINVESTITIONEN DER UNTERNEHMEN OHNE WOWI
28:	76	ISB1	BRUTTOINVESTITIONEN DES STAATES
10:	36	IUA1	BRUTTOANLAGEINVESTITIONEN DER UNTERNEHMEN EINSCHL. WOWI
3:	29	IU11	BRUTTOBAUINVESTITIONEN DER UNTERNEHMEN OHNE WOHNUNGSWIRTSCHAFT
2:	30	IU21	BRUTTOAUSRUESTUNGSINVESTITIONEN DER UNTERNEHMEN OHNE WOWI
26:	37	IVO1	VORRATSVERAENDERUNGEN DER UNTERNEHMEN EINSCHL.WOWI (LAGERBILDUNG)
4:	35	IWB1	BRUTTOANLAGEINVESTITIONEN IN DER WOHNUNGSWIRTSCHAFT
24:	109	IWB2	PREISINDEX DER BRUTTOBAUINVESTITIONEN IN DER WOWI
30:	118	LSI1	BRUTTOSTUNDENLOHNSATZ, INSG. (LBR1/BAI1)
14:	101	Q01	SH. SHIFTVARIABLEN
15:	102	Q02	SH. SHIFTVARIABLEN
16:	103	Q03	SH. SHIFTVARIABLEN
22:	20	SHH1	VERMOEGENSBILDUNG DER PRIVATEN HAUSHALTE, INSGESAMT
12:	12	YHV1	VERFUEGBARES EINKOMMEN DER PRIVATEN HAUSHALTE
19:	200	....	Y(200) = R4(98,T)
20:	201	....	Y(201) = R4(118,T)

Abbildung 9 Liste der Modellvariablen des *Demonstrationsmodells* in alphabetischer Reihenfolge der Mnemo-Begriffe.

```
      *** MODELLVARIABLEN NACH NUMMERN GEORDNET ***

   IND: NR.  MNEMO          TITEL

    12:  12  YHV1       VERFUEGBARES EINKOMMEN DER PRIVATEN HAUSHALTE
     1:  17  CHH1       PRIVATER VERBRAUCH, INSGESAMT
    22:  20  SHH1       VERMOEGENSBILDUNG DER PRIVATEN HAUSHALTE, INSGESAMT
    23:  23  AWN1       ABSCHREIBUNGEN DER UNTERNEHMEN IN DER WOHNUNGSWIRTSCHAFT
     3:  29  IU11       BRUTTOBAUINVESTITIONEN DER UNTERNEHMEN OHNE WOHNUNGSWIRTSCHAFT
     2:  30  IU21       BRUTTOAUSRUESTUNGSINVESTITIONEN DER UNTERNEHMEN OHNE WOWI
    11:  34  INB1       BRUTTOANLAGEINVESTITIONEN DER UNTERNEHMEN OHNE WOWI
     4:  35  IWB1       BRUTTOANLAGEINVESTITIONEN IN DER WOHNUNGSWIRTSCHAFT
    10:  36  IUA1       BRUTTOANLAGEINVESTITIONEN DER UNTERNEHMEN EINSCHL. WOWI
    26:  37  IVO1       VORRATSVERAENDERUNGEN DER UNTERNEHMEN EINSCHL.WOWI (LAGERBILDUNG)
    17:  43  GNB1       BRUTTOGEWINNE DER UNTERNEHMEN OHNE WOHNUNGSWIRTSCHAFT
    18:  52  ALG1       AUSLASTUNGSGRAD DER INDUSTRIE
    27:  72  CST1       STAATSVERBRAUCH, INSGESAMT
    28:  76  ISB1       BRUTTOINVESTITIONEN DES STAATES
    25:  85  EXP1       EXPORTE WAREN UND DIENSTLEISTUNGEN
     5:  90  IMP1       IMPORTE WAREN UND DIENSTLEISTUNGEN
    21:  97  IBA2       PREISINDEX DER BRUTTOBAUINVESTITIONEN, INSGESAMT
    29:  98  IAU2       PREISINDEX DER BRUTTOAUSRUESTUNGSINVESTITIONEN, INSGESAMT
    14: 101  Q01        SH. SHIFTVARIABLEN
    15: 102  Q02        SH. SHIFTVARIABLEN
    16: 103  Q03        SH. SHIFTVARIABLEN
    24: 109  IWB2       PREISINDEX DER BRUTTOBAUINVESTITIONEN IN DER WOWI
     9: 111  IAG1       BRUTTOANLAGEINVESTITIONEN, INSGESAMT
     8: 112  GVI1       GUETERVERWENDUNG IM INLAND
     7: 113  GVG1       GUETERVERWENDUNG, INSGESAMT
     6: 116  BSP1       BRUTTOSOZIALPRODUKT
    30: 118  LSI1       BRUTTOSTUNDENLOHNSATZ, INSG. (LBR1/BAI1)
    19: 200  ....              Y(200) = R4(98,T)
    20: 201  ....              Y(201) = R4(118,T)
    13:2000  ABS        ABSOLUTGLIED
```

Abbildung 10 Liste der Modellvariablen des *Demonstrationsmodells* nach aufsteigenden Variablennummern geordnet.

```
    *** MODELLVARIABLEN NACH INDIZES GEORDNET ***
IND: NR.  MNEMO            TITEL


*** ENDOGENE VARIABLEN DES MODELLS ***
--------------------------------------

  1:  17  CHH1         PRIVATER VERBRAUCH, INSGESAMT
  2:  30  IU21         BRUTTOAUSRUESTUNGSINVESTITIONEN DER UNTERNEHMEN OHNE WOWI
  3:  29  IU11         BRUTTOBAUINVESTITIONEN DER UNTERNEHMEN OHNE WOHNUNGSWIRTSCHAFT
  4:  35  IWB1         BRUTTOANLAGEINVESTITIONEN IN DER WOHNUNGSWIRTSCHAFT
  5:  90  IMP1         IMPORTE WAREN UND DIENSTLEISTUNGEN
  6: 116  BSP1         BRUTTOSOZIALPRODUKT
  7: 113  GVG1         GUETERVERWENDUNG, INSGESAMT
  8: 112  GVI1         GUETERVERWENDUNG IM INLAND
  9: 111  IAG1         BRUTTOANLAGEINVESTITIONEN, INSGESAMT
 10:  36  IUA1         BRUTTOANLAGEINVESTITIONEN DER UNTERNEHMEN EINSCHL. WOWI
 11:  34  INB1         BRUTTOANLAGEINVESTITIONEN DER UNTERNEHMEN OHNE WOWI

*** EXOGENE VARIABLEN DES MODELLS ***
-------------------------------------

 12:  12  YHV1         VERFUEGBARES EINKOMMEN DER PRIVATEN HAUSHALTE
 13:2000  ABS          ABSOLUTGLIED
 14: 101  Q01          SH. SHIFTVARIABLEN
 15: 102  Q02          SH. SHIFTVARIABLEN
 16: 103  Q03          SH. SHIFTVARIABLEN
 17:  43  GNB1         BRUTTOGEWINNE DER UNTERNEHMEN OHNE WOHNUNGSWIRTSCHAFT
 18:  52  ALG1         AUSLASTUNGSGRAD DER INDUSTRIE
 19: 200  ....                  Y(200) = R4(98,T)
 20: 201  ....                  Y(201) = R4(118,T)
 21:  97  IBA2         PREISINDEX DER BRUTTOBAUINVESTITIONEN, INSGESAMT
 22:  20  SHH1         VERMOEGENSBILDUNG DER PRIVATEN HAUSHALTE, INSGESAMT
 23:  23  AWN1         ABSCHREIBUNGEN DER UNTERNEHMEN IN DER WOHNUNGSWIRTSCHAFT
 24: 109  IWB2         PREISINDEX DER BRUTTOBAUINVESTITIONEN IN DER WOWI
 25:  85  EXP1         EXPORTE WAREN UND DIENSTLEISTUNGEN
 26:  37  IVO1         VORRATSVERAENDERUNGEN DER UNTERNEHMEN EINSCHL.WOWI (LAGERBILDUNG)
 27:  72  CST1         STAATSVERBRAUCH, INSGESAMT
 28:  76  ISB1         BRUTTOINVESTITIONEN DES STAATES
 29:  98  IAU2         PREISINDEX DER BRUTTOAUSRUESTUNGSINVESTITIONEN, INSGESAMT
 30: 118  LSI1         BRUTTOSTUNDENLOHNSATZ, INSG. (LBR1/BAI1)
```

Abbildung 11 Liste der endogenen und exogenen Variablen des *Demonstrationsmodells* nach Variablenindizes aufsteigend geordnet.

```
MODELL MIT
   11   GEMEINSAM ABHAENGIGEN VARIABLEN UND
   10   INTERDEPENDENTEN KLASSEN


VARIABLENINDEX:          1       2       3       4       5       6       7       8       9      10
VARIABLENNUMMER:        17      30      29      35      90     116     113     112     111      36
VARIABLENMNEMO:       CHH1    IU21    IU11    IWB1    IMP1    BSP1    GVG1    GVI1    IAG1    IUA1
KLASSENINDEX:            1       2       3       4      10      10       9       8       7       6

VARIABLENINDEX:         11
VARIABLENNUMMER:        34
VARIABLENMNEMO:       INB1
KLASSENINDEX:            5


  UNGEORDNETE KOEFFIZIENTENMATRIX       GEORDETE BLOCKTRIANGULAERE KOEFFIZIENTENMATRIX DER GEMEINSAM ABHAENGIGEN


  I-----------I                         I-----------I
  IX          I                         IX          I
  I X         I                         I X         I
  I  X        I                         I  X        I
  I   X       I                         I   X       I
  I   XX      I                         I XX X      I
  I   XXX     I                         I   XXX     I
  I     XX    I                         I     XX    I
  IX     XX   I                         IX     XX   I
  I       XX  I                         I       XX  I
  I   X    XXI                          I         XXI
  I XX       XI                         I        XXXI
  I-----------I                         I-----------I
```

Abbildung 12
Ergebnisübersicht über die Strukturordnung des *Demonstrationsmodells* mit der Besetzung der Koeffizientenmatrix der gemeinsam abhängigen Modellvariablen vor und nach der Strukturuntersuchung auf Blockrekursivität.

dergabe der Ergebnisse der ersten Gleichung (Konsumfunktion mit der Abhängigen Variable Nummer 17).

Wie die Abbildung 13 mit dem Ergebnis der ersten Strukturgleichung zeigt, ist die Form der Ergebnisausgabe weitgehend selbsterklärend. Nach dem Gleichungstitel wird beim Ergebnisausdruck jeweils die Gleichungsspezifikation wiederholt. Die Spezifikationsangaben können anhand der nachfolgenden Variablenbezeichnungen der in der Gleichung verwendeten Variablen nochmals überprüft werden. Es wird hiernach die Variablen- und Koeffizientenidentifikation sowie der Anfangs- und Endlag der Lagverteilung ausgegeben. Unter den Koeffizientenschätzwerten sind die zugehörigen Standardabweichungen der Koeffizientenschätzungen angegeben. Die ebenfalls wiedergegebenen t-Werte und die Koeffizientensicherungen (1-α) für einen Test mit der Irrtumswahrscheinlichkeit α und der Nullhypothese H0:A(i,j)=0 gegenüber einer Alternativhypothese H1:A(i,j)$\neq$0 ist jedoch nur dann theoretisch aussagefähig, wenn die Voraussetzungen des Klassischen Modells der Linearen Regression erfüllt sind. Bei Verletzung dieser Annahmen können diese Angaben nur als grobe Anhaltspunkte für die Koeffizientensicherung herangezogen werden. Es folgen dann die Gütemaße der Gleichungsschätzung mit dem Bestimmtheitsmaß (R**2), der Standardabweichung S(U) der Residuen, dem Variationskoeffizienten (VK (%)), den DURBIN-WATSON-Koeffizienten (DW1 und DW4) sowie den Autokorrelationskoeffizienten (AUTO1,AUTO4).

Im Anschluß an die numerischen Ergebnisse einer Gleichungsschätzung können jeweils die Beobachtungs- und Schätzwerte der abhängigen Variable sowie die Residuen und die Beobachtungswertematrix aller unabhängigen Variablen einer Gleichung ausgedruckt werden.

Häufig wird in der ökonometrischen Praxis bei der Beurteilung von Schätz- und Prognoseergebnissen neben der Interpretation der numerischen Resultate auch die grafische Ergebnispräsentation bevorzugt. In der Regel ist über die grafische Ausgabe eine schnellere Auswertung umfangreicher Ergebnislisten möglich.

STRUKTURGLEICHUNG: 17 CHH1 PRIVATER VERBRAUCH, INSGESAMT

SPEZIFIKATION:

```
Y(17) = A(17,2000)*X(2000,T) + A(17,12)*X(12,T)
*     + A(17,17) * GLAG(17, T-1, T-3)
*     + A(17,101)*X(101,T)+A(17,102)*X(102,T)+A(17,103)*X(103,T)
```

12:	12	YHV1	VERFUEGBARES EINKOMMEN DER PRIVATEN HAUSHALTE
13:	2000	ABS	ABSOLUTGLIED
1:	17	CHH1	PRIVATER VERBRAUCH, INSGESAMT
14:	101	Q01	SH. SHIFTVARIABLEN
15:	102	Q02	SH. SHIFTVARIABLEN
16:	103	Q03	SH. SHIFTVARIABLEN

GLEICHUNG MIT ABH. VAR. NR.: 17

UNABH. V.:	12	17	101	102	103	2000
ANF-LAG:	0	-1	0	0	0	0
END-LAG:	0	-3	0	0	0	0
KOEFF.:	A(17, 12)	A(17, 17)	A(17, 101)	A(17, 102)	A(17, 103)	A(17,2000)
SCHAETZ.:	.61632	.25515	-6.48261	-2.63797	-3.45129	6.90595
STANDABW.:	.03521	.04590	.91951	.68794	.79085	.60643
T-WERTE:	16.26606	5.16625	-6.55177	-3.56354	-4.05556	10.58303
SICHERHG.:	.99999	.99999	.99999	.99899	.99976	.99999

R**2	=	.99905
S(U)	=	.85647
VK(%)	=	.87722
DW1	=	1.52804
DW4	=	2.12568
AUTO1	=	.18960
AUTO4	=	.28301
FG	=	38

Abbildung 13 Beispiel für die Ausgabe der Spezifikation, der Variablenbezeichnungen und der Schätzergebnisse einer Gleichung.

SCHAETZANPASSUNG FUER:

1: 17 CHH1 PRIVATER VERBRAUCH, INSGESAMT

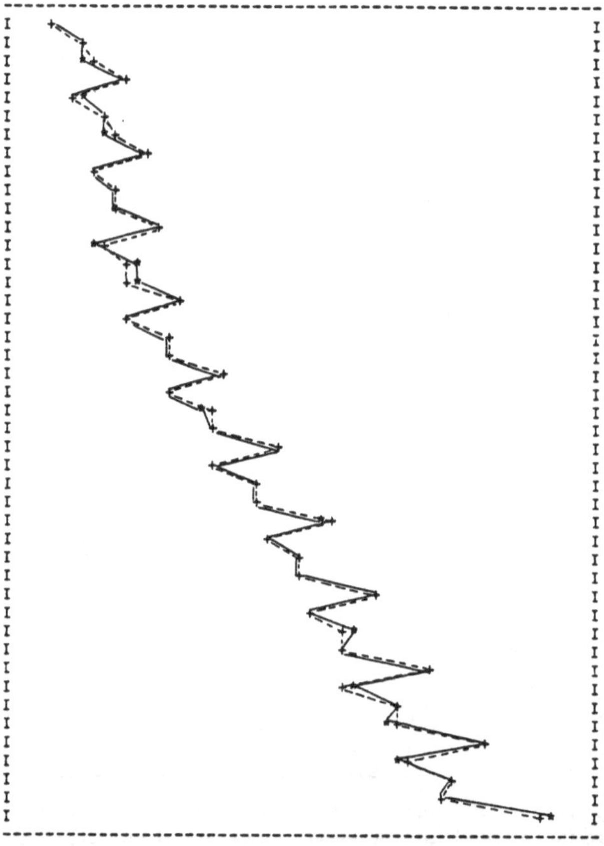

	Y_t *	$\hat{Y}_t$ +
1Q1965	56.5600	57.3857
2Q1965	63.8200	64.4684
3Q1965	64.4900	64.8203
4Q1965	73.8000	73.7771
1Q1966	62.8400	61.9443
2Q1966	69.2400	69.1200
3Q1966	69.0000	69.4934
4Q1966	76.7700	77.1712
1Q1967	65.3400	65.2910
2Q1967	70.3700	70.9549
3Q1967	70.7200	70.2456
4Q1967	78.8800	79.0375
1Q1968	66.7900	67.7652
2Q1968	74.7600	73.9925
3Q1968	74.8900	74.1144
4Q1968	85.3300	85.5282
1Q1969	73.9600	73.6148
2Q1969	82.1300	82.1864
3Q1969	82.8800	82.1676
4Q1969	94.1200	93.3918
1Q1970	81.9500	81.5423
2Q1970	90.2700	90.7890
3Q1970	91.7600	91.5226
4Q1970	105.030	105.361
1Q1971	91.8600	91.2087
2Q1971	101.410	100.269
3Q1971	101.120	100.880
4Q1971	116.100	117.268
1Q1972	102.490	102.904
2Q1972	110.220	111.254
3Q1972	111.560	111.559
4Q1972	126.650	127.148
1Q1973	113.780	112.835
2Q1973	123.090	121.025
3Q1973	119.370	120.804
4Q1973	139.430	138.268
1Q1974	121.390	120.555
2Q1974	131.310	131.066
3Q1974	130.100	131.009
4Q1974	150.150	151.078
1Q1975	131.530	133.464
2Q1975	142.500	143.996
3Q1975	141.580	140.853
4Q1975	164.580	162.811

Abbildung 14 Darstellung des Verlaufes der abhängigen Variable der Gleichung. Anpassung zwischen Beobachtungs- und Schätzwerten .

Die folgenden Abbildungen zeigen daher am Beispiel der Ausgabe für eine Modellgleichung einige Möglichkeiten der grafischen Ergebnisdarstellung mit dem System DELFI.

In Abbildung 14 sind die Beobachtungswerte und die Schätzwerte der abhängigen Gleichungsvariable für den Schätzzeitraum dargestellt.

```
SCATTER DER SCHAETZANPASSUNG ZWISCHEN Y UND YS:  1Q1965-  4Q1975:

  1:  17  CHH1        PRIVATER VERBRAUCH, INSGESAMT


BEOBACHTUNGSZAHL:       44

XMIN   =            57.38573   XMAX   =          162.81103   XRANGE=          105.42530
XMEAN  =            97.63499   XVAR   =          772.59966   XSTAND=           27.79568

YMIN   =            56.56000   YMAX   =          164.56000   YRANGE=          108.02000
YMEAN  =            97.63499   YVAR   =          773.33321   YSTAND=           27.80887

COVXY  =           772.59965   RXY**2=              .99905   RXY   =             .99953

Y = A + B * X:  A=               .00000    B =             1.00000
X = C + D * Y:  C=               .09261    D =              .99905
```

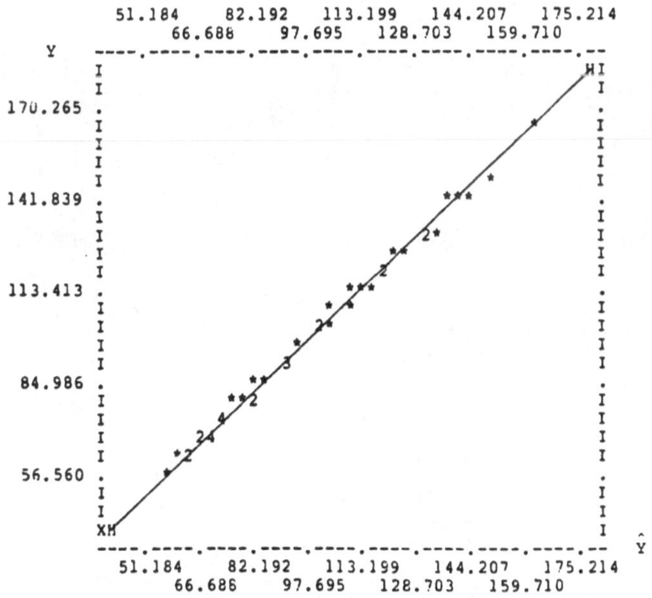

Abbildung 15 Streuungsdiagramm zwischen den Beobachtungswerten und den Schätzwerten der abhängigen Variable einer Gleichung.

Es folgt in der Abbildung 15 ein Streuungsdiagramm für die Schätzung, in dem auf der Ordinate die Beobachtungswerte Y_t und auf der Abszisse die Schätzwerte $\hat{Y}_t$, der abhängigen Variable aufgetragen werden. Je enger die Beobachtungspunkte um die Winkelhalbierende angeordnet sind, desto besser ist der Zusammenhang zwischen Schätzung und Beobachtung und um so besser das erzielte Schätzergebnis. Eventuell im Datenmaterial auftretende Ausreißer können diesem Diagramm einfach entnommen werden.

AUTOKORREOLOGRAMM DER RESIDUEN:

1: 17 CHI1 PRIVATER VERBRAUCH, INSGESAMT

KORREOLOGRAMM:

TAU=	.0	1.0	2.0	3.0	4.0	5.0	6.0	7.0	8.0	9.0	10.0	11.0
RHO=	1.0000	.1896	-.1174	-.1460	-.2830	-.2285	-.0022	.0088	-.1629	-.0896	.2593	.3676

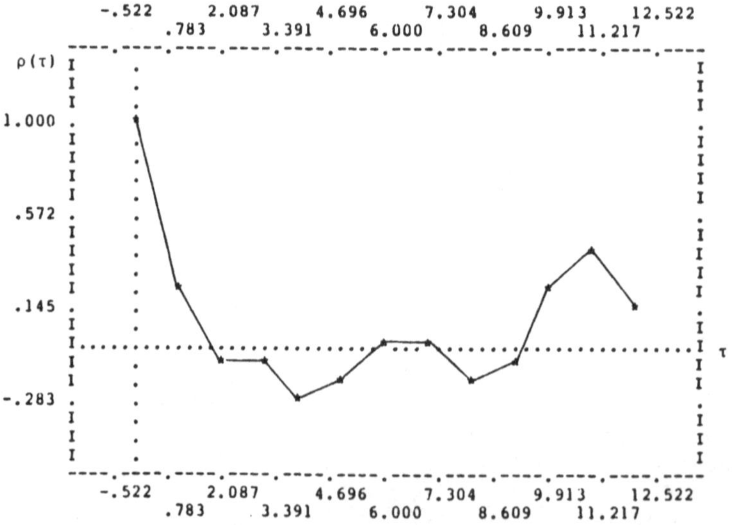

Abbildung 16 Autokorrelationsdiagramm der Residuen $\hat{u}_t$.

```
SCHAETZZEIT:   1Q1965-  4Q1975    PROGNOSEZEIT:    1Q1975-  2Q1976
SCHAETZFIT:     R**2 =  .99905   RMSE =  .1291182    BEI   44  BEOBACHTUNGEN.
PROGNOSEFIT:    R**2 =  .98610   RMSE =  .7344345    BEI    6  BEOBACHTUNGEN.
```

PRIVATER VERBRAUCH, INSGESAMT

T	ZEIT	BEOB(*)	SCH(+)	PROG(.)	SCH-RES	PRO-RES
1	1Q1965	56.56	57.39	.0000	-.8257	.0000
2	2Q1965	63.82	64.47	.0000	-.6484	.0000
3	3Q1965	64.49	64.82	.0000	-.3303	.0000
4	4Q1965	73.80	73.78	.0000	.2285-01	.0000
5	1Q1966	62.84	61.94	.0000	.8957	.0000
6	2Q1966	69.24	69.12	.0000	.1200	.0000
7	3Q1966	69.00	69.49	.0000	-.4934	.0000
8	4Q1966	76.77	77.17	.0000	-.4011	.0000
9	1Q1967	65.34	65.29	.0000	.4900-01	.0000
10	2Q1967	70.37	70.95	.0000	-.5849	.0000
11	3Q1967	70.72	70.25	.0000	.4742	.0000
12	4Q1967	78.88	79.04	.0000	-.1575	.0000
13	1Q1968	66.79	67.77	.0000	-.9752	.0000
14	2Q1968	74.76	73.99	.0000	.7675	.0000
15	3Q1968	74.89	74.11	.0000	.7756	.0000
16	4Q1968	85.33	85.53	.0000	-.1982	.0000
17	1Q1969	73.96	73.61	.0000	.3452	.0000
18	2Q1969	82.13	82.19	.0000	-.5640-01	.0000
19	3Q1969	82.88	82.17	.0000	.7124	.0000
20	4Q1969	94.12	93.39	.0000	.7282	.0000
21	1Q1970	81.95	81.54	.0000	.4077	.0000
22	2Q1970	90.27	90.79	.0000	-.5190	.0000
23	3Q1970	91.76	91.52	.0000	.2374	.0000
24	4Q1970	105.0	105.4	.0000	-.3315	.0000
25	1Q1971	91.88	91.21	.0000	.6713	.0000
26	2Q1971	101.4	100.3	.0000	1.141	.0000
27	3Q1971	101.1	100.9	.0000	.2398	.0000
28	4Q1971	116.1	117.3	.0000	-1.168	.0000
29	1Q1972	102.5	102.9	.0000	-.4143	.0000
30	2Q1972	110.2	111.3	.0000	-1.034	.0000
31	3Q1972	111.6	111.6	.0000	.6151-03	.0000
32	4Q1972	126.6	127.1	.0000	-.4981	.0000
33	1Q1973	113.8	112.8	.0000	.9454	.0000
34	2Q1973	123.1	121.0	.0000	2.065	.0000
35	3Q1973	119.4	120.8	.0000	-1.434	.0000
36	4Q1973	139.4	138.3	.0000	1.162	.0000
37	1Q1974	121.4	120.6	.0000	.8346	.0000
38	2Q1974	131.3	131.1	.0000	.2443	.0000
39	3Q1974	130.1	131.0	.0000	-.9090	.0000
40	4Q1974	150.1	151.1	.0000	-.9278	.0000
41	1Q1975	131.5	133.5	133.6	-1.934	-2.064
42	2Q1975	142.5	144.0	144.1	-1.496	-1.589
43	3Q1975	141.6	140.9	141.3	.7267	.3246
44	4Q1975	164.6	162.8	163.0	1.769	1.571
45	1Q1976	144.2	.0000	143.5	.0000	.6779
46	2Q1976	154.8	.0000	151.7	.0000	3.098
T	ZEIT	BEOB(*)	SCH(+)	PROG(.)	SCH-RES	PRO-RES

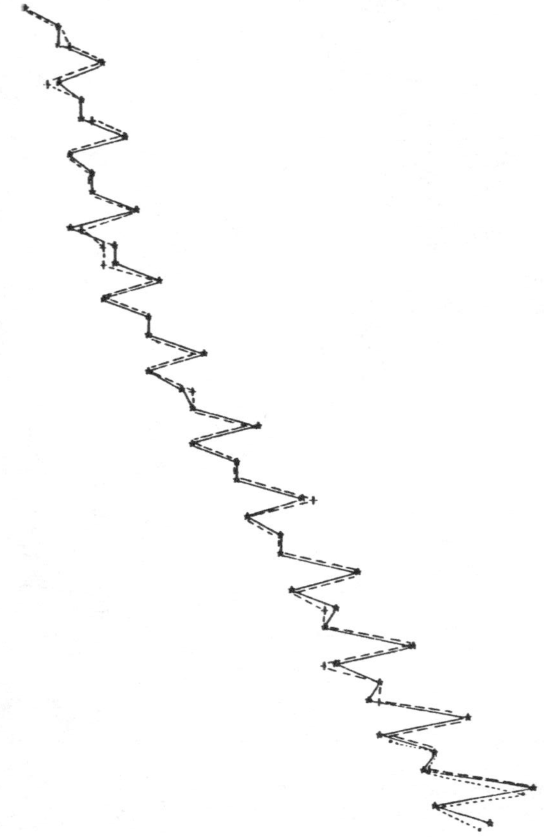

Abbildung 17 Beobachtungswerte, Schätz- und Prognoseanpassung.

SCHAETZZEIT: 1Q1965- 4Q1975 PROGNOSEZEIT: 1Q1965- 4Q1975
SCHAETZFIT: R**2 = .97856 RMSE = .6592010-01 BEI 44 BEOBACHTUNGEN.
PROGNOSEFIT: R**2 = .94130 RMSE = .1193619 BEI 44 BEOBACHTUNGEN.

BRUTTOAUSRÜSTUNGSINVESTITIONEN DER UNTERNEHMEN; REAL

T	ZEIT	BEOB(*)	SCH(+)	PROG(.)	SCH-RES	PRO-RES
1	1Q1965	11.14	10.72	10.25	.4152	.8882
2	2Q1965	11.70	11.86	11.10	-.1587	.5965
3	3Q1965	11.54	11.67	10.60	-.1253	.9400
4	4Q1965	12.96	13.80	13.10	-.8420	-.1407
5	1Q1966	11.84	11.72	11.11	.1212	.7308
6	2Q1966	12.02	12.00	11.56	.2263-01	.4633
7	3Q1966	11.08	11.03	10.70	.5379-01	.3789
8	4Q1966	12.04	12.66	12.94	-.6157	-.9030
9	1Q1967	9.750	10.04	10.82	-.2920	-1.075
10	2Q1967	10.17	10.18	11.18	-.6285-02	-1.010
11	3Q1967	9.830	9.385	10.23	.4447	-.4013
12	4Q1967	12.92	11.73	12.36	1.187	.5626
13	1Q1968	9.990	10.30	10.18	-.3061	-.1881
14	2Q1968	11.24	11.53	10.68	-.2916	.5587
15	3Q1968	11.95	11.66	10.19	.2902	1.757
16	4Q1968	14.35	14.77	13.01	-.4201	1.340
17	1Q1969	13.00	13.58	11.78	-.5757	1.217
18	2Q1969	14.39	14.60	13.29	-.2107	1.101
19	3Q1969	14.46	14.42	13.58	.3834-01	.8837
20	4Q1969	16.67	16.77	16.71	-.1020	-.3904-01
21	1Q1970	15.41	14.93	15.60	.4842	-.1884
22	2Q1970	16.96	16.27	16.91	.6923	.5183-01
23	3Q1970	16.92	16.53	16.53	.3906	.3882
24	4Q1970	18.95	19.09	18.76	-.1436	.1931
25	1Q1971	17.51	17.05	16.68	.4635	.8334
26	2Q1971	17.87	17.55	17.09	.3168	.7757
27	3Q1971	16.84	17.09	16.11	-.2505	.7342
28	4Q1971	19.16	19.38	18.12	-.2216	1.044
29	1Q1972	17.17	17.50	16.25	-.3300	.9238
30	2Q1972	17.94	18.40	17.30	-.4586	.6416
31	3Q1972	16.77	17.75	16.72	-.9795	.5362-01
32	4Q1972	19.51	19.56	18.63	-.5146-01	.8789
33	1Q1973	18.02	17.31	16.61	.7066	1.406
34	2Q1973	18.36	18.01	17.42	.3446	.9363
35	3Q1973	16.95	17.02	16.85	-.6586-01	.9838-01
36	4Q1973	19.35	18.61	18.85	.7417	.5050
37	1Q1974	16.15	16.36	16.88	-.2062	-.7281
38	2Q1974	16.73	16.79	17.51	-.6393-01	-.7766
39	3Q1974	15.89	15.88	16.67	.8694-02	-.7758
40	4Q1974	17.64	17.82	18.42	-.1824	-.7821
41	1Q1975	15.37	15.85	16.17	-.4807	-.8030
42	2Q1975	16.39	16.58	16.68	-.1865	-.2923
43	3Q1975	16.16	15.97	15.94	.1947	.2238
44	4Q1975	18.88	18.23	17.87	.6502	1.015
T	ZEIT	BEOB(*)	SCH(+)	PROG(.)	SCH-RES	PRO-RES

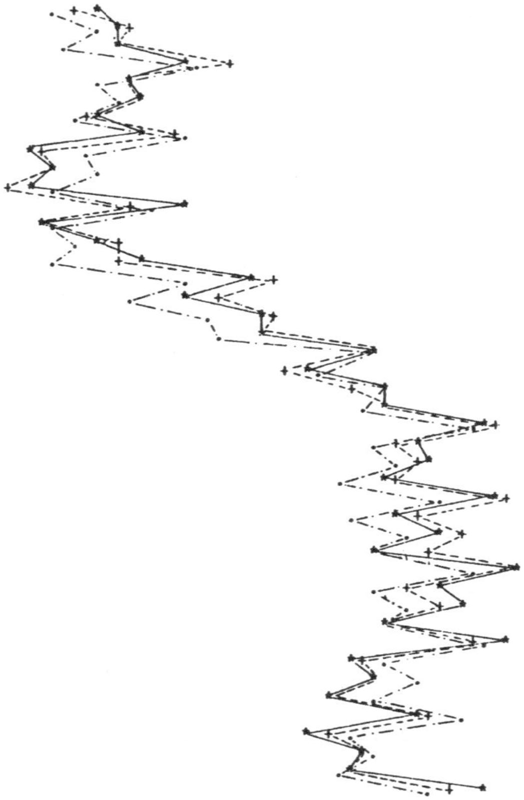

Abbildung 18 Beobachtungswerte, Schätz- und Prognoseanpassung zur Prüfung des Stabilitätsverhaltens.

Die Abbildung 16 zeigt im folgenden die Autokorrelationsfunktion der Gleichungsresiduen bis zur Ordnung (Verzögerung) $\tau=12$, wobei die gewünschte Ordnung der Korrelogramme bei der Steuerung der Modellanalyse als Parameter angegeben werden kann.

In dem nachfolgenden Anpassungsdiagramm in Abbildung 17 werden die Beobachtungen, die Schätz- und Prognosewerte der abhängigen Variable sowie die Schätz- und Prognoseresiduen einer Gleichung dargestellt. Aufgrund des Bestimmtheitsmaßes (R** 2) und der Wurzel aus dem mittleren quadratischen Fehler (RMSE) zwischen den Beobachtungswerten und den Schätzwerten sowie den Beobachtungs- und den Prognosewerten kann die gesamte Anpassungsgüte bei der Schätzung und Prognose beurteilt werden. Für das hier dargestellte Modellbeispiel wurden Prognosewerte für den Zeitraum von 1Q75-2Q76 berechnet. Ein solcher kurzer Prognosezeitraum läßt in der Regel noch keine ausreichenden Rückschlüsse auf die Prognoseeigenschaften eines Modells zu.

Werden jedoch, so wie im Falle der Abbildung 18, die Prognosen für den gesamten Stützbereich berechnet, dann kann mit Hilfe einer solchen Darstellung die (ex post) Prognosefähigkeit und das dynamische Stabilitätsverhalten eines ökonometrischen Modells (heuristisch) überprüft werden. Das in der Abbildung 18 dargestellte Beispiel zeigt die dynamischen ex post Projektionen für eine Gleichung 'Bruttoausrüstungsinvestitionen der Unternehmen'. Dieses Beispiel ist einem größeren ökonometrischen Modell entnommen (vgl. Friedrich,D.; Kau,W.; Lüdeke,D.; v. Natzmer,W.: Ein Ökonometrisches Vierteljahresmodell für den Güterwirtschaftlichen und Monetären Bereich der Bundesrepublik Deutschland. a.a.O.,S.37).

Aufgrund dieses Streuungsdiagrammes in Abbildung 19 ist eine zusätzliche optische Analyse der Prognoseeigenschaften des Modells durchführbar. Hierbei werden die (standardisierten) Beobachtungen $Y_t - \bar{Y}$ auf der Ordinate und die (standardisierten) Prognoseergebnisse $\hat{Y}_t^p - \hat{\bar{Y}}^p$ der abhängigen Variable auf der Abszissenachse eingetragen. Wenn das Modell eine vollkommene Treffsicher-

```
SCATTER DER PROGNOSEANPASSUNG ZWISCHEN Y UND YP:  1Q1975-  2Q1976:

  1:  17  CHH1        PRIVATER VERBRAUCH, INSGESAMT


BEOBACHTUNGSZAHL:        6

XMIN  =          -12.59598   XMAX  =          16.81871   XRANGE=          29.41469
XMEAN =             .00000   XVAR  =          84.65840   XSTAND=           9.20100

YMIN  =          -14.99666   YMAX  =          18.05334   YRANGE=          33.05000
YMEAN =             .00000   YVAR  =         110.91805   YSTAND=          10.53176

COVXY =           96.22669   RXY**2=            .98610   RXY   =            .99302

Y = A + B * X:  A=          -.00000    B =          1.13665
X = C + D * Y:  C=           .00000    D =           .86755
```

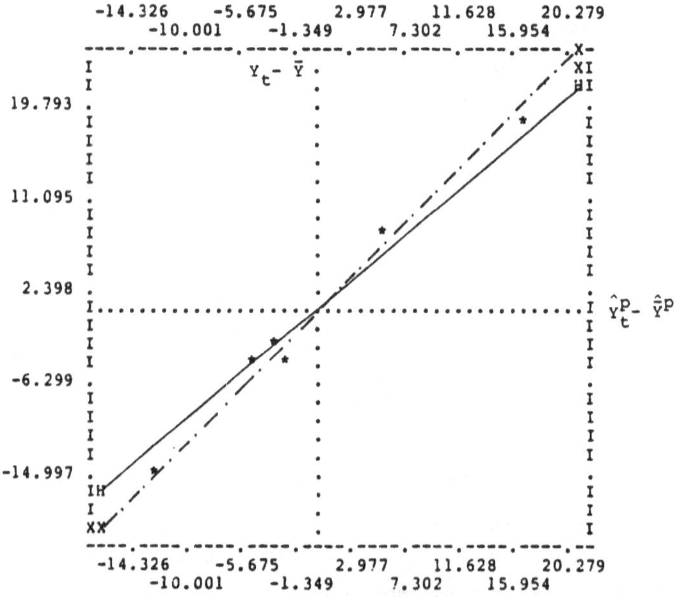

Abbildung 19 Streuungsdiagramm zwischen den Beobachtungswerten und den (ex post) Prognosewerten der abhängigen Variable einer Gleichung.

RESIDUEN DER ABHAENGIGEN VARIABLE:
1: 17 CHH1 PRIVATER VERBRAUCH, INSGESAMT

SCHAETZZEIT: 1Q1965- 4Q1975 PROGNOSEZEIT: 1Q1975- 2Q1976

T.	US	UP
1	-.8257	.0000
2	-.6484	.0000
3	-.3303	.0000
4	.2285-01	.0000
5	.8957	.0000
6	.1200	.0000
7	-.4934	.0000
8	-.4011	.0000
9	.4900-01	.0000
10	-.5849	.0000
11	.4742	.0000
12	-.1575	.0000
13	-.9752	.0000
14	.7675	.0000
15	.7756	.0000
16	-.1982	.0000
17	.3452	.0000
18	-.5640-01	.0000
19	.7124	.0000
20	.7282	.0000
21	.4077	.0000
22	-.5190	.0000
23	.2374	.0000
24	-.3315	.0000
25	.6713	.0000
26	1.141	.0000
27	.2398	.0000
28	-1.168	.0000
29	-.4143	.0000
30	-1.034	.0000
31	.6151-03	.0000
32	-.4981	.0000
33	.9454	.0000
34	2.065	.0000
35	-1.434	.0000
36	1.162	.0000
37	.8346	.0000
38	.2443	.0000
39	-.9090	.0000
40	-.9278	.0000
41	-1.934	-2.064
42	-1.496	-1.589
43	.7267	.3246
44	1.769	1.571
45	.0000	.6779
46	.0000	3.098
T.	US	UP

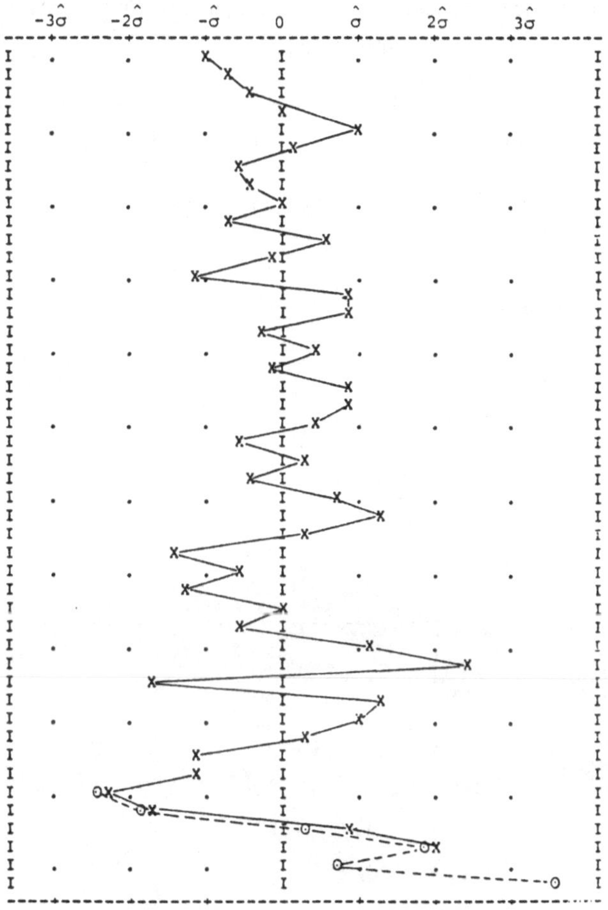

Abbildung 20 Verlauf der Residuen (US) der Schätzung und der Residuen (UP) der (ex post) Prognose einer Gleichung.

heit in der Prognose besitzt, dann liegen alle Punkte des Streuungsdiagrammes auf der gleichfalls eingetragenen Winkelhalbierenden. Je weiter die Punkte um die Winkelhalbierende streuen, desto stärker weichen die Prognosen von den tatsächlich eingetretenen Beobachtungswerten ab und desto schlechter ist die Prognosequalität des Modells.

```
LAGGEWICHTE DER UNABHAENGIGEN:

 21:  97  IBA2       PREISINDEX DER BRUTTOBAUINVESTITIONEN, INSGESAMT


NUMMER=           97
MNEMO=     IBA2

POISSON-      LAGVERTEILUNG
LAGANFANG=     0
LAGENDE =     -9
LAGZAHL =     10
PARAMETER =  2.573110

GEWICHTE:
     .0      1.0      2.0      3.0      4.0      5.0      6.0      7.0      8.0      9.0
   .0763   .1964   .2527   .2167   .1394   .0717   .0308   .0113   .0036   .0010
```

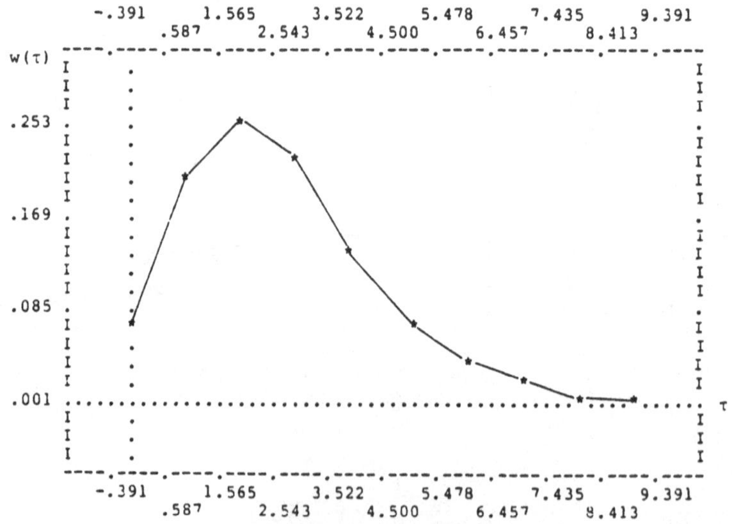

Abbildung 21 Beispiel für die Ergebnisausgabe der Laggewichtsfunktionen.

Die Abweichung (der Winkel) zwischen der in Abbildung 19 als nicht durchgehende Linie eingezeichneten Regressionsgeraden und der Winkelhalbierenden (durchgezogene Linie) ist ein Maß für die mittlere Prognoseverzerrung und zeigt eine Über- oder Unterschätzung der tatsächlich eingetroffenen Beobachtungswerte an.

Mit Hilfe des unter Abbildung 2o wiedergegebenen Diagrammmes ist eine getrennte Analyse des Verlaufes der Schätzresiduen (Spalte US) und der Prognoseresiduen (Spalte UP) möglich. Das Diagramm enthält neben der Verbindungslinie der Residuen der Schätzung und Prognose die Nullinie und (als Punktemarkierungen) die Grenzen für die einfache, zweifache und dreifache Standardabweichung, wobei die Standardabweichung aus der Standardabweichung der Residuen der Gleichung berechnet wird.

In dem unter Abbildung 6 dargestellten Demonstrationsmodell sind in der Gleichung für die Bauinvestitionen der Unternehmen poissonverteilte Laggewichte spezifiziert. Enthält ein Modell Gleichungen mit verteilten Lags, so können, wie in der Abbildung 21 am Beispiel der Laggewichte zwischen den Bauinvestitionen und der unabhängigen Variable für den Preisindex der Bauinvestitionen gezeigt wird, die Verteilungen der Laggewichte grafisch ausgegeben werden.

Die hier am Beispiel einer Modellgleichung vorgestellte Ergebnispräsentation kann entweder für alle Modellgleichungen oder nur für einzelne, gezielt ausgewählte Strukturgleichungen (und, soweit sinnvoll, auch für Definitionsgleichungen) eines Modells mit Hilfe des Ausgabebausteins DELFI generiert werden.

LITERATURVERZEICHNIS UND ANMERKUNGEN

1) Friedrich, D.: Überblick über den Leistungsumfang des Datenbanksystems. Bericht Nr. 2o zum Forschungsprojekt 'Ökonometrische Methodenbank (MEBA)'. Hrsg.:Institut für Angewandte Wirtschaftsforschung, Tübingen 1977.

2) Das COMET-System ist ein statistisch-ökonometrisches Programmsystem der Firma UNIVAC, das in einer von K.U.Schweizer verbesserten Version in Freiburg zur Verfügung steht, in dem weitere Einzelmethoden, beispielsweise lineare und nichtlineare Regressionsschätzung, Schätzung bei autokorrelierten Residuen, ALMON-Lag-Schätzung, statistische Zeitreihenverfahren, Plotprogramme usw.,implementiert wurden und verfügbar sind.

3) Friedrich,D,; Kau,W.; Lüdeke,D.; v.Natzmer,W.: Ein ökonometrisches Vierteljahresmodell für den Güterwirtschaftlichen und Monetären Bereich der Bundesrepublik Deutschland, Forschungsberichte aus dem Institut für Angewandte Wirtschaftsforschung (IAW) Tübingen, Nr. 3,Serie B, Tübingen 1979.

4) Die Mnemo-Spezifikation wurde daher, angesichts zahlreicher anderer Vorteile, die eine FORTRAN-Modellspezifikation für den Benutzer bietet, bisher als ein verzichtbarer Komfort angesehen. Von der relativ einfachen Möglichkeit, durch einen Preprocessor zu FORTRAN über einen Datenbankzugriff in einem Textelement (FORTRAN-Unterprogramm für die Modellspezifikation) Mnemo-Spezifikationen, wie BSP, CPR, YHHV usw., beispielsweise durch einen String der Form X(116,T) oder A(1,116)* X(116,T) auszutauschen und die Mnemo-Spezifikation entsprechend der FORTRAN-Konvention in die oben erkäuterte Schreibweise umzusetzen, wurde bisher kein Gebrauch gemacht.

5) Friedrich, D.: Interpretation and Theoretical Foundation of Poisson Distributed Lags in Dynamic Economic Adjustment Processes, Discussion Paper aus der Reihe des Instituts für Allgemeine Wirtschaftsforschung, Abt. für Statistik und Ökonometrie der Universität Freiburg, Mai 1979; Veröffentlichung in Empirical Economics in Vorbereitung 1979/8o.

Numerische Behandlung großer, nichtlinearer Systeme zur Simulation und Politikanwendung im Rahmen des SYSIFO-Modelles (PROFESSIONAL-System)

G. Bock v. Wülfingen, Universität Hamburg

EINLEITUNG:

H.-D. Heike, Modellierungs-Software

Es geht in diesem Vortrag um die numerische Behandlung einer Klasse von nichtlinearen Differenzengleichungen höherer Ordnung, die - vor allem in ökonomischen Anwendungen - durch folgende Eigenschaften gekennzeichnet ist:

- das System enthält eine große Anzahl von Zustandsvariablen (mehrere Hundert bis über 2000)
- Das System ist dünn besetzt, d.h. in einer einzelnen Gleichung treten nur wenige Variablen auf
- das System ist nicht rekursiv und enthält im -i.d.R.großen- interdependenten Teil Nichtlinearitäten, so daß eine explizite analytische Lösung nicht angegeben werden kann.
- die Nichtlinearitäten im System beschränken sich auf wenige Typen, z.B. Logarithmen und Produkte.

Eine effiziente Behandlung derartiger Modelle auf dem Rechner erfordert, daß diese Eigenschaften vom Programm automatisch so weit wie möglich bei der Lösung explizit berücksichtigt werden.

Obwohl solche Systeme in einer Reihe von Anwendungsgebieten auftauchen, werden wir im Folgenden bei Beispielen und Bezeichnungen auf ökonometrische Modelle rekurrieren. Konstrukteure und Anwender dieser Modelle sind häufig EDV-Laien; die Anforderungen, die sie an die Software stellen, lassen sich kurz zusammenfassen:

- leichte Codierung der Gleichungen des Systems in Datenform, nicht als Programm; umfassende Unterstützung bei der Fehlersuche
- leichte Modifizierbarkeit und Änderung des Modells, nicht

nur bzgl. der Koeffizienten sondern auch der Struktur im weitesten Sinne

- Hilfe beim "Verständnis" des Modells, der Zusammenhänge und Wirkungsweisen
- Übersichtliche, die Auswertung erleichternde Ergebnisausgabe.

Im folgenden werden die Grundzüge des Programmsystems beschrieben, das ich bei der Arbeit am SYSIFO-Modell zur Lösung des oben definierten Problems entwickelt habe.

1. Codierung der Gleichungen

Eine Gleichung g_i eines ökonometrischen Modells[1] läßt sich im Regelfall in der Form darstellen

$$(1) \quad g_i = \sum_{j,l} a_{ij}\, x_{j,t-l} + \sum_{j,l} b_{ijl} \log x_{j,t-l} + \sum_{\substack{j,k,\\ l,m}} c_{ijklm}\, x_{j,t-l}\, x_{k,t-m} + \sum_{\substack{j,k\\ l,m}} x_{j,t-l}/x_{k,t-m} + k_i = 0$$

mit $i \varepsilon \{I\}$, der Menge der Gleichungsnummern

$j,k \varepsilon \{J\}$, der Menge der Variablennummern

und $0 \leq l,m \leq l_{max}$, der Verzögerung, l=0 bedeutet unverzögerte Variablen.

Diese Darstellung ist offensichtlich ein Spezialfall folgender algemeineren Form:

$$(2) \quad \sum_{j,l,s_1} a^{s_1}_{ijls_1} r^{s_1}(x_{j,t-l}) + \sum_{\substack{j,k,\\ l,m,s_2}} a^{s_2}_{ijklms_2} r^{s_2}(x_{j,t-l}, x_{k,t-m}) = 0$$

Dabei sind die r^s Funktionstypen, die in (1) sind: $r^1(x)=x$, $r^2(x) = \ln(x)$, $r^3(x_j,x_k) = x_j/x_k$, $r^4(x_j,x_k) = x_j x_k$

Die a, b, c, d, k sind irgendwelche Konstanten (z.B. Regressionskoeffizienten) und die x_i irgendwelche Zeitreihen; dabei wird in diesem Zusammenhang nicht unterschieden, ob es sich um endogene oder exogene Variablen handelt, zeitlich variable Koeffizienten, dummies o.ä.. Offensichtlich läßt sich jedes nichtlineare Differenzengleichungssystem in die Form (2) bringen, wenn die Funktionsklasse (r) umfassend genug ist und man ggfs. zusätzliche "Hilfs"-Variablen in Definitionsgleichungen einführt, um höhere als dyadische Verknüpfungen zu reduzieren.

Eine mögliche, jedoch ziemlich unpraktische Codierung des Systems in Datenform liegt nun auf der Hand: durch Angabe der Tupel

$$a^1_{ijls_1},\ i,\ j,\ l,\ s_1 \text{ und } a^2_{ijklms_2},\ i,\ j,\ k,\ l,\ m,\ s_2$$

aus (2) würde ein System eindeutig beschrieben (jedoch kann ein System normalerweise in verschiedener Form dargestellt werden).

Auf Vereinfachungen dieser Grundidee basieren die Codierungsvorschriften der Gleichungen. Die Codierung geht von einer bestimmten lexikographischen Anordnung der Tupel (nach i und s in der obigen Notation, d.h. gleichungsweise aufsteigend und nach den Funktionstypen sortiert) aus.

Lassen wir die Angabe der Koeffizienten außer Acht, wird eine Gleichung (die Spezifikation) in folgender Weise dargestellt:

(3)

Gleichungsnummer, Typinformation (s.weiter unten)
lineare Terme, O
logarithmische Terme, O
Quotienten-Terme, O
Produkt-Terme, O
-999 (als Abschluß der Gleichung)

Mehrere Nullen vor -999 dürfen dabei zu einer zusammengefaßt werden. Ein linearer oder logarithmischer Term enthält eine Variablenangabe, ein Quotienten- oder Produkt-Term besteht aus zwei. Die Variablenangabe ist dabei entweder eine Variablennummer (der Index bei x) oder bei verzögerten Variablen:

1oooo x Variablennummer + Verzögerung

also:

317ooo4 steht für $X317_{t-4}$

Bei Gleichungen, die verzögerte Verteilungen enthalten (z.B. nach dem ALMON-Verfahren geschätzt), wäre die Angabe jeder einzelnen Variablen ziemlich aufwendig (Gleichungen mit insgesamt 15 und mehr Polynomkoeffizienten sind durchaus keine Seltenheit). Dafür wurde als Kurzschreibweise eingeführt:

- max. Verzögerung, Variablenangabe

z.B.:

- 4, 414ooo2

zeigt an, daß außer der Variablen 414, -2 die Reihe noch viermal einzusetzen ist, explizit also:

414ooo2, 414ooo3, 414ooo4, 414ooo5, 414ooo6.

Gleichungen werden dabei grundsätzlich in impliziter Form wie in (1) codiert, die rechte Seite ist O. Konstanten werden als Koeffizienten einer Reihe angegeben, die identisch 1 ist.

Für eine vollständige Darstellung einer Gleichung müssen noch die Koeffizienten angegeben werden. Diese werden grundsätzlich nicht mit ihrem Wert, sondern mit ihrer Position in einer Koeffizientenbank bezeichnet. Es wurden verschiedene Möglichkeiten zur Einspeisung der Koeffizienten in die Spezifikation implementiert. Sie wird durch die Typinformation in der Codierung der Gleichung gesteuert. Als Beispiel sei Typ 5 erläutert, hier ist die Eingabe:

5, I1 (= erster Index in Koeffizientenbank)

sie bewirkt, daß in die folgenden Spezifikationsangaben bei jedem Term, beginnend mit dem Index I1, der nächste Koeffizient aus der Koeffizientenbank eingesetzt wird.

Ein vollständiges Beispiel: Es sei Gleichung 427 spezifiziert:

$$X_{351} = a_o + a_1 \cdot X_2 + a_2 \cdot X_3 + a_3 \cdot X_4 +$$

$$\sum_{i=o}^{6} \beta_i \left(\frac{X_{317}}{X_{324}}\right)_{t-4-i} \sum_{i=o}^{4} \gamma_i \left(\frac{X_{327}}{X_{327,t-1}}\right)_{-i}$$

Es seien die Koeffizienten a,β, γ, in der Koeffizientenbank ab der Position 2156 eingetragen, außer dem auf 2155 eine -1 (z.B. durch Schätzprogramm). Dann ist die Codierung der Gleichung:

```
427 5 2155    351 1o 2 3 4 O  O
              -6 3170004 3240004 O
              -4 327 3370001  O      -999
```

wobei die Reihe 1O eine konstante Reihe mit dem Wert 1 ist.

Die oben skizzierten, im übrigen formatfreien Eingabevorschriften eignen sich auch für den EDV-Laien. Da sie jedoch einer strengen Syntax gehorchen (auf die metasprachliche Darstellung wird hier verzichtet), kann ein Einleseprogramm eine umfassende Fehleranalyse durchführen, u.a.: eine Null ist eine ausgezeichnete Eingabe innerhalb einer Gleichung, taucht sie an einer "falschen"Stelle auf (oder eine negative Zahl dort, wo sie nicht erlaubt ist), braucht das Einlesen nicht abgebrochen zu werden, es wird der Rest der Eingabe der Gleichung bis zur nächsten -999 überlesen und dann zur nächsten Gleichung übergegangen. Andererseits beendet eine -999 sofort das Einlesen der Gleichung, Gleichungen können auf aufsteigende Reihenfolge geprüft werden etc.

Normalerweise genügen daher ein bis zwei Durchläufe, um eine Codierung eines Systems fehlerfrei zu bekommen.

Zusätzlich zu den oben skizzierten Standardfällen gibt es noch eine Reihe weiterer Eingabemöglichkeiten zur direkten Darstellung von Termen der Form

$$\frac{\Pi_{j,l_j} \quad X_{j,t-l_j}}{\Pi_{k,l_k} \quad X_{k,t-l_k}},$$

zur direkten Angabe nicht stetig differenzierbarer Funktionen (Angabe von Maximal-/Minimalwerten endogener Variablen)usw. Jedoch gilt insgesamt: die Grundform der Codierung der Gleichungen besteht nur aus ganzen Zahlen, es tauchen keinerlei "diakritische" Zeichen auf wie Funktions- oder Operationszeichen.

2. Festlegung des Systems

Das Vorgehen bei der Zusammenstellung und Untersuchung großer Systeme (Betrachtung einzelner Gleichungen, Simulation von Teilsystemen, Rechnen mit alternativen Verhaltens- oder Definitionsgleichungen, wahlweise Festlegung von Residualgrößen "Mülleimerprobleme" etc.) erfordert nicht nur eine leichte Korrekturmöglichkeit einzelner Gleichungen sondern auch unmittelbare Modifikation des Gesamtsystems.

Diese Forderung ist im Programmsystem über Sektorentabellen realisiert. In diesen Tabellen wird angegeben, welche der (nach den oben beschriebenen Konventionen codierten) Gleichungen für den jeweiligen Simulationslauf heranzuziehen sind und welche der darin auftauchenden Variablen endogen zu berechnen sind. Dabei kann zwar eine Zuordnung: Gleichungs-Nr., Nr. der "darin" zu bestimmenden Variablen, gemacht werden, jedoch ist die Zuordnung für das Rechenverfahren irrelevant und wird daher nicht weiter ausgewertet[2].

Beim Einlesen wählt das Programm aus der Codierung aller Gleichungen die aus, die gemäß Selektorentabelle heranzuziehen sind und deklariert dabei automatisch alle die Variablen, die nicht in der Tabelle auftauchen, als exogen. Will man mit Alternativversionen von Gleichungen rechnen, ersetzt man einfach die betreffende Gleichungsnummer. Herauslassen einzelner Gleichungen, Erweitern oder Zusammensetzen von Teilmodellen geschieht analog. Entscheidend dabei ist, daß alle diese Manipulationen an Größe und Struktur des Modells lediglich auf Datenebene erfolgen und auch keinerlei Änderung an der Codierung der Gleichungen erfordern, da diese in impliziter Form und ohne Unterscheidung von endogenen und exogenen Variablen codiert wurden.

Damit werden die Invarianten eines Systems festgelegt:
Mit der so festgelegten Struktur können nun beliebig viele Rechnungen durchgeführt werden, für unterschiedliche Aufsatzzeitpunkte,variierte verzögerte Werte, Simulation wirtschaftspolitischer Maßnahmen, Schockläufe etc.

3. Mathematische Grundlagen [3)] und Programmiertechniken

Das Einlesen der Daten - nach dem Einlesen der Selektorentabelle - geschieht in einem multi-pass-reading, bei dem im Prinzip nacheinander folgende Aufgaben erledigt werden:

- Syntaxprüfung der Eingabe
- Erzeugen der Liste der exogenen Variablen
- Erzeugung von cross-reference-Listen der Variablen
- Erzeugung des Modells in Interndarstellung

Die Interndarstellung ist dabei eine sequentiellle lineare Liste mit Pointern. Anschließend wird mit Hilfe der beim Einlesen aufgebauten Listen die Rekursivitäts- und Blockstruktur des Systems unter Anwendung der üblichen graphen-theoretischen Methoden analysiert. Gleichzeitig wird dabei die logische Konsistenz des Modells überprüft, z.B., ob einzelne Gleichungen (in einem rekursiven Teil) oder interdependente Teilsysteme über- oder unterbestimmt in den darin enthaltenen Variablen sind. Fehler hier sind normalerweise auf falsche Variablennummern zurückzuführen, können aber auch eine inkonsistente

Modellzusammenstellung als Ursache haben.

Das Resultat der Blockstrukturzusammenstellung wird bei der Lösung des Modells ausgewertet: In einer Gleichung der Form(1) werden zunächst die Konstante,die exogenen und die verzögerten Terme "auf die rechte Seite" gebracht, anschließend die Terme, die sich auf bereits berechnete Variablen dieser Periode beziehen,ausgewertet. Ist die gerade behandelte Gleichung in einem rekursiven Teil (d.h. ist die Blockgröße = 1), läßt sich die Lösung der Gleichung normalerweise analytisch geschlossen angeben: Lautet die Gleichung nach Auswertung der prädeterminierten Größen etwa

(3) $b_{ij} \cdot \ln x_j = h_i$ (h_i sei der prädeterminierte Teil)

ist offensichtlich

$$x_j = \exp(h_i / b_{ij})$$

Liefert die Strukturanalyse ein interdependentes Teilsystem, ist ein im allgemeinen nichtlineares Gleichungssystem (NLGS) zu lösen. Hier wird nicht mit dem normalerweise verwendeten Gauß-Seidel-Verfahren (GSV) sondern mit dem Newton-Verfahren (NV) gerechnet. Vor allem bei der hier interessierenden Problemklasse hat das GSV die bekannten Nachteile

- geringe Konvergenzgeschwindigkeit (Ordnung 1) und
- nur beschränkte, auch durch höhere Iterationszahl nicht verbesserbare Genauigkeit.

Ein weiterer Nachteil ist, daß für die beim GSV vorzugebende Anordnung der Gleichungen und ihre Normalisierung i.a. große Erfahrung bzw. eine gute Kenntnis des Lösungsverhaltens (das gerade herausgefunden werden soll) des Modells a priori bekannt sein muß, weil sonst möglicherweise überhaupt keine Konvergenz zu erreichen ist. Eine Änderung der Struktur des Modells kann leicht zu einer völlig veränderten Anordnung führen. Zumindest in der Aufbau- und Testphase großer Modelle ist daher das NV vorzuziehen. Es braucht weder Anordnung noch Normalisierung und zeichnet sich durch Robustheit (in Bezug auf Startwerte der Iteration), enorme Konvergenzgeschwindigkeit (Ordnung = 2), hohe Genauigkeit und numerische Stabilität aus. Zur Berechnung der Jacobimatrix, die bei jedem Iterationsschritt gebraucht wird, werden intern analytische Ableitungen aus der Codierung des Systems erzeugt und ausgewertet.

Erfahrungsgemäß reichen - unabhängig von der Größe des Systems- zwei Iterationen aus, um eine sehr exakte Lösung zu erhalten, bei der dritten Iteration ändern sich die Werte der Variablen um nicht mehr als o.o1 und der maximale Defekt der Gleichungen sinkt von o.1 auf o.oo1.

Diese im Vergleich zum GSV niedrigere Iterationszahl bedeutet zwar, daß auch die Gleichungen des Systems auch nur zweimal ausgewertet werden müssen, auf der anderen Seite ist jedoch bei jedem Iterationsschritt ein LGS zu lösen. Weit mehr als beim GSV ist daher beim NV darauf zu achten, daß soviel preprocessing wie möglich erfolgt. Dieses umfaßt in der hier beschriebenen Implementation des NV - neben der bereits erwähnten Berücksichtigung der Blockstruktur und analytischen Lösung von Gleichungen im rekursiven Teil - insbesondere die nur einmal erforderliche Auswertung der linearen Terme des Systems. Dies ermöglicht eine drastische Reduktion der Rechenzeit, weil die Jacobimatrix dann bei jeder Iteration nur noch für den verbleibenden, insbesondere bei großen Systemen relativ kleinen nichtlinearen Teil aufgestellt und ausgewertet werden muß.

Der eigentliche Vorteil dieser Art der Coderierung und der Anwendung des NV liegt jedoch bei der Optimierung großer Systeme. Im folgenden wird kurz skizziert, wie damit eine Optimierung großer Systeme durchgeführt wird.

Die Optimierung großer Systeme geschieht normalerweise derart, daß für einen vorgegebenen Wertesatz der Instrumentenvariablen der Wert der ZF ausgerechnet wird und danach mit einem geeigneten Suchverfahren eine neue, den Wert der Zielfunktion verbessernde Wertekombination der Instrumente berechnet wird: dazu gehören die bekannten DFP-Verfahren, reduzierte Gradienten o.ä..

Hier wurde nicht der übliche Weg beschritten sondern stattdessen ein Ansatz gewählt, der von einer Lagrangefunktion

$$L = f(x) + \sum_i \lambda_i g_i \tag{4}$$

ausgeht, wobei f die Zielfunktion, λ Lagrange-Multiplikatoren und g_i die Funktionen des Systems sind. Die notwendigen Optimalbedingungen

$$\left(\frac{\delta L}{\delta x} \quad \frac{\delta L}{\delta \lambda}\right)' \overset{!}{=} \Theta \tag{5}$$

liefern ein nichtlineares Gleichungssystem in x und λ.

Das Programm arbeitet nun derart, daß es - ausgehend von der Codierung (1) des Systems - eine neue Codierung erzeugt, die (5) in den gleichen Eingabekonventionen darstellt. Das ist wieder ein NLGS, das mit dem oben beschriebenen Verfahren gelöst wird. Das Optimierungsverfahren arbeitet also mit analytischen 1. und 2. Ableitungen, an die Stelle eines Optimierungsprogrammes tritt hier also ein Eingabedatentransformationsprogramm.

Abschließend noch eine Bemerkung zur Programmierung der Verfahren. Die Eingabe des Systems in Datenform und die interne Darstellung als lineare Liste führen dazu, daß die Programmschwierigkeiten nicht so sehr bei der numerischen Seite liegen, sondern bei der effizienten Bearbeitung der Listen. Die innersten Schleifen enthalten jeweils nicht fortgeschaltete Zugriffe. Bei der Programmierung wurde daher darauf geachtet, die Assemblerdarstellung der Schleife optimal auszunutzen.

4. Implementation

Die hier beschriebenen Programme sind Bestandteil des PROFESSIONAL- Systems[4], das im Rahmen der Arbeit am SYSIFO-Projekt entwickelt und an der TR440 des Rechenzentrums der Universität Hamburg implementiert wurde. Die TR440 ist eine relativ langsame Anlage mit Wortstruktur (48 bits), die sich jedoch durch ein hervorragendes Betriebssystem sowie - zumindest in Hamburg - durch hohe Betriebssicherheit auszeichnet. Dabei wurden die Charakteristika der Konfiguration z.T. ausgenützt: langfristige Datenhaltung auf Hintergrundspeicher, SIG1oo (großer Bildschirm) mit graphischer Ausgabemöglichkeit, Inkremental- und Mehrfarbeninterpolationsplotter.

Bis auf das Strukturanalyseprogramm, das in BCPL geschrieben ist, sind alle Teile ALGOL6o geschrieben.

Die Gleichungscodierung und die Selektorentabellen werden als Texthaltungsdateien geführt und mit dem Editor behandelt. Datenbanken werden als Binärdateien im Direktzugriff geführt. Temporäre Zwischendateien während des Programmlaufes sind z.T. binär, z.B. das umcodierte Modell. Alle Programme sind in Kommandoprozeduren zusammengefaßt und werden über die Kommandosprache aufgerufen.

Der Platz- und Rechenzeitbedarf hängt natürlich von der Größe des zu rechnenden Modells ab. Große Modelle, wie etwa das SYSIFO-Modell mit ca. 5oo Gleichungen, davon mehr als die Hälfte interdependent, benötigen etwa 1ooK Kernspeicher und ca. 5o sec. Rechenzeit/Periode. Kleinere oder fast rekursive Modelle kommen mit wesentlich weniger Zeit aus, ca. 1-3 sec./Periode.

Eine Übertragung des Programmsystems auf andere Anlagen hat sich als sehr schwierig erwiesen. Das liegt - neben der Anforderung, daß die entsprechenden Compiler zur Verfügung stehen müssen - wie üblich an der E/A, vor allem an der random -E/A.

Für das EUROLINK-Projekt wurde für das eigentliche number crunching eine FORTRAN-Version des Simulationsprogramms entwickelt, auf IBM-Anlagen wird dabei der FORTRAN H-, auf Siemens-Anlagen der FOR1-Compiler verwendet. Soweit ein vorsichtiger Vergleich mit anderen Software-Paketen (in diesem Falle das SIMSYS-System bzw. die software des LINK-Projektes) überhaupt möglich ist, hat sich das hier beschriebene Verfahren und die Programme in puncto Rechenzeit und Rechenkosten allgemein als deutlich mindestens ebenbürtig erwiesen. Das Programm löst dabei ein vorverarbeitetes, d.h. in seiner Struktur bereits ausgewertetes Modell. Hauptschwierigkeiten bei der Implementation auf den eben erwähnten Anlagen im Vergleich mit der TR44o ist dabei das paging, da die Listen der internen darstellung des Modells natürlich sehr lang sein können.

5. Programmablauf und Anwendung bei Simulationen und Politikanalyse

Phase 1:

Einlesen des Modells gemäß Selektorentabelle (invarianter Teil)
Ausgabe: Fehlermeldungen bei Codierungsfehlern.
Ausdruck des Systems in Gleichungsform. Ausgabe von cross-reference-Listen für endogene und exogene Variablen, spezielle Kennzeichnung von vergrößerten Termen.

Phase 2:

Strukturanalyse, Feststellen der Blockstruktur.
Ausgabe: Fehlermeldungen bei (logischer) Inkonsistenz.
Ausgabe der Struktur: rekursive Gleichungen mit darin bestimmten Variablen; interdependente Teilsysteme, und Reihenfolge der Auswertung.

Phase 3:

Preprocessing: interne Umcodierung des Systems für

- Auswertung prädeterminierter Teile in interdependenten Teilsystemen
- Informationen zur analytischen Lösung rekursiver Teile
- Aufstellung und Auswertung des linearen Teils der Jacobimatrix in interdependenten Teilsystemen.

Ausgabe: wenn gewünscht, kann das so umgeformte Modell permanent weggespeichert werden, um bei späteren Läufen die bis hierher ausgeführten Rechnungen nicht erneut durchführen zu müssen.

Die Phasen 1 - 3 brauchen für ein bestimmtes, durch eine Selektorentabelle festgelegtes Modell nur einmal durchgeführt zu werden.

Phase 4:

Einlesen der simulationslaufspezifischen Daten: Startzeitpunkt, Simulationslänge, Schockangaben, Szenarios für Politikanalyse, etc. Dynamische Simulation des Modells durch periodenweise Lösung.

Phase 5:

Ergebnisausgabe. Dabei stehen verschiedene Möglichkeiten zur Verfügung, u.a.:

- Ausgabe globaler Fehlermaße: RMSE, maximaler und mittlerer Fehler, auch relativ zum Mittelwert der Variablen
- Druckausgabe aller endogenen Variablen: simulierter, tatsächlicher Wert, Differenz; mit und ohne exogene Variablen
- dasselbe graphisch (auf Sichtgerät oder Plotter)
- Multiplikatoranalyse: bei Politik- oder Schocksimulationen, aber auch bei einfachen Simulationen können für bestimmte, speziell anzufordernde Variablen außer den oben genannten Informationen auch noch relative Fehler sowie kumulierte Abweichungen angefordert werden.

6. Zusammenfassung

In diesem Vortrag wurden die Grundzüge eines Programmsystems dargestellt, das ich zur Behandlung großer nichtlinearer Differenzengleichungssysteme höherer Ordnung entwickelt habe und das sowohl auf ökonometrische als auch theoretische Modelle zur Simulation und Optimierung angewendet wird.

Das Paket besteht aus folgenden Moduln bzw. Prozeduren:

- Dateneinlese- und prüfprogramm
- Umcodierungsprogramm NLP → NLGS
- Strukturanalyseprogramm
- Systemausdruckprogramm
- Datenbankversorgung
- Lösung von NLGS
- Ergebnisausgabe

Für die Einzelheiten des Programmsystems wird auf die ausführlichere Programmbeschreibung verwiesen, hier seien nur noch einmal die Charakteristika zusammengefaßt:

- die Codierung der Gleichungen erfolgt in formatfreier Datenform, die Zusammenstellung eines Modells geschieht über Selektorentabellen:
  einfache Eingabe, leichte Modifizierung und Änderung der Struktur
- automatische Strukturanalyse: Rechenzeitersparnis durch gezielte Auswertung der speziellen Struktur
- Ausgabe des Gleichungssystems in ausgeschriebener Form; Querverweislisten für Variablen: leichte Überprüfung der Eingaben, gute Dokumentation, zusammen mit der Blockstrukturanalyse schnelleres Verständnis der Zusammenhänge im Gesamtmodell
- bei Optimierung automatische Erzeugung des NLGS der notwendigen Optimalbedingungen: numerisch sehr exaktes Verfahren bei Optimierung ohne zusätzliche Eingaben
- Lösung des NLGS mit dem Newtonverfahren unter Verwendung

der Blockstrukturanalyse: robustes Verfahren, keine Anordnung der Gleichungen erforderlich

- Graphische und Druckausgabe der Ergebnisse: schnelle und übersichtliche Auswertbarkeit.

ANMERKUNGEN

1) Wir betrachten hier nur deterministische Systeme, die Störterme werden implizit oder explizit ignoriert. Bei der Simulation stochastischer Systeme ergeben sich für das Folgende keine grundsätzlich neuen Aspekte.
2) S. dazu den nächsten Abschnitt über die mathematischen Grundlagen. Die entsprechende Variable braucht nicht einmal in der Gleichung zu erscheinen, wenn z.B. eine Variable(ein Preis) aus einer Gleichgewichtsbedingung (Angebot=Nachfrage) bestimmt wird.
3) Für weiteres Material s.: Bock v.Wülfingen, G., P.Pauly: An Optimization Approach in Multiple Target Problems Using Inequality Constraints: The Case Against Weighted Criterion Functions, in: Annals of Social and Economic Measurement, 6/5, 1978. Dort auch weitere Literaturhinweise.
4) PROFESSIONAL ist ein Akronym für "programs for estimation, simulation and optimization of nonlinear and linear models". Ich arbeite z.Zt. daran, die im Moment noch getrennten Schätz- und Simulationsprogramme zu einem integrierten System zusammenzusetzen. Eine Dokumentation des Gesamtsystems ist in Vorbereitung und wird etwa im Herbst 198o verfügbar sein.

Ökonometrische Methoden bei der Spezifikation des SYSIFO-Modelles

Gerd Hansen, Universität Frankfurt

Inhaltsverzeichnis

H.-D. Heike, Modellierungs-Software

1. Einleitung

Bei der Spezifikation eines ökonometrischen Modells wird vor allem eine Entscheidung darüber getroffen, welche Annahmen ungeprüft bleiben und welche einer Prüfung unterzogen werden sollen. Diese Annahmen beziehen sich sowohl auf die ökonomische Struktur als auch auf die Struktur der Störvariablen und die mit einem Schätzverfahren implizierten Annahmen. Werden nur wenige Annahmen geprüft, so besitzen die Ergebnisse des Modells, wie z.B. Politiksimulationen,nur eine geringe Glaubwürdigkeit. Sollen nur wenige Annahmen ungeprüft vorausgesetzt werden, so ergeben sich meistens unüberwindliche Schätzprobleme, die wiederum das Testen unmöglich machen. Es gilt also, zwischen beiden Alternativen einen Kompromiß zu finden, der freilich dem Forscher einen erheblichen Entscheidungsspielraum gibt.

2. Schätzverfahren bei der Spezifikation des SYSIFO-Modells

Im Sinne dieser Überlegungen erfordert die Schätzung eines vierteljährlichen ökonometrischen Modells insbesondere

1. Eine sorgfältige Spezifikation der wirtschaftstheoretischen Alternativhypothesen, die geprüft werden sollen.
2. Annahmen über die Bedeutung gemeinsam abhängiger Variablen und deren Behandlung bei der Schätzung.
3. Annahmen über die zu schätzenden Lagverteilungen.
4. Annahmen über die Eigenschaften der Störvariablen.

Es ist offensichtlich, daß bei der Darstellung ökonometrischer Methoden im allgemeinen jedes dieser Probleme isoliert behandelt wird. Die empirisch arbeitenden Ökonometriker benutzen zumindest in der Spezifikationsphase im allgemeinen KQ-Schätzungen. Es stellt sich die Frage, ob ein solches Vorgehen vertretbar ist.

2.1. Probleme der Berücksichtigung wechselseitiger Kausalitäten

Der Benutzung von simultanen Schätzverfahren steht folgendes entgegen:

a. Bei der Spezifikation einer einzelnen Gleichung sind die restlichen Gleichungen des Systems noch nicht spezifiziert. Ausnahmen sind gegeben, wenn für einen Teilbereich, wie z.B. Konsumausgaben, ein interdependentes Subsystem wie das "Linear-Expenditure-System" spezifiziert wurde.

b. Jedes ökonometrische Modell ist schon wegen der Existenz von "Expenditure"- und Preisgleichungen nichtlinear. Simultane Schätzverfahren für nichtlineare Modelle sind jedoch wenig entwickelt[1].

c. Selbst im Falle linearer Modelle gestattet die geringe Zahl der Beobachtungswerte (T) keine "Full-Information"-Schätzung eines Modells von der Größe des SYSIFO-Modells, da für T $\leq$ Zahl der Gleichungen die Varianz-Kovarianz-Matrix der Störvariablen singulär ist. Nur wenn das Modell einen wesentlich kleineren interdependenten Block enthält, kommen "Full-Information"-Schätzungen in Frage.

d. Ebenso scheidet die zweistufige KQ-Methode aus, die sich aus der Annahme einer diagonalen Varianz-Kovarianz-Matrix der Residuen verschiedener Gleichungen ergibt, da in einem Quartalsmodell die Zahl der vorherbestimmten Variablen (k) schon wegen der Lagstrukturen größer als

T ist. Die Verwendung der Moore-Penrose-Inversen als "undersized sample estimator" führt bekanntlich für $T < k$ auf die KQ-Schätzung.

e. Sogenannte "truncated two-stage-least-squares"-Schätzer sind nur konsistent und asymptotisch effizient, wenn die in der 1.Stufe herausgelassenen vorherbestimmten Variablen in den reduzierten Form-Gleichungen der gemeinsam abhängigen Variablen nicht vorkommen[2].

f. Die Schätzung der reduzierten Form anhand prinzipaler Komponenten erfordert eine Normalisierung der Variablen und eine willkürliche Festlegung der Zahl prinzipaler Komponenten. Außerdem ist es fraglich, ob die prinzipalen Komponenten anhand aller vorherbestimmten Variablen oder nur der jeweils ausgeschlossenen bestimmt werden sollen[3]. Im zweiten Fall wird sich eher eine "additional explanatory power" der Komponenten und damit ein größerer Unterschied zur KQ-Schätzung ergeben.

g. Am ehesten läßt sich das Problem zu kleiner Stichproben dadurch vermeiden, daß man in der 1. Stufe von konsistenten Schätzungen der strukturellen Form z.B. nach der Instrumentenvariablenmethode ausgeht. Aus diesen Anfangsschätzungen läßt sich dann eine konsistente reduzierte Form bestimmen, die in der zweiten Stufe verwendet wird. Diese reduzierte Form hat den Vorteil, daß sie unter Benutzung aller a priori-Restriktionen des Systems geschätzt wurde. Die zweite Stufe kann entweder mit der KQ-Methode (Fixpunkt) oder als Instrumentenschätzung (IV) durchgeführt werden, wobei die $\tilde{y}_i = X\tilde{\Pi}_i$ als Instrumente dienen.

$$\delta_i = (\tilde{Z}_i' Z_i)^{-1} \tilde{Z}_i' y_i \quad \text{mit} \quad \tilde{Z}_i = \left[\tilde{Y}_i X_i \right]$$

Für eine Iteration dieser Instrumentenvariablenschätzung läßt sich zeigen, daß sie asymptotisch die gleiche Verteilung wie die zweistufige KQ-Methode hat[4]. Welchen Wert eine solche Aussage für den Fall eines Stichprobenumfangs hat, der kleiner ist als die Zahl der vorherbestimmten Variablen, ist fraglich. Außerdem ist die Wahl der Instrumentenvariablen für die 1.Stufe der Schätzung zumindest solange ein Problem, wie die übrigen Gleichungen noch nicht endgültig spezifiziert sind.

Für eine Verwendung der KQ-Methode bei der Modellspezifikation spricht folgendes:

a. Wegen des hohen Einflusses von zeitverzögerten Variablen ist der Einfluß wechselseitig abhängiger Variablen häufig als gering anzusehen, wenn die Störvariablen nicht autokorreliert sind. Dieses Argument setzt allerdings eine sorgfältige Prüfung auf Autokorrelation der Störvariablen voraus. Man muß dabei wiederum unterstellen, daß die anhand von KQ-Schätzungen konstruierten Autokorrelationstests robust sind[5]. Wollte man hingegen eine autoregressive Schätzung nach der zweistufigen KQ-Methode vornehmen, so kommt zu den genannten Problemen hinzu, daß ein solches Verfahren wegen der notwendigen dynamischen Simulation des Systems zur Ermittlung von y_i sehr rechenaufwendig ist[6]. Die Annahme, es bestehe eine vernachlässigbare Interdependenz in jeder Gleichung, erleichtert also die Überprüfung von Hypothesen über die Autokorrelation und Homoskedastizität der Störvariablen sowie darüber, ob die Parameter in dem zur Schätzung verwendeten Zeitintervall konstant waren. Auf die Probleme solcher Tests wird später noch ausführlich eingegangen.
b. Da jedes ökonometrische Modell mehr oder weniger eine Approximation darstellt, d.h. fehlspezifiziert ist (z. B. Fehler in den Variablen und der Kurvenform), stellt die Fehlspezifikation "Vernachlässigung der Interdependenzen" nur einen von zahlreichen Fehlern dar. Zumindest prinzipiell liegen Tests zur Prüfung der Annahme der Exogenität einer Variablen in einem dynamischen inter-

dependenten Modell vor[7]. Die Anwendung dieser Tests auf größere Systeme führt auf die oben erwähnten Schätzprobleme zurück. Mit Hilfe von Monte-Carlo-Untersuchungen läßt sich andererseits zeigen, daß gerade interdependente Schätzverfahren eine ausreichende Zahl vorherbestimmter Variablen benötigen, um zu zuverlässigen Ergebnissen, gemessen am RMSE, zu führen[8].

c. Schließlich kann man den Wert der Konsistenzeigenschaft einer Schätzfunktion grundsätzlich in Frage stellen, da eine wesentliche Vergrößerung des Stichprobenumfangs für den Wirtschaftsforscher nicht möglich ist bzw. über sehr lange Zeiträume die Strukturen mit Sicherheit nicht konstant sind. Für die Beurteilung einer einzelnen Schätzung sagt die Konsistenz wenig aus[9]. Die Bedeutung der Konsistenz resultiert für den Wirtschaftsforscher aus der (unbewiesenen) Überzeugung, eine konsistente Schätzmethode sei auch bei kleinen Stichproben einer inkonsistenten Methode überlegen.

Mit der Benutzung einer bestimmten Methode wie z.B. der KQ-Methode bringt der Forscher seine subjektive Einschätzung der Auswirkungen verschiedener Arten der Fehlspezifikation zum Ausdruck. Er sollte diese Annahmen allerdings möglichst explizit nennen. Simultane Schätzverfahren wie die 3-stufige KQ-Methode sind im SYSIFO-Modell bisher in Teilmodellen angewendet worden, in denen Restriktionen über mehrere Gleichungen zu beachten waren, wie z.B. im Konsummodell und im Preismodell. Es soll jedoch später geprüft werden, ob eine simultane Schätzung größerer Modellteile bessere Prognosen als Schätzungen einzelner Gleichungen ergeben. In einer Arbeit von Bergström[10] wird am Beispiel des jährlichen Klein-Goldberger-Modells für die Vereinigten Staaten gezeigt, daß für Verbesserungen der Prognosen die Verwendung autoregressiver Schätzverfahren mindestens so bedeutsam ist wie die Verwendung simultaner Schätzer. Dies sollte für ein vierteljährliches Modell noch eher der Fall sein.

2.2. Annahmen über die zu schätzenden Lagverteilungen

2.2.1. Das Rational-Lag-Modell

Die am häufigsten verwendeten Modelle sind

a. das Rational-Lag-Modell
b. das Polynomial-Lag-Modell (Almon-Lag)

Das Rational-Lag-Modell ist als eine Erweiterung des geometrischen Lags anzusehen, die sich z.B. bei einer Aggregation geometrischer Lags ergibt[11]. Man kann das Modell gemäß Gleichung (1) oder (2) formulieren, wobei ε_t jeweils ein "weißes Rauschen" ist.

$$(1) \quad B(L)\, y_t = A(L) x_t + \varepsilon_t$$

$$(2) \quad y_t = \frac{A(L)}{B(L)} x_t + \varepsilon_t$$

mit $L^i x_t = x_{t-i}$ und

$$B(L) = 1 - b_1 L - b_2 L^2 - \ldots - b_q L^q$$

$$A(L) = a_o + a_1 L + a_2 L^2 + \ldots + a_p L^p$$

Ist ε_t ein weißes Rauschen, so kann Gleichung (1) nach der KQ-Methode konsistent und asymptotisch effizient geschätzt werden. Man kann dieses Modell als partielles Anpassungsmodell oder als "habit persistence" Modell verstehen.

Während Gleichung (1) im allgemeinen relativ wenige verzögerte Variable enthält, impliziert (2) im allgemeinen eine unendliche Lagverteilung. Daraus resultieren einige Schätzprobleme. Für Gleichung (2) gibt es eine Reihe verschiedener Schätzverfahren. Zunächst läßt sich (2) mittels Koyck-Reduktionen in(1') überführen:

$$(1') \quad B(L)y_t = A(L)\, x_t + B(L)\, \varepsilon_t$$

Dabei ergeben sich allerdings autokorrelierte Störvariablen, mit der Folge, daß eine KQ-Schätzung der Koyck-reduzierten Gleichung (2) inkonsistent ist, weil die Störvariable mit der verzögerten Abhängigen korreliert ist. Enthält Gleichung(2) mehr als eine "exogene" Variable, so unterliegen die Koeffizienten der reduzierten Gleichung außerdem nichtlinearen Restriktionen. Durch eine Transformation von (2) nach (1') kann man das Schätzproblem also nicht lösen.

Im SYSIFO-Modell sind wir meistens von Gleichung (1) ausgegangen. Gleichung (2) wurde teilweise bei der Schätzung einer geometrischen Lagverteilung, z.B. bei der Permanent-Einkommenshypothese nach dem Maximum-Likelihood-Verfahren von Klein bzw. nach der Fix-Punkt-Methode, geschätzt. Das Klein-Verfahren beruht darauf, die unendliche Lag-verteilung (2a) wie folgt aufzuspalten:

$$(2a) \quad y_t = \frac{a_o}{1-b_1L}\, x_t + \varepsilon_t$$

$$= a_o \sum_{i=o}^{\infty} b_1^i\, x_{t-i} + \varepsilon_t$$

$$= a_o \sum_{i=o}^{\infty} b_1{}^i x_{t-i} + x_o^* \, b_1^t + \varepsilon_t \quad \text{mit} \quad x_o^* = a_o \sum_{i=o}^{\infty} b_1{}^i x_{-i}$$

Bei gegebenem b_1 erhält man die Maximum-Likelihood-Schätzwerte für a_o und x_o^* als KQ-Schätzwerte aus (2a). Durch ein Suchverfahren über b_1 im Intervall $0 < b_1 < 1$ ergibt sich die Maximum-Likelihood-Schätzung für den Wert $\hat{b}_1$, für den die Residuenvarianz in (2a) ein Minimum wird. Allerdings muß die Varianz-Kovarianz-Matrix dieser Schätzungen als Inverse der Informationsmatrix an der Stelle der ML-Schätzungen ermittelt werden. Verallgemeinerungen dieser Methode für höhere Grade des Zähler- und

Nennerpolynoms wurden bei der Schätzung des SYSIFO-Modells nicht verwendet[12].

Alternativ kann man Gleichung (1') anhand verschiedener zweistufiger Verfahren schätzen. Dabei wird zunächst die Autokorrelationsstruktur $B(L)\ \varepsilon_t$ geschätzt. In der zweiten Stufe wird das Modell (1') unter Benutzung des Ergebnisses der 1. Stufe so transformiert, daß die KQ-Methode angewendet werden kann. Wegen der verzögerten endogenen Variablen haben die Schätzer jedoch nicht die gleichen Eigenschaften wie zweistufige Schätzungen im verallgemeinerten linearen Regressionsmodell.

Im SYSIFO-Modell wurde teilweise mit folgendem iterativen Verfahren geschätzt. Durch Koyck-Reduktion von (2a) erhält man (2b).

$$(2b) \qquad y_t = a_o\, x_t + b_1\, (y_{t-1} - \varepsilon_{t-1}) + \varepsilon_t$$

Erzeugt man zunächst eine konsistente Anfangsschätzung $\hat{a}_o^1, \hat{b}_1^1$ und damit auch $\hat{\varepsilon}^1$, z.B. nach Liviatans Instrumentenvariablenmethode, so läßt sich in einem 2. Schritt die Gleichung

$$y_t = a_o^2\, x_t + b_1^2\, (y_{t-1} - \hat{\varepsilon}_{t-1}^{1}) + \varepsilon_t^2$$

mit der KQ-Methode schätzen. Diese Schätzung wird fortgesetzt bis die geschätzten Residuen konvergieren, d.h. $\varepsilon^i \approx \varepsilon^{i-1}$ und damit $a_o^{(i)} \approx a_o^{(i-1)}$; $b_1^{(i)} \approx b_1^{(i-1)}$ gilt.

Durch diese Methode wird vor allem ein besseres Verhalten der Gleichung in der dynamischen Simulation erzielt. Allerdings zeigten sich bei diesem Verfahren Konvergenzprobleme, wenn das Nennerpolynom vom Grade zwei oder drei ist. Dadurch war eine Wahl des Polynomgrades von Zähler und Nenner mit Hilfe des F-Tests meistens nicht möglich.

Die Eigenschaften der Schätzer von Modell (1) und (2) hängen vor allem davon ab, ob die jeweils getroffene Annahme über die Störvariable zutrifft. Falls die Annahme nicht zutrifft, können die Schätzungen stark verzerrt sein[13]. Diese Schwierigkeiten kann man z.B. mit Hannan's Spektralschätzer vermeiden, der Modell (1') asymptotisch effizient unter sehr allgemeinen Annahmen bezüglich der Störvariablen schätzt[14]. Hannan's effizienter Schätzer kann als zweistufiger verallgemeinerter KQ-Schätzer

$$\hat{\beta}_O = (X'\hat{\Omega}^{-1}X)^{-1}X'\hat{\Omega}^{-1}y$$

angesehen werden. Dabei wird jedoch die Inversion von Ω durch Übergang in den Frequenz-Bereich vermieden. Da $\hat{\Omega}$ eine große Matrix ist, die unter allgemeinen Annahmen über die Störvariable nicht von einigen wenigen Parametern abhängt, ist die Vermeidung der Inversion von $\hat{\Omega}$ durch den Übergang in den Frequenz-Bereich als der Hauptvorteil der Methode anzusehen. Amemiya hat gezeigt, daß der folgende Zeitbereich-Schätzer asymptotisch effizient unter ähnlich allgemeinen Bedingungen wie der Hannan-Schätzer ist:

a) Man schätzt zunächst (2) nach der KQ-Methode mit m Verzögerungen in x_t.
b) Eine KQ-Schätzung der Residuen u_t aus (1) auf $u_{t-1} \dots u_{t-N}$ liefert die Residuenstruktur mittels der die Aitken-Schätzung berechnet werden kann[15].

Im SYSIFO-Modell haben wir in der Spezifikationsphase Schätzer dieser Art nicht verwendet, da wir eine Autokorrelation der Residuen zunächst als Hinweis auf Spezifikationsfehler angesehen haben. Eine autoregressive Schätzung wie sie dem Hannan - Schätzer zugrunde liegt, läßt keinen Raum für Neuspezifizierungen des ökonomischen Ansatzes. Er ist nach meiner Ansicht daher nur dann zu empfehlen, wenn das Modell endgültig spezifiziert ist und eine gewisse verbliebene Autokorrelation durch Änderung der Spezifikation nicht beseitigt werden konnte. Im Prinzip ist auch die Wahl eines relativ großen Polynoms B (L) im Hinblick auf den ökonomischen Gehalt des Modells nicht unproblematisch, wenn dadurch der Einfluß der Variablen x_t reduziert bzw. ein Teil dieser Variablen wegen nicht signifikanter

Schätzwerte herausgelassen wird. Ein solches Vorgehen bedeutet, daß man das Erklärungsmodell in Richtung auf ein univariates autoregressives Modell abändert, das aus der Sicht der Wirtschaftstheorie inhaltsleer ist. Die Spezifikation der Lagverteilung sollte daher den wirtschaftstheoretischen Gehalt des Modells unverändert lassen. Bei einer Spezifikation anhand statistischer Kriterien ist dies praktisch nicht zu gewährleisten. Erst wenn die Spezifikation der Lagverteilung ein integrierter Bestandteil der Modellspezifikation ist und nicht ad hoc einem an sich statischen Modell hinzugefügt wird, ist vielleicht eine Lösung dieses Problems zu erwarten[16].

2.2.2. Das Polynomial-Lag-Modell

Gegen das Rational-Lag-Modell wird angeführt, daß es bei mehreren "exogenen" Variablen ähnliche Lagverteilungen unterstellt, so daß es ungeeignet ist, wenn aufgrund der ökonomischen Theorie unterschiedliche Lagverteilungen zu erwarten sind.

Im SYSIFO-Modell wurde in diesen Fällen im allgemeinen eine polynomiale Lagverteilung (Almon-Lag) geschätzt. Die Almon-Schätzung läßt sich als KQ-Schätzung unter Restriktionen bezüglich des Maximallags und Polynomgrades darstellen.

Im Gegensatz zum Rational-Lag-Modell geht man dabei von endlichen Lags der Länge s_1 bzw. s_2 in x_{1t} bzw. x_{2t} aus:

$$y_t = \sum_{i=o}^{s_1} \beta_{1i}\, x_{1,t-i} + \sum_{i=o}^{s_2} \beta_{2i}\, x_{2,t-i} + \varepsilon_t$$

$$\text{bzw.}\ y = \begin{bmatrix} X_1, X_2 \end{bmatrix} \begin{bmatrix} \beta_1 \\ \beta_2 \end{bmatrix} + \varepsilon \ \text{mit}\ X_j = \begin{bmatrix} x_{j,s_j+1} & \ldots & x_{j,1} \\ \vdots & & \vdots \\ x_{j,T+s_j} & \ldots & x_{j,T} \end{bmatrix}$$

Die Polynomrestriktion

$$\beta_{ji} = \alpha_{jo} + \alpha_{j1} i + \alpha_{j2}\, i^2 + \ldots + \alpha_{jk}\, i^{k_j}$$

für $i=1,2\ldots s_j$; $k_j < s_j$; $j = 1,2$

läßt sich matriziell als

$$\begin{bmatrix} \beta_{jo} \\ \beta_{j\,1} \\ \beta_{j\,s_j} \end{bmatrix} = \begin{bmatrix} 1 & 0 & 0 \ldots & 0 \\ 1 & 1 & 1 \ldots & 1 \\ 1 & 2 & 4 \ldots & 2^{k_j} \\ 1 & s_j & s_j^2 \ldots & s_j^{k_j} \end{bmatrix} \cdot \begin{bmatrix} \alpha_{jo} \\ \alpha_{j1} \\ \alpha_{jk_j} \end{bmatrix}$$

bzw. $\beta_j = A_j\, \alpha_j$ schreiben.

Setzt man diese Restriktion in das obige Modell ein, so ergibt sich

$$y = \begin{bmatrix} X_1, X_2 \end{bmatrix} \begin{bmatrix} A_1 & 0 \\ 0 & A_2 \end{bmatrix} \begin{bmatrix} \alpha_1 \\ \alpha_2 \end{bmatrix} + \varepsilon$$

$$= X \quad A\alpha + \varepsilon$$

Aus der KQ-Schätzung $\hat{\alpha}$ dieses Modells erhält man die Almonschätzung $\hat{\beta}_A$

$$\hat{\beta}_A = A\, \hat{\alpha} = A(A'X'XA)^{-1}\, A'X'y$$

Man kann zeigen, daß diese Almon-Schätzung nur dann unverzerrt ist, wenn sowohl die maximalen Laglängen s_1, s_2 als auch die Polynomgrade k_1, k_2 richtig gewählt werden, so daß

$\beta = A\alpha$ gilt.

Die Varianz-Kovarianz-Matrix ergibt sich dann als

$$V_1(\hat{\beta}_A) = E(\beta_A-\beta)(\beta_A-\beta)' = \sigma^2 A(A'X'X'A)^{-1} A'$$

Gelten die Restriktionen nicht, so lautet die Varianz-Kovarianz-Matrix

$$V(\hat{\beta}_A) = \sigma^2 A(A'X'XA)^{-1}A' + \text{bias}(\hat{\beta}_A) \cdot \text{bias}(\hat{\beta}'_A)$$

Die t- und F-Tests auf der Basis von $V_1(\hat{\beta}_A)$ weisen dann eine zu hohe Signifikanz auf und können zu Fehlschlüssen führen. Der Überprüfung der Polynomrestriktionen kommt daher für die Glaubwürdigkeit der Almon-Schätzung eine große Bedeutung zu. Die Überprüfung dieser Restriktionen wirft jedoch ebenfalls einige Testprobleme auf.

1. Bei richtig spezifizierten maximalen Lags s_1, s_2 können die Polynomgrade beider Lagverteilungen anhand des klassischen F-Tests geprüft werden. Man benutzt dabei die Tatsache, daß Almon-Schätzungen mit den Polynomgraden $k_1 = s_1$ und $k_2 = s_2$ identisch sind mit einer KQ-Schätzung der endlichen Lagverteilungen ohne Restriktionen $(\hat{\beta}_{KQ})$

Die Statistik

$$\frac{(y-X\hat{\beta}_A)'(y-X\hat{\beta}_A) - (y-X\hat{\beta}_{KQ})'(y-X\hat{\beta}_{KQ})}{(y-X\hat{\beta}_{KQ})'(y-X\hat{\beta}_{KQ})} \cdot \frac{T-s-1}{s-k}$$

mit $s = s_1 + s_2$ und $k = k_1 + k_2$

ist F-verteilt mit $(s-k, T-s-1)$ Freiheitsgraden.

Da beide Lagverteilungen unterschiedliche Polynomgrade haben können, ergeben sich zahlreiche zu testende Kombinationen.

Die sich ergebenden Polynomgrade hängen u.a. von der Multikollinearität der Daten, dem Stichprobenumfang und der Varianz der abhängigen Variablen ab.

2. Ein gleichzeitiger Test auf richtige Spezifikation der Maximallags ist nicht möglich, weil Änderungen der Maximallags sämtliche Spalten der Regressormatrix XA ändern. Falsche Maximallags führen insofern auf ein Regressionsmodell mit Fehlern in den Variablen. Man kann die Spezifikation des Maximallags als ein Testproblem bei nicht getesteten Hypothesen im linearen Modell auffassen und dementsprechend den Cox-Test anwenden[17]. Ähnlich könnte man Spezifikationsfehlertests anwenden. Bei der Spezifikation des SYSIFO-Modells haben wir solche Tests nicht angewendet, sondern die Maximallags aufgrund von a priori-Überlegungen festgelegt. Ein von Kugler vorgeschlagener Test ist in den Ergebnissen nicht sehr ermutigend[18].

3. Sind der Maximallag und/oder der Polynomgrad falsch gewählt, so ergeben sich verzerrte Schätzungen. Schmidt und Waugh[19] haben darauf hingewiesen, daß die Almon-Methode auch dann eine Lagverteilung schätzt, wenn das "wahre" Modell keinen Lag enthält (d.h. s=0 ist), solange s > 0 und der Polynomgrad kleiner als s gewählt wurde. Der RMSE kann aber dennoch kleiner sein als der einer Rational-Lag-Schätzung.

4. Allerdings zeigen Monte-Carlo-Untersuchungen, daß die Methode den Randbereich der Verteilung falsch schätzt. Dennoch sind die Schätzungen des systematischen Teils der abhängigen Variablen häufig mit kleineren Fehlern behaftet als bei der Rational-Lag-Schätzung. Die Sensitivität der Almon-Schätzung im Randbereich läßt sich allerdings dadurch verringern, daß man eine gemischte Schätzung (oder Bayes-Schätzung) vornimmt, indem man statt von exakten Polynomrestriktionen

$$\beta = A \alpha$$

von stochastischen Restriktionen

$$\beta = A \alpha + u$$

ausgeht[20].

Man kann diesen Schätzer als gemischte Schätzung auffassen, wenn man die Polynomrestriktion vom Grade k als

$$R_k \cdot \beta = u$$

schreibt. Dabei ist R_k eine (s-k)x(s+1)-Matrix der k+1-ten Differenzen. Die i-te Zeile von R_k enthält das (i+j)-te Element

$$r_j = (-1)^j \binom{k+1}{j} \qquad \text{für } j = 0,1 \ldots k+1$$

$$r_j = 0 \qquad \text{für } j = k+2, \ldots (s+1)$$

Das System $\begin{pmatrix} y \\ 0 \end{pmatrix} = \begin{pmatrix} X \\ R_k \end{pmatrix} \beta + \begin{pmatrix} \varepsilon \\ u \end{pmatrix}$ mit Var $\begin{pmatrix} \varepsilon \\ \mu \end{pmatrix} = \begin{bmatrix} \sigma_\varepsilon^2 I_u & 0 \\ 0 & \sigma^2 I_k \end{bmatrix}$

ergibt den Aitken-Schätzer

$$\hat{\beta} = \left(\frac{1}{\sigma_\varepsilon^2} X'X + \frac{1}{\sigma_u^2} R'_k R_k \right)^{-1} X'y$$

$$= (X'X + d\, R'_k R_k)^{-1} X'y \quad \text{mit} \quad d = \sigma_\varepsilon^2 / \sigma_u^2$$

Bei gegebenem Maximallag s und Polynomgrad k erfordert dieser Schätzer zusätzlich eine a priori-Festlegung des Streuungsverhältnisses d. Dieses zusätzliche subjektive Element ist auch der stärkste Einwand gegen diesen Schätzer.

5. Da sich methodenbedingt bei der Almon-Schätzung häufig autokorrelierte Residuen ergeben, ist eine autoregressive Almon-Schätzung möglichst zu vermeiden.

6. Einen Spezialfall zweier polynomialer Lagverteilungen stellt die variable Lagverteilung von Tinsley dar[21]:

$$y_t = \Sigma\, a_i\, x_{t-i} \qquad \text{mit } a_i = \alpha_i + \beta_i z_{t-i}$$

Legt man die Polynomgrade anhand des F-Tests fest, so werden sich im allgemeinen für die variable Lagverteilung wegen der Multikollinearität kleinere Polynomgrade ergeben als bei der konstanten Lagverteilung. Ob eine konstante Lagverteilung oder eine variable Lagverteilung mit niedrigerem Polynomgrad vorzuziehen ist, läßt sich prinzipiell mit Hilfe des klassischen F-Tests prüfen.

Insgesamt hängt die Entscheidung für oder gegen die Almon-Methode davon ab,

1. ob zuverlässige a priori-Informationen über Maximallags vorliegen,
2. ob dem Randbereich der Verteilung nur eine geringe Bedeutung zukommt oder nicht,
3. welche Bedeutung man einer variablen Lagverteilung bzw. Unterschieden in den Lagverteilungen verschiedener Variablen zumißt,
4. ob die Lagverteilung aus der Annahme bestimmter Erwartungs- oder Anpassungsmodelle resultiert, die bei Almon-Lags nicht identifizierbar sind[22].

Es bleibt zu erwähnen, daß die polynomiale Lagverteilung als Spezialfall des Rational-Lag-Modells darstellbar ist, d.h. daß härtere Restriktionen als das Rational-Lag-Modell verwendet werden. Das Rational-Lag-Modell mit maximalem Lag s beschränkt die Parameter $\beta_o \ldots \beta_s$ des Modells

$$\begin{bmatrix} y_1 \\ y_2 \\ \vdots \\ y_T \end{bmatrix} = \begin{bmatrix} x_{s+T} & x_s & x_1 \\ \vdots & \vdots & \vdots \\ x_{T+s} & x_{n+s-1} & x_n \end{bmatrix} \cdot \begin{bmatrix} \beta_o \\ \vdots \\ \beta_s \end{bmatrix} + \begin{bmatrix} \varepsilon_1 \\ \vdots \\ \varepsilon_T \end{bmatrix}$$

durch die nichtlinearen Restriktionen

$$(1- b_1L - b_2L^2 \ldots - b_qL^q) \cdot \beta_i = a_i \quad \text{für} \quad i=0,\ldots s$$

mit $\beta_{-1} = \beta_{-2} = \ldots = 0$

und $a_{p+1} = a_{p+2} \ldots = a_s = o$

p = Grad des Zählerpolynoms
q = Grad des Nennerpolynoms

Das Almon-Modell legt den gleichen Parametern die (s-k) Restriktionen der Form

$$(1-L)^{k+1} \cdot \beta_i = o \text{ auf.}$$

Diese lassen sich als Spezialfall der nichtlinearen Restriktionen mit Restriktionen auf die Parameter b_i des Nennerpolynoms vom Grade (k+1) und mit Zählerpolynom vom Grade k auffassen[23]. Die Vorteile in der Handhabung mehrerer unterschiedlicher Lagverteilungen werden also erkauft mit Restriktionen bezüglich des Maximallags, der Koeffizienten des Nennerpolynoms und des Grades des Zählerpolynoms. Vernachlässigt man diese Restriktionen, so ergeben sich selbst bei zwei geometrischen Lagverteilungen bereits erhebliche Schätzprobleme. Diese Schätzprobleme wurden von M. Janssen ausführlich dargestellt[24].

Dieser kurze Abriß alternativer Methoden hat gezeigt, daß die mit der Schätzung von Lagverteilungen verbundenen Probleme insbesondere im Hinblick auf eine gleichzeitige Überprüfung der Modellspezifikation weitgehend ungelöst sind. Das dem Ökonometriker zur Verfügung stehende Datenmaterial reicht quantitativ und qualitativ nicht aus, um sowohl zur eigentlichen Modellspezifikation als auch zur Spezifikation der Lagverteilungen herangezogen zu werden. Die meisten ökonometrischen Modelle - und so auch das SYSIFO-Modell - gehen von einer subjektiven Vorentscheidung des jeweiligen Forschers aus, die die errechneten Resultate erheblich mitbestimmen.

Mit dem Hinweis auf den hohen Einfluß verzögerter Variablen wurde im ersten Abschnitt die relativ geringe Bedeutung der Interdependenz in einem Quartalsmodell begründet. Es wurde hier jedoch deutlich, daß dieser Vorteil bei der Schätzung eines vierteljährlichen Modells im Vergleich zum Jahresmodell mit entsprechenden Problemen bei der Schätzung der Lagverteilungen erkauft wird. Die mit der Spezifikation eines Modells verbundenen methodischen Probleme sprechen daher nicht unbedingt für vierteljährliche Modelle.

Die Probleme der Schätzung von Lagverteilungen lassen sich dadurch reduzieren, daß die der Lag-Spezifikation zugrundeliegenden Hypothesen sorgfältiger spezifiziert werden, indem z.B. die Erwartungen der Wirtschaftssubjekte nicht nur über Lagverteilungen sondern unter Verwendung von Befragungsergebnissen über Erwartungen abgebildet werden. Erwartungen über zukünftige Werte von (exogenen) Variablen können eventuell besser in einer unabhängigen Gleichung z.B. als ARIMA-Prozeß geschätzt werden[25]. Die Vernachlässigung der Schätzfehler so konstruierter Erwartungen in der Schätzung der strukturellen Gleichung ist dann der für die Vereinfachung der Lagstruktur zu zahlende Preis.

3. Prüfung der Eigenschaften der Störvariablen

Es wurde bereits darauf hingewiesen, daß bei Verwendung der KQ-Methode in interdependenten Modellen mit verzögerten endogenen Variablen bestenfalls dann keine größeren Verzerrungen zu erwarten sind, wenn die Störvariablen nicht autokorreliert sind.Daneben führen autokorrelierte wie auch heteroskedastische Störvariable zur Ineffizienz der KQ-Schätzungen.

Außerdem können Verzerrungen der KQ-Schätzungen z.B. auch durch falsche Kurvenformen, Fehler in den Variablen bzw. Aggregationsfehler oder dadurch auftreten, daß Parameteränderungen nicht berücksichtigt wurden.

Wenn das richtige Modell

$$y = X\beta + \varepsilon \quad \text{mit} \quad X = (Z,W); \quad \beta = \begin{pmatrix} \gamma \\ \delta \end{pmatrix}$$

lautet, aber statt der Variablen W nur die fehlerhaften Variablen

$$W^* = U^* + W$$

beobachtet werden können und daher

$$y = X^*\beta + v \text{ mit } X^* = (Z, W^*) \text{ und } v = \varepsilon - U^*\delta$$

geschätzt wird, so ist die KQ-Schätzung

$$\hat{\beta} = \beta + \left(\frac{X^{*\prime}X^*}{T}\right)^{-1} \frac{1}{T} X^{*\prime} (\varepsilon - U^*\delta)$$

wegen der Korrelation von X und U^* inkonsistent[26]. Konsistente Schätzungen erfordern weitere Annahmen über die Varianz- Kovarianz-Matrix von U^*. Solche Informationen sind im allgemeinen jedoch nicht verfügbar.

Hat das richtige Modell variable Parameter

$$y_t = x_t \beta_t + \varepsilon_t \text{ mit } E(\varepsilon_t) = 0 \quad ; \; E(\varepsilon_t^2) = \sigma^2$$

und es wird ein Modell mit konstanten Parametern

$$y_t = x_t\beta + u_t$$

$$u_t = x_t(\beta_t - \beta) + \varepsilon_t$$

geschätzt, so ist $E(u_t) \neq 0$ und damit die KQ-Schätzung verzerrt. Die Störvariable $u_t - E(u_t)$ besitzt aber eine konstante Varianz $E(u_t - E(u_t))^2 = \sigma^2$ und ist nicht autokorreliert, falls die Störvariable ε_t nicht autokorreliert ist. Dennoch wird der DW-Test auf Autokorrelation anhand der KQ-Residuen $\hat{u}$ für größere Differenzen $\beta_t - \beta$ und trendbehaftete x_t Autokorrelation anzeigen. Die Tatsache, daß Spezifikationsfehler zu verzerrten KQ-Schätzungen führen, bedeutet nicht, daß die KQ-Residuen zur Aufdeckung von Fehlspezifikationen vollkommen ungeeignet sind. Neuere Monte-Carlo-Studien zeigen durchaus eine gewisse Robustheit der auf der Basis von KQ-Residuen konstruierten Teststatistiken.

Die KQ-Schätzungen können daher bei der Modellspezifikation für Prüfungen auf

1. Autokorrelation der Störvariablen
2. Homoskedastizität der Störvariablen und
3. Konstanz der Parameter schon deshalb verwendet werden,

weil die Testverfahren für das lineare Regressionsmodell am besten entwickelt sind. Unter der Annahme normalverteilter Störvariablen sind die KQ-Schätzungen ML-Schätzungen, die F-Tests zu (2) und (3) auch verallgemeinerte Likelihood-Ratio-Tests, unabhängig davon, ob die KQ-Schätzungen verzerrt sind oder nicht. Dies ist ein wesentliches Argument für die KQ-Methode in der Spezifikationsphase. Diese Tests liefern gleichzeitig eine Prüfung der Spezifikation gegen unspezifizierte Alternativhypothesen, wenn man mit Granger und Newbold [27)] fordert "To the time series analyst a good theory is one that provides a structure to a model such that the errors ... are white noises that cannot be explained or forecast from other economic variables." Daneben setzt man allerdings auch bei einem Test gegenüber spezifischen Alternativhypothesen mit Hilfe des Likelihood-Ratio-Tests voraus, daß für das Modell, daß die Alternativhypothesen einschließt (nested hypothesis), die Störvariablen normalverteilt sind. Selbst wenn man nach dem Verfahren von Cox sog. "nonnested" Hypothesen prüfen will, sind die obigen Voraussetzungen erforderlich[28)].

Die Schwierigkeiten für einen Test der Eigenschaften der Störvariablen bestehen allerdings darin, daß selbst unter der Annahme fixer Regressoren keine eindeutige Vorgehensweise bekannt ist, da die bekannten Tests zur Prüfung jeder dieser Eigenschaften voraussetzen, daß die übrigen Eigenschaften jeweils erfüllt sind.

3.1. Tests auf Autokorrelation

Der vielfach angewandte Durbin-Watson-Test auf Autokorrelation

1.Grades setzt voraus, daß die Störvariable ε_t des autoregressiven Prozesses

$$u_t = p\, u_{t-1} + \varepsilon_t$$

normalverteilt ist mit Mittelwert O und konstanter Varianz σ^2.

Dies impliziert insbesondere auch die Annahme homoskedastischer ε_t und konstanter Parameter der Regressionsgleichung. Außerdem muß die Regressionsgleichung ein absolutes Glied enthalten.

Man kann nun entweder Robustheit der Durbin-Watson-Tests gegenüber Verletzungen der Annahme homoskedastischer ε_t unterstellen oder ein parameterfreies Verfahren zur Prüfung auf Autokorrelation wie z.B. den Geary-Test wählen. Ein Test zunächst auf Homoskedastizität verbietet sich, da dabei selbst vorausgesetzt wird, daß die Störvariablen nicht autokorreliert sind. Der parameterfreie Geary-Test besitzt bei Homoskedastizität jedoch eine geringere Güte als der Durbin-Watson-Test. Die Frage, ob der Durbin-Watson-Test auch bei heteroskedastischen Störvariablen dem Geary-Test überlegen ist, haben Epps und Epps anhand von Ergebnissen einer Monte-Carlo-Untersuchung bejaht[29]. Sie zeigen andererseits, daß der von Goldfeld und Quandt vorgeschlagene F-Test zur Prüfung der Homoskedastizität (FH-Test) nicht robust ist gegenüber einer Autokorrelation der Störvariablen. Keine Erfahrungen liegen darüber vor, ob der DW1-Test robust ist gegen Verletzungen der Annahme der Normalverteilung von ε.

Da in den Gleichungen des SYSIFO-Modells sehr häufig verzögerte Variable enthalten sind, ist auch die Sensitivität des DW1-Tests gegenüber dieser Verletzung der Annahme fixer Regressoren zu beachten. In Monte-Carlo-Untersuchungen wurde durch einen Vergleich der Güte des DW1-Tests mit dem auch von Durbin vorgeschlagenen Test anhand der unter H_o standardnormalverteilten Statistik

$$\frac{\sum_{2}^{T} \hat{u}_t \hat{u}_{t-1}}{\sum_{1}^{T-1} \hat{u}_t^2} \cdot \sqrt{\frac{T}{1-T\cdot \widehat{Var}(\hat{b}_1)}}$$

Robustheit des DW1-Test nachgewiesen[3o]. Der D-Test ist ein Likelihood-Ratio-Test. Ob der D-Test ebenfalls robust ist gegen Verletzungen der Homoskedastizität, ist allerdings bisher nicht untersucht worden. Insgesamt erschien es uns daher sinnvoll, zunächst Tests auf Autokorrelation 1.Grades anhand des DW1- und D-Tests und 4.Grades anhand des Wallis-Tests DW4 durchzuführen[31] und danach die Hypothese der Homoskedastizität zu prüfen.

Insgesamt ist die Verwendung der Autokorrelationstests mit vielen offenen Fragen verbunden. Eine Alternative besteht in der sorgfältigen Inspektion der Residuenstruktur anhand des Autokorrelogramms oder im Vergleich der Residuenstruktur mit Konjunktur- und Saisonzyklen. Die Tests stellen im Prinzip nur eine Arbeitsvereinfachung bei der Aufdeckung von Fehlern dar. Im Hinblick auf die im allgemeinen willkürliche Wahl bestimmter Fehlerwahrscheinlichkeiten kann man die Teststatistiken auch als deskriptive Maße verstehen. Für welche Wertebereiche sie Anlaß zu einer sorgfältigen Prüfung der Residuenstruktur geben, ist nicht zuletzt auch eine subjektive Entscheidung des Forschers. Da die Teststatistiken auf Autokorrelation jeweils auf eine einheitliche Residuenvarianz normiert sind, kann man die Bedeutung der Autokorrelation z.B. bei sehr geringer Residuenvarianz durchaus anders bewerten als bei größerer Residuenvarianz. Die strikte Anwendung gewisser kritischer Bereiche täuscht häufig eine Genauigkeit der Analyse vor, die in Anbetracht der vielfältigen Probleme empirischer ökonometrischer Forschung nicht angebracht ist. Die Wissenschaftlichkeit erfordert jedoch eine Offenlegung der verwendeten Kriterien. Dies gilt auch für die folgenden Testverfahren.

3.2. Test auf Homoskedastizität

Die Konsequenzen heteroskedastischer Störvariablen entsprechen, mit Ausnahme der Konsequenzen für die Bedeutung der Interdependenz, denen autokorrelierter Störvariablen:

a. Die KQ-Schätzungen sind unverzerrt, aber ineffizient.
b. Die Schätzung der Varianz-Kovarianz-Matrix ist verzerrt.
c. Die auf der KQ-Schätzung beruhenden Tests über die Parameter anhand von t- und F-Verteilung sind nicht anwendbar.
d. Die KQ-Schätzfunktionen liefern keine besten Prognosen in der Klasse der linearen Schätzfunktionen.

Der einfachste Test besteht darin, die Stichprobe in zwei Teilstichproben zu zerlegen und für jede Teilstichprobe anhand einer KQ-Schätzung des Modells die Residuenvarianz $\hat{u}_i' \hat{u}_i (i=1,2)$ zu schätzen.

Die Statistik

$$FH = \frac{\hat{u}_1' \hat{u}_1}{\hat{u}_2' \hat{u}_2} \cdot \frac{T_2-k}{T_1-k}$$

ist unter H_o zentral F-verteilt mit $(T_1-k,\ T_2-k)$ Freiheitsgraden, sofern alle Voraussetzungen des linearen Regressionsmodells erfüllt sind. Insbesondere muß unter H_o $E(u)=0$ gelten, da die Teststatistik sonst nichtzentral F-verteilt ist. Der FH-Test ist nur ein möglicher Test auf Homoskedastizität. Daneben sind zu nennen:

a. der Glejser-Test
b. der "peak-Test" von Goldfeld, Quandt
c. und die Verwendung von BLUS- oder rekursiven Residuen

Der Glejser-Test geht von einer speziellen Art der Heteroskedastizität aus und ist vermutlich sensitiv bei Verletzung dieser Annahme: Tests gegen spezifische Alternativhypothesen besitzen eine höhere Güte als Tests gegen unspezifische Alternativen, wenn die spezifische Alternative richtig ist. Sie sind meistens jedoch weniger robust, wenn die spezifische Alternative falsch ist.

Goldfeld und Quandt haben in einer Monte-Carlo-Untersuchung gezeigt, daß der FH-Test relativ zuverlässig Heteroskedastizität anzeigt. Eine gewisse Sensitivität zeigt er allerdings gegenüber der Festlegung der Bruchstelle. Diese läßt sich bei ausreichender Zahl von Beobachtungen dadurch verringern, daß im Mittelbereich einige Beobachtungswerte nicht verwendet werden. Wir haben im allgemeinen die Sensitivität durch die Wahl alternativer Bruchstellen geprüft. Epps und Epps haben gezeigt, daß der FH-Test dann robust gegen eine Autokorrelation der Störvariablen ist, wenn die Residuenvarianzen bei signifikanter Durbin-Watson-Statistik in beiden Teilstichproben aus der autoregressiven Schätzung genommen werden. Sofern die beschriebenen Testverfahren Autokorrelation bzw. Heteroskedastizität anzeigen, ist zu fragen, welche Schlußfolgerungen daraus zu ziehen sind. Wir sind nicht unmittelbar dazu übergegangen, das Modell nach der verallgemeinerten Methode der kleinsten Quadrate neu zu schätzen. Diese Methode läuft im Fall der Heteroskedastizität darauf hinaus, den Beobachtungswerten mit großen Residuen ein kleineres Gewicht bei der Schätzung zu geben. Im Extremfall der Annahme einer sehr großen Residuenvarianz für bestimmte Beobachtungswerte werden diese bei der Schätzung vollständig unterdrückt. Die verallgemeinerte KQ-Methode ähnelt der Einführung einer o,1-Variablen, mit Wert "1" in nur einer Periode. Ein solches Vorgehen erschien uns nicht sinnvoll, weil gerade in Perioden mit größeren Ausschlägen der Beobachtungswerte die Leistungsfähigkeit bzw. die Schwächen des gewählten Erklärungsmodells am besten beurteilt werden können. Wir haben daher zunächst versucht, die Modellspezifikation zu verbessern oder nach Fehlern in den verwendeten Daten gesucht. Bei der Suche nach <u>einmaligen</u> Sondereinflüssen sollte man jedoch sehr zurückhaltend sein, weil die Nachprüfbarkeit solcher Thesen außerordentlich schwierig ist. Sofern kein besseres Modell gefunden wird, ist eine zweiphasige Schätzung nach der verallgemeinerten KQ-Methode wegen der höheren Effizienz jedoch vorzuziehen.

3.3. Tests auf Strukturkonstanz

Schwieriger gestalten sich Tests auf Konstanz der Regressionsparameter. Ein Test auf Strukturkonstanz ohne eine spezielle Annahme über die Änderung der Parameter läßt sich mit Hilfe der Residuenvarianz aus zwei oder mehr Teilstichproben konstruieren.

$$FS = \frac{\hat{\hat{u}}'\hat{\hat{u}} - \hat{u}'\hat{u}}{\hat{u}'\hat{u}} \cdot \frac{T - p.k}{(p-1).k}$$

Darin bezeichnet $\hat{\hat{u}}'\hat{\hat{u}}$ die Residuenvarianz der Regression über alle Beobachtungen und $\hat{u}'\hat{u}$ die Summe der Residuenvarianzen der Regressionen für die p Teilstichproben:

$$(\hat{u}'\hat{u} = \sum_{i=1}^{p} \hat{u}_i' \hat{u}_i)$$

Für kleine Stichproben kann man auch den Chow-Test verwenden, der nur die Residuenvarianzen der Gesamtstichprobe und <u>einer</u> Teilstichprobe verwendet.

Die Probleme dieser Tests liegen darin, daß sie

a. <u>nicht robust</u> gegenüber einer Verletzung der Homoskedastizität sind[32)]
b. und nur geringe Güte besitzen, wenn eine Parameteränderung am aktuellen Rand der Stichprobe erfolgt[33)].

Das erstgenannte Problem läßt sich z.B. durch eine vorherige Prüfung auf Autokorrelation und Homoskedastizität umgehen. Fehlende Konstanz der Regressionsparameter führt, wie oben gezeigt wurde, zu einer Änderung des Erwartungswertes der Störvariablen, nicht jedoch zu einer Änderung der Varianz. Wir haben daher jeweils in der Reihenfolge Autokorrelation, Homoskedastizität, Strukturkonstanz getestet. Allerdings nimmt man dabei die sogenannten Pre-Test-Probleme in Kauf[34]. Wird aufgrund von Autokorrelation oder Heteroskedastizität die verallgemeinerte KQ-Schätzung verwendet, so kann der F-Test analog auf die Residuen dieser Schätzung angewendet werden.

Farley, Hinich und McGuire haben die Abhängigkeit der Güte des F-Tests von der Periode der Parameterschätzung analysiert. Sie haben gezeigt, daß ein Test der Hypothese $\delta_i = o(i=1,2,\ldots k)$ anhand der KQ-Schätzung des Modells

$$y_t = \beta_o + \sum_{i=1}^{k} \beta_i x_{it} + \sum_{i=1}^{k} \delta_i (x_{it} \cdot t) + \varepsilon_t$$

im Randbereich eine etwas höhere Güte besitzt als der FS-Test. Dieses Modell geht anstatt von einer einmaligen Parameteränderung in der Mitte der Stichprobe (wie der FS-Test) von einer ständigen konstanten Parameteränderung im gesamten Zeitintervall aus. Um die Güte eines Tests am aktuellen Rand zu erhöhen, kann man für einige Parameter eine Änderung in den letzten 4-8 Quartalen unterstellen. Die Trennschärfe des Tests hängt natürlich von der Anzahl der Beobachtungswerte ab.

Im SYSIFO-Modell ergaben sich demgegenüber relativ oft saisonale Parameteränderungen, die häufig durch eine multiplikative Verknüpfung des Regressors mit den o,1-Variablen für die Saison berücksichtigt werden konnten.

Alternativ könnte man rekursive Residuen verwenden[35]. Von diesen Verfahren haben wir bisher keinen Gebrauch gemacht.

4. Zusammenfassung

Diese Ausführungen zeigen, daß es im methodischen Bereich eine Reihe von Problemen gibt, die nicht gelöst sind. Wir sind daher zunächst davon ausgegangen, daß die KQ-Schätzer bei Vierteljahresdaten robust sind gegenüber Verletzungen der Annahme fixer Regressoren. Dort, wo uns die unabhängige Schätzung einzelner Gleichungen aus theoretischen Gründen, d.h. wegen vermuteter "cross-equation"- Restriktionen, nicht vertretbar erschien, wie im Konsummodell und im Preismodell, wurden Systemschätzungen benutzt. Die Ergebnisse zeigen jedoch, daß sich keine gravierenden Änderungen gegenüber KQ-Schätzungen ergeben bzw. daß die "cross-equation"- Restriktionen abgelehnt werden müssen.

Bei der Schätzung von Lagverteilungen wurden sowohl rationale als auch polynomiale Lagverteilungen geschätzt. Beide Ansätze bergen die Gefahr einer Überschätzung des Einflusses verzögerter Variablen in sich.

Um die Güte der jeweiligen Spezifikation näher zu beschreiben, sollten nicht nur - wie üblich - die DW 1 -Statistik ausgewiesen, sondern auch Teststatistiken zur Prüfung auf Autokorrelation vierten Grades (DW4-Test), auf Autokorrelation bei verzögerten endogenen Variablen (D-Test) sowie auf Homoskedastizität (FH-Test) und Strukturkonstanz (FS-Test) angegeben werden. Obwohl mit diesen Tests eine Reihe von Problemen verbunden sind, erscheint die Angabe solcher Kennziffern doch zweckmäßig. Vor einer rigorosen Anwendung tabellierter kritischer Bereiche muß jedoch ausdrücklich gewarnt werden.

LITERATURVERZEICHNIS

1. vgl.D.W.Jorgenson and J.J.Laffont, Efficient Estimation of Nonlinear Simultaneous Equations with Additive Disturbances, Annals of Economic and Social Measurement, 1974,S.615-64o H.Hatanaka, On the efficient estimation methods for the Macroeconomic models nonlinear in variables, Journal of Econometrics, 1978,S.323-356
2. Brundy and D.W.Jorgenson, Consistent and Efficient Estimation of Systems of Simultaneous Equations by Means of Instrumental Variables,in: P.Zarembka, Frontiers in Econometrics,New York, 1974, S.215-244
3. Fisher,F.M., Dynamic Structure and Estimation in Economy-wide Econometric Models, in: Duesenberry, Fromm, Klein and Kuh (Hrsg): The Brookings Quarterly Model of the United States, Amsterdam,1965
4. vgl. z.B. Dhrymes,Ph.,Introductory Econometrics, New York, 1978,S. 312
5. vgl. Guilkey, A Test for the Presence of First-Order Vector Autoregressive Errors, when lagged Endogenous Variables are Present, Econometrica, 1975, S.711-718
6. vgl. P.J.Dhrymes,R., Berner,D. Cummins, A Comparison of Some Limited Information Estimators for Dynamic Simultaneous Equation Models, Econometrica, 1974,S.311-322
7. z.B. Geweke,J., Testing the exogenity specification in the complete dynamic simultaneous equation model, Journal of Econometrics, Vol.7, 1978,S.163-186 J.A. Hausman, Specification Tests in Econometrics, Econometrica, Vol.46, 1978, S.1231-1272
8. G.Hansen, Die Prognoseeignung von LISE- und FIND-Maximum-Likelihood-Schätzwerten, Statistische Hefte, 1969,S.22-45
9. vgl.W.Stegmüller,'Jenseits von Popper und Carnap': Die logischen Grundlagen des statistischen Schließens, Berlin, 1973 S.2o6ff.

1o. R.A.Bergström, Comparative Study of Extensions of the Iterative Instrumental Variables Method in the Case of Autocorrelated Residuals and lagged Endogenous Variables, Paper at 3rd World Congress of the Econometric Society, Toronto, 1975

11. G.D.Bierwag and M.A.Grove, Aggregate Koyck Function, Econometrica 1966, S.828-832
12. Maddala, G.S., Rao,A.S.,Maximum-Likelihood Estimation of Solow's and Jorgenson's Distributed Lag Models, Review of Economics and Statistics, 1971,S.8o-88
13. vgl.P.Schmidt, Estimation of a Distributed Lag Model with Second-Order Autoregressive Disturbances, International Economic Review,Vol.12, 1971,S.372-38o
14. vgl.Dhrymes,Ph.,Distributed Lags: Problems of Estimation and Formulation, San Francisco, 1971, Kapitel 1o.
15. Amemiya,T., Generalized Least Squares with an Estimated Autocovariance Matrix, Econometrica, 1973,S.723ff.
16. vgl. Nerlove,M., On Lags in Economic Behavior, Econometrica, Vol.4o,1971,S.221-252
17. Pesaran, On the General Problem of Model Selection, Review of Economic Studies, 1974,S.151-171
18. P.Kugler, Die Almon-Lag Technik, Probleme der Formulierung, der Schätzung und Verifizierung, Basel,1976,S.78ff.
19. P.Schmidt, R.N.Waugh, The Almon Lag Technique and the Monetary Versus Fiscal Policy Debate, Journal of the American Statistical Association, 1973,S.11ff
2o. R.J.Shiller, A Distributed Lag Estimator Derived From Smoothness Priors, Econometrica, 1973,S.775 - 788
21. P.A.Tinsley, An Application of the Variable Weight Distributed Lag, Journal of the American Statistical Association, 1969, S.1277-1289
22. Zur Begründung der Almon-Lags aus einer Erwartungsstruktur vgl.Lorenzen,G., Überlegungen zur Spezifikation der Lagstruktur in Distributed-Lag-Modellen, Allgemeines Statistisches Archiv, 1975,S.337-346
23. vgl. A.Pagan, Rational and Polynomial Lags: The Finite Connection, Journal of Econometrics, 1978,S.247-254
24. M.Janssen, Dynamische Modelle der Konsumgüternachfrage,

Eine theoretische und empirische Analyse, Schriften zur angewandten Ökonometrie, Heft 1, 1978

25. vgl.Nerlove,M.,a.a.O. Pearce et al.,A model of output, employment, wages and prices in the U.K.,Cambridge,1976, S.37ff. Wallis,K.F.,Econometric Implications of the Rational Expectations Hypothesis, Econometrica, forthcoming.
26. vgl. z.B. Dhrymes,Ph., Introductory Econometrics, New York, 1978 S.25o ff.
27. D.M.Granger and P.Newbold, Spurious regressions in econometrics, Journal of Econometrics,1974, S.119
28. vgl. M.H.Pesaran and A.S.Deaton, Testing Non-Nested Nonlinear Regression Models, Econometrica, 1978,S.677-694
29. T.W. Epps and M.L.Epps, The Robustness of Some Standard Tests for Autocorrelation and Heteroscedasticity when both Problems are Present, Econometrica, 1977,S.745-754
3o. J.L.Kenkel, Some Small Sample Properties of Durbin's Tests for Serial Correlation in Regression Models Containing Lagged Dependent Variables, Econometrica, 1974,S.763-769
31. Alternative Tests auf Autokorrelation,z.B. anhand von BLUS-Residuen oder rekursiven Residuen, wurden bisher bei der Modellspezifikation nicht verwendet.
32. vgl.P.Schmidt and R.Sickles, Some Further Evidence on the Use of the Chow-Test under Heteroscedasticity, Econometrica, 1977, S.1293ff.
33. J.K.Farley, M.Hinich, T.W. MacGuire, Some Comparison of Tests for a Shift in the Slopes of a Multivariate Time Series Model, Journal of Econometrics, 1975,S.745-754
34. vgl.B.M.E.Bock, G.G. Judge and T.A. Yancey, Statistical Consequences of Preliminary Test Estimators in Regression, Journal of American Statistical Association, 1973,S.1o9-116
35. R.L.Brown, J.Durbin,J.M. Evans, Techniques for Testing the Constancy of Regression Relationships over Time,Journal of the Royal Statistical Society, 1975,S.149-163

TEIL II
Mikrosimulationssysteme

Mikrosimulation von Lebenszyklen. Ein neues Anwendungsgebiet und seine Probleme am Beispiel des SPES-Modelles

Heinz P. Galler, Universität Frankfurt

INHALT:

H.-D. Heike, Modellierungs-Software

1. Möglichkeiten zur Generierung von Lebenszyklusinformationen

In der aktuellen sozialpolitischen Diskussion in der Bundesrepublik nimmt die Neugestaltung des Rentenversicherungssystems eine zentrale Rolle ein. Unter dem Aspekt der Gleichstellung von Mann und Frau werden eine Reihe von alternativen Renten-Modellen vorgeschlagen und vergleichend diskutiert (dazu z.B. Sachverständigenkommission für die soziale Sicherung der Frau und der Hinterbliebenen 1979). Charakteristisch für den Stand der Diskussion ist dabei, daß keiner der Beteiligten über abgesicherte Vorausrechnungen dazu verfügt wie sich unterschiedliche Modelle auf die Einkommensverteilung einerseits und die Finanzlage der Rentenversicherungsträger andererseits auswirken werden. Soweit überhaupt Versuche unternommen werden, die Auswirkungen der vorgeschlagenen Änderungen des Rentenrechts zu quantifizieren, bedient man sich meist der exemplarischen Behandlung "typischer" Rentenfälle.

Für die Entscheidung über die Neugestaltung des Rentenversicherungssystems wäre viel gewonnen, wenn es gelänge, die Entwicklung der Rentenversicherungsbeiträge und -ansprüche und ihre Größenverteilung in der Bevölkerung über einen längeren Zeitraum zu prognostizieren. Es wäre dann möglich, die mit den einzelnen Modellen verbundenen Finanzierungs- und Verteilungswirkungen abzuschätzen. Da die individuellen Rentenansprüche im Zuge der Beitragszahlung über das gesamte Erwerbsleben akkumuliert werden, erfordert die Analyse der Verteilung der Rentenansprüche die Auswertung von Lebenszyklusinformationen. Auch für das Abschätzen der Rentenversicherungsbeiträge werden je nach Differenzierungsgrad des Rentenmodells tief gegliederte Informationen über die Struktur der Bevölkerung und der Erwerbstätigen benötigt.

Die Diskussion der Rentenmodelle steht für eine Reihe von Fragestellungen im sozialpolitischen Bereich, die auf die Verteilung individueller Lebenschancen oder die intergenerationelle Verteilung von Einkommen abstellen und von daher auf Informationen über den Verlauf von Lebenszyklen angewiesen sind. Dieser Informationsbedarf kann mit den traditionell zur Verfügung stehenden quantitativen Prognoseinstrumenten - makroökonomische und auf mittlerem Aggregationsniveau disaggregierte Modelle - nicht befriedigt werden. Neben der unzureichenden Disaggregation bereitet hier vor allem die Zeitpunktbezogenheit der Modelle Probleme, die zwar in der Lage sind Strukturinformationen für den Bevölkerungsquerschnitt einer Periode zu liefern, aber nichts über die Verteilung von Lebenszyklen im Zeitablauf auszusagen vermögen.

Einen Fortschritt erbringt in dieser Beziehung der mikroanalytische Simulationsansatz, der von der Fortschreibung von Einzelbeobachtungen ausgeht. Eine Aggregation des Datenmaterials erfolgt hier nicht bereits bei der Spezifikation des quantitativen Prognose-Modells, sondern erst die Ergebnisse der Modellrechnung werden zu Aussagen über aggregierte Einheiten zusammengefaßt. Als Datenmaterial benutzen solche Ansätze üblicherweise Stichproben aus der interessierenden Population. Indem nun für jede Mikroeinheit anhand geeigneter Hypothesen die Merkmalsveränderungen erklärt werden, wird die gemeinsame Verteilung der Merkmale im Ausgangsdatenbestand in die gemeinsame Verteilung der Merkmale in einem fortgeschriebenen Mikrodatenbestand transformiert. Technisch geschieht dies, indem aus einem System quantitativer Hypothesen über das Mikroverhalten zunächst die Wahrscheinlichkeiten für die einzelnen Ereignisse bestimmt werden. Anschließend wird dann durch Ziehen geeigneter Zufallszahlen festgelegt, ob das jeweilige Ereignis in der Simulation tatsächlich eintritt oder nicht (dazu Galler 1977). Die so simulierte Entwicklung einer Mikroeinheit kann dann als zufällige Ziehung aus dem Zufallsprozeß begriffen werden, den das Modell für die realen Einheiten beschreibt. Die Gesamtheit aller fortgeschriebenen Mikroeinheiten entspricht einer zufälligen Stichprobe aus einer hypothetischen, um eine Periode gealterten Grundgesamtheit, aus der die gewünschten Aggregate und Strukturinformationen tabelliert werden können.

Neben einer Reihe von methodischen Vorzügen - es werden homogene Einheiten fortgeschrieben für die problemadäquate, auch komplexe kausale Hypothesen entwickelt werden können - bietet der mikroanalytische Simulationsansatz auch die Möglichkeit, sowohl disaggregierte Querschnittsinformationen als auch Longitudinaldaten aus ein und demselben Modellansatz zu gewinnen. Da das Mikromodell die einzelnen Beobachtungseinheiten in der Datenbasis individuell fortschreibt, kann man einerseits die üblichen Auswertungen der Querschnitte für die einzelnen Perioden vornehmen, andererseits aber auch die Informationen über einzelne Mikroeinheiten aus den verschiedenen aufeinander folgenden Datenbeständen zusammenführen und so die individuellen Lebenszyklen konstruieren. Dabei handelt es sich natürlich um artifizielle Lebensverläufe, die zufällige Ziehung aus der Gesamtheit aller für ein Individuum möglichen Lebensverläufe darstellen. Sie können von daher auch nicht als Prognose eines bestimmten Lebensverlaufs verstanden werden, die Gesamtheit aller vom Mikromodell gelieferten Lebenszyklen prognostiziert aber die Verteilung der Lebensverläufe in der Bevölkerung, auf der dann z.B. Berechnungen der Verteilungswirkungen des Rentenversicherungssystems ansetzen können.

2. Das Mikrosimulationsmodell des SPES-Projekts

Die bisher entwickelten mikroanalytischen Simulationsmodelle - in den USA im wesentlichen aufbauend auf Arbeiten von Orcutt am Urban Institut (dazu Orcutt u.a. 1976), in der Bundesrepublik das Modell des SPES-Projekts - sind zunächst querschnittsorientiert in dem Sinne, daß sie für die Prognose von periodenbezogenen Strukturinformationen angelegt worden sind. Dies schließt aber eine Verwendung für Longitudinal-Untersuchungen nicht aus, da es sich hier ja im Grunde nur um eine andere Art der Darstellung der Modellergebnisse handelt. Dies gilt allerdings nur soweit, als die Modelle tatsächlich individuelle Karrieren simulieren, d.h., die intertemporalen Beziehungen im individuellen Lebensablauf berücksichtigen. Das Mikrosimulationsmodell des SPES-Projekts ist ein Partialmodell des Haushaltsektors, mit dem insbesondere die Verteilungswirkungen von Maßnahmen im Bereich der sozialen Sicherung, der Steuerpolitik und der Arbeitsmarktpolitik untersucht werden sollen. Das Modell ist als rekursives System aufgebaut, in dem einzelne Module für bestimmte Transformationen hintereinander gereiht sind (Abb.1). Zunächst wird aus dem Datenbestand ein Haushalt eingelesen und der demographischen Fortschreibung unterworfen. Hier werden Sterbefälle, Geburten, Eheschließungen, Scheidungen und das Ausscheiden aus Haushalten simuliert. Es schließt sich ein Durchlaufmodell des Bildungssystems an, in dem die Bildungsbeteiligung der Bevölkerung differenziert nach Schularten und Klassen fortgeschrieben wird und den Individuen Bildungsabschlüsse zugewiesen werden. Darauf aufbauend werden in einem Erwerbstätigkeitsmodell die Erwerbsbeteiligung, die Zuweisung der beruflichen Stellung und die berufliche Mobilität in Bezug auf berufliche Stellung und Wirtschaftszweige simuliert. Es schließt sich die Erklärung der Ersteinkommen bzw. die Fortschreibung der Einkommensgrößen an. Auf die Bruttoeinkommen werden der Steuertarif bzw. die Regelung für die Sozialversicherungsbeiträge angewendet und die Abgaben bestimmt.

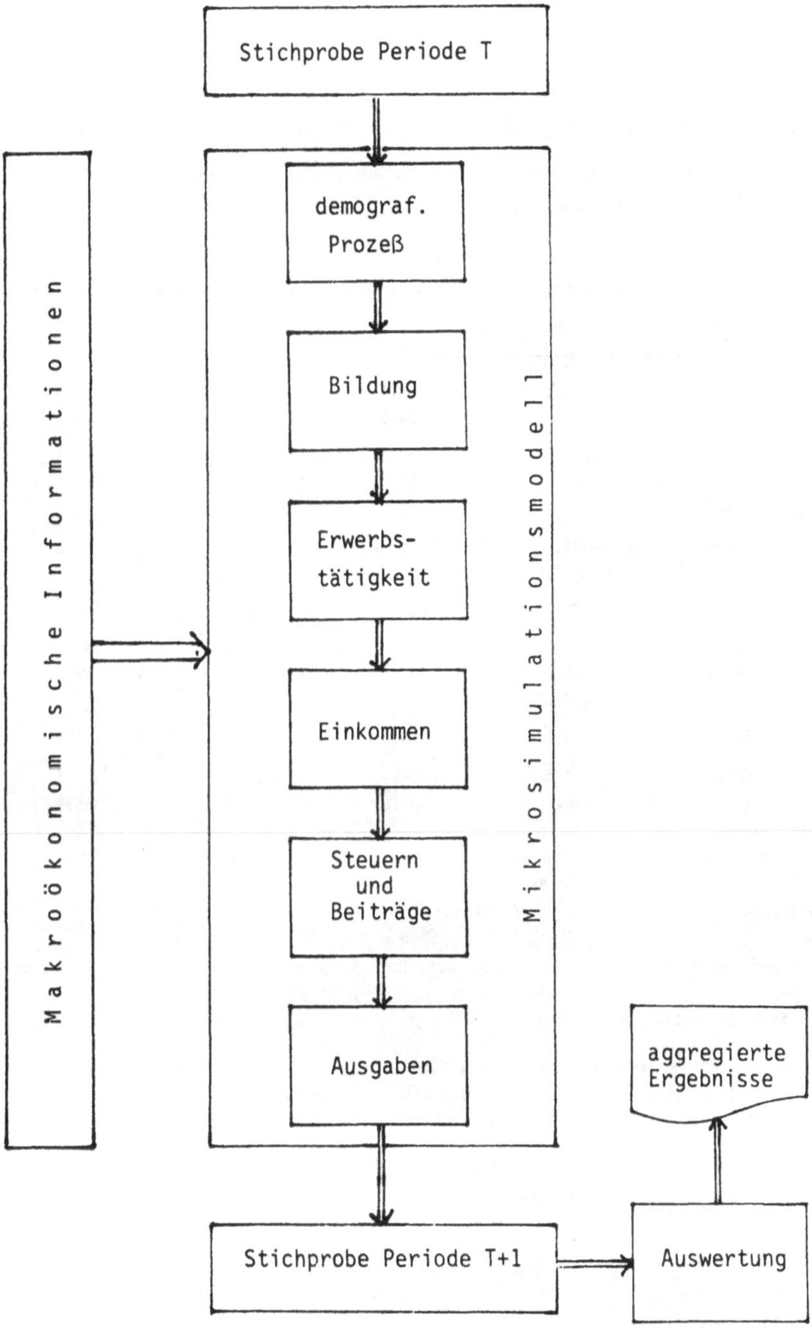

Abbildung 1: Ablaufschema zum SPES-Mikrosimulationsmodell

Tabelle 2: Tatsächliche Werte (a) und Simulationsergebnisse (b) für die Bewegung der deutschen Bevölkerung

	Lebendgeborene				Gestorbene				Eheschließungen	
Periode	männlich in 1ooo	Abweich. %	weiblich in 1ooo	Abweich. %	männlich in 1ooo	Abweich. %	weiblich in 1ooo	Abweich. %	insgesamt in 1ooo	Abweichung %
69/7o a)	4o5,o		384,1		38o,6		371,3		4o9,8	
b)	413,2	+2.o	39o,o	+1,5	374,o	-1.7	38o,o	+2.3	4o5,6	-1.o
7o/71 a)	37o,9		35o,8		357,2		354,8		4o6,9	
b)	373,6	+o.7	352,8	+o.6	35o,8	-1.8	36o,8	+1.7	399,2	-1.9
71/72 a)	336,7		318,3		364,8		359,4		395,4	
b)	344,o	+2.2	324,8	+2.o	35o,8	-3.8	358,8	-o.2	398,o	+o.7
72/73 a)	29o,1		274,6		361,8		36o,o		367,7	
b)	292,o	+o.7	275,2	+o.2	367,6	+1.6	379,6	+5.4	365,2	-o.7
73/74 a)	269,2		255,4		357,2		36o,3		352,o	
b)	266,8	-o.9	251,6	-1.5	345,6	-3.2	372,8	+3.5	375,6	+6.7
74/75 a)	26o,4		247,3		362,4		371,3		348,o	
b)	253,2	-2.7	238,8	-3.4	36o,8	-o.4	348,4	-6.2	313,6	-9.9
75/76 a)	258,9		244,8		36o,5		372,1		337,3	
b)	264,8	+2.3	25o,o	+2.1	355,6	-1.4	344,4	-7.4	361,6	+7.2

Lebendgeborene: Lebendgeborene deutscher Staatsangehörigkeit
Gestorbene: Gestorbene deutscher Staatsangehörigkeit
Eheschließungen: Eheschließungen unter Deutschen

Quelle: Umgerechnete Werte aus: Statistisches Bundesamt, Fachserie A Reihe 2: Natürliche Bevölkerungsbewegung; sowie Eheschließungen, Geburten und Sterbefälle von Ausländern 1975, in: Wirtschaft und Statistik, 3/1977, S. 154-158.

Die angegebenen Werte sind jeweils die Summe der um den Ausländeranteil bereinigten Werte aus dem 2. Halbjahr des ersten und dem 1. Halbjahr des zweiten Jahres.

Das verbleibende Nettoeinkommen ist dann der Ausgangspunkt für die Erklärung der Ausgaben des Haushaltes in Abhängigkeit von soziodemographischen Merkmalen. Schließlich wird der Haushalt auf eine Datei wieder ausgeschrieben. Nachdem der gesamte Ausgangsbestand so verarbeitet worden ist, enthält die Ausgabedatei den gesamten fortgeschriebenen Bestand, aus dem die gewünschten Strukturinformationen ausgewertet werden können und der dann wieder als Ausgangspunkt für die nächste Fortschreibung dienen kann. Durch Verkettung von Simulationsläufen erhält man damit eine dynamische Simulation über einen längeren Zeitraum.

Als Partialmodell weist das SPES-Modell einige offene Schnittstellen hin zu den anderen volkswirtschaftlichen Sektoren auf. Dies gilt insbesondere für die aggregierten Informationen über die Entwicklung von Beschäftigung, Einkommen und Preisen, die im Modell als exogene Variable benötigt werden. Mittelfristig sollen die Variablen durch eine Kopplung mit einem geeigneten Makromodell endogenisiert werden, z.Zt. müssen allerdings die tatsächlichen Werte bzw. geeignete Schätzwerte von Hand vorgegeben werden, da weder ein völlig geeignetes Makromodell verfügbar ist, noch alle mit der Kopplung verbundenen methodischen Probleme gelöst sind.

Das Simulationsmodell ist bisher für Analysen der demographischen Entwicklung (Galler 1977, Galler/Steger 1978, Steger 1979) und der Verteilungswirkungen der Bildungspolitik (Helberger 1978) eingesetzt worden. Als Ausgangsdatenbestand dient dabei entweder das Integrierte Mikrodatenfile 1969 (IMDAF-69) des SPES-Projekts oder aber, soweit nur demographische Prozesse simuliert werden, auch das Datenmaterial des Mikrozensus. Da keine neueren Daten zugänglich sind, müssen Modellrechnungen bisher von 1969 ausgehen und das Modell muß der tatsächlichen Entwicklung nachgeführt werden. Wie Tab.2 zeigt, ist für die demographische Entwicklung eine insgesamt recht gute Anpassung erzielt worden. Die verbleibenden Differenzen zwischen Simulationsergebnissen und tatsächlicher Entwicklung sind z.T. durch Strukturfehler in der Ausgangsstichprobe, z.T. auf Ungenauigkeiten bei der Berechnung der Modellparameter und schließlich auf Approximationen bei der Berechnung der Vergleichswerte zurückzuführen. Hinzu kommen noch die bei einem stochastischen Simulationsansatz nicht vermeidbaren Zufallsfehler in den Simulationsergebnissen.

Während im ex-post-Zeitraum jeweils periodenspezifische Modellparameter bestimmt werden können, wurden für die hier wiedergegebene Simulation ab 1975 die letzten Werte jeweils beibehalten. Mit anderen Worten wurde eine Modellrechnung unter der Annahme eines gegenüber 1974/75 unveränderten Verhaltens durchgeführt. Insbesondere wurde also das 1974 geltende Heirats- und Fruchtbarkeitsverhalten konstant beibehalten, das eine vergleichsweise geringe Heiratsneigung und eine relativ niedrige Geburtenhäufigkeit impliziert. In Tab.3 sind die sich ergebenden Wirkungen auf die Struktur der Frauen im erwerbsfähigen Alter dargestellt. Es zeigt sich deutlich eine Zunahme des Anteils der Frauen ohne Kinder bzw. mit einem Kind, während der Anteil der Frauen mit mehreren Kindern sinkt. Entsprechend geht der Anteil von Frauen, deren jüngstes Kind im Vorschulalter ist, kontinuierlich zurück, während der Anteil von Frauen mit älteren Kindern steigt. Das Ansteigen des Anteils von Frauen mit schulpflichtigen Kindern bis 1978 und sein anschließendes Sinken ist noch auf die geburtenstarken Jahrgänge vor 197o zurückzuführen.

Soweit etwa die Auswirkungen dieser demographischen Verschiebungen auf das Erwerbspotential interessieren, kann eine einfache Abschätzung vorgenommen werden, indem auf die einzelnen Teilgruppen der Bevölkerung die entsprechenden Erwerbsquoten angewendet werden. Wendet man etwa die von Hecheltjen (1974) ausgewiesenen, differenzierten Erwerbsquoten auf die Simulationsergebnisse an, so erhält man die in Tab.4 dargestellte Entwicklung der Erwerbsbeteiligung der deutschen Frauen. Insgesamt ist ein deutlicher Anstieg der Erwerbsquoten zu erwarten, der

Tabelle 3: Frauen von 15-6o Jahren nach Zahl der Kinder bzw. Altersklasse des jüngsten Kindes im Haushalt

\- Simulationsergebnisse -

Jahr	Insgesamt	davon								
		Ohne Kind	Zahl der ledigen Kinder				Altersklasse des jüngsten Kindes			
			1	2	3	4 u.m.	o-6	7-14	15-18	18 u.m.
	in 1ooo	%	%	%	%	%	%	%	%	%
1969	18 247	46.2	22.9	18.1	7.8	5.o	24.6	15.6	4.7	8.9
197o	18 127	45.9	22.7	18.4	7.8	5.2	24.3	16.1	4.8	9.o
1971	18 o5o	45.9	22.6	18.3	7.8	5.4	23.7	16.7	4.8	8.8
1972	18 oo4	46.o	22.4	18.3	7.9	5.4	22.9	17.3	4.9	8.9
1973	17 936	46.o	22.4	18.3	7.9	5.4	21.8	18.1	5.o	9.1
1974	17 892	46.2	22.2	18.4	7.8	5.3	2o.4	19.1	5.2	9.1
1975	17 879	46.5	22.1	18.4	7.8	5.2	18.9	19.9	5.3	9.4
1976	17 982	46.7	22.1	18.4	7.7	5.1	17.7	2o.3	5.4	9.8
1977	18 175	47.3	22.2	18.2	7.5	4.9	16.5	2o.5	5.6	1o.2
1978	18 39o	47.8	22.2	18.o	7.4	4.2	15.5	2o.2	5.9	1o.6
1979	18 61o	48.5	22.1	17.9	7.1	4.3	14.8	19.6	6.1	1o.9
198o	18 7o1	48.9	22.5	17.7	6.9	4.o	14.6	18.9	6.3	11.4
1981	18 696	49.o	22.9	17.6	6.7	3.8	14.7	17.8	6.6	11.9
1982	18 664	49.2	23.1	17.7	6.6	3.5	14.7	16.7	7.o	12.4
1983	18 655	49.5	23.5	17.6	6.3	3.1	14.6	15.7	7.4	12.8
1984	18 622	49.6	24.o	17.5	6.1	2.8	14.8	14.8	7.3	13.5
1985	18 584	49.5	24.8	17.3	5.9	2.5	15.1	14.o	7.1	14.3

Bestände jeweils zur Jahresmitte

Ausländerbevölkerung Stand 1969

Tabelle 4: Entwicklung der Erwerbsbeteiligung der Frauen von 15-6o Jahren in deutschen Haushalten nach dem Familienstand bei konstantem Erwerbsverhalten 1969
- Simulationsergebnisse -

Jahr	Erwerbsquoten				
	Insges. %	ledig %	verh. %	verw. %	gesch. %
1969	47.o	72.9	38.1	39.8	8o.5
197o	47.2	72.8	38.4	39.6	8o.6
1971	47.5	72.5	38.7	39.7	8o.7
1972	47.8	72.3	39.2	4o.o	8o.9
1973	48.3	72.1	39.6	4o.2	8o.9
1974	48.7	72.o	4o.o	4o.4	8o.8
1975	49.7	71.9	4o.3	4o.4	8o.9
1976	49.6	71.9	4o.5	4o.4	8o.8
1977	5o.o	71.9	4o.7	4o.3	8o.7
1978	5o.3	71.9	41.o	4o.1	8o.8
1979	5o.5	72.o	41.2	4o.o	8o.8
198o	5o.8	72.o	41.4	4o.1	81.o
1981	51.2	72.2	41.7	4o.4	81.1
1982	51.7	72.5	42.1	4o.7	81.3
1983	52.o	72.7	42.6	4o.7	81.3
1984	52.3	73.2	42.9	4o.9	81.4
1985	52.6	73.6	43.2	41.3	81.5

im wesentlichen auf eine steigende Erwerbsbeteiligung verheirateter Frauen zurückzuführen ist. Als Einflußfaktoren sind die verringerte Zahl von Kindern in den Ehen und der steigende Anteil jüngerer Frauen aus den geburtenstarken Jahrgängen zu nennen.

Eine solche querschnittsorientierte Auswertung der Mikrosimulation liefert zwar schon eine Reihe interessanter Informationen - Tab.4 hat hier nur beispielhaften Charakter - ist aber in zweierlei Hinsicht unbefriedigend. Zum einen impliziert die Anwendung gruppenspezifischer Quoten die Annahme einer weitgehenden Verhaltenskonstanz, da nur wenige Einflußfaktoren berücksichtigt werden können, die für das beobachtete Verhalten relevant sind. Eine weitere Differenzierung des einfachen Quotenansatzes scheitert an der zu geringen Zellenbesetzung für einzelne Merkmalskombinationen bei der Berechnung der Quoten. Hier könnte zwar auf Regressionsanalysen übergegangen werden, bei denen etwa die Wahrscheinlichkeit einer individuellen Erwerbsbeteiligung in Abhängigkeit von einer Reihe von Merkmalen bestimmt wird, doch scheint ein dynamischer Ansatz sinnvoller, der die Änderung des Erwerbsverhaltens im Lebenszyklus erklärt. Da eine nicht unbeträchtliche Stabilität im individuellen Verhalten zu beobachten ist, etwa derart, daß Frauen ihren Erwerbsstatus -"erwerbstätig" beziehungsweise "nicht erwerbstätig"- nur mit vergleichsweise geringer Wahrscheinlichkeit wechseln, erscheint die dynamische Erklärung individuellen Verhaltens unter Berücksichtigung des Status in der Vorperiode sinnvoll. Ein solcher Ansatz liefert dann auch tatsächlich individuelle Lebensverläufe, die als Ausgangspunkt für Longitudinalanalysen dienen können.

Im SPES-Modell ist ein solcher Ansatz weitgehend verwirklicht, das Modell stellt im wesentlichen auf die Erklärung von Veränderungen der individuellen Merkmale ab, wobei die Erklärung auch von der bisherigen Merkmalsausprägung abhängig gemacht wird. Dies gilt sowohl für die Modellierung des demographischen

Prozesses und den Durchlauf durch das Bildungssystem als auch für die Modellierung von Erwerbsbeteiligung, Statuserwerb und Einkommensbezug. In Übersicht 5 sind beispielhaft die Beziehungen angegeben, die zur Fortschreibung der Erwerbsbeteiligung verwendet werden. Es handelt sich um Regressionsansätze des 'logit'-Typs, in denen die logarithmisch transformierte Wahrscheinlichkeit (p) einer Änderung in der individuellen Erwerbsbeteiligung als lineare Funktion einer Reihe von erklärenden Variablen dargestellt wird. Indem in diese Beziehungen die jeweiligen Werte der erklärenden Variablen eingesetzt werden, kann im Simulationsablauf für jedes Individuum an jedem Punkt seines Lebenslaufes die Wahrscheinlichkeit für einen Wechsel im Erwerbsstatus bestimmt und eine zufällige Entscheidung über den weiteren Verlauf der Erwerbskarriere getroffen werden.

In Tab.6 sind die aus einem solchen Ansatz bestimmten Erwerbsquoten im Simulationsfile (SIMFIL-78) den Ergebnissen des Mikrozensus 1978 gegenübergestellt. Dabei ist zu beachten, daß der Mikrozensus die Erwerbsbeteiligung der gesamten Bevölkerung in der Berichtswoche nach dem Labor-Force-Konzept mißt (dazu Fürst u.a. 1959), während im SPES-Modell die Erwerbsbeteiligung der deutschen Bevölkerung während des gesamten Jahres nach dem Unterhaltskonzept prognostiziert wird. Die beträchtliche Unterschätzung der Erwerbsbeteiligung für die untersten Altersgruppen dürfte zumindest teilweise durch die in dieser Modellversion gemachten Annahme zu erklären sein, daß Schüler und Studenten keiner Erwerbstätigkeit nachgehen. Die Abweichungen im Bereich der 25 bis 29-jährigen sind wohl auf Fehler bei der Simulation der Dauer der Ausbildung im tertiären Bereich und der Aufnahme einer schulischen Ausbildung nach einer ersten Erwerbstätigkeit zurückzuführen. Dagegen dürfte das deutliche Überschätzen der Erwerbsbeteiligung älterer Personen und besonders der verwitweten und geschiedenen Frauen wesentlich durch die unterschiedliche Abgrenzung bedingt sein, da hier ein nennenswerter Anteil der Bevölkerung unregelmäßig eine Erwerbstätigkeit ausübt, sodaß die auf eine Woche bezogene Erwerbs-

Übersicht 5: Ansätze zur Erklärung der Wahrscheinlichkeit (p) einer Erwerbsbeteiligung

---

A. Männer

1. in der Vorperiode erwerbstätig oder Schüler

$$\ln\left(\frac{p}{1-p}\right) = 0.31573 + 0.03421\ TM - 0.42101\ TM^{\frac{1}{2}} + 0.03691\ TM^{\frac{1}{3}} + 1.77171\ TM^{\frac{1}{4}}$$

2. in der Vorperiode nicht erwerbstätig

$$\ln\left(\frac{p}{1-p}\right) = -4.04996 + 0.14373\ TM - 0.00345\ TM^2 + 0.00005\ TM^3$$

B. Frauen

1. verheiratet und in der Vorperiode erwerbstätig oder Schüler

$$\ln\left(\frac{p}{1-p}\right) = 1.68900 - 0.65273\ k_{0-5} + 0.42853\ k_{6-14} + 0.33990\ k_{15UM} + 0.04639\ d_S - 0.80384\ d_B - 0.42667\ d_{AN}$$
$$- 0.22837\ d_{AR} - 0.66318\ d_N - 0.05868\ TF + 0.21069\ |TF|^{\frac{1}{2}} + 0.34997\ TF^{\frac{1}{3}}$$

2. verheiratet und in der Vorperiode nicht erwerbstätig

$$\ln\left(\frac{p}{1-p}\right) = -1.79906 - 0.82164\ k_{0-5} - 0.28761\ k_{6-14} + 0.01956\ k_{15UM} - 1.67994\ d_S - 2.31475\ d_B - 2.57968\ d_{AN}$$
$$-2.32827\ d_{AR} - 2.16174\ d_N + 0.11439\ TF - 0.00314\ TF^2 + 0.00005\ TF^3$$

3. nicht verheiratet und in der Vorperiode erwerbstätig oder Schüler

$$\ln\left(\frac{p}{1-p}\right) = 0.87018 + 0.09426\ d_K + 0.25432\ d_{FV} + 0.33989\ d_S + 0.03605\ d_B + 0.60569\ d_{AN} + 0.38668\ d_{AR}$$
$$+0.22836\ d_N - 0.00789\ TF + 0.20449\ |TF|^{\frac{1}{2}} + 0.24317\ TF^{\frac{1}{3}}$$

4. nicht verheiratet und in der Vorperiode nicht erwerbstätig

$$\ln\left(\frac{p}{1-p}\right) = -2.09676 + 0.09756\ d_K + 0.62762\ d_{FV} - 0.72726\ d_S - 1.25801\ d_B - 1.26842\ d_A - 0.57034\ d_{AR}$$
$$-1.19646\ d_N + 0.14481\ TF - 0.05661\ TF^2 + 0.00008\ TF^3$$

Definition der Variablen

Zeit

TM : 66 - Alter

TF : 61 - Alter

Dummy-Variable für Kinder im Haushalt

k_{0-5} : jüngstes Kind 0- 5 Jahre

k_{6-14} : " " 6-14 Jahre

k_{15UM} : " " 15u.m.Jahre

d_K : Kinder im Haushalt vorhanden

Dummy-Variable für berufliche Stellung des Haushaltsvorstandes

d_S : Selbständig

d_B : Beamter

d_{AN} : Angestellter

d_{AR} : Arbeiter

d_N : Nicht erwerbstätig

d_{FV} = Dummy-Variable für Frau als Familienvorstand

Tabelle 6: Vergleich der Erwerbsquoten im Mikrozensus (MZ-78) und im Simulationsfile 1978 (SIMFIL)

	männlich		weiblich							
	insgesamt		ledig		verheiratet		verwitwet		geschieden	
Alter	MZ-78	SIMFIL	MZ-78	SIMFIL	MZ-78	SIMFIL	MZ-78	SIMFIL	MZ-78	SIMFIL
15-19	5o.6	32.8	43.6	29.4	54.5	55.7	/	/	/	/
2o-24	8o.9	8o.1	75.9	72.7	62.6	67.1	/	/	76.3	91.4
25-29	9o.6	98.2	85.2	92.8	53.1	61.o	64.3	1oo.o	83.5	97.7
3o-34	97.3	98.7	88.3	94.4	48.8	53.6	56.3	1oo.o	82.5	97.9
35-39	98.3	98.8	88.4	93.1	48.9	5o.9	58.9	97.o	82.o	98.1
4o-44	97.9	98.1	88.1	83.o	48.8	48.3	58.9	87.9	83.1	95.6
45-49	96.7	97.1	88.2	77.3	45.5	48.2	56.7	91.9	81.2	88.8
5o-54	93.2	94.5	85.1	69.3	39.8	43.o	5o.2	77.8	79.5	73.9
55-59	83.8	89.o	76.7	7o.9	32.2	33.9	37.7	69.3	73.1	78.5
6o-64	43.1	73.6	24.3	51.2	1o.2	2o.9	11.o	47.7	23.9	57.7
15-64	84.5	85.2	61.5	54.3	44.7	47.8	32.5	65.5	75.6	87.1
65-69	12.4	4o.1	11.5	37.2	5.1	12.5	4.5	32.4	8.9	32.4
15 u.m.	72.9	74.4	55.4	5o.9	39.8	42.7	11.1	33.5	62.3	69.4
insges.	57.5	59.7	26.4	26.2	39.8	42.7	11.1	33.5	62.3	69.4

Anmerkung: MZ-78: gesamte Bevökerung (in der Berichtswoche Erwerbsperson)

SIMFIL: deutsche Bevölkerung (im Laufe des Jahres Erwerbsperson) quote aus dem Mikrozensus unter den auf die Erwerbsbeteiligung irgendwann im Jahr abstellenden Simulationsergebnissen liegen muß. Insgesamt erscheinen aber die Ergebnisse dieser ersten Simulation nicht völlig unplausibel, das Modell bedarf allerdings noch der weiteren Überprüfung seiner Leistungsfähigkeit und der Verbesserung.

3. Datenverarbeitungsprobleme der Längsschnittanalyse

Die Simulation der individuellen Erwerbskarrieren dient im SPES-Modell als Ausgangspunkt für die Erklärung der zeitlichen Änderung der individuellen Einkommen. Das Modell liefert damit nicht nur den individuellen Erwerbsverlauf, sondern auch den Verlauf der Einkommen im Lebenszyklus, beides Informationen, die neben den soziodemographischen Strukturmerkmalen wesentliche Bestandteile etwa von Rentenberechnungen darstellen. Im Prinzip ist von seiner inhaltlichen Ausgestaltung her das SPES-Modell damit geeignet, eine Datenbasis etwa für die vergleichende Untersuchung alternativer Rentenmodelle zu liefern.

Während die inhaltlichen Probleme der Prognose von Lebenszyklen im Rahmen von mikroanalytischen Modellen zumindest im Prinzip als gelöst anzusehen sind, stehen der praktischen Anwendung Probleme im Datenverarbeitungsbereich entgegen. Andere Modellierungsansätze, wie Makromodelle oder Übergangsmodelle auf der Gruppenebene, sind zwar heute auch nur noch auf dem Computer rechenbar, haben aber doch beim heutigen Stand der Rechner- und Softwaretechnologie unter Datenverarbeitungsgesichtspunkten als weitgehend problemlos zu gelten. Demgegenüber ist die Abhängigkeit des Mikroansatzes von der Leistungsfähigkeit von Rechner und Software wegen der hohen Daten- und Rechenintensität von Mikromodellen ungleich höher.

Ungelöste Probleme liegen hier insbesondere im Bereich der Entwicklung für die Mikrosimulation und -analyse geeigneter Datenstrukturen und Datenbegriffe. Im SPES-Modell werden, wie auch in den gebräulichen amerikanischen Modellen, die Mikrodaten sequentiell gespeichert und verarbeitet, indem eine Mikroeinheit nach der anderen in das Modell eingelesen, dem Simulationsprozeß unterworfen und wieder auf einen Datenträger ausgeschrieben wird. Diese Art der technischen Realisierung von Mikromodellen erlaubt zwar die Verwendung standardmäßiger Datenstrukturen - etwa sequentieller COBOL-Dateien im Falle des SPES-Modells - und der zugehörigen Zugriffs- Software, doch bedeutet sie insbesondere eine wesentliche Einengung der Analysemöglichkeiten. Da jeweils Informationen über eine Periode in einer Datei zusammengefaßt sind, ist es nicht ohne weiteres möglich, Informationen über ein Individuum aus verschiedenen Perioden in die Auswertung einzubeziehen, wie es für Longitudinal-Analysen notwendig ist. Aber selbst die einfache Auswertung von Querschnittsinformationen ist in einer solchen Konstruktion beschwerlich, da Standard-Analyse-Pakete, wie etwa SPSS, über keine Schnittstellen zu den Formaten der Mikrodatenbestände verfügen.

Der Einsatz von Mikromodellen für lebensverlaufsbezogene Analysen erfordert eine Strukturierung der Datenbestände, die einerseits die sequentielle Verarbeitung bei der periodenweisen Fortschreibung als auch andererseits die Verknüpfung der Informationen über die einzelnen Individuen über die Zeit bei der Auswertung erlaubt. Mit dem Mikrosimulationssystem MASH ist bereits vor einigen Jahren der Versuch unternommen worden, eine Datenstruktur und ein darauf abgestimmtes Simulations-System zu entwickeln, das diesen Anforderungen gerecht wird (dazu Sadowski 1977). Im Prinzip sind hier alle Informationen über eine Person in ihrer zeitlichen Entwicklung gemeinsam gespeichert, so daß die Auswertung von Lebenszyklen relativ einfach ist. Die Verarbeitung der Haushalte im Zuge der Mikrosimulation wird dagegen durch ein System von Verweisketten ermöglicht, die die Personen-Informationen zu Haushaltseinheiten zusammenzuführen erlauben.

In der praktischen Erfahrung hat sich das MASH-System als für die Simulation zu aufwendig erwiesen, Mikrosimulationen mit größeren Mikrodatenbeständen sind wegen der hohen Rechenzeiten praktisch nicht möglich. Die neuere Entwicklung ist daher durch eine Abkehr von MASH und die Rückkehr zu traditionellen sequentiellen Dateien, wie sie für das SPES-Modell verwendet verwendet werden, gekennzeichnet; der technischen Effizienz wurde die Möglichkeit der Längsschnittanalyse geopfert. Diese technisch bedingte Rücknahme des inhaltlichen Anspruchs erscheint unbefriedigend wenn man berücksichtigt, daß Mikromodelle zur Zeit der einzige Prognose-Ansatz sind, der eine Längsschnittbetrachtung erlaubt.

Ein naheliegender Ausweg könnte zunächst darin bestehen, es bei einer sequentiellen Dateiorganisation zu belassen, jedem Individuum aber seinen bisherigen Lebensverlauf in Form einer Historie zuzuordnen, sodaß in jeder Periode auch die Informationen über alle vorhergehenden Perioden verfügbar sind. Die Auswertung von Lebensverläufen stellt sich, wenn man sich auf Lebensverläufe bis zu einer bestimmten Periode beschränkt, dann als Problem der Auswertung eines Querschnitts. Die Grenzen dieses Verfahrens werden aber deutlich, wenn man berücksichtigt, daß bedingt durch die bei jedem Computer begrenzte Menge an Speicherplatz, nur für wenige Variable solche Historien aufgebaut werden können und daß es zum anderen nicht ohne weiteres möglich ist, Zusammenhänge zwischen verschiedenen Lebensverläufen - etwa einer geschiedenen Frau und ihres früheren Ehegatten - herzustellen.

Der nächste noch mit einfachen Mitteln durchführbare, aber unter Umständen mit hohem Rechenaufwand verbundene Lösungsweg besteht darin, für die Auswertung der Lebensverläufe die sequentiellen Querschnittsdaten in (sequentielle) Lebensverlaufsdateien umzuorganisieren. Dies kann geschehen, wenn im Mikrodatenbestand jedes Individuum in allen Perioden eindeutig identifiziert werden kann, so daß, nachdem die Simulation durchgeführt worden ist, die Einzelinformationen über ein Individuum aus den einzelnen Perioden in einem neuen Datensatz zusammengeführt werden können. Problematisch an diesem Vorgehen bleibt, daß man bereits vor der Auswertung der Längsschnittinformationen festlegen muß, welche Merkmale in die Analyse einbezogen werden sollen, anderenfalls muß die Reorganisation der Daten mehrfach vorgenommen werden, was bedingt durch die notwendigen Sortiervorgänge ein recht kostspieliger Weg ist.

Einen Schritt weiter geht ein Konzept, das für die Simulation bei der sequentiellen Verarbeitung der Mikrodatenbestände und der damit erreichbaren hohen technischen Effizienz bleibt, jeden Datensatz aber zusätzlich mit einem Zeiger auf den entsprechenden "Vorgänger" im Mikrodatenbestand der Vorperiode ausstattet. Im Prinzip kann dann auch eine Auswertung von Längsschnitten erfolgen, indem die individuellen Karrieren von "hinten" aufgerollt werden: es ist in einer solchen Datenorganisation möglich, ausgehend vom Datensatz der letzten Periode sich in der Zeit "rückwärts" durch den Lebensverlauf durch zu arbeiten, indem anhand des Zeigers jeweils der Datensatz der Vorperiode gelesen wird, der seinerseits auf seinen eigenen Vorgänger verweist.

Ein solches Konzept nähert sich wieder der im MASH-System implementierten Lösung, nur werden die hier zu einer Periode gehörenden Daten gemeinsam abgespeichert, was einen schnelleren Zugriff im Rahmen der Simulation erlaubt. Schwierigkeiten bereitet dafür in einem solchen Konzept der Zugriff längs der Zeitachse: da ein Lebenszyklus in der Regel über 5o bis 8o Perioden verläuft, muß für die Auswertung der gesamte Datenbestand für diesen Zeitraum im Zugriff stehen, was bei den verfügbaren Speicherkapazitäten auf erhebliche Probleme stoßen dürfte. Von daher scheint eine Verbindung eines solchen Verweisketten-Modells mit der Auswahl der relevanten Längsschnittinformationen in einer neuen Datei aussichtsreicher: der Verweisketten-Ansatz erlaubt relativ schnell das Aufbauen einer Longitudinaldatei, die eine spezielle Informationsauswahl für die interessierenden Fragestellungen erhält. Da in einer solchen Datei in der Regel nur eine Untermenge der insgesamt verfügbaren Informationen zu speichern sein wird, wird dieser Weg auch bei nur begrenzt verfügbarem Speicherraum gangbar. Wesentliche Fortschritte in dieser Richtung dürften durch den Übergang auf neuere Konzepte der Datenspeicherung, hier sind insbesondere transponierte Dateien zu erwähnen, mit sich bringen, in denen solche Netz-Strukturen über den Informationen recht effizient abgebildet werden können. Von der technischen Seite her erscheinen damit die Probleme der Simulation von Longitudinaldaten lösbar zu sein, wodurch sich der quantitativen Analyse sozioökonomischer Prozesse durch mikroanalytische Simulationsansätze ein weites Feld neuer, auch praktisch relevanter Anwendungen erschließt.

LITERATURVERZEICHNIS

Fürst, G. et al.: Zur Statistik der Erwerbstätigkeit und der Beschäftigung, in: Wirtschaft und Statistik 1959,S.115-13o

Galler, H.P.: Das Bevölkerungsmodell des SPES-Projekts - ein Modell auf Individualdatenbasis zur Vorausschätzung von Familien- und Haushaltsstrukturen, in: Allgemeines Statistisches Archiv 1977, S.371-39o

Galler, H.P. und Steger, A: Mikroanalytische Bevölkerungssimulation als Grundlage sozialpolitischer Entscheidungen, in: Umverteilung in Sozialstaat, H.J. Krupp/W. Glatzer Hrsg., Frankfurt 1978

Hecheltjen, P.: Bevölkerungsentwicklung und Erwerbstätigkeit in der BRD, Opladen 1974

Helberger, Ch.: Bildung und Einkommensverteilung, Habilitationsschrift, Frankfurt 1978

Orcutt, G. et al.: Policy Exploration through Microanalytic Simulation, Urban Institute, Washington 1976

Sachverständigenkommission für die soziale Sicherung der Frau und der Hinterbliebenen: Vorschläge zur sozialen Sicherung der Frau und der Hinterbliebenen, Bundesministerium für Arbeit und Sozialordnung, Bonn 1979

Sadowsky, G.: MASH- A Computer System for Microanalytic Simulation for Policy Exploration, The Urban Institute, Washington 1977

Steger, A.: Haushalte und Familien in der Bundesrepublik Deutschland bis zum Jahr 2ooo, Dissertation Frankfurt 1979

Private Consumption Expenditures - A Microanalytic Model on a Cross Sectional Data Base (SPES-Modell)

Joachim Merz, Universität Frankfurt

H.-D. Heike, Modellierungs-Software

Private demand for consumption goods is nowadays more than ever in the focus of economic and socioeconomic interest. Private demand determines the sales possibilities of firms, is an essential part of the development of an economy as a whole, and characterizes the individual well-being with numerous possibilities to use household income for various goods and services.

To answer a lot of economic and social questions the knowledge of the detailed structure of demand respectively expenditure of private households is of central importance. To speak about structure we think in two dimensions: first the structure between various goods and second the structure of different types of private households.

For a household orientated quantitative analysis of demand respectively expenditure behaviour - for explanation, forecasting and analysis of effects of alternative policies - a model on a microanalytic, household individual level is wanted which takes those structural dimensions into consideration.

Analysis of consumption expenditure behaviour for simple consumption categories or in the context of expenditure systems is well known in aggregate time-series applications. But there are only a few studies, mainly in the English speaking area, which apply complete demand systems incorporating among other things the budget constraint to individual household budget data. In the FRG there are still less individual household based expenditure studies, but until now, to the best of our knowledge, a microanalytic model such as ours on a disaggregated structural and household individual level for the FRG has not been applied[1).]

1. THE MICROANALYTIC MODEL FOR PRIVATE HOUSEHOLD EXPENDITURES

For a realistic representation of consumer expenditure behaviour of private households on household individual level in a microeconometric model

> expenditures, which belong only to a part of all households in an economy, respectively unregular expenditures over periods of time for one household

are to be treated in a different way than

> expenditures, which belong to all households, respectively regular expenditures for one household over period of time.

In the first category expenditures for durable goods can be found: durable goods like refrigerators or cars are not consumed immediately by definition so that there are no expenditures to a new investment or reinvestment in each period of time. So not all households are confronted with this problem in one period.

Expenditures for non-durable goods like food or energy on the other hand are expenditures which are as a rule regularly in each period and have to be made by each household. We will treat savings as a part of this second category too, since most of the households - more accurate 95% of all households in our data basa, an income and consumption sample of about 48 000 households in 1969 - had savings that year.

PARTS OF THE MODEL AND THEIR CONNECTIONS

Depending on these two categories and based on the assumption that household expenditure decisions are different for durable and non-durable expenditures we split up our whole model in two parts:

A) durable and
B) non-dur able and saving expenditures.

Assuming further, the durable expenditures will reflect the nondurable and saving expenditures, we first explain in our model the durable expenditures. Those expenditures will then influence the household expenditures for non-durable and saving in a complete system of expenditure (demand) equations.

Against this recursiveness one can argue that a household first satisfies his 'daily' needs. The remaining income will then probably be used for durable expenditures. Explaining the durable expenditures among others by preperiod savings, we take this argument into account.

The whole model is not formulated and estimated in a strong sense as an interdependent model. Nevertheless we allow mutual dependencies; on one hand actual durable expenditures will influence the expenditures for various non-durable categories and savings, on the other hand the expenditures for non-durables and savings, respectively their equivalent the current household net income, determine as one explanatory variable the durable expenditures.

PART A: EXPENDITURES FOR DURABLES

Besides the explanation and determination of the amount of expenditures, the main problem in handling durable expenditures in a microeconometric model is the decision whether or not an expenditure event is occuring for a single household in a period of time. As pointed out this decision is especially important for durables since on one hand durables are not (re)bought each period,on the other hand one has to take into account only a relatively small number of households with durable expenditures in a period, so that a model with average expenditures for all households is not applicable (e.g.for a widespread article like refrigerators in 1969 only 6% (1 219 652 of 2o 524 977) of German households had expenditures; see Table 1).

There are two ways to handle the problem 'decision for occuring of an expenditure event and determination of the appropiate expenditure amount' for durable goods a separate or a connected way of treatment.

Doing the separate way we first have to determine an expenditure event for a single article and household. We face a limited dependent variable regression problem in a binary choice model. We have to analyze the probability of an expenditure event regarding an econometric model. A transformation is used to transform the now (o,1) -interval limited probability to an unlimited variable. We apply the LOGIT -model 2) to estimate and determine the probability of an expenditure event, using a transformation of this probability - the 'logit': $p_h/(1-p_h)$ - in following log-linear way

(1) $$\log\frac{p_h}{1-p_h} = \sum_{k=o}^{K} \beta_k x_{kh} = \beta' x_h$$

with p_h = probability, that a household h(h=1,...,H) has expenditures for a special durable article (($p_h/1-p_h$) is called 'odd')

x_{kh} = explanatory variable

β_k = parameter

The probability of an expenditure event is thengiven by

(2) $$p_h = \frac{\exp(\beta' x_h)}{1+\exp(\beta' x_h)}$$

To handle the problem estimating the parameter vectorβ with unknown logits, more exactly with unknown probabilities we grouped the data and apply with

$$(3)\qquad \begin{bmatrix} L_1 \\ \cdots \\ L_g \\ \cdots \\ L_G \end{bmatrix} = \begin{bmatrix} 1 & \bar{x}_{11} & \bar{x}_{12} & \cdots & \bar{x}_{1K} \\ & & \cdots & & \\ 1 & \bar{x}_{g1} & \bar{x}_{g2} & \cdots & \bar{x}_{gK} \\ & & \cdots & & \\ 1 & \bar{x}_{G1} & \bar{x}_{G2} & \cdots & \bar{x}_{GK} \end{bmatrix} \begin{bmatrix} \beta_o \\ \vdots \\ \beta_K \end{bmatrix} ,$$

with $L_g = \log\left[f_g/(1-f_g)\right]$; $f_g = n_g^*/n_g$

n_g^* = number of positive cases (e.g.expenditures for a refrigerator).

n_g = number of all cases (positive and negative) in a group g

$\bar{x}_{gk} = 1/n_g \sum_{k \in S_g} x_k$; S_g = set of all cases in a group

or more compact on

$$(4)\qquad y = Z\beta$$

a GLS-Aitken estimator

$$(5)\qquad \hat{\beta} = (Z'DZ')^{-1}Z'Dy$$

with $D = (d_{gg})$ as a diagonal weighting matrix and

$d_{gg} = n_g f_g (1-f_g)(\ln 2)^2$ (see Theil (1967,pp.74-9o)).

Various sociodemographic and other variables like stock, age of the stock, income, and asset variables will determine with (5) this probability of an expenditure event for a single household $p_h(2)$. By grouping the quantitative and qualitative variables we have to take into account the fast increase of total amount of group combinations by groups with more than 3 or 4 group characteristics (with K variables one has to build $G=G_1 \cdot G_2 \cdots G_K$ combinations G_k = number of all group characteristics of the k-th variable).

In the case of model application the decision whether or not an expenditure event is occuring to a single household - according to the stochastic concept - for each household and period the following procedure will be applied:

1. Determine the expenditure probability $p(x_h)$ with actual x_h of the group of households to which the single household h belongs
2. Draw a random number z out of the interval (o,1) of an uniform distributed random variable
3. If $z \leq p(x_h)$ the household h will have expenditures for a durable article in a certain period of time.

Applying the separate approach, after the decision is made to have expenditures, OLS estimates of the positive cases only determine the amount of expenditures for a durable article.

Now let us consider the connected treatment of the decision of an occuring expenditure event and of the appropriate expenditures. The approach is based on Tobin (1958) and is rarely applied. With references to Amemiya (1973) the limited dependent variable problem can be written as

$$(6) \qquad y_h = \begin{cases} \beta' x_h + \varepsilon_h & \text{if RHS} > 0 \\ 0 & \text{if RHS} \geq 0 \end{cases}$$

with y_h as durable expenditures, β as a K-parameter vector, x_h as a K-vector of regressors and ε_h as the independent error term with $N(0,\sigma^2)$. In this model[3)] one set of regressors determines both the expenditure event and the expenditure amount.

The problem is now to estimate the parameters β and σ^2 on the base of a truncated distribution of ε_h.

Amemiya (1973, pp.988 ff.) developped a maximum likelihood estimator on the base of a truncated normal distribution of ε_h which is in contrast to the 'Newton-method' estimator proposed by Tobin (1958), consistent and asymptotic normally distributed.

The likelihood function to (6) is

$$L = \Pi_S(1-F_h)\Pi_R \frac{1}{\sqrt{2\pi\sigma^2}} e^{-(1/2\sigma^2)(y_h-\beta' x_h)^2} \tag{7}$$

with π_S and π_R defining the multiplication over the S observations y_h =O (no expenditures) respectively R observations $y_h \neq 0$; F_h is the (cumulative) normal distribution function.

Maximizing the logarithmic form of (7) with respect to β and σ^2 we obtain after some computations the necessary conditions for the maximum likelihood solution

$$\hat{\sigma}^2 = \frac{1}{R}\sum_R (y_h-\hat{\beta}' x_h)y_h = \frac{1}{R} y'(y-X\hat{\beta}) , \tag{8}$$

with $y' = (y_1,y_2, \ldots, y_R)$ and $X' = (x_1,x_2, \ldots, x_R)$ and

$$\hat{\beta} = \underbrace{(X'X)^{-1}X'y}_{\hat{\beta}_R^{LS}} - \hat{\sigma}(X'X)^{-1}\bar{X}'\hat{\bar{\gamma}} \tag{9}$$

with $\bar{X}' = (x_{R+1},x_{R+2}, \ldots, x_H)$ and $\gamma' = (\hat{\bar{\gamma}}_{R+1}, \hat{\bar{\gamma}}_{R+2}, \ldots, \hat{\bar{\gamma}}_H)$,

$\hat{\gamma}_h = \frac{\hat{\phi}_h}{1-\hat{\Phi}_h}$ ($\hat{\phi}_h$ = density function of the standard normal distribution

$\hat{\Phi}_h$ = standardized normal distribution function; both valued at $\hat{\beta}x_h/\hat{\sigma}$).

The TOBIT-estimator (9) so consists of an OLS-estimator ($\hat{\beta}_R^{LS}$) of the subsample with $y_h \neq 0$, as well as a term with observations of this subsample and of limit-observations of the dependent variable $y_h = 0$.

For the iterative estimation procedure we wrote the following algorithm with reference to Fair (1977,pp. 1723 - 1727):

A. ITERATION INDEPENDENT TERMS

$$\beta_R^{LS} = \left[(X'_{KR} X_{RK})^{-1}_{KK} X'_{KR} y_{R1} \right]_{K1}$$

$$y'X = (y'_{1R} X_{RK})_{1K}$$

$$y'y = (y'_{1R} y_{R1})_{11}$$

$$(X'X)^{-1} \overline{X}' = \left[(X'_{KR} X_{RK})^{-1}_{KK} \overline{X}'_{KS} \right]_{KS}$$

B. ITERATION PART

In the i-th iteration $\hat{\sigma}^{(i)}$ is a function of $\hat{\beta}^{(i-1)}$

$$\hat{\sigma}^2 = \frac{1}{R} y'(y - X\hat{\beta}^{(i-1)}) = \frac{1}{R} (\underbrace{y'y}_{\text{fix}} - \underbrace{y'X}_{\text{fix}}\hat{\beta}^{(i-1)})$$

and $\hat{\beta}^{(i)}$ a function of $\hat{\sigma}^{(i)}$ with

$$\tilde{\beta}^{(i)}_{K1} = \underbrace{\beta_R^{LS}}_{\text{fix}} - \hat{\sigma}^{(i)} \underbrace{(X'X)^{-1}\overline{X}'}_{\text{fix}} \hat{\bar{Y}}^{(i)}_{S1}$$

and

$$\hat{\beta}^{(i)}_{K1} = \hat{\beta}^{(i-1)} + \lambda(\tilde{\beta}^{(i)} - \hat{\beta}^{(i-1)}) \quad , \qquad 0<\lambda<1$$

damping factor.

Convergence is reached if

$$\left| \frac{\hat{\beta}^{(i)} - \hat{\beta}^{(i-1)}}{\hat{\beta}^{(i-1)}} \right| < \text{eps} .$$

The separate computation of iteration independent parts ('fix') allows iterations over $y_h \neq 0$ observations only; this reduces computing time.

In the case of application a household will have durable expenditures if

$$(10) \qquad \hat{y}_h = \hat{\beta}' x_h + \tilde{\varepsilon}_h > 0; \qquad \tilde{\varepsilon}_h \sim N(0, \hat{\sigma}^2).$$

What is the amount of the expected expenditure value now given positive expenditures $E(y_h | y_h > 0)$? The stochastic model given positive expenditure (equivalent to (6)) is

$$(11) \qquad y_h = \beta' x_h + \varepsilon_h^* \qquad | y_h > 0$$

where ε_h^* is now a random variable out of a truncated normal distribution expenditure with $\varepsilon_h^* > -\beta' x_h$. In contrast to a 'normal' regression problem, with among other things $E(\varepsilon_h) = 0$ and therefore $E(y) = E(\beta' x_h + \varepsilon_h) = \beta' x_h$, the expected expenditure value given positive expenditures of the TOBIT-model is

$$(12) \quad E[y_h | y_h > 0] = E[\hat{\beta}' x_h + \varepsilon_h^*] = \hat{\beta}' x_h + \hat{\sigma}^2 \hat{f}_h / \hat{F}_h$$

with $\hat{F}_h = \hat{\Phi}_h$ as the distribution function and $\hat{\phi}_h = \hat{\sigma}\, \hat{f}_h$ as the density function of a standard normal distributed random variable value at $\hat{\beta}' x_h / \hat{\sigma}$ (see Amemiya (1973, pp.999,1oo1)).

PART B: EXPENDITURES FOR NON-DURABLES AND SAVINGS

We assume that non-durables and savings are financed by current household income[4]. So the household faces the problem how to allocate this income to various categories. We therefore apply a complete system of expenditure (demand) equations to describe the household's allocation of income among a set of consumption and saving categories. A complete system of demand equations is plausible from a theoretical point of view if it is (as a solution of a restricted utility maximization problem) derivable from a 'well-behaved' utility function or equivalently, if the demand equations are homogeneous of degree zero in prices and income, and the implied Slutsky matrix is symmetric and negative semi-definite (see e.g.Phlips (1974, chapter I - III).

The base of our complete demand respectively expenditure system is a theoretical plausible system:Lluch's (1973,pp. 21-32) Extended Linear Expenditure System (ELES), an extension of Stone's (1954) familiar Linear Expenditure System (LES).

In ELES the expenditures for a single consumption category i are explained by

$$v_{ih} = p_i\gamma_i + \beta_i^*(y_h - \sum_{j=1}^{n} p_j\gamma_j) \qquad (i=1,\ldots,n) \tag{13}$$

with γ_i as a certain basic consumption valued at current prices, plus a certain proportion, β_1^* , of supernumerary income, measured by the whole, y, less total expenditures $\sum_{j=1}^{n} p_j\gamma_j$; the subscript h indicates again the value of a household h(h=1,...,H).

Adding up all expenditures v_{ih} (i=1,...,n) we obtain with $\mu = \sum_{i=1}^{n} \beta_i^*$ the total household expenditures

$$v_h = (1-\mu) \sum_{j=1}^{n} p_j\gamma_j + \mu y_h \tag{14a}$$

respectively

$$v_h/p = (1-\mu) \sum_{j=1}^{n} \gamma_j + \mu(y_h/p) \tag{14b}$$

as a modified Keynesian consumption function (14b) in which the price level is defined as $p = \sum_{j=1}^{n} p_j\gamma_j / \sum_{j=1}^{n} \gamma_j$. The term $\mu = \partial v_h / \partial y_h$ is the aggregated marginal propensity to consume and appears in the intercept term as well as in its common place as the coefficient of real income.

Substituting income in an ELES equation (13) through y out of the rearranged total expenditure equation (14a), we get the familiar LES equation

$$v_{ih} = p_i\gamma_i + \beta_i(v_h - \sum_{j=1}^{n} p_j\gamma_j) \tag{15}$$

with $\beta i = \beta_1^*/\mu$ as marginal budget shares and $\sum_{i=1}^{n} \beta_i = 1$.

While in LES total expenditures are exogeneous, in ELES total expenditures are endogenous and savings (or part of possible saving forms) are defined by income less total expenditures[5].

ELES AND UTILITY

The LES can be derived from utility maximization behaviour (LES is the solution of a budget-restricted utility maximization problem). As Samuelson (1947-48) emphasized, the directly atemporal additive Stone Geary utility function

$$(16) \qquad u(x) = \sum_{i=1}^{n} u(x_i)$$

with
$$u_i(x_i) = \beta_i \log(x_i - \gamma_i); \qquad x_i > \gamma_i,\ \beta_i > 0,\ \sum_{j=1}^{n} \beta_j = 1 \quad (i=1,\dots,n)$$

is the only function that would yield the linear expenditure system.

The intertemporal utility maximization problem

$$(17) \qquad u(x_t) = \int_0^{\infty} e^{-\delta t} \sum_{i=1}^{n} u_i(x_{it})dt$$

with $u_i(x_{it}) = \beta_i \log(x_{it} - \gamma_i)\ ;\ x_{it} > \gamma_i,\ \beta_i > 0,\ \sum_{j=1}^{n} {}_j = 1 \quad (i=1,\dots,n)$

yields the extended linear expenditure system (for further discussion see Lluch (1973);Lluch, Powell and Williams (1977, pp.2o-33).

As Howe (1975,p.3o7) pointed out, ELES can alternatively be derived from an atemporal maximization of the Stone Geary utility function, with savings as one category and 'basic saving' equal zero. Then income in ELES can be current (for a cross sectional data based problem) instead of permanent as in Lluch's version.

ELES AND SOCIODEMOGRAPHIC EFFECTS; THE FELES SYSTEM

Sociodemographic effects like household size,social status, or age of the household head etc. play a major role in the analysis of household budget data, but in fact are seldom used in the context of complete systems of demand equations[6].

There are two ways to proceed in considering sociodemographic effects with complete expenditure (demand) system. First the ELES can be applied to subsamples of households with identical demographic profiles. This approach allows all of the parameters of the expenditure system to depend on the sociodemographic variables; the form between these parameters and the sociodemographic variables needs not to be specified. The second approach is to postulate that parameters of the expenditure system are functions of household characteristics[7]. We will further call the ELES system with functionalized ELES parameters the FELES system (Functionalized Extended Linear Expenditure System). With the second approach with which we will continue, we especially can draw inferences about the differences of expenditure behaviour from households with different sociodemographic profiles.

With ELES parameters dependent on sociodemographic effects, we assume different ELES utility functions for different individual household types.

Our data base will be a cross section. In a single cross section, it is assumed that all households face the same price situation, so that an ELES equation from (13) reduces to

$$v_{ih} = \gamma_i^* + \beta_i^*(y_h - \sum_{j=1}^{N} \gamma_j^*) \qquad (18)$$

with $\gamma_i^* = p_i\gamma_i$ as 'subsistence expenditures'.

FELES 1; FUNCTIONALIZED SUBSISTENCE EXPENDITURES

First the 'subsistence expenditures' γ_i^* will be functionalized in FELES 1. For simplicity γ_i^* is postulated, as does Howe (1977), to be a linear combination of these effects

(19) $$\gamma_{ih} = \sum_{g=1}^{m} \zeta_{ig} w_{gh}$$

where ζ_{ig} is the effect of the g-th characteristic on the subsistence expenditures for the non-durable category i, and w_{gh} is either a qualitative variable (dichotomous or polytomous) or a quantitative explanatory variable of a household h; we will see, that in our model the durable expenditures are such a quantitative variable w_{gh}.

Inserting (19) in the ELES equation (18) we obtain

(20) $$v_{ih} = \sum_{g=1}^{m} \zeta_{ig} w_{gh} + \beta_i^*(y_h - \sum_{j=1}^{n} \sum_{g=1}^{m} \zeta_{jg} w_{gh}) \quad (i=1,\ldots,n);$$

the subsistence expenditures vary now across households. The reduced form of equation (20) is a linear Engel curve:

$$v_{ih} = \sum_{g=1}^{m} (\zeta_{ig} w_{gh} - \beta_i^* \sum_{j=1}^{n} \zeta_{jg} w_{gh}) + \beta_i^* y_h$$

$$= \sum_{g=1}^{m} (\zeta_{ig} - \mu\beta_i \sum_{j=1}^{n} \zeta_{jg})\, w_{gh} + \mu\beta_i y_h$$

(21) $$v_{ih} = \sum_{g=1}^{m} \Theta_{ig} w_{gh} + \eta_i y_h \qquad (i=1,\ldots,n)$$

where $$\Theta_{ig} = \zeta_{ig} - \eta_i \sum_{j=1}^{n} \zeta_{ig} \qquad ; \eta_i = \mu\beta_i .$$

While the LES with $\eta_i = \beta_i$ because of $\sum_{j=1}^{n} \beta_i = 1$, is under-identified by degree 1, the ELES is exactly identified with

$$\mu = \sum_{j=1}^{n} \eta_j \qquad \text{using} \sum_{j=1}^{n} \beta_j = 1$$

$$\beta_i = \eta_i \Big/ \sum_{j=1}^{n} \eta_j$$

$$(22) \qquad \zeta_{ig} = \Theta_{ig} + \eta_i \sum_{j=1}^{n} \zeta_{ig}$$

$$= \Theta_{ig} + \eta_i \frac{\sum_{j=1}^{n} \Theta_{jg}}{1 - \sum_{j=1}^{n} \eta_j} \qquad \begin{matrix}(g=1,\dots,m)\\(i=1,\dots,n)\end{matrix}$$

using $\sum_{i=1}^{n} \Theta_{ig} = \sum_{i=1}^{n} \zeta_{ig} - \mu \sum_{i=1}^{n} \beta_i \sum_{j=1}^{n} \zeta_{ig} = (1-\mu) \sum_{i=1}^{n} \zeta_{ig}$. 8).

Estimating the reduced form we will consider classical error specification with

$$(23) \qquad v_{ih} = \sum_{g=1}^{m} \Theta_{ig} w_{gh} + \eta_i y_h + \varepsilon_{ih} \qquad (i=1,\dots,n).$$

The system (23) is one of identical regressors, in which every lefthand variable is regressed on the same set of exogenous variables. Then estimation of each of its equations by ordinary least squares (OLS), commodity by commodity, is equivalent to systems maximum likehood estimation[9].

FELES 2; FUNCTIONALIZED SUBSISTENCE EXPENDITURES γ_i^* AND PARTIAL MARGINAL PROPENSITY TO CONSUME β_i^*

With FELES 2 we give now a new extension of ELES in functionalizing the subsistence expenditures γ_i^* as well as the partial marginal propensity to consume β_i^* (with $\beta_i = \beta_i^*/\mu$ the marginal budget shares β_i too). Analogous to γ_i^* of FELES 1 in FELES 2 γ_i^* and β_i^* will be made a function of household characteristics as a linear combination with the same exogenous variables

$$(24) \qquad \gamma_{ih}^* = \sum_{g=1}^{m} \zeta_{ig} w_{gh}$$

$$\beta_{ih}^* = \sum_{g=1}^{m} \xi_{ig} w_{gh} .$$

Now both subsistence expenditures and partial marginal propensity to consume for each non-durable category vary across households

(25) $$v_{ih} = \sum_{g=1}^{m} \zeta_{ig} w_{gh} + \sum_{g=1}^{m} \xi_{ig} w_{gh} \left[y_h - \sum_{j=1}^{n} \sum_{g=1}^{m} \zeta_{jg} w_{gh}\right] \quad (i=1,\dots,n).$$

The reduced form of (25) is

$$v_{ih} = \sum_{g=1}^{m} \zeta_{ig} w_{gh} - \sum_{f=1}^{m} \xi_{if} w_{fh} \sum_{g=1}^{m} \sum_{j=1}^{n} \zeta_{jg} w_{gh} + \sum_{f=1}^{m} \xi_{if} w_{fh} y_h$$

$$= \sum_{g=1}^{m} \zeta_{ig} w_{gh} - \sum_{f=1}^{m} \sum_{g=1}^{m} \xi_{if} \left[\sum_{j=1}^{n} \zeta_{jg}\right] w_{fh} w_{gh} + \sum_{f=1}^{m} \xi_{if} w_{fh} y_h$$

(26) $$v_{ih} = \sum_{g=1}^{m} \zeta_{ig} w_{gh} + \sum_{f=1}^{m} \sum_{g=1}^{m} \alpha_{ifg} u_{fgh} + \sum_{f=1}^{m} \xi_{if} q_{fh}$$

where

$$\alpha_{ifg} = \xi_{if} \left[- \zeta_{\cdot g}\right] \quad ; \qquad \zeta_{\cdot g} = \sum_{j=1}^{n} \zeta_{jg}$$

$$u_{fgh} = w_{fh} w_{gh} \qquad (f,g=1,\dots,m)$$

$$q_{fh} = w_{fh} y_h \qquad (i=1,\dots n).$$

We see the parameters α_{ifg} of the cross terms are restricted to the parameters ζ_{ig} (even $\sum_{j=1}^{n} \zeta_{jg}$) and ξ_{if} of the single terms.

To estimate the restricted reduced form we rearrange (26) to

$$v_{ih} = \sum_{g=1}^{m} \zeta_{ig} w_{gh}$$

$$+ \xi_{i1}(-\zeta_{\cdot 1}) u_{11h} + \xi_{i1}(-\zeta_{\cdot 2}) u_{12h} + \dots + \xi_{i1}(-\zeta_{\cdot m}) u_{1mh} + \xi_{i1} q_{1h}$$

$$+ \xi_{if}(-\zeta_{\cdot 1})u_{f1h} + \xi_{if}(-\zeta_{\cdot 2})u_{f2h} + \dots + \xi_{if}(-\zeta_{\cdot m})u_{fmh} + \xi_{if}q_{fh}$$

$$\dots$$

$$+ \xi_{im}(-\zeta_{\cdot 1})u_{m1h} + \xi_{im}(-\zeta_{\cdot 2})u_{m2h} + \dots + \xi_{im}(-\zeta_{\cdot m})u_{mmh} + \xi_{im}q_{mh} + \varepsilon_{ih}$$

(27) $$v_{ih} = \sum_{g=1}^{m} \zeta_{ig} w_{gh} + \sum_{f=1}^{m} \xi_{if} z_{fh}$$

where $$z_{fh} = \left[\sum_{g=1}^{m} (-\zeta_{\cdot g}) u_{fgh}\right] + q_{fh}$$

and propose the following iterative estimation procedure:

1. Set initial values $\zeta_{\cdot g}$ for all g; e.g. by unrestricted estimation of ELES out of (21), only the subsistence expenditures γ_i^* depending on sociodemographic effects.

$$\longrightarrow \zeta_{\cdot g} = \sum_{j=1}^{n} \zeta_{jg} \qquad (g=1,\dots,m)$$

2. Compute new explanatory variables z_{fh} out of (22) for all f (f=1,...,m) and each household h (h=1,...,H).

3. As a system of identical regressors [10)] the interdependent system (27) can be estimated with OLS commodity by commodity (i=1,...,n) obtaining

new $\zeta_{\cdot g}^{(k)}$ in the k-th iteration

$$\longrightarrow \zeta_{\cdot g}^{(k)} = \sum_{j=1}^{n} \zeta_{jg}^{(k)} \qquad (g=1,\dots,m)$$

4. Repeat steps 2 and 3 until convergence with

$$\left| \left[\zeta_{\cdot g}^{(k)} - \zeta_{\cdot g}^{(k-1)}\right] / \zeta_{\cdot g}^{(k-1)} \right| < \text{eps} \qquad (g=1,\dots,m)$$

is reached.

2. FIRST RESULTS

The data base for our microanalytical model is the 'Einkommens- und Verbrauchsstichprobe 1969' (further EVS '69), an income and consumption sample of about 48.000 households with a large amount of information for each household. The information is concentrated on

- various sociodemographic data,
- the composition of (gross and net) household income and on data about income distribution,
- assets and asset-building

as well as

- the expenditures for private consumption and other expenditures,
- and the household outfit with durables[11].

The EVS '69 is especially well suited as a framework for a detailed analysis of expenditure behaviour, because there are

- first: enough household data for significant results, even for complete demand systems with a large number of regressors;
- second: a large quantity of data about the household involving sociodemographic and economic variables;
- third: detailed informations on various expenditure categories; and
- last not least: the EVS '69 is the newest available broad and representative cross sectional sample of expenditure patterns of the private households in the FRG.

Following our model presentation we start to discuss first results of cross section estimates of various durable categories explained by a broad set of sociodemographic and other variables. Expenditures for durables - as a part of functionalized parameters in FELES - will then influence non-durable and saving expenditures in a complete expenditure system.

A. EXPENDITURES FOR DURABLES

As pointed out, in the separate approach two steps are necessary to determine durable expenditures: a decision whether or not a single household effects expenditures and a determination of the expenditure amount.

The described LOGIT procedure will deliver the probability of an expenditure event for each of the following 1o durable categories:

1. REFRIGERATOR (KUEHLS)[12)]
2. FREEZER (TIEFKS)
3. ELECTRIC WASHING-MACHINE, DRYER, DISH-WASHING-MACHINE (EWASGE)
4. ELECTRIC SEWING-MACHINE, VACUUM CLEANER, ELECTRIC GRILL, IRONER (ENSGRH)
5. AUTOMOBILES (PKW)
6. BICYCLE, MOTORCYCLE (ZWEIRA)
7. TELEVISION (FERNSE)
8. RADIO, TAPE RECORDER, RECORD PLAYER (RATOPL)
9. CAMERA, FILM CAMERA, PROJECTORS (FOFILM)
1o. REAL ESTATE, HOUSING (IMMOBI)

In TABLE 1 expenditure events and expenditure amounts of our data base for all 1o durable categories are listed.

Durable	expenditure event			expenditure amount			
	N[1)]	%	%	DM	%	mean	standard deviation
1 KUEHLS	1 219 652	5.14	5.94	347 279 700	.96	284.74	152.87
2 TIEFKS	699 934	2.95	3.41	340 629 905	.95	486.66	248.68
3 EWASGE	2 147 350	9.06	10.46	1 374 577 780	3.82	640.13	442.21
4 ENSGRH	3 494 177	14.74	17.02	788 375 013	2.19	225.63	217.37
5 PKW	2 352 195	9.92	11.46	11 134 575 596	30.92	4 733.70	3 348.81
6 ZWEIRA	2 786 509	11.75	13.58	500 006 680	1.39	179.44	220.22
7 FERNSE	2 220 306	9.36	10.82	1 442 520 876	4.01	649.69	594.53
8 RATOPL	4 195 717	17.69	20.44	1 214 636 746	3.37	289.49	320.23
9 FOFILM	2 798 771	11.81	13.64	489 082 914	1.36	174.75	276.13
10 IMMOBI	1 797 284	7.58	8.76	18 376 960 498	51.03	10 224.85	25 617.18
all categories	23 711 895	100.00		36 008 645 708	100.00	1 518.59	7 874.16
all households	20 524 977		100.00				

Table 1: Expenditure events and expenditure amounts fur durable categories (raised date) of all households

1) Multiple choice related to different durable categories is possible

source: EVS 1969, own calculations

A relatively small percentage of expenditure events for all categories - may be due to equipments in stock - make obvious a distinguished treatment of expenditure events. Looking to the expenditure amounts in Table 1 the dominant categories real estate and automobiles with 82% of all durable expenditures are to be mentioned.

The following various sociodemographic qualitative and quantitative variables are used to explain the probability of an expenditure event:

SOCIODEMOGRAPHIC VARIABLES

1. SOCIAL STATUS [13] OF THE HOUSEHOLD HEAD	
- farmer	(SSLAND)
- self-employed person	(SSSELB)
- government employee	(SSBEAM)
- white-collar-worker	(SSANGE)
- blue-collar-worker	(SSARBE)
- non-active population	(SSNERW)
2. AGE OF THE HOUSEHOLD HEAD	
- 0 ... ≤ 24 years	(AH0024)
- 25 ... ≤ 44 years	(AH2544)
- 45 ≤ ... years	(AH45AL)
3. HOUSEHOLD SIZE	
- 1 person	(HG0101)
- 2 persons	(HG0202)
- 3,4 persons	(HG0304)
- 5 and more persons	(HG05UM)
4. RESPECTIVE STOCK OF A DURABLE CATEGROY AT THE END OF THE PRE-PERIOD	
- stock existing	(STOCKE)
- stock non-existing	(STOCKN)
for real estates the HOUSING STATUS was used correspondingly:	
- non-owner of the house or flat inhabited by the household as master tenant or subtenant	
- owner of the house or flat inhabited by the household	
5. AGE OF THE RESPECTIVE STOCK	
- 0 years old	(AG0000)
- 1-3 years old	(AG0103)
- 4 years and older	(AG04AL)
for real estates the CONSTRUCTION YEAR OF BUILDUNGS	
- before 1949	(C00048)
- 1949 until 1957	(C04957)
- after 1958	(C058AL)

QUANTITATIVE VARIABLES

6. VALUE OF SAVINGS, BONDS AS WELL AS BUSINESS AND COOPERATIVE INTERESTS AT THE END OF THE PRE-PERIOD	(SPWEGE)
7. HOUSEHOLD'S NET INCOME	(EINKOM)

LOGIT-Estimation A

DURABLE	cells occupied 1)	R^2	CONST	social status: SSSELB	SSBEAM	SSANGE	SSARBE	SSNERW	age of household head: 25-44	45≤	household size no. of persons: 2	3,4	5≤	respective stock existing: 1	last year of purchase: 1-3	4≤
1 KUEHLS	232	.9721	-2.2145	-.0822^{++}	.1835^{+}	.2759^{+}	.3550^{+}	.2634^{+}	-.6193^{+}	-.4835^{+}	.2380^{+}	.1068^{++}	-.0224^{++}	-.2994^{+}	1.2559	-.9560
2 TIEFKS	184	.9865	-4.0587	-.7808	-.5157	-.6539	-.3208^{+}	-.6842	-.0177^{++}	-.1943^{+}	.6812	.8209	.9315	2.2610^{+}	-2.5448	-2.3798^{+}
3 EWASGE	135	.9604	-2.1276	-.4669^{+}	-.1330^{+}	-.2230^{+}	.3454^{++}	-.2199^{+}	-.6458^{+}	-.7300^{+}	.6852	.7520	.8631	-.4118	-4.9485^{++}	-7.0540^{++}
4 ENSGRH	192	.9761	-2.4001	.0380^{++}	.4559	.4822	.5487	.3639	-.3534^{+}	-.3721^{+}	.4107	.4134	.4236	-.1098^{+}	.0396^{++}	.3352^{++}
5 PKW	208	.8990	-2.5145	-.4482^{+}	.3461^{+}	.3944^{+}	.5567	.1699^{+}	-1.1608	-1.5342	-.0465^{++}	.1003^{++}	-.0990^{++}	.9746^{++}	-.5972^{++}	-.1930^{++}
6 ZWEIRA	218	.9578	-3.0686	.1441^{++}	.0808^{++}	.0762^{++}	.1467^{+}	-.1152^{++}	.0709^{++}	-.1225^{++}	.4663	1.0285	1.6761	.6057	.2677^{+}	.2948^{+}
7 FERNSE	180	.9779	-2.0117	-.4132^{+}	.1723^{+}	.0440^{++}	.2892^{+}	.0822^{++}	-.5670	-.5912	.2693	.1279^{+}	.0957^{++}	-.5703	.0418^{++}	1.1235^{+}
8 RATOPL	166	.9746	-2.6609	-.3445^{+}	.4933	.5546	.7353	.3312	-.4588	-.6002	.0066^{+}	.2099^{+}	.1172^{++}	.0871^{+}	.0340^{++}	.5238^{++}
9 FOLIM	206	.9653	-2.9448	-.3879^{+}	.2487^{+}	.3025^{+}	.4386^{+}	.0444^{++}	-.4379^{+}	-.7593	.1449^{+}	.0529^{++}	-.1399^{++}	.6002	.5893	-.0759^{++}
10 IMMOBI	333	.9239	-3.5890	.0055^{++}	.2874^{+}	.2157^{+}	.1295^{+}	-.1002^{++}	-.0506^{++}	-.4440^{+}	.4573	.5830	.6001	1.2540	-.0230^{++}	.0063^{++}

DURABLE	savings, bonds assets	household net income
1 KUEHLS	.0002	.00005
2 TIEFKS	-.00009^{+}	.00004
3 EWASGE	-.0001^{+}	.00002^{+}
4 ENSGRH	-.0001^{+}	.00003^{+}
5 PKW	.00002^{++}	.00007
6 ZWEIRA	-.0000004^{++}	-.000001^{++}
7 FERNSE	-.0001^{+}	.00003^{+}
8 RATOPL	-.00002^{++}	.00007
9 FOFILM	-.00002^{++}	.00006
10 IMMOBI	-.00003^{++}	.00002^{+}

$^{+}$ = t-value < 3

$^{++}$ = t-value < 1

1) = all cells : 432

Table 2: The estimated parameters (B) of the LOGIT approach version A for explaining the expenditure events of durable goods of all households

source: EVS 1969, own calculations

LOGIT-Estimation B

DURABLE	cells occupied 1)	R^2	CONST	social status SSSELB	SSBEAM	SSANGE	SSARBE	SSNERW	age of household head 25-44	45≤	household size no. of persons 2	3	4	5≤	labour force participation 2	3	4≤
1 KUEHLS	1124	.9499	-2.3981	.0027++	.1349+	.1636+	.1192+	.4038	-.4874+	-.3571+	.3432	.5299	.9283	1.1224	.3999	.5683	.6767
2 TIEFKS	988	.9682	-3.8448	-.8372	-.6114	-.7538	-.4438	-.3875	-.6293	-.7574	.7230	1.1057	1.8188+	1.9384+	.5029	.4236	.5070
3 EWASGE	730	.9502	-2.4430	-.2119+	-.0963++	-.1768+	-.0713++	.0878++	-.5685	-.5950	.7913+	1.1548+	1.3631	1.3492	.4663	.5588	.7070
4 ENSGRH	855	.9571	-2.5120	.1599+	.4350	.4597	.4348	.5612	-.3940	-.3874	.4459	.5843	.6272	.7428	.3441	.4479	.5334
5 PKW	1095	.8758	-3.0861	-.0352++	.4944	.5093	.4541	.7412	-1.0733	-1.4474	.0208++	.0064++	.0937++	.0755++	.7907	1.0120	1.4283
6 ZWEIRA	1100	.9283	-2.9031	-.1307+	-.1109+	-.0978+	.0520++	-.0781++	-.2854+	-.3922+	.4189	.6411	1.0641	1.1410	.1604+	.1824+	-.0503++
7 FERNSE	849	.9538	-1.8657	-.4269	-.0085++	-.1008+	.0917+	.0190++	-.6419	-.5967	.3445	.3643	.6795	.8320	.1276+	.1546+	.0618++
8 RATOPL	764	.9504	-2.7071	-.0466++	.5431	.5768	.5581	.5149	-.4473	-.5278	.0888+	.0909+	-.0554++	-.1445+	.4248	.5909	.6666
9 FOFILM	954	.9447	-3.1232	-.2555+	.1614+	.1920+	.2104+	.2415+	-.4175	-.6760	.2321	.3584	.4057	.3123+	.5612	.6460	.6164
10 IMMOBI	1685	.8991	-3.6086	.1294+	.3773	.2901	.1795+	.3475	-.4701+	-.8599	.4713	.8914	1.1136	1.3303	.4040	.5426	.5399

DURABLE	children 1	2	3≤	respective stock existing 1	last year of purchase 1-3	4≤	savings, bonds assets	household net income
1 KUEHLS	-.2166+	-.6595	-.8777	.0950++	-1.5031	-1.3490	.00005+	.00002
2 TIEFKS	-.3145	-.9032	-.9723	2.5065	-2.6005	-2.3586	-.00002++	.00004
3 EWASGE	-.3103	-.4945	-.3178+	-.4124	-5.0905++	-5.4286++	-.00002++	.000009+
4 ENSGRH	-.1459+	-.1833+	-.2930+	-.1041+	.5364+	.3150++	-.00001++	.00002
5 PKW	.2355+	.0396++	-.0373++	1.3919+	-.9699+	-.5568++	.00003+	.00004
6 ZWEIRA	.1609+	.1986+	.4988	.5243	.3835	.4469	.00003+	.00001+
7 FERNSE	-.1277+	-.4515	-.6421	-.5968	.6821+	1.8187	.00002++	.00003
8 RATOPL	.3014	.4734	.5352	.0568+	.2440	-.3111	.00001++	.00004
9 FOFILM	-.1775+	-.2368+	-.2647+	.6083	.7928	.3416+	.00001++	.00004
10 IMMOBI	-.3517	-.4782	-.7640	1.2225	.0086++	.0104++	.000007++	.00002

\+ = t-value < 3

++ = t-value < 1

1) = all cells : 8640

Table 3: The estimated parameters (B) of the LOGIT approach version B for explaining the expenditure events of durable goods of all households

source: EVS 1969, own calculations

The LOGIT estimated parameters of the described explanatory variables are presented in TABLE 2 (version A). Though our data base consists of about 47 383 observations for each variable, we see that not all cells, each of which represents one of all possible (here 432) combinations, are occupied: In most cases half or less constitute the data base for the LOGIT estimation. In TABLE 3 there are more explanatory variables, such as

- more detailed groups representing the household size
- LABOUR FORCE PARTICIPATION of the household members
- groups for different NUMBERS OF CHILDREN.

From all possible cells (8 64o) in version B there are only 2o% or less cells occupied, so you have to take into consideration a possible bias in the case of a large amount of unoccupied cells.

The reference household in TABLE 2 with which we must compare our results, is an one person household with a working farmer not older than 24, who has no children (TABLE 3) and beyond that no stock of the respective durable category.

Looking at TABLE 2 (and at TABLE 3 too) we see that only for the durable categories freezer (2), special electric household appliances (4), and radios, tape recorders, record players (8), there are significant differences regarding the social status of the household head. The social status 'blue-collar worker' as household head for instance, relatively to our reference household will raise the expenditure probability for radios,tape recorders, record players (8). Maybe it is just there a certain need for retrievement. In contrast, one might have expected the social status independent expenditure decison for, on one hand, necessary goods like washing-machines (3), refrigerators (1), and on the other hand for widespread goods like bicycles (6) or TVs (7).

Not wanting to spend more time in interpreting all parameters, altogether, the parameters seem to be plausible for explaining a durable expenditure decision.

After the expenditure decision has been made the amount of expenditures is determined for each durable category by OLS - estimates of the positive cases (i.e. the expenditures events out of TABLE 1).

Using single, not grouped data for estimation, we are allowed to consider more explanatory variables. Looking at TABLE 4 and 5 we see that we take the following:

DICHOTOMOUS VARIABLES

- six groups of SOCIAL STATUS OF THE HOUSEHOLD HEAD (SS....)
- six groups of the AGE OF THE HOUSEHOLD HEAD (AH....)
- RESPECTIVE STOCK OF THE DURABLE CATEGORY (STOCKE)
  - existing/non-existing

POLYTOMOUS VARIABLES

- HOUSEHOLD SIZE (HHGROE)
- MALE LABOUR FORCE PARTICIPATION (ERWMAN)
- FEMALE LABOUR FORCE PARTICIPATION (ERWWEI)
- CHILDREN in two age-groups (AK....)
- HIGH SCHOOL EDUCATION OF THE HOUSEHOLD MEMBERS (GYMHHM)
- UNIVERSITY AND RELATED SCHOOL EDUCATION OF THE HOUSEHOLD MEMBERS (HSABHM)
- LAST YEAR OF STOCK PURCHASE[14)] (SYEAR)
- HIGHEST PRICE OF A STOCK PART (1) (SPRICE)

QUANTITATIVE VARIABLES

- HOUSEHOLD NET INCOME (EINKOM)
- SAVINGS AT THE END OF t-1 (SPART1)
- BONDS, BUSINESS AND COOPERATIVE INTERESTS AT THE END OF t-1 (WERTT1)

R E D U C E D   F O R M

B - COEFFICIENTS

G-GRUPPE	YQUEK	SDY	R**2	1 CONST	2 SSLAND	3 SSBELG	4 SSBEAM	5 SSANGL	6 SSARBE	7 AH0024
1 KUEHLS	284.7367	144.7320	.1037	187.1425	-10.4857	13.9295	42.0016	36.4119	35.4533	8.2443
2 TIEFKS	406.6000	240.7903	.0024	354.4752	-9.4313	8.2723	-20.5917	-32.6283	-39.6691	10.3167+
3 EHASGE	640.1275	418.3189	.1651	371.4119	68.3254	62.6026	65.7770	24.7236	23.6116	41.6811
4 EHSGRH	225.6254	214.3773	.0274	144.0020	21.0387	-16.8272	1.5307+	-15.6395	-13.4969	52.0018
5 PKW	4733.6958	2894.2502	.2531	1614.4684	-344.0630	568.9788	463.6281	481.7104	186.0699	-661.6458
6 ZWEIRA	179.4364	216.3306	.0356	151.6262	-5.0169	-10.9179	-27.5080	-21.4486	-13.6573	-20.9425
7 FERNSE	649.6946	574.7147	.0655	478.8906	117.9971	168.9755	47.2006	48.1606	61.1657	-121.5259
8 KATUPL	289.4944	308.5383	.0717	156.3160	-95.4712	-71.6017	-33.7517	-17.7367	-36.8009	97.5027
9 FUFILM	174.7492	265.2272	.0774	69.6874	-57.4514	-24.7906	15.7971	2.9094	-29.1181	9.7497
10 IMMOBI	10224.8510	23146.2419	.1836	4108.9468	-3514.1570	5389.8417	2878.2795	864.6501	-2149.8239	2823.1647

G-GRUPPE	8 AH2534	9 AH3544	10 AH4554	11 AH5564	12 HHGROE	13 ERWMAN	14 ERWWEI	15 AK0015	16 AK16AL	17 GYMHHM
1 KUEHLS	-2.2920	-5.9426	-7.1084	-1.9751	9.4709	-9.9867	11.9297	-11.5964	-18.0693	10.8768
2 TIEFKS	22.2687	36.1323	19.2276	.1594++	27.8211	34.1842	-12.0642	-12.4493	-16.1806	-6.7626
3 EHASGE	67.0252	63.9661	95.4138	11.4824	16.3703	-10.1123	10.2306	-14.1046	-69.1182	44.3641
4 EHSGRH	19.4628	26.8147	28.2906	30.0813	9.2631	-8.7573	14.3198	-5.0458	-9.9593	-3.4162
5 PKW	241.4739	431.5127	316.2279	213.4937	-30.9656	-257.4870	-45.2658	-191.9604	-450.1417	32.8166
6 ZWEIRA	.8175+	19.9344	12.6949	1.1685+	-20.3066	40.0339	-2.5680	15.4066	34.2649	9.6852
7 FERNSE	-41.0554	-14.9709	41.3289	42.3688	13.2293	-46.0047	26.8813	-46.0655	-69.5510	8.5663
8 KATUPL	117.0682	58.5462	38.5107	20.5765	-26.9331	31.8352	2.1506	4.3596	12.5902	16.3457
9 FUFILM	12.2336	11.0026	-3.3092	-10.6474	-17.4029	25.8496	10.9333	-3.1654	-5.3832	12.8914
10 IMMOBI	7192.7342	4825.6734	2642.0344	116.1274+	-2082.1629	-468.4520	-1512.8972	1222.6189	907.1540	-1007.6442

G-GRUPPE	18 HGALHH	19 EINKOM	20 SPART1	21 WERTT1	22 STOCKE	23 ISYEAR.	24 SPRICE
1 KUEHLS	-16.5383	.0027	.0014	-.0603	-7.0477	3.6501	3.3239
2 TIEFKS	19.5519	.0021	.0025	-.0035	-96.9379	-5.0365	10.7341
3 EHASGE	22.5201	.0102	.0044	.0066	5.4150	-912.2765++	-8.7291
4 EHSGRH	-3.2521	.0021	.0006	-.0026	-15.2629	-.5769	9.7357
5 PKW	-155.9625	.0930	.1182	.1197	-427.8284	93.7185	214.7459
6 ZWEIRA	2.4327	.0007	-.0004	-.0007	-4.0736	-.9552	14.4922
7 FERNSE	-63.9501	.0105	.0002+	.0036	-107.5312	14.7396	21.4145
8 KATUPL	17.1705	.0062	-.0004	.0071	5.5996	-21.5917	4.5056
9 FUFILM	19.9730	.0034	-.0002	-.0051	7.4071	-.3589+	14.1086
10 IMMOBI	-603.2026	.5015	.7289	1.2912	-168.6302	-1209.6281	-20277.7520++

Table 4: The estimated parameters (B) of the OLS approach (positive cases only) for explaining durable expenditures

source: EVS 1969, own calculations

R E D U C E D   F O R M

BETA - COEFFICIENTS

G-GRUPPE	YOUER	SDY	R**2	1 CONST	2 SSLAND	3 SSSELB	4 SSHEAM	5 SSANGL	6 SSAFME	7 AH0024
1 KUEHLS	284.7367	144.7320	.1037	.0000	-.0120	.0249	.0653	.0915	.1670	.0658
2 TIEFKS	486.6000	240.7903	.0624	.0000	-.0097	.0102	-.0220	-.0511	-.0764	.0032
3 EWASGL	640.1275	418.3189	.1051	.0000	.0438	.0401	.0383	.0216	.0257	.0109
4 EWSGRH	225.6254	214.3773	.0274	.0000	.0166	-.0215	.0016	-.0291	-.0295	.0229
5 PKW	4733.6956	2894.2502	.2531	.0000	-.0202	.0538	.0411	.0636	.0269	-.0291
6 ZWEIRA	179.4384	216.3306	.0350	.0000	-.0052	-.0145	-.0331	-.0363	-.0311	-.0060
7 FERNSL	649.6946	574.7147	.0655	.0000	.0396	.0765	.0208	.0316	.0485	-.0241
8 RATOPL	269.4944	308.5383	.0717	.0000	-.0534	-.0632	-.0292	-.0234	-.0554	.0339
9 FUFILM	174.7492	205.2272	.0774	.0000	-.0370	-.0269	.0163	.0047	-.0506	.0042
10 IMMOBI	10224.8510	23146.2419	.1836	.0000	-.0347	.0689	.0312	.0141	-.0397	.0060

G-GRUPPE	8 AH2534	9 AH3544	10 AH4554	11 AH5564	12 HHGROE	13 ERWMAN	14 ERWWEI	15 AK0015	16 AK16AL	17 GYMHHM
1 KUEHLS	-.0049	-.0153	-.0182	-.0056	.0970	-.0428	.0465	-.0841	-.0756	.0281
2 TIEFKS	.0367	.0623	.0312	.0003	.1090	.0614	-.0309	-.0009	-.0460	-.0120
3 EWASGL	.0594	.0595	.0657	.0106	.0582	-.0142	.0141	-.0367	-.1064	.0440
4 EWSGRH	.0335	.0395	.0526	.0564	.0036	-.0248	.0396	-.0263	-.0302	-.0069
5 PKW	.0319	.0562	.0397	.0237	-.0136	-.0466	-.0083	-.0076	-.1049	.0046
6 ZWEIRA	.0014	.0423	.0239	.0020	-.1526	.1066	-.0069	.0945	.1165	.0235
7 FERNSL	-.0261	-.0097	.0276	.0299	.0341	-.0483	.0256	-.0099	-.0733	.0059
8 RATOPL	.1381	.0806	.0512	.0252	-.1289	.0601	.0040	.0161	.0271	.0257
9 FUFILM	.0186	.0174	-.0047	-.0146	-.0940	.0525	.0235	-.0136	-.0130	.0229
10 IMMOBI	.1122	.0039	.0423	.0016	-.1251	-.0106	-.0363	.0012	.0263	-.0197

G-GRUPPE	18 HSABHH	19 EINKOM	20 SPART1	21 WERTT1	22 STOCKE	23 SYEAR	24 SPRICE
1 KUEHLS	-.0320	.2382	.0510	-.0035	-.0224	.0866	.0406
2 TIEFKS	.0225	.1685	.0417	-.0147	-.1471	-.0338	.0646
3 EWASGL	.0132	.2758	.0396	.0146	.0096	-.0600	-.0571
4 EWSGRH	-.0041	.1165	.0141	-.0067	-.0566	-.0608	.0945
5 PKW	-.0153	.3435	.1607	.0390	-.0710	.0681	.2393
6 ZWEIRA	.0028	.0401	-.0670	-.0635	-.0262	-.0048	.1048
7 FERNSL	-.0292	.2098	.0017	.0035	-.1377	.0067	.1036
8 RATOPL	.0154	.2362	-.0046	.0130	.0218	-.0141	.0290
9 FUFILM	.0213	.1599	-.0033	-.0156	.0336	-.0009	.1169
10 IMMOBI	-.0062	.2932	.2284	.0951	-.0114	-.0440	-.0006

Table 5: The ß-coefficients (BETA) of the OLS approach (positive cases only) for explaining durable expenditures

source: EVS 1969, own calculations

Besides the means and standard deviations of the observed expenditures for each durable category the determination coefficients (R**2) are presented in TABLE 4. Small determination coefficients are typical for cross sectional results. While the relation of the proportion of the explained variance to the whole is relatively small for bicycles etc., this portion takes its highest value on explaining the expenditures for automobiles, so that measured on the variance reduction, the best explained category is the automobile expenditure.

The reference household we can compare to, is now a non-active household whose household head is older than 64, not owning stocks or a flat.

The β -coefficients of TABLE 5, which correspond to the OLS-estimated parameters of TABLE 4, measure the importance of the individual regressors by their individual contributions to the calculated expenditure value.

Apart from freezer and bicycles the most important explanatory variable for all other durable expenditures is - not astonishing- the household's net income. It seems to be reasonable that household size is the most important explanatory variable for freezer expenditures; the more people that live in a household, the sooner a larger freezer is bought. The negative sign of the next important freezer explanatory variable for instance, the existing stock, is plausible. Looking at the data for bicycles, again household size is very important; the larger the household size the less expenditures will be spent for bicycles, probably in favour of automobiles expenditures.

Up to the standardized values for housing ('Einheitswerte') without significance, all other parameters are highly significant (level $\alpha < 0.001$). The non-significant influence of a household head older than 64 for freezer expenditures confirms the altogether plausible results.

So social status, age of the household head, household size, male and female labour force participation, number of children, high school, university and related education, income,savings and bonds as well as stock variables like the existence of respective stock, year of purchase, and price of the stock are important variables to explain the expenditure amount for durable categories.

B. EXPENDITURES FOR NON-DURABLES AND SAVINGS

Expenditures for non-durables and savings are estimated as a complete system based on ELES with expenditures depending on sociodemographic variables and durable expenditures (FELES 1).

The following 12 non-durable and saving categories are explained:

PRIVATE CONSUMPTION

- FOOD	(EXNG)
- CLOTHES AND SHOES	(EXKS)
- RENT OF FLATS	(EXWM)
- ENERGY (ELECTRICITY, GAS, FUEL)	(EXEN)
- FURTHER GOODS FOR HOUSEKEEPING	(EXUEG)
- TRAFFIC AND NEWS SERVICE	(EXVN)
- CARE OF BODY AND HEALTH	(EXKG)
- EDUCATION AND ENTERTAINMENT	(EXBU)
- PERSONAL OUTFIT	(EXPA)

OTHER EXPENDITURES

- other expenditures	(EXASOA)

SAVINGS

- SAVINGS FOR BUILDING SOCIETY DEPOSITS	(EXBAUS)
- BONDS, LOANS	(EXWA)

The adjusting additional expenditure (s) to the household's net income (y) are cash savings, account savings, and money lendings to private persons. Average expenditures and other data of all these categories are listed in TABLE 9. The following sociodemographic and other variables explain the expenditure γ_1^* in FELES 1, which in contrast to the partial marginal propensity to consume now varies across households:

1. SOCIAL STATUS OF THE HOUSEHOLD HEAD	
- 6 groups like above	(SS....)
2. AGE OF THE HOUSEHOLD HEAD	
- 6 groups like above	(AH....)
3. CLASSES OF COMMUNITY SIZE	
- under 2o ooo inhabitants	(GGKLA1)
- 2o ooo - 1oo ooo inhabitants	(GGKLA2)
- 1oo ooo and more inhabitants	(GGKLA3)
4. ECONOMIC STRUCTURE ZONES	
- agglomerated core zone	(SZKERN)
- agglomerated border zone	(SZRAND)
- industrial zone	(SZINDU)
- mixed zone	(SZMISH)
- farming zone	(SZAGRA)
5. HOUSEHOLD SIZE	(HHGROE)
6. LABOUR FORCE PARTICIPATION	
- male	(ERWMAN)
- female	(ERWWEI)
7. NUMBER OF CHILDREN	
- o ... 5 years	(AKOOO5)
- 6 ... 15 years	(AKO615)
-16 ... 19 years	(AK1619)
-2o ... 25 years	(AK2o25)
-26 and older	(AK26AL)
8. HIGH SCHOOL AND UNIVERSITY EDUCATION OF THE HOUSEHOLD MEMBERS	
- high school	(GYMHHM)
- university and related schools	(HSABHM)

9. EXPENDITURES FOR ALL DURABLE CATEGORIES (EXDUR)
1o. HOUSEHOLD'S NET INCOME (EINKOM)

with household's net income (EINKOM) as the (y) in the FELES 1 formulation (2o).

The reference household for non-durable and saving expenditures is a household with a non-active household head (SSNERW) older than 64 years (AH65AL), living in an agricultural zone (SZAGRA) with a community size of less than 2o ooo inhabitants (GGKLA1).

We take a reference household out of a 'marginal' group, because with a marginal and in general smaller group, we can - in the case of significant parameters - more easily be sure about significant results of the smaller group and the relating other groups than by taking another larger reference group.

The estimated reduced form parameters (out of (21)), which present a linear expenditure system without the neoclassical demand restrictions, and the following β-parameters are shown in TABLE 6 and 7. The estimated parameters are altogether again highly significant (level α < o.oo1) There is a lot of interesting information about the structure and the relations of the explanatory variables in these coefficients and the computed FELES 1 coefficients (see TABLES 6-7), but we will concentrate on some aggregated figures out of TABLE 8 and 9.

The aggregated marginal propensity to consume μ = .8477 indicates positive cash savings, account savings, and money lendings to private persons which are apart from the statistical difference the main difference between total expenditure and a modified household net income. Our modified income (EINKOM) is

gross income
+ public pensions
+ other current receipts (like money from house/flat letting)
+ other receipts and onetime transfers
+ negative saldo from current accounts
./.deductions

G-GRUPPE	YQUER	SQY	R**2	1 CONST	2 SSLAND	3 SSSELB	4 SSHEAM	5 SSANGE	6 SSARHE	7 AH0024
1 EXNG	4690,1289	1595,0461	,5530	434,1909	-2136,8630	-29,6741	122,6711	57,3412	307,8918	-269,2864
2 EXKS	1505,4022	932,1484	,4422	11,4904	-469,9186	-174,2925	267,9978	221,7495	75,8672	111,6527
3 EXWM	1876,5654	878,0275	,3994	591,4205	283,2070	203,6340	126,7593	183,5962	-64,0129	-57,0229
4 EXEN	681,8197	324,9755	,3489	258,8249	59,9334	91,0487	35,5317	29,8145	-2,1060	-171,5495
5 EXUEG	1532,9177	1615,2499	,2282	-22,1196	-606,8809	-439,0490	300,9268	129,6935	113,6221	1,9122+
6 EXVN	1019,1128	808,0430	,4067	-92,2529	-421,3012	-401,2453	196,0771	147,1766	-145,3846	393,9293
7 EXKG	594,8902	720,4402	,2440	6,9231	-9,5455	-23,5376	623,6109	160,0516	59,8969	-171,4130
8 EXBU	747,3487	778,6351	,2894	36,7193	-291,9483	-223,8259	270,3496	155,3738	-16,1208	151,8079
9 EXPA	539,8027	1303,6031	,1143	-85,5211	-137,2045	-9,8586	160,7287	144,4243	82,6227	-98,2665
10 EXASOA	2929,6319	3568,0419	,4896	-857,0068	1124,7059	2525,1783	-654,4241	27,0062	-229,5254	493,0092
11 EXHAUS	422,7712	1028,3561	,1783	-127,1230	-26,8899	159,6766	104,3345	8,0165	-94,2715	89,1053
12 EXWA	346,2143	2783,0214	,0840	-146,6004	79,3648	-32,7434	-307,4883	-33,0520	99,3771	-42,5410

G-GRUPPE	8 AH2534	9 AH3544	10 AH4554	11 AH5564	12 GGKLA2	13 GGKLA3	14 SZKERN	15 SZRAND	16 SZINDU	17 SZMISH
1 EXNG	-81,3930	126,9337	114,3521	33,5520	299,3895	207,1531	444,3658	337,0724	219,5924	111,2916
2 EXKS	158,1525	213,3745	188,0605	89,4518	64,6914	8,6727	137,0364	115,2571	67,1661	57,4049
3 EXWM	116,0064	100,1655	76,7393	50,7139	30,8126	177,0575	-111,3315	58,3243	-20,5286	-3,0440
4 EXEN	-69,3586	-28,5815	3,0138	1,3543	,4586#	13,3285	-83,7750	-37,8523	-36,7520	-55,4829
5 EXUEG	-18,7725	92,1408	45,4392	42,8483	12,2853	51,6249	161,3542	106,5998	78,2084	32,1405
6 EXVN	404,5401	338,9590	207,5192	37,6165	-7,9690	79,9552	62,9865	99,3501	-10,7421	-12,5655
7 EXKG	-128,5363	-92,5108	-96,4927	-66,8033	53,6764	100,9797	9,9699	50,7602	-3,2914	37,1225
8 EXBU	167,5154	114,5842	59,6209	2,8288	66,1285	118,8100	41,1751	57,7435	-9,2410	-,0898
9 EXPA	-46,1731	-30,7510	-28,5860	-32,1177	96,4083	167,0954	86,4870	72,5746	-,2157+	40,9065
10 EXASOA	251,6924	310,2732	409,5188	460,4656	-318,3248	-528,8167	-305,7225	-320,1424	-80,6379	-110,9993
11 EXHAUS	203,0386	96,0180	30,7652	14,9742	-48,6038	-97,7328	-24,2895	9,8849	42,0625	43,0921
12 EXWA	-127,3707	-235,5317	-265,9523	-70,7059	-10,6040	58,5744	-60,2123	-95,5146	-66,4017	-57,4441

G-GRUPPE	18 HHGROE	19 ERWMAN	20 ERWWEI	21 AK0005	22 AK0615	23 AK1619	24 AK2025	25 AK26AL	26 GYMHHM	27 HSABHH
1 EXNG	1044,8900	395,4044	-145,9190	-879,4470	-588,4397	-284,1079	-56,0259	-56,6895	,0697+	-124,6578
2 EXKS	107,3099	-86,5481	149,3759	-83,0841	-12,8012	153,9886	181,2512	99,5142	68,3290	-56,1943
3 EXWM	155,0900	-156,7144	-126,1070	-36,0039	-56,8529	-75,0088	-108,1828	-102,6853	95,9865	162,0539
4 EXEN	114,3260	-43,6006	-37,7042	-52,9516	-65,5128	-50,5315	-47,3779	-44,1259	20,1709	-,8919*
5 EXUEG	88,1377	-84,3240	96,4165	-135,9501	-137,5247	-159,8914	-188,3950	-129,4705	-13,6518	63,6237
6 EXVN	2,7297	236,3574	51,4856	-94,1540	-85,9620	-22,7039	145,4867	138,6698	75,1650	199,9849
7 EXKG	35,0515	-193,8120	-46,3011	-26,3893	-66,8789	-13,6559	-36,0879	19,2677	13,7490	11,3890
8 EXBU	-40,0743	-52,7033	-43,2254	51,8187	81,2399	73,1571	92,7672	81,0395	264,3310	317,0652
9 EXPA	-62,8035	-129,4288	-35,5472	-21,1452	-14,1430	27,0295	33,3107	217,2546	90,3158	11,7766
10 EXASOA	-318,1701	-376,5087	-473,2049	457,2987	484,3832	230,7734	-238,3331	-501,5214	-49,3657	-100,3077
11 EXHAUS	-55,7107	15,1030	35,2416	80,5117	-15,2152	-53,2936	11,5529	126,8427	72,9105	-8,6007
12 EXWA	-299,2768	-206,0260	-243,7563	242,5714	189,1007	130,7496	-39,2605	162,1696	-39,4620	21,2373

G-GRUPPE	28 EXDUR	29 EINKOM
1 EXNG	-,0091	,0726
2 EXKS	-,0087	,0541
3 EXWM	-,0071	,0531
4 EXEN	-,0016	,0150
5 EXUEG	,0090	,0746
6 EXVN	,0004	,0437
7 EXKG	-,0048	,0354
8 EXBU	-,0052	,0357
9 EXPA	-,0025	,0419
10 EXASOA	,0069	,2940
11 EXHAUS	,0073	,0367
12 EXWA	-,0162	,0907

Table 6: The estimated parameters (B) of the unrestricted linear expenditure model for explaining the expenditures for non-durables and savings

source: EVS 1969, own calculations

G-GRUPPE	YQUER	SQY	R**2	1 CONST	2 SSLAND	3 SSSELB	4 SSBEAM	5 SSANGE	6 SSARBE	7 AH0024
1 EXNG	4690,1289	1595,0461	,5530	,0000	-,1696	-,0033	,0122	,0091	,0596	-,0117
2 EXKS	1505,4022	882,1494	,4422	,0000	-,0753	-,0392	,0530	,0712	,0297	,0098
3 EXWM	1976,5654	878,0275	,3094	,0000	,0473	,0478	,0265	,0614	-,0261	-,0052
4 EXEN	661,8197	324,9755	,3489	,0000	,0282	,0601	,0209	,0281	-,0024	-,0442
5 EXUEG	1532,9177	1615,2499	,2282	,0000	-,0625	-,0649	,0388	,0267	,0285	,0001+
6 EXVN	1019,1128	808,0436	,4067	,0000	-,0760	-,1017	,0443	,0532	-,0640	,0390
7 EXKG	594,8902	720,4402	,2440	,0000	-,0022	-,0076	,1744	,0732	,0334	-,0215
8 EXBU	747,3487	778,6351	,2894	,0000	-,0598	-,0644	,0694	,0638	-,0081	,0171
9 EXPA	539,8027	1303,6031	,1143	,0000	-,0186	-,0019	,0275	,0395	,0275	-,0074
10 EXASOA	2928,6319	3508,0419	,4698	,0000	,0426	,1344	-,0311	,0021	-,0212	,0102
11 EXBAUS	422,7712	1028,3561	,1783	,0000	-,0045	,0374	,0218	,0027	-,0384	,0082
12 EXWA	346,2143	2783,0214	,0840	,0000	,0052	-,0030	-,0251	-,0043	,0158	-,0015

G-GRUPPE	8 AH2534	9 AH3544	10 AH4554	11 AH5564	12 GGKLA2	13 GGKLA3	14 SZKERN	15 SZRAND	16 SZINDU	17 SZMISH
1 EXNG	-,0124	,0207	,0183	,0059	,0497	,0422	,0873	,0526	,0379	,0183
2 EXKS	,0488	,0703	,0607	,0318	,0217	,0037	,0544	,0363	,0234	,0191
3 EXWM	,0373	,0344	,0258	,0188	,0108	,0760	-,0461	,0192	-,0075	-,0011
4 EXEN	-,0627	-,0276	,0029	,0014	,0005*	,0161	-,0975	-,0350	-,0376	-,0540
5 EXUEG	-,0037	,0195	,0094	,0098	,0026	,0136	,0411	,0216	,0175	,0069
6 EXVN	,1012	,1257	,0754	,0150	-,0030	,0370	,0281	,0353	-,0042	-,0047
7 EXKG	-,0565	-,0434	-,0444	-,0339	,0257	,0592	,0056	,0228	-,0016	,0176
8 EXBU	,0660	,0482	,0246	,0013	,0284	,0625	,0209	,0233	-,0041	-,0000
9 EXPA	-,0121	-,0086	-,0079	-,0097	,0276	,0656	,0293	,0195	-,0001+	,0116
10 EXASOA	,0183	,0242	,0312	,0387	-,0252	-,0515	-,0287	-,0239	-,0066	-,0087
11 EXRAUS	,0054	,0329	,0103	,0055	-,0170	-,0419	-,0100	,0032	,0153	,0149
12 EXWA	-,0159	-,0315	-,0349	-,0111	-,0014	,0091	-,0097	-,0124	-,0094	-,0078

G-GRUPPE	18 HHGROE	19 ERWMAN	20 ERWWEI	21 AK0005	22 AK0615	23 AK1619	24 AK2025	25 AK26AL	26 GYMHHM	27 HSABHM
1 EXNG	,6657	,1039	-,0343	-,2044	-,2104	-,0487	-,0072	-,0046	,0000	-,0133
2 EXKS	,1382	-,0459	,0708	-,0390	-,0093	,0533	,0469	,0164	,0221	-,0121
3 EXWM	,2081	-,0867	-,0624	-,0176	-,0428	-,0271	-,0292	-,0177	,0324	,0365
4 EXEN	,4315	-,0079	-,0524	-,0729	-,1388	-,0513	-,0359	-,0214	,0191	-,0006*
5 EXUEG	,0729	-,0288	,0294	-,0410	-,0036	-,0355	-,0313	-,0137	-,0028	,0088
6 EXVN	,0040	,1413	,0275	-,0498	-,0699	-,0088	,0423	,0258	,0274	,0487
7 EXKG	,0643	-,1467	-,0313	-,0177	-,0688	-,0667	-,0133	,0045	,0063	,0035
8 EXBU	-,0659	-,0358	-,0262	,0311	,0750	,0324	,0307	,0171	,1093	,0876
9 EXPA	-,0689	-,0586	-,0144	-,0085	-,0087	,0080	,0073	,0306	,0249	,0022
10 EXASOA	-,1272	-,0473	-,0531	,0506	,0827	,0189	-,0146	-,0196	-,0036	-,0051
11 EXRAUS	-,0746	,0084	,0174	,0393	-,0114	-,0192	,0031	,0218	,0246	-,0019
12 EXWA	-,1564	-,0444	-,0470	,0462	.0555	,0184	-,0041	,0109	-,0052	,0019

G-GRUPPE	28 EXDUR	29 EINKOM
1 EXNG	-,0321	,3529
2 EXKS	-,0623	,5307
3 EXWM	-,0531	,5426
4 EXEN	-,0341	,4306
5 EXUEG	,0415	,4704
6 EXVN	,0031	,4833
7 EXKG	-,0486	,4957
8 EXBU	-,0479	.4476
9 EXPA	-,0155	,3505
10 EXASOA	,0116	,6325
11 EXRAUS	,0539	,3754
12 EXWA	-,0471	,3623

Table 7: The ß-coefficients (BETA) of the unrestricted linear expenditure model for explaining the expenditures for non-durables and savings

source: EVS 1969, own calculations

G-GRUPPE	NUE	BETA	1 CONST	2 SSLAND	3 SSSELB	4 SSBEAM	5 SSANGE	6 SSARBE	7 AH0024
1 EXNG	,8477	,0057	438,4340	-3355,0171	750,4770	717,6079	644,7294	397,5204	-63,5101
2 EXKS	,8477	,0038	14,6553	-1376,7020	406,4451	710,8636	658,9962	142,6060	264,8508
3 EXWM	,8477	,0026	594,5200	-606,4995	773,4354	561,2052	612,6087	1,4494	93,2706
4 EXEN	,8477	,0176	259,7028	-190,9526	251,7063	158,0479	150,7762	16,3493	-129,1737
5 EXUEG	,8477	,0680	-17,7007	-1858,1056	352,2616	912,0151	733,0281	205,6839	213,2750
6 EXVN	,8477	,0516	-89,6979	-1154,7933	68,4717	554,2795	500,8340	-91,4206	517,8240
7 EXKG	,8477	,0418	8,9931	-603,7242	356,9965	913,8030	446,5017	103,6150	-71,0415
8 EXBU	,8477	,0421	38,8041	-890,3838	159,4343	562,6207	443,9365	27,9105	252,8984
9 EXPA	,8477	,0494	-63,0746	-839,4922	434,9125	503,7205	483,0641	134,2952	20,3673
10 EXASOA	,8477	,3466	-839,8313	-3805,5429	5682,6921	1753,4704	2404,4087	133,2293	1325,8499
11 EXBAUS	,8477	,0433	-124,9769	-642,9418	554,2191	405,2093	305,0738	-48,9440	193,1717
12 EXWA	,8477	,1072	-141,3504	-1444,8769	943,4374	436,9393	701,9301	211,5267	214,9411

G-GRUPPE	8 AH2534	9 AH3544	10 AH4554	11 AH5564	12 GGKLA2	13 GGKLA3	14 SZKERN	15 SZRAND	16 SZINDU	17 SZMISH
1 EXNG	343,1934	606,3962	469,2875	299,8233	413,0978	385,0519	615,1762	553,2107	305,0913	150,5697
2 EXKS	474,2109	570,2822	452,2713	287,6618	149,3348	141,2990	264,1662	276,1486	130,8108	66,6431
3 EXWM	426,1729	450,3520	335,9746	245,1913	113,8620	306,9900	13,4238	216,1659	41,9175	25,6436
4 EXEN	18,0770	70,1549	76,1062	56,1929	23,8747	49,9634	-48,6002	6,6573	-19,1451	-47,3943
5 EXUEG	417,3405	584,6198	410,0104	316,3483	129,0805	234,3533	336,8018	328,6058	166,0284	72,4849
6 EXVN	720,1771	627,6361	421,2194	197,9344	60,4930	187,0654	165,8289	229,4836	40,7355	11,0832
7 EXKG	78,5640	141,3565	76,6341	63,0157	109,1399	187,7533	93,2860	156,1859	38,4124	56,2811
8 EXBU	376,0995	350,1269	233,9880	133,6383	121,9893	206,2053	125,0681	163,9245	32,7609	19,2061
9 EXPA	198,6085	245,6077	176,0400	121,3925	161,9632	289,6572	184,9623	197,1822	49,0760	63,5510
10 EXASOA	1970,1253	2250,8071	1846,0529	1538,1684	141,8876	191,1949	365,6003	554,6304	265,4029	47,9712
11 EXBAUS	418,3631	338,4945	210,2052	149,6344	8,9013	-7,7648	62,0937	119,1916	85,3015	62,9560
12 EXWA	403,8961	364,3561	178,1083	256,4718	131,6759	277,1741	153,5179	173,9331	40,5807	-8,2966

G-GRUPPE	18 HHGROE	19 ERWMAN	20 ERWWEI	21 AK0005	22 AK0615	23 AK1619	24 AK2025	25 AK26AL	26 GYMHHM	27 HSABHM
1 EXNG	1365,2653	69,6914	-536,7539	-1116,5175	-726,1525	-304,8577	-174,9557	-51,7423	285,6163	112,1952
2 EXKS	345,8545	-329,0060	-141,5578	-259,5573	-115,3734	138,5426	92,7209	103,1596	260,8674	120,1170
3 EXWM	369,0842	-394,6064	-411,5618	-209,1539	-157,4347	-90,1639	-195,0459	-99,1085	304,5421	335,0449
4 EXEN	180,3013	-110,6752	-118,1892	-101,7719	-93,8722	-54,8046	-71,8693	-43,1174	78,9739	47,8835
5 EXUEG	417,2106	-418,8800	-365,0282	-379,4566	-278,9762	-181,2045	-310,5535	-124,4403	279,6468	306,9068
6 EXVN	195,6228	40,2506	-183,8298	-236,8906	-168,8768	-35,1970	73,8809	141,6184	247,0883	342,5905
7 EXKG	171,3209	-352,6855	-236,9382	-142,0252	-134,0510	-23,7771	-94,0983	21,6504	153,0300	126,9193
8 EXBU	117,3147	-212,7144	-235,2282	-64,6536	13,5865	62,9635	34,3413	83,4454	404,6098	433,4275
9 EXPA	121,8987	-317,2081	-260,8702	-157,8186	-93,5369	15,0669	-35,2544	220,0780	254,9385	148,3266
10 EXASOA	878,4826	-1694,7705	-2055,0328	-502,2035	-72,9836	146,7924	-719,6788	-481,7006	1106,3303	858,3101
11 EXBAUS	106,3113	-149,5585	-162,4133	-39,3809	-84,8601	-63,7874	-48,5929	129,3193	217,3188	111,1619
12 EXWA	101,5998	-613,5814	-732,7961	-54,0082	16,7846	104,7860	-188,0739	168,2974	317,8344	317,6047

G-GRUPPE	28 EXDUR
1 EXNG	-,0242
2 EXKS	-,0200
3 EXWM	-,0162
4 EXEN	-,0048
5 EXUEG	-,0065
6 EXVN	-,0088
7 EXKG	-,0122
8 EXBU	-,0127
9 EXPA	-,0113
10 EXASOA	-,0545
11 EXBAUS	-,0004
12 EXWA	-,0352

Table 8: The ζ_{ig}-parameters of FELES1 for explaining the expenditures for non-durables and savings

source: EVS 1969, own calculations

So receipts out of asset reduction and credit receipts are not considered. It is assumed that with these receipts the durable expenditures are paid.

Since the functionalized subsistence expenditures vary across households, the marginal budget shares $\beta_i = \beta^*_i/\mu$ only are presented in TABLE 9 together with the average expenditure structure and computable elasticities: $e_i = \beta_i/(v_i/v)$ elasticity of demand for good i with respect to the whole (average) expenditures, $\tilde{e}_i = \mu\beta_i y/v_i$ with respect to (mean) income, and $e = \mu\, y/v$ the elasticity of total expenditure with respect to income. Subsistence expenditures averaged across all households and various elasticities could be calculated, but it is not done here.

Looking at TABLE 9, disregarding expenditures for food, other expenditures envolving private health insurance, credit repayment etc. are the next most important category. Not astonishing, expenditures for bonds and loans (average effect) are last in line. The marginal budget shares β_i allocating the supernumerary income in FELES 1 vary from 1,8% (energy) to 34,7 % for former expenditures, but all other categories lie between 4 an 1o% indicating not a very distinct behaviour in allocating the supernumerary income.

The demand is elastic for body and health care (EXKG), personal outfit (EXPA), other expenditures (EXASOA) and the two saving categories; the demand is inelastic for all other categories. With respect to income the demand for body and health care is not elastic (almost 1); the other $\tilde{e}_i$ show the same tendencies like the demand for a category with respect to the whole expenditure e_i.

expenditure category	v_i DM	v_i/v %	β_i %	e_i	$\tilde{e}_i$
1 EXNG	4 690	27.8	8.6	.31	.27
2 EXKS	1 505	8.9	6.4	.72	.62
3 EXWM	1 877	11.1	6.3	.56	.49
4 EXEN	682	4.0	1.8	.44	.38
5 EXUEG	1 533	9.1	8.8	.97	.84
6 EXVN	1 019	6.0	5.2	.85	.74
7 EXKG	595	3.5	4.2	1.19	1.03
8 EXBU	747	4.4	4.2	.95	.83
9 EXPA	535	3.2	4.9	1.56	1.35
10 EXASOA	2 929	17.4	34.7	2.00	1.73
11 EXBAUS	423	2.5	4.3	1.73	1.50
12 EXWA	346	2.1	10.7	5.23	4.54
v	16 881	100.0	100.0		
y	17 278				

elasticity of total expenditure e: .87
aggregated marginal propensity to consume μ: .8477

Table 9: FELES1 parameter and elasticities

source: EVS 1969, own calculations

3. CONCLUSIONS

We presented a microanalytical consumption expenditure model for durable and non-durable goods and saving categories based on extensive (48 ooo households) cross sectional data. As long as a sequence of cross sections is not available as a detailed data base on an individual level, one has to work with the EVS'69 which is altogether a very detailed powerful resource. Nevertheless behaviour is transitory, so care should be taken in extrapolating the model far from sample prices and income.

For the first time in the FRG we quantified the household

individual structural relations of more than 2o expenditure categories with up/to more than 3o sociodemographic and other quantitative and qualitative explanatory variables. Many interesting relations were found and the importance of sociodemographic effects will be demonstrated.

If we are thinking of our whole modelling concept and in particular of the relations between both submodels, some improvements could be done. If we were able to find a comprehensive measurable financing concept for durable and non-durable and saving expenditures together[15], and if we would find a solution for seldom occurring expenditure events in a more global allocation problem, a large step to a more realistic microanalytic expenditure model would be done.

Besides analysis and explanation possibilities, the developped expenditure model will be applicable to policy-oriented models like the SPES-microsimulation model, to analyze the policy implications regarding a wide range of different household types depending on various sociodemographic variables.

Though our model is still preliminary -TOBIT-estimation, ELES and all parameter estimation with FELES 2 are running, but results are not yet available - we hope that we could give some new aspects on theoretical and on empirical results on individual household expenditure behaviour.

NOTES

*This is a revised version of a paper prepared for the Southampton/Frankfurt Conference in Falkenstein, September 11-15,1978.

1. Our data base will be an income and expenditure sample with a large amount of information of about 48 ooo private households.
2. see e.g. Theil (1967,pp. 65-9o; 1971, pp. 628-636)
3. A model with a limit other than zero can be reformulated in a model like (6).
4. In our model durable expenditures are paid by pre-periods savings, credits and sales; for further discussion of this and the following problems see our conclusions.
5. For a further treatment of LES and ELES see for instance Powell (1974, chapters 3 and 6), Phlips (1974, chapters IV and X), Goldberger and Gamaletsos (197o) and Theil (1975, chapter 1).
6. e.g. Howe (1977), Muellbauer (1974), Parks and Barten (1973). Pollak and Wales (1978) apply complete demand systems with sociodemographic effects.
7. Pollak and Wales (1978) have described this procedure as 'translating' the demand system.
8. In LES $\sum_{i=1}^{n}\Theta_{ig} = 0$ and therefore ζ_{ig} cannot be recovered.
9. Retaining the assumption that ε_{ih} are joint normally distributed; see Zellner (1962), Goldberger (1964,pp.2o7-212) and Dhrymes (197o,pp.153-161)
10. under the assumption of joint normally distributed residuals.
11. A detailed description is given by Statistisches Bundesamt (1974).
12. Table abbreviation.
13. meant in the sense of occupational status.
14. in the case of real estates, the building year of an owned flat (3 groups) is considered.
15. One has to think only about credit possibilities.

REFERENCES

Amemiya, Takeshi, Regression Analysis when the Dependent Variable is Truncated Normal, Econometrica Vol.41, No.6, 1973, 997 - 1o16.

Dhrymes, Phoebus J., Econometrics, New York, 197o.

Fair, Ray C. A Note on the Computation of the Tobit Estimator, Econometrica Vol.45, No.7, 1977, 1723 - 1727.

Goldberger, A.S., Econometric Theory, New York, 1964.

Goldberger, A.S., Gamaletsos, T.G., A Cross-Country Comparison of Consumer Expenditure Patterns, European Economic Review, Vol.1, No.3. 197o, 357 - 4oo.

Howe, Howard, Development of the Extended Linear Expenditure System from Simple Savings Assumptions, European Economic Review Vol. 6, 1975, 3o5 - 31o.

Howe, Howard, Cross-Section Application of Linear Expenditure Systems: Responses to Sociodemographic Effects, Journal of Agricultural Economics, Vol.59, No.1, 1977, 141 - 148.

Lluch, Constantino, The Extended Linear Expenditure System, European Economic Review Vol.4, 1973, 21 - 32.

Lluch, Constantino, Powell, Alan A. and Ross, A.Williams, Patterns in Household Demand and Saving, New York,Karachi, 1977.

Muellbauer, J., Household Composition, Engel Curves and Welfare Comparisons between Households, European Economic Review, Vol. 5, 1974, 1o3 - 122.

Parks, R.W., Barten, A.P., A Cross Country Comparison of the Effects of Prices, Income and Population Composition on Consumption Patterns, Economic Journal No.83, 1973,834 - 852.

Phlips, Louis, Applied Consumption Analysis, Oxford, New York, 1974.

Pollak, R.A., Wales, T.J., Estimation of Complete Demand Systems from Household Budget Data: The Linear and Quadratic Expenditure Systems, The American Economic Review, Vol.68, No.3, 1978, 348 - 359.

Powell, Alan A., Empirical Analytics of Demand Systems, Lexington, London, 1974.

Samuelson, P.A., Some implications of 'Linearity', Review of Economic Studies, Vol.15, 1947-48, 88 - 9o.

Statistisches Bundesamt, Fachserie M, Preise-Löhne-Wirtschaftsrechnungen, Reihe 18 Einkommens- und Verbrauchsstichproben, Heft 6, Aufgabe, Methode und Durchführung der Einkommens- und Verbrauchsstichprobe 1969, 1974.

Stone, Richard, Linear Expenditure Systems and Demand Analysis: An Application to the Pattern of British Demand, Economic Journal, Vol.64, 1954, 511 - 527.

Theil, Henri, Economics and Information Theory, Amsterdam, Chicago, 1967.

Theil, Henri, Principles of Econometrics, New York, Toronto, 1971.

Theil, Henri, Theory and Measurement of Consumer Demand, Vol.1, Amsterdam, New York, 1975.

Tobin, James, Estimation of Relationships for Limited Dependent Variables, Econometrica Vol.26, No.1, 1958, 25 - 36.

Zellner, A., An efficient method of estimating seemingly unrelated regressions and tests for aggregation bias, Journal of the American Statistical Association,Vol.57, 1962, 348 - 368.

Die Analyse von Panel-Daten privater Haushalte – Eine Einführung in das Panel-Auswertungs-System TRIPAS

Peter Hecheltjen, Universität Trier

Gliederung

H.-D. Heike, Modellierungs-Software

1. Das Haushaltspanel als Instrument der empirischen Konsumforschung

Haushaltspanels entwickeln sich immer mehr zu einem wichtigen Instrument der empirischen Konsumforschung. Inzwischen gibt es auch in der Bundesrepublik mehrere Marktforschungsinstitute, die für einen ständig wachsenden Interessentenkreis derartige Erhebungen durchführen. Zunehmend wird solches Datenmaterial auch für wissenschaftliche Zwecke zugänglich und genutzt.

Während bei normalen Haushaltserhebungen der Teilnehmerkreis sich stets verändert und lediglich die Repräsentativität der Stichprobe sichergestellt werden muß, sind Haushaltspanels dadurch gekennzeichnet, daß die Erhebung stets bei denselben Haushalten erfolgt. Die Art und das Verfahren der Datenbeschaffung können dennoch sehr verschieden sein. Wesentlich ist allerdings, daß nicht nur die auskunftgebenden Haushalte identisch bleiben, sondern daß auch ein Vergleich der Daten im Zeitablauf möglich wird. Zweck der Panelforschung ist nämlich die Erfassung von Veränderungen bei einzelnen Haushalten über die Zeit.

Haushaltspanels treten in verschiedenen konkreten Erscheinungsformen auf. Das klassische Haushaltspanel hat eine laufende Aufzeichnung des wirtschaftlichen Verhaltens von Haushalten zum Ziel. Haushalte führen zu diesem Zweck Haushaltsbücher, in denen sie regelmäßig ihre Einnahmen und Ausgaben sowie Bestandsveränderungen an wirtschaftlichen Gütern im Haushalt eintragen.

Neben diesem sehr aufwendigen Verfahren gibt es aber auch noch andere Ausprägungsformen von Haushaltspanels. Recht verbreitet und mit wesentlich geringerem Arbeitsaufwand für die beteiligten Haushalte verbunden sind Wiederholungsbefragungen.Wesentlich bei diesen Wiederholungsbefragungen ist jedoch, daß nicht nur das Frageprogramm, sondern auch die Stichprobe der beteiligten Haushalte unverändert bleibt, damit bei einer Auswertung Veränderungen in den einzelnen Haushalten analysiert werden können. Solche Veränderungen können verschiedener Art sein: Im einfachsten Falle Veränderungen der Haushaltsstruktur bzw. des Bestandes an Gütern im Haushalt. Ein besonderes Interesse kommt jedoch Verhaltensänderungen zu, wie z.B. Veränderungen des Kaufverhaltens oder des Sparverhaltens.

Der spezifische Vorteil von Panel-Daten liegt darin, daß sie eine wesentlich differenziertere Überprüfung der Verhaltenshypothesen von Haushalten ermöglichen, als es aufgrund von einfachen Wiederholungsbefragungen geschehen könnte, bei denen das Frageprogramm zwar identisch bleibt, der befragte Kreis der Haushalte sich hingegen ständig ausdehnt.

Bei diesen Wiederholungsbefragungen kann man nämlich nur eine aggregierte Reihe über den zeitlichen Verlauf der interessierenden Variablen für alle Haushalte aufstellen, während bei Panel-Erhebungen derartige Zeitreihen für einzelne Haushalte ermittelt werden können. Somit wird es erst mittels Panel-Daten möglich, eine Reihe von Verhaltenshypothesen wirklich theorieadäquat zu überprüfen. Ein Beispiel hierfür ist die Normaleinkommenshypothese des Konsumentenverhaltens.

Als Alternative zu Panel-Erhebungen werden gelegentlich auch Retrospektivbefragungen vorgeschlagen. Soweit es sich um objektive Variablen mit einem hohen Erinnerungswert handelt, wie z.B. Einkommen und Erwerbsbeteiligung, kann man auch hier brauchbare Ergebnisse erwarten. Für eine Erfassung des Konsumverhaltens von Haushalten erscheinen solche Retrospektivbefragungen jedoch nicht geeignet. In der Regel fällt es nämlich Haushaltsmitgliedern schwer, Aussagen über ihr Konsumverhalten in der Vergangenheit zu machen. Selbst bei größeren Anschaffungen sind sie kaum zu einer genauen zeitlichen Datierung in der Lage, wenn eine Anschaffung mehr als ein Jahr zurückliegt.

Völlig ungeeignet sind Retrospektivbefragungen auch zur Überprüfung von Hypothesen, die auf die prognostische Eignung antizipatorischer Daten hinzielen. Kennzeichnend für solche antizipatorischen Daten ist nämlich, daß von den Haushalten zum

Erhebungszeitpunkt eine subjektive Einschätzung des eigenen wirtschaftlichen Verhaltens bzw. der erwarteten wirtschaftlichen Entwicklung in der Zukunft gegeben werden soll. Durch Wiederholungsbefragungen in der Folgeperiode kann dann festgestellt werden inwieweit die subjektiven Aussagen mit dem objektiven Verhalten übereingestimmt haben. Da die Einschätzung der wirtschaftlichen Entwicklung sowie des eigenen Verhaltens von Haushaltsmitgliedern einem ständigen Wandel unterworfen ist, lassen sich solche subjektiven Daten niemals retrospektiv mit dem erforderlichen Grad an Zuverlässigkeit ermitteln.

2. Anforderung an ein Panel-Auswertungs-System

Grundlage für das Arbeiten mit Panel-Daten ist ein geeignetes Auswertungssystem, das einer Reihe von Anforderungen genügen muß. Im folgenden sollen einige dieser Anforderungen näher spezifiziert werden.

Ein wesentlicher Unterschied eines Panel-Auswertungs-Systems gegenüber herkömmlichen Systemen zur Analyse von Individualdaten besteht darin, daß eine Möglichkeit zur Verknüpfung von Daten aus verschiedenen Erhebungszeiträumen geschaffen werden muß. Prinzipiell handelt es sich hier um ein Merge-Problem, das relativ einfach immer dann zu lösen ist, wenn für jede Beobachtungseinheit in jedem Beobachtungszeitraum eine oder mehrere Beobachtungen vorliegen. Prinzipiell kann man dann alle Einzelbeobachtungen zu einer Beobachtungsreihe für eine Beobachtungseinheit vereinigen. Nachteilig ist lediglich der erhebliche Aufwand an Speicherplatz. Oft ist dieser unnötig, wenn nur vergleichende Untersuchungen zwischen zwei beliebig weit auseinander liegenden Beobachtungspunkten gemacht werden sollen. Ein weiterer Nachteil besteht darin, daß beim Hinzukommen weiterer Erhebungs-Wellen eine erneute Aufbereitung des gesamten Datenmaterials erforderlich wird. In der Realität erweist sich die Verknüpfung von Daten aus verschiedenen Erhebungszeiträumen freilich noch als weitaus komplizierter. Probleme ergeben sich nämlich dadurch, daß Panel-Haushalte aus dem Panel ausscheiden oder neu in das Panel einbezogen werden. Oftmals fehlen zudem auch Daten von einzelnen Panel-Haushalten für bestimmte Beobachtungszeiträume . Dies gilt insbesondere für jene Variante von Panel-Erhebungen, bei der die Daten über Haushalts-Interviews gewonnen werden. Oftmals werden hier Haushalte bei einzelnen Befragungswellen -z.B. infolge einer Urlaubsreise- nicht angetroffen. In der nächsten Befragungswelle sind sie dann jedoch wieder enthalten. Prinzipiell könnte man auch hier so vorgehen, daß für jeden in der Stichprobe enthaltenen Haushalt ein Datensatz gebildet wird und die Speicherplätze von Beobachtungszeiträumen, für die keine Erhebungen vorliegen, freibleiben. Unter speichertechnischen Gesichtspunkten wäre eine solche Vorgehensweise jedoch wenig effizient. Ebenso wäre es umgekehrt nicht vertretbar, jene Haushalte auszuschalten, für die nicht alle Beobachtungszeiträume durch Daten abgedeckt sind, da sich auf diese Weise die Zahl der erfaßten Haushalte in einem nicht mehr vertretbarem Umfange reduzieren würde. Es sind deshalb flexible Formen der Verknüpfung von Daten zu finden, die allen genannten Anforderungen gerecht werden.

Eine weitere Anforderung an das Panel-Auswertungs-System ergibt sich aus der Notwendigkeit einer Gewichtung der Panel-Haushalte. Bereits bei gewöhnlichen Haushaltserhebungen ist in der Regel eine Gewichtung der Beobachtungseinheiten erforderlich, um die Repräsentativität der Ergebnisse zu erreichen. Erfahrungsgemäß sind Haushalte nämlich in Abhängigkeit von bestimmten sozioökonomischen Variablen mit einer unterschiedlichen Wahrscheinlichkeit repräsentiert. Bei Panel-Daten kommt als weiteres Problem die Panel-Mortalität hinzu. Während man bei gewöhnlichen Haushaltserhebungen für jeden Haushalt nur einen Gewichtungsfaktor benötigt, sind deshalb bei Panel-Daten für jeden Auswertungszeitraum unterschiedliche Gewichtungsfaktoren notwendig.

Im Mittelpunkt aller Anforderungen an ein Panel-Auswertungs-System steht freilich die Forderung nach einer leistungsfähigen Auswertungs-Software. Verfügbar sein sollen einmal einfache Tabellierungsprogramme; wünschenswert sind aber vor allem auch Programme zur multivariaten Datenanalyse. Da zur Auswertung von Individualdaten mittlerweile eine Reihe leistungsfähiger Programmsysteme verfügbar ist, ist eine Integration komplexer Routinen zur Datenauswertung in das Panel-Auswertungs-System nicht unbedingt erforderlich. Vielmehr besteht auch die Möglichkeit, mittels eines Interface zu Individualdaten-Analysatoren diese Auswertungs-Software zu nutzen. Aufgabe eines solchen Interface ist es, die Panel-Datensätze in einer Weise aufzubereiten, daß sie von Individualdaten-Analysatoren ausgewertet werden können.

Eine weitere Anforderung an ein Panel- Auswertungs-System ist die Möglichkeit zur Mikrosimulation von Individualdaten. Formal gesehen besteht diese Mikrosimulation in einer Fortschreibung der Datensätze von Haushalten für Folgeperioden mittels eines Simulationsprogramms. Die inhaltliche Ausgestaltung solcher Simulationsprogramme ist dabei jeweils abhängig von der vorgegebenen Simulationsaufgabe. Im Panel- Auswertungs-System wären hierfür vor allem leistungsfähige Lese- und Schreibroutinen für den Datenbestand bereitzustellen, während das Simulator-Modul jeweils im Hinblick auf die konkrete Simulationsaufgabe zu spezifizieren ist.

Schließlich ist die Anforderung an das Panel-Auswertungs-System zu stellen, daß eine leichte Übertragbarkeit auf andere Rechenanlagen gewährleistet ist. Ein erheblicher Nachteil vieler Individualdaten-Analysatoren ist darin zu sehen, daß sie zwar über sehr leistungsfähige Auswertungsprogramme verfügen, jedoch nur sehr schwer auf eine andere Rechenanlage übertragen werden können. Der Grund für diese Inkompatibilitäten liegt einmal darin, daß die Betriebssysteme der einzelnen Rechenanlagenhersteller sehr unterschiedlich sind und zudem über den standardisierten

Befehlsvorrat von höheren Programmiersprachen hinaus seitens der Anlagenhersteller unterschiedliche Erweiterungen vorgenommen wurden. Als Forderung ergibt sich mithin: Ausschließliche Verwendung eines allgemein verfügbaren standardisierten Befehlsvorrates höherer Programmiersprachen, modularer Programmaufbau und Transparenz der Programmlogik. Wünschenswert ist es darüber hinaus, daß eine leichte Übertragbarkeit auf Anlagen der mittleren Datentechnik mit ihren spezifischen Datenspeichermöglichkeiten gesichert ist. Dies gilt umsomehr, da gerade Anlagen der mittleren Datentechnik aufgrund ihres günstigen Preis-Leistungs-Verhältnisses zunehmend im Marktforschungsbereich eingesetzt werden. Zudem konnte die Leistungsfähigkeit von Anlagen der mittleren Datentechnik in den vergangenen Jahren derart gesteigert werden, daß in absehbarer Zeit wohl alle Anforderungen, die sich aus einer Analyse von Individualdaten im Marktforschungsbereich ergeben, durch solche Anlagen befriedigt werden können.

3. Die Grundkonzeption des Systems TRIPAS

Zur Analyse von Panel-Daten wurde das Trierer Panel- Auswertungs-System (TRIPAS) entwickelt. Es handelt sich hierbei um ein in der Programmiersprache FORTRAN geschriebenes System mit modularem Aufbau.

Wesentliches Kennzeichen dieses Systems ist, daß eine Reihe von Standard-Routinen bereitgestellt werden, die zur Erfüllung der Programmfunktionen dienen. Diese Standardroutinen werden jeweils durch einfache Hauptprogramme miteinander verknüpft. Bisher wurde auf eine allgemeine Steuersprache für den Programmablauf verzichtet. Nachteilig an einem solchen allgemeinen Steuerteil ist nämlich, daß eine hohe Flexibilität in der Regel mit einem entsprechend hohen Hauptspeicherbedarf erkauft werden muß und auch der Speicherbedarf für die Anwendungsprogramme steigt. Statt dessen wurden spezielle Problembereiche ausgewählt, für die diverse Operatoren durch die Verknüpfung vorhandener Programmbausteine gebildet wurden. Das System erweist sich deshalb als ausgesprochen flexibel.

Zentrale Programmfunktionen, für die eigene Operatoren zusammengestellt wurden, sind:

- Grundauszählungen von Dateien
- Kreuztabellierung von Variablen
- Konvertierung von Dateien
- Mikrosimulationen

Diese Operatoren wurden jeweils aus einem Anwendungsprogramm mit spezifischen Serviceprogrammen zusammengebaut. Aufgabe der Serviceprogramme ist es dabei, einen Satz mit Individualdaten aus dem Massenspeicher abzurufen, ihn für einen Verarbeitungszwecke zu transformieren und ihn ggfs. nach erfolgter Verarbeitung wieder abzuspeichern.

Zum Lesen der Daten sind spezielle Leseroutinen erforderlich, da - aus noch zu erläuternden Gründen - eine Datenhaltung in Form eines Bit - Massenspeichers erfolgt; gleiches gilt für das Ausschreiben des Datenbestandes auf einen Massenspeicher.

Parallel dazu werden bestimmte Programme bereitgestellt, die eine Transformation der Daten nach vorgegebener Regel ermöglichen. Gleichzeitig erfolgt beim Lesen die Schnittmengenbildung; Haushalte, die gemäß der Schnittmengendefinition nicht vollständig sind, werden aus der Weiterverarbeitung ausgeschaltet.

In Abhängigkeit von der jeweiligen Schnittmenge wird anschließend in einer Gewichtsroutine ein Gewichtsfaktor gebildet, der bei einer Datenauswertung herangezogen werden kann. Prinzipiell ist es möglich, diese Gewichtsfaktoren aus einer Tabelle abzurufen bzw. Gewichtungsfaktoren anhand einer Gewichtungsfunktion zu errechnen.

Das System ist offen für Erweiterungen. Insbesondere gilt dies für spezifische Auswertungsprogramme von Benutzern, denen mittels verfügbarer Service-Programme jeweils Datensätze in gewünschter Form und Zusammenstellung zugeführt werden können. In den einzelnen Benutzerprogrammen sind dann jeweils nur die Lese- und Schreibbefehle des Programms durch Aufrufen der entsprechenden Serviceroutinen des TRIPAS-Systems zu ergänzen. Dieser hohe Grad an Flexibilität erlaubt die Nutzung einer Vielzahl vorhandener Programme bei der Auswertung.

Geschlossene Programmsysteme, die einen Eingriff in die Programmlogik nicht ermöglichen, können durch das System TRIPAS über Zwischendateien auf einem Massenspeicher bedient werden. Hierfür wurde ein spezielles Interface bereitgestellt.

4. Die Verknüpfung von Panel-Wellen

In dem Panel-Auswertungs-System werden alle Erhebungswellen getrennt gespeichert; auch die einzelnen Fragenbereiche können unterschiedliche Dateien bilden. Eine Verknüpfung dieser Einzel-Dateien erfolgt jeweils nur bei einem Auswertungs-Lauf.

Ein wesentlicher Vorteil dieser Vorgehensweise liegt darin, daß die Möglichkeit besteht, die Grundgesamtheit von Haushalten der jeweiligen Fragestellung entsprechend abzugrenzen. Dabei wird jeweils eine Erhebungs-Welle als Basis-Welle definiert und bei dem Auswertungslauf sequentiell abgearbeitet. Mittels Haushaltsnummern wird nach dem Einlesen eines Haushaltes durch index-sequentielle Zugriffe in allen weiteren für einen Auswertungslauf vorgegebenen Dateien nach Informationen über diesen Haushalt gesucht. Die Technik des index-sequentiellen Zugriffs erweist sich insbesondere dann als vorteilhaft, wenn einzelne Informationen nur bei nur sehr wenigen Haushalten auftreten, bzw. nur selten bei Auswertungsläufen gebraucht werden. Dies gilt beispielsweise für Dateien über den Kauf von langlebigen Gebrauchsgütern, für die jeweils zum Zeitpunkt der Anschaffung eine Vielzahl von Informationen gesammelt werden und die nur für eine geringe Zahl von Auswertungsläufen relevant sind.

Bei der Bildung von Grundgesamtheiten sind von der Ablaufsteuerung her drei Varianten vorgesehen:

A) Grundgesamtheit ist die Menge aller in der Basiswelle vorhandenen Haushalte

B) Grundgesamtheit ist die Schnittmenge aller Haushalte, die in den für die Auswertung berücksichtigten Einzelwellen enthalten sind

C) Grundgesamtheit ist die Vereinigungsmenge aller Haushalte, die in den in der Auswertung berücksichtigten Wellen enthalten sind.

Alle drei Varianten von Grundgesamtheiten unterscheiden sich inhaltlich wesentlich voneinander und können durch eine entsprechende Programmsteuerung realisiert werden.

Inhaltlich von größter Bedeutung ist die Schnittmengen-Variante B. Hier sind nur jene Haushalte enthalten, über die Daten in allen für eine Auswertung relevanten Befragungswellen vorliegen. Diese Schnittmenge nimmt aufgrund der Panel- Mortalität erheblich mit der Länge des Untersuchungszeitraumes ab. Da aber gelegentlich einzelne Haushalte nur vorübergehend aus der Befragung ausscheiden und in späteren Befragungswellen wieder enthalten sind, ist diese Grundgesamtheit bei einer Schnittmengenbildung immer dann größer, wenn nur wenige Wellen - auch bei einem großen zeitlichen Abstand zwischen den Erhebungen - in die Schnittmengen-Bildung einbezogen werden.

Die Definition der Grundgesamtheit durch die Basis-Welle (Variante A) kommt insbesondere dann infrage, wenn man Auswertungen zur Panel-Mortalität machen will; die Grundgesamtheit auf der Basis der Vereinigungsmenge (Variante C) erlaubt hingegen Auswertungsläufe, die Informationen über die Gesamtheit der in das Befragungsprogramm einbezogenen Haushalte liefern.

Neben Vorteilen bei der Speicherung des Datenmaterials und der Bildung verschiedener Varianten von Grundgesamtheiten liegt ein weiterer wesentlicher Vorteil der hier gewählten Verknüpfungstechnik darin, daß eine sehr einfache Ergänzung des Datenbestandes ermöglicht wird. Zur Integration neuer Erhebungswellen bedarf es nämlich nicht aufwendiger Merge-Prozesse, sondern es muß lediglich eine weitere index-sequentielle Datei mit dem neuen Datenmaterial bereitgestellt werden. Da Panel-Daten - soweit es sich nicht um abgeschlossene Erhebungsprojekte handelt - regelmäßig ergänzt werden, dürfte die gewählte Vorgehensweise gerade in dieser Hinsicht besonders vorteilhaft sein.

5. Die Gewichtung von Panel-Haushalten

Haushaltserhebungen erfordern in der Regel eine Gewichtung der Erhebungseinheiten, damit man für die Grundgesamtheit repräsentative Aussagen erhält. Erfahrungsgemäß sind nämlich Haushalte, die leicht anzutreffen sind, bei diesen Erhebungen vergleichsweise häufiger vertreten als Haushalte, die ein Interviewer nur sehr schwer erreichen kann. Demgemäß sind Alter, Haushaltsgröße und Berufstätigkeit der Hausfrau wesentliche Merkmale bei einer Gewichtung von Haushalten.

Bei TRIPAS sind die Gewichtungsmerkmale frei wählbar. Es ist lediglich die Variablen-Nummer der hierfür verwendeten Merkmale auf einer Steuerkarte anzugeben. Zudem ist eine Gewichtungs-Matrix bereitzustellen, in der für alle vorhandenen Kombinationen von Merkmalsausprägungen Gewichtungsfaktoren verzeichnet sind.

In technischer Hinsicht bestehen keine Unterschiede zwischen einer Gewichtung gewöhnlicher Haushaltserhebungen und Panel-Daten. Inhaltlich ergeben sich jedoch bei Panel-Daten erhebliche Probleme dadurch, daß infolge der Panel-Mortalität die Gewichtungsfaktoren bei den einzelnen Grundgesamtheiten sehr unterschiedlich sind. Eine Gewichtung hätte somit auch alle eng mit der Mortalität korrelierten Merkmale einzubeziehen.

Bisher ist dieses Problem noch nicht befriedigend gelöst; es erfolgt zunächst nur eine einfache Anpassung mittels korrigierter Matrixwerte der auch bei normalen Haushaltserhebungen herangezogenen Gewichtungsmerkmale. Unzweckmäßig dürfte in jedem Falle eine Erweiterung der Gewichtungsmatrix sein; eher erscheint ein Übergang auf eine Gewichtungs-Funktion nahe zu liegen, wobei eine lineare Unabhängigkeit der einzelnen Gewichtungsmerkmale vorauszusetzen wäre. Solche Gewichtungs-Funktionen wird man am zweckmäßigsten mittels einer Regressionsanalyse bestimmen. In technischer Hinsicht ist das System auf die Einbeziehung solcher Gewichtungsfunktionen vorbereitet. Zu lösen bleiben lediglich noch einige damit zusammenhängende methodische Probleme bei der Spezifizierung solcher Gewichtungs-Funktionen.

6. Einfache Auswertungs-Programme

In der Marktforschung ist die Lochkarte nach wie vor die Norm für eine Erfassung von Umfragedaten zum Zweck der EDV-Auswertung. Auch wenn die Erfassung physikalisch mittlerweile unmittelbar auf Magnetband oder anderen maschinell lesbaren Datenträgern erfolgt, so werden alle Informationen zunächst so vercodet, daß der Code einer Lochkarte mit 8o Spalten und 12 Sprossen innerhalb einer Spalte entspricht. Die Sprossen haben die Bezeichnung O bis 9 sowie X und Y.

Für einfache Auswertungsprogramme bietet es sich an, diese normierte Form der Datenerfassung zu nutzen. Dies geschieht bei TRIPAS durch ein Grundauszählungs- sowie ein Kreuztabellenprogramm.

Das Grundauszählungsprogramm vermittelt einen einfachen Überblick über das Datenmaterial. Für jede Lochstelle auf der Lochkarte erfolgt eine Angabe über die Häufigkeit von Lochungen; diese Häufigkeitsangaben werden sowohl in absoluten wie auch relativen Zahlen ausgegeben. Neben ungewichteten Ergebnissen erhält man zudem bei Einschalten der Gewichtungs-Routine auch noch gewichtete Ergebnisse. Erfahrungsgemäß geben diese Grundauszählungen bereits einen recht guten Überblick über das Datenmaterial und ermöglichen ein erstes Urteil darüber, ob aufgrund der Besetzungshäufigkeiten einzelner Felder weitergehende Auswertungen überhaupt sinnvoll sind.

Auch das Kreuztabellen-Programm geht von einer Darstellung der Daten auf Lochkarten in Binärform aus und erlaubt in einer ähnlich einfachen Form die Erstellung von Kreuztabellen. Vorzugeben sind lediglich zwei Spaltennummern, für die in einer Matrix die Häufigkeiten der möglichen Lochkombinationen ausgewiesen werden.

Ähnliche Auswertungsprogramme sind im Marktforschungsbereich für einfache Auszählungen von Erhebungen üblich; ihr besonderer Vorteil liegt darin, daß man mit einem relativ geringen organisatorischen Aufwand Ergebnisse erhält, da zunächst keine Datentransformation erforderlich ist und die Erhebungsformulare ohne weitere Veränderung als Variablenliste für eine Auswertung Verwendung finden können.

7. Interface zu anderen Individualdaten-Analysatoren

Mittlerweile sind eine Vielzahl sehr leistungsfähiger Programmsysteme zur Analyse von Individualdaten verfügbar. Da es sich bei Panel-Daten auch um Individualdaten handelt, die nach einer Verknüpfung und problem-spezifischen Aufbereitung wie Individual-Daten verarbeitet werden können, erschien ein Möglichkeit des Übergangs zu anderen Programmsystemen wünschenswert.

Erfahrungsgemäß bereitet ein technischer Eingriff in große Programmsysteme erhebliche Schwierigkeiten; oft ist es sogar ganz ausgeschlossen, da von dem Programmsystem keine Quellenprogramme sondern nur lauffähige Operatoren vorliegen. Dies trifft vor allem dann zu, wenn es sich um kommerziell vertriebene Systeme handelt.

In diesen Fällen ist es zweckmäßig, eine Verbindung zwischen dem Programmsystem durch ein Daten-Interface herzustellen. TRIPAS liefert in diesen Fällen eine Datei, die den Eingabe-Konventionen des Auswertungs-Systems entspricht. In der Regel ist hierbei eine Transformation der Daten vom Column-Binary-Code in den EBCDIC-Code erforderlich.

Durch dieses Daten-Interface wird somit auf einfachem Wege ein Zugang zur einer Vielzahl von Individualdaten-Analysatoren ermöglicht. In einer weiteren Ausbaustufe soll TRIPAS aber auch um einfache systemintegrierte Programme zur multivariaten Datenanalyse erweitert werden.

8. Mikrosimulation auf der Basis von Panel-Daten

TRIPAS ist auch für eine Durchführung von Mikrosimulationen vorbereitet. Grundsätzlich sind dabei Auswertungs- und Fortschreibungssimulationen möglich.

Bei einer Auswertungssimulation wird der Bestand an Individualdaten herangezogen, um anhand der erfaßten Haushaltsmerkmale Verhaltensvariablen für eine Simulationsperiode zu bestimmen. So können beispielsweise die Befragungsdaten benutzt werden, um den Kauf langlebiger Gebrauchsgüter in einer Prognoseperiode aufgrund der Lebensdauer des vorhandenen Güterbestandes, der finanziellen Situation und verschiedener subjektiver Kaufbereitschaftsdaten zu bestimmen. Ähnlich wie bei Zeitreihenanalysen für aggregierte Daten lassen sich nämlich auch für einzelne Panel-Haushalte Prognosefunktionen schätzen, die zu Simulationszwecken verwendet werden können.

Methodisch aufwendiger sind Fortschreibungssimulationen, bei denen mittels der Simulationstechnik das Panel periodenweise fortgeschrieben wird. Hierbei ist es nämlich erforderlich, alle prognostisch relevanten Variablen für eine Folgeperiode zu erklären. So erzeugte neue Wellen können dann wieder zur Bestimmung von Folgewellen Verwendung finden.

In technischer Hinsicht sind die Voraussetzungen für die Durchführung solcher Simulationen gegeben; Probleme ergeben sich vor allem bei einer inhaltlichen Spezifizierung von Prognosefunktionen für die relevanten Verhaltensvariablen.Ein wesentlicher Vorzug einer Simulation auf der Basis von Panel-Daten liegt jedoch darin, daß man im Vergleich zur konventionellen Mikrosimulation Prognosefunktionen spezifizieren kann, die sich nicht allein auf eine Haushaltserhebung stützen, sondern Haushaltsdaten aus mehreren Erhebungswellen berücksichtigen.

LITERATURHINWEISE

Buck, S.F.,Fairclough,E.H., Jephcott,J.St.G. und Ringer, D.W.C.: Conditioning and Bias in Consumer Panels-Some New Results, in: Journal of the Marketing Research Society, Vol. 19 (1978), S. 59 ff.

Cutler,F.: Overview of the "Longitudinal Research Design and Analysis of Panel Data" Workshop, in:W.L.Wilkie (Hrsg.), Advances in Consumer Research, Vol.. IV, Ann Arbor 1979

Frank, R.E. u. Massy, W.F.: Computer Programs for the Analysis of Consumer Panel Data, in: Journal of Marketing Research, Vol. 5 (1968), S. 21o ff.

Mc Cullough, B.C.: Effects of Variables Using Panel Data: A Review of Techniques, in: Public Opinion Quarterly, 1978, S. 199 ff.

Meier, P.W.: Methodische Probleme der Panelforschung, in:K.Chr. Behrens, Handbuch der Marktforschung, Wiesbaden 1977,S.433ff.

Morrison, D.G., Frank, R.E. u. Massy, W.F.: A Note on Panel Bias in: Journal of Marketing Research, Vol. 3 (1966), S. 85 ff.

Neyer, J. u. Waksberg, J.: Conditioning Effects from Repeated Household Interviews, in: Journal of Marketing, Vol.28 (1974),S. 51 ff

Powers, E.A.,Willis, J.G. u. Keith, P.M.: Congruence Between Panel and Recall Data in Longitudinal Research, in: Public Opinion Quarterly, 1978, S. 38o ff.

Schmitt, W.: Die mathematisch-statistische Auswertung einer Paneldatenbank mit Hilfe der Mensch-Maschine-Kommunikation, in: Marktforscher 1975, S.135 ff.

Das interaktive Software-Paket DAMTAS - Data Management, Taxonomy, Analysis und Simulation

Horst Engelmann, Peter Georgieff, Salomon Klaczko, Diedrich Mahnke, Frieder Meyer-Krahmer und Günther F. Schäfer (Projektleiter), Frauenhofer-Institut für Systemtechnik u. Innovationsforschung, Karlsruhe

Inhalt:

1. Aufgabenstellung

Als Teil eines Forschungsprojektes des Bundesministeriums für Forschung und Technologie (BMFT) "Langfristige Entwicklungstendenzen der kommunalen Finanzpolitik in Städten und Gemeinden der Bundesrepublik Deutschland" und im Rahmen des Forschungsverbundes "Bürgernahe Gestaltung der sozialen Umwelt" des BMFT wurde am Institut für Systemtechnik und Innovationsforschung eine Datenbank mit ca. 14o.ooo.ooo Daten aus den Finanzhaushalten, sozio-ökonomischen, politischen und demographischen Statistiken von 255 deutschen Gemeinden mit über 2o.ooo Einwohnern für die Jahre 1956 bis 197o angelegt. Gleichzeitig wurden die entsprechenden Daten über ausgewählte Landkreise zusammengetragen.

Zur Analyse der Entwicklungstendenzen der kommunalen Finanzpolitik wurde ein komplexes Forschungsdesign (Bild 1) mit folgenden Schritten entwickelt:

I. Datenerfassung, Systematisierung und Speicherung in einer Datenbank
II. Datenreduktion durch automatische Klassifikation
III. Extraktion kausaler Beziehungen durch Time-Lag-Analyse
IV. Qualitative Sensitivitätsanalyse mittels Inzidenzmatrizen kausaler Beziehungen
V. Automatisierter Entwurf dynamischer (nicht-linearer) Simulationsmodelle aus den kausalen Ketten und Schleifen

KONZEPTION DES SOFTWARE-VERBUNDES FÜR DIE COMPUTERISIERTE HERSTELLUNG UND EINSATZ
VON COMPUTER-MODELLEN AUS DEN ZEITREIHEN EMPIRISCHER DATENBANKEN

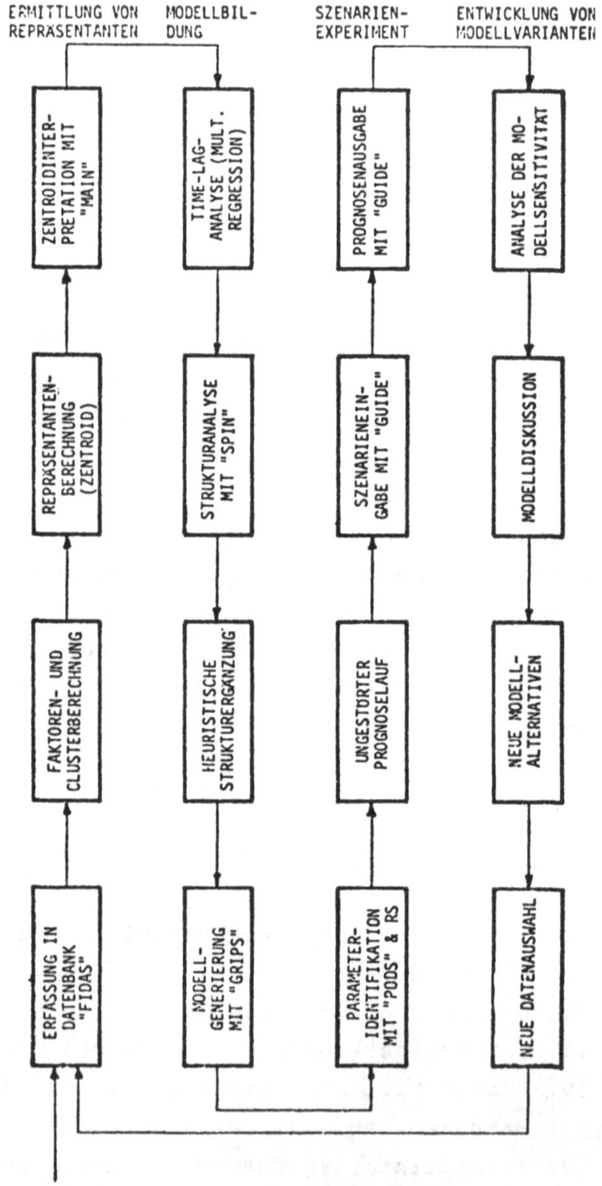

VI. Ergänzung dieser Ketten durch fehlende Variablen mittels empirischer Feldstudien

VII. Automatische Identifikation der Parameter der Simulationsmodelle

VIII. Prognoseversuche und theoretische Politikerprobung am Computer mittels Simulationsläufe der Modelle einzelner repräsentativer Städte

IX. Koppelung der Städtemodelle um ein interaktives disaggregiertes Verhalten des Städteverbundes - in Zusammenhang mit einem stark vereinfachten makro-ökonomischen Simulationsmodell der nicht-kommunalen Vorgänge-zu untersuchen.

Die folgenden Ausführungen werden sich auf die Abschnitte I und II konzentrieren.

2. Die Datenbank

Um die gesammelte Datenmenge von 1.4oo Megabytes (=MB) in einem Fortran-Format z.B. F 1o.2 (d.h. 1o-stellig mit 2 Stellen hinter dem Komma) mit direktem Zugriff zu speichern, wären ca. 3o ältere Plattenstapel à 5o MB oder 1o neuere à 144 MB nötig. Dies wäre von unserem derzeitigen Rechner, ein Siemens 4oo4/151 mit 64o.ooo Bytes Arbeitsspeicher,1Megabyte (1 MB= 1.o48.576 Bytes) virtuellen Speicher und 6 Plattenlaufwerke à5o MB nicht zu bewältigen. Man bedenke, daß allein eine Korrelationsmatrix zwischen 255 Städten - etwa für den Zweck einer Faktorenanalyse - einen Speicheraufwand von 1o $(n^2-n)/2$ = 323.85o Bytes, also 1/2 Arbeitsspeicher in Anspruch nimmt.

Daher wurde das Datenbanksystem FIDAS (Formularorientiertes Interaktives DAtenbank-System) der GMD (Gesellschaft für Mathematik und Datenverarbeitung, Birlinghoven bei Bonn) am Rechenzentrum der Fraunhofer-Gesellschaft implementiert. Unter Ausnutzung aller nicht-ausgefüllten Haushaltsposten und statistischen Lücken ("missing data" wurden jedoch durch Interpolation nachgefüllt) wurde der Datenbestand auf 2 Plattenstapeln komprimiert.

3. Die Datenreduktion

Es galt nun zu vermeiden, daß aus solch einer Materialsammlung ein unübersichtlicher Datenfriedhof wird, in dem kaum noch lokalisiert werden kann, was dort einmal gespeichert wurde. Zu diesem Zweck wurde zunächst

- eine lückenlose hierarchische Datenstrukturierung nach Städten bzw. Landkreisen als Oberbegriff, nach der Haushaltssystematik (ordentlicher - außerordentlicher Haushalt, Verwaltungszweig, Einnahmen-Ausgabentyp, Jahr) bzw. nach sozio-ökonomischen, demographischen und politischen Gesichtpunkten vorgenommen; ferner
- ein komplexer Softwareverbund entwickelt, der nach verschiedenen Gesichtspunkten eine automatische Klassifikation (mittels Cluster- und Faktorenanalyse) von Objekten und Merkmalen vornimmt, aus jeder Klasse einen typischen Repräsentanten selektiert und für jede Klasse die typischen Merkmale sowie ihre Variationsbreite heraussucht (automatische Cluster-Interpretation).

Dadurch wurde es möglich, eine Auswahl repräsentativer Städte zu bestimmen, auf die sich die Analyse konzentrieren konnte. Dazu gehörte die nachträgliche Ergänzung der Daten, sei es durch Fortführung der Zeitreihen (von 1956 und nach 197o), sei es durch die Einführung neuer Variablen, sei es durch Umrechnung der Zeitreihen bei Strukturbrüchen (z.B. vor und nach der Eingemeindung von Beuel und Bad Godesberg in Bonn, von Dülken in Viersen oder von Neureuth in Karlsruhe).

4. Dateien-Typen

Je nach Bedarf werden verschiedene Datei-Typen gewählt, um die Daten zu speichern bzw. verfügbar zu machen. Alle basieren auf der hierarchischen Kombination von zwei möglichen Prinzipien, um das Ende einer Nachricht oder eines Nachrichtensatzes festzustellen:

1. Die Nachricht (der Satz) besteht aus einer festen Anzahl Zeichen (Daten), so daß man das Ende der Nachricht (des Satzes) durch das Zählen der abgelaufenen Einheiten feststellt.
2. Es wird ein Sonderzeichen vereinbart, das das Ende der Nachricht (oder des Datensatzes) explizit anzeigt.

Die einfachste Form ist die PAM-Datei (Primary Acce Method). Es handelt sich um eine Dateiart, die vom Betriebssystem BS 2ooo verwendet wird und aus festen Blöcken mit jeweils 2^{11}= 2o48 Bytes/Block besteht.

Die nächste Komplexitätsstufe wird durch die SAM-Datei (Sequential Access Method) dargestellt. Sie erlaubt eine kompakte Darstellungsform von Informationen. Bei den SAM-F (F:Fixe Datenlänge) wird die Länge aller (alphanumerischen) Nachrichten einmal festgelegt; bei den SAM-V (V: Variable Datenlänge) wird ein von Satz zu Satz veränderliches Satzlängenfeld verwendet.

Das Programmpaket OSIRIS, wovon einige Bausteine für DAMTAS übernommen wurden, verwendet SAM-F Dateien. Sie haben den Nachteil, daß die ganze Datei der Reihe nach durchsucht werden muß, wenn eine ganz bestimmte Stelle gefunden werden soll. Eine weitere Form ist die ISAM-Datei (Index-Sequential Access Method). Neben den Daten einer SAM-Datei wird dabei eine parallele Liste von vollgeordneten numerischen (je nach Fall lückenlosen oder nicht-lückenlosen) Indizes angelegt. Jeder Index aus der Liste ist eindeutig einem bestimmten Wert aus der SAM-Datei zugeordnet. Durch numerische Manipulationen mit diesen Indizes ist es möglich, eine beliebige Stelle in der SAM-Datei direkt zu bezeichnen bzw. zu erreichen. Wie bei den SAM-Dateien können die einzelnen Daten, je nach Fall, fixe (ISAM-F) oder variable Länge (ISAM-V) haben. Die Index-Liste kann mehrdimensional sein. Beim Betriebssystem BS 2000 sind bis 9 Dimensionen gleichzeitig möglich. Ein Satz besteht aus maximal 8192 Bytes in FIDAS und aus 2o18 Bytes für FORTRAN-Programme. Die DISTAN-Dimensionen werden am Anfang der Datei im ersten Datensatz angegeben, und zwar mit 4 Bytes pro Dimension. Falls die Datei formatiert ist, wird das Format im 2.Satz angegeben. Die Reihenfolge, in der Dimensionen im 1.Satz angegeben werden, entspricht der hierachischen Stufenbildung der Dimensionen.Zunächst sind alle Daten nach der 1.Dimension in Blöcke sortiert. Innerhalb eines jeden Wertes der 1.Dimension sind sie jeweils nach der 2.Dimension sortiert. Innerhalb eines jeden Wertes der 2.Dimension sind sie jeweils nach der 3. sortiert und so fort.

Zum Beispiel sind die Haushaltsdaten zunächst nach den Städten sortiert. Innerhalb jeder Stadt sind sie jeweils nach den Jahren sortiert. Innerhalb eines Jahres sind sie jeweils nach den Verwaltungsbereichen sortiert. Innerhalb eines Jahres sind sie anschließend nach den finanztechnischen Ein- und Ausgabearten (Spalten in den GFAB = Gemeinde-Finanz-Abrechnungsbögen) sortiert. Damit wird der 1.Satz zu einem Schlüssel (ISAM-Key),um die Datei-Elemente einzeln zu erreichen. Der ISAM-Key (=FIDAS-Key) der Haushaltsdaten ist auf 8 Bytes wie folgt verteilt:

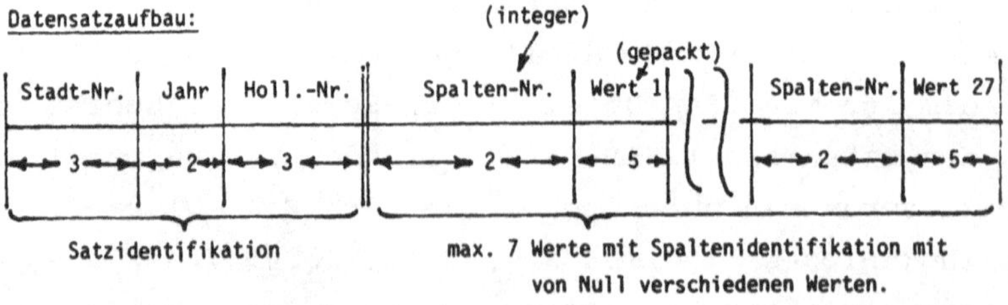

Datensatzgröße: 8 + 7 . 7 = 57 Bytes

Sortierung: Stadt; Holl.-Nr.; Jahr

Dateigröße: ca. 2.8oo.ooo Datensätze

14o Mill. Bytes

Eine Änderung der Reihenfolge zweier Dimensionen entspricht der Transposition einer Matrix im Speicher und ist dementsprechend mit einem beträchtlichen Sortieraufwand der Daten verbunden. Handelt es sich um eine OSIRIS-Datei, dann wird zusätzlich zu den Daten eine parallel alphanumerische Namensliste angelegt, in der jeder Wert im Klartext beschrieben ist (und zwar mit 2o Buchstaben/Namen). So wird z.B. in eine solche Beschreibungsdatei (ABK-STA) jeweils der Name einer Stadt eingetragen. In einer anderen Datei werden die Namen von Haushaltsposten kombiniert mit Ein- und Ausgabeart bzw. mit dem Jahr in Kurzform angedeutet (z.B. "JAHR7O-SCHULD BU/LA" = für Schuldaufnahmen beim Bund und Land im Jahr 197o).

In einer dritten Namensliste werden demographische Variablenbezeichnungen untergebracht (z.B. "ERWER.HELF.FAM.ANGEH" = Erwerbspersonen: helfende Familien-Angehörige).

5. Software zur Umwandlung der Dateitypen

Zur Umwandlung von einem Dateityp in einen anderen stehen in DAMTAS drei Programme zur Verfügung. Das erste ist das Programm FIDOS I.Es verwandelt SAM-Dateien mit variablem Format, d.h. mit Satzlängenfeld, in SAM-Dateien mit fester Satzlänge. Auf diese Weise werden kompakte FIDAS-Dateien so umgewandelt, daß sie zwar viel mehr Speicherplatz als ursprünglich beanspruchen,dafür aber für statistische Auswertungen bzw. für Vektoroperationen mit Teilen des statistischen Pakets OSIRIS (University of Michigan, Ann Arbor, bzw. Zentrum für Umfragen, Methoden und Analysen

Mannheim) zur Verfügung stehen.

Das Programm FIDOSI ist in Assembler BS 2000 geschrieben und akzeptiert prinzipiell Eingabesätze von maximal 1 PAM-Seite (2o48 Bytes, inklusive Satzlängenfeld). Es gibt dann Sätze aus, die alle die Länge des ersten Satzes, maximal aber 99 Zeichen (OSIRIS-Norm) ohne Satzlängenfeld, haben. Es wird eine Mitteilung über die Anzahl benötigter PAM-Seiten mittels des Parameters SPACE erwartet. Ein typisches Beispiel einer Prozedur, die FIDOSI aufruft, ist folgende Reihe von BS 2000-Kommandos

```
/ LOGON
/ FILE FIDAS.OUT.DATEN,LINK=DSETØ9                (Eingabedatei)
/ FILE FBUILD.EIN.DATEN.LINK=DSET 11,SPACE=6O    (Ausgabedatei)
/ EXEC FIDOSI
/ LOGOFF
```

Ein weiteres Programm, FBUILD, das von OSIRIS übernommen wurde, koppelt numerische SAM-F- oder ISAM-F-Dateien mit alphanumerischen Namenslisten. Dabei ist es möglich, je nach Fall, eine von zwei Namenslisten einzugeben:

I. Die Liste der Objektnamen oder
II. die Liste der Attribut- oder Variablennamen.

Der zweite Fall ist dann sinnvoll, wenn ein Objekt als ein Vektor vorkommt, der von mehreren Variablen gekennzeichnet wird. So können die Städte Neuss, Stuttgart, Offenbach und Flensburg durch folgende Variablen dargestellt werden:

a) Anzahl Einwohner 197o, b) Gesamtausgaben im Jahr 197o, c) Prozentsatz der Kinder im Schulalter, d) Ausgaben für Schulen im Jahr 197o, e) Prozentsatz der Einwohner über 65 Jahre, f) Ausgaben für Altersheime im Jahre 197o.

Das Programm FBUILD würde dann die entsprechenden numerischen Werte, die als Datei (z.B. mit der Bezeichnung FBUILD.EIN.DATEN) eingegeben werden, mit den Namen der Städte als Datei (z.B.

FBUILD.OUT.STAEDTEN.NAMEN) oder mit der Bezeichnung der Variablen als Datei (z.B. FBUILD.OUT.VARIAB.BEZ.) zugeordnet. Dadurch wird zu je einem Wert aus FBUILD.EIN.DATEN ein Stadtname oder eine Variablenbezeichnung eindeutig zugewiesen.

Beispiel einer Kommandofolge in der BS 2000-Sprache:

```
/.FBUILD REMARK KOPPELN DATEI ZU NAMENSLISTE
/DO $OSI3.OSIRIS
$FILE FBUILD.EIN.DATEN,LINK=DATAIN
$FILE FBUILD.OUT.DATEN,LINK=DATAOUT
$FILE FBUILD.OUT.YAR.BEZ,LINK=DICTOUT
$RUN  FBUILD
OSIRIS-DATEI ERZEUGEN FUER 6 DEMOGRAFISCHE VARIABLEN
VEND=6 DECKS=1 LRECL=90 MAXBLCKSIZE=2o48 PRINT=(BADS)*
V=1 NAME='ANZAHL.EINWOHNER' DECK=1 COL=(12,2o)
V=2 NAME='AUSGAB.SUMME.70 ' DECK=1 COL=(22,30)
V=3 NAME='%KINDER.SCHULALT' DECK=1 COL=(32,40)
V=4 NAME='AUSGAB.SCHULE.70' DECK=1 COL=(42,50)
V=5 NAME='%AELTER.65JAHRE ' DECK=1 COL=(52,60)
V=6 NAME='AUSGAB.ALTHEI.70' DECK=1 COL=(62,70)
/EOF
/SKIP .DISTSTA
/LOGOFF
```

6. Das Programm DISTAN

Ein komplexes Instrument im Programmpaket DAMTAS ist das Programm DISTAN. Es handelt sich um ein Universalprogramm zur Auswahl und Anpassung von Daten an Auswerteprogramme einerseits und zur Berechnung von Ähnlichkeits-, Korrelations- und Distanzmatrizen von Objekten andererseits oder (nach Transposition) von Merkmalen untereinander. DISTAN kann folgende Funktionen ausführen:

6.1 Berechnung von Ähnlichkeits-, Korrelations- und Distanzmatrizen für die nachfolgende Cluster- oder Faktorenanalyse

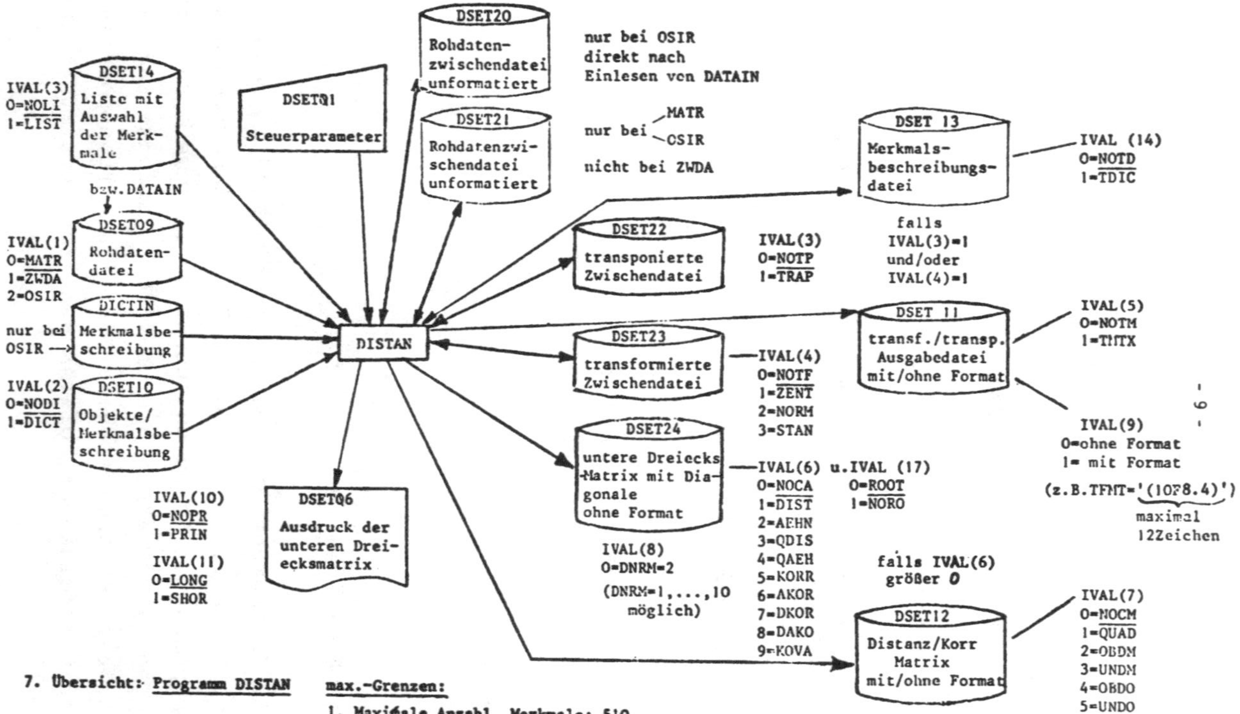

7. Übersicht: Programm DISTAN

max.-Grenzen:

1. Maximale Anzahl Merkmale: 510
2. Produkt aus # Merkmale u. # Objekte <= 510*510
3. Falls Transposition der Daten: Max.Anzahl Objekte <= 510
4. Falls Distanzbildung: (# Merkmale + # Objekte) + (# Objekte *(# Objekte+1)/2) <= 510 + 510

6.2 Transformation der Daten nach Berechnung von Mittelwert und Varianz (Mittelwert-0- zentrieren, Varianz-1- normieren, 0-1 Standardisieren) für den Vergleich skalenmäßig verschiedener Werte

6.3.Formatänderung von beliebig (un-)formatierten Dateien in andere (un-)formatierte Strukturen

6.4 Transposition von Dateien (z.B. objektbezogene in merkmalsbezogene und umgekehrt)

6.5 Filterung (mittels INCLUDE und EXCLUDE-Kommandos von OSIRIS) und arithmetische Umformung von Dateien (mittels RECODE-Kommandos von OSIRIS).

Dabei ist es möglich, eine große Anzahl dieser Funktionen in einem einzigen Lauf mittels entsprechender Datei- und Parameterzuweisung auszuführen. Das nächste Blockschaltbild vermittelt einen ersten Eindruck der Komplexität der DISTAN-Struktur. Der zusätzliche Einbau von OSIRIS-Routinen bewirkt , daß die wirkliche Komplexität noch größer ist als sie durch das Blockschaltbild vermittelt werden kann.

Beispiele von DISTAN-Aufrufen in der BS 2000-Kommandosprache wären folgende:

```
/LOGON "E.DISTAN TRANSPOSITION & MERKMALSDISTANZEN"
/FILE DATEN.VAR.DEMO.FBUILD.OUT,LINK=DATAIN
/FILE NAMEN.VAR.DEMO.FBUILD.OUT,LINK=DICTIN
/REMARK    OBEN:EINGANGSDATEIEN;UNTEN:AUSGANGSDATEIEN
/FILE DATEN.VAR.DEMO.ZWMTRX,LINK=DSET21
/FILE DATEN.OBJ.DEMO.ZWMTRX,LINK=DSET11
/FILE DAT.GDIS.DEMO.MERK,LINK=DSET12
/FILE NAMEN.MERK.DEMO,LINK=DSET13
/EXEC $KLACZKO.DISTAN
INCLUDE V32=300-399*
ZWISCHEN-DATEI ERZEUGEN,EUKL. DISTANZEN ZW. MERKMALEN BERECH.
OSIR,TDICT,TRAP,GDIS,ODDO,PRINT*
V1-V31*
/        SKIP .CLUMERK
/LOGOFF
=============================================================
```

Die obige ENTER-Prozedur holt sich zwei gekoppelte OSIRIS-Dateien, je eine mit den demographischen Daten und mit den Namen der Variablen (Link DATAIN, DICTIN; Parameter OSIR) und erzeugt damit eine schnelle Datenmatrix für den späteren Zugriff (Link DSET11),ferner eine schnelle transponierte Matrix von Daten(Link DSET21) mit Parameter TDICT und TRAP. Aus der letzten Matrix erzeugt DISTAN noch eine Dreiecksmatrix (Parameter QDIS und OBDO) aus mittleren euklidischen Distanzen zwischen den Merkmalen der Städte (Link=DSET12) für die Berechnung von Clusters. Diese Matrix wird ausgedruckt (Parameter PRINT;vgl. den Ausdruck der Distanzen). Gleichzeitig wird die Liste der Variablennamen umformatiert, so daß sie vom Cluster-Programm angenommen werden kann.

Das von OSIRIS übernommene Kommando "INCLUDE Y32=300-399" bedeutet, daß aus der Städtedatei nach der Variablen V32, d.h. die interne Städte-Nummer, alle Städte mit den Nummern zwischen 300 und 399 für diese Berechnung zur Verfügung stehen sollen. Es handelt sich dabei um die Städte des Landes Hessen.

Ähnlich entsteht aus der schnellen Zwischenmatrix "DATEN.VAR. DEMO.ZWMTRX", die mit LINK=DSET11 in der vergangenen Prozedur DISMERK erzeugt worden war, eine dreieckige Matrix mittlerer euklidischer Distanzen zwischen Städten. Die dazu verwendete neue Prozedur DISTOBJ (vgl. die Kommandos und die erzeugte Matrix auf dem nächsten Bild) hat diesmal statt OSIR den Parameter ZWDA, um mitzuteilen, daß es sich um eine Zwischendatei von DISTAN handelt. Der LINK=DSET12 bedeutet automatisch, daß eine Distanzmatrix erwünscht ist.

Die Namen der Städte jedoch sind nicht mittels OSIRIS, sondern mittels der Datenbank FIDAS bereitgestellt worden. Es handelt sich um die Datei "NAMEN.OBJ.DEMO", die von der Prozedur DISTOBJ unter LINK=DSET10 aufgenommen wurde. Wie die Druckprotokolle von FIDAS (Seite 11) nachweisen, wird diese Datei unter dem Format STA-ABK des SESOR-Systems von FIDAS erzeugt. Dort wurden mittels KEYLISTE:=300-399 bereits die Städte des Landes Hessen herausselektiert, mittels SELEKTION:KEY.4='70' jedoch nur diejenigen Städte, die im Jahre 1970 für diese Variablen Daten vorweisen. Das Protokoll zeigt, daß es sich um 14 Städte handelt.

ZWISCHEN-DATEI ERZEUGEN,EVTL. DISTANZEN ZWISCHEN MERKMALEN BERECHNEN

	1	2	3	4	5	6	7	8	9
1 WOHNBEVOELKERUNG	0.000E 00								
2 WOHNBEV.FRAUEN	0.209E 06	0.000E 00							
3 WOHNBEV.65JAHRE	0.209E 06	0.389E 02	0.000E 00						
4 WOHNBEV.15JAHRE	0.209E 06	0.340E 02	0.545E 01	0.000E 00					
5 WOHNBEV.AUSLAEND	0.209E 06	0.472E 02	0.900E 01	0.137E 02	0.000E 00				
6 WOHNBEV.EVANGELI	0.209E 06	0.147E 02	0.453E 02	0.407E 02	0.534E 02	0.000E 00			
7 ERWERBSTAETIGE	0.106E 06	0.103E 06	0.103E 06	0.103E 06	0.103E 06	0.103E 06	0.000E 00		
8 ERWERBST.FRAUEN	0.209E 06	0.164E 02	0.227E 02	0.180E 02	0.311E 02	0.248E 02	0.103E 06	0.000E 00	
9 ERWERB.LAND-FORSTWRT.	0.209E 06	0.524E 02	0.136E 02	0.185E 02	0.604E 01	0.583E 02	0.103E 06	0.362E 02	0.000E 00
10 ERWERB.PRODUZ.GEWERBE	0.209E 06	0.137E 02	0.305E 02	0.256E 02	0.383E 02	0.231E 02	0.103E 06	0.126E 02	0.436E 02
11 ERWERB.HANDEL	0.209E 06	0.330E 02	0.674E 01	0.409E 01	0.148E 02	0.398E 02	0.103E 06	0.170E 02	0.198E 02
12 ERWERB.SONST.WIRTSCH.	0.209E 06	0.199E 02	0.227E 02	0.186E 02	0.310E 02	0.288E 02	0.103E 06	0.734E 01	0.355E 02
13 BERUFSAUSPENDLER	0.202E 06	0.110E 05	0.111E 05	0.110E 05	0.111E 05	0.110E 05	0.970E 05	0.110E 05	0.111E 05
14 BERUFSEINPENDLER	0.209E 06	0.153E 02	0.290E 02	0.240E 02	0.367E 02	0.230E 02	0.103E 06	0.111E 02	0.418E 02
15 HAUSHALTE.TELEFON	0.209E 06	0.217E 02	0.211E 02	0.171E 02	0.285E 02	0.288E 02	0.103E 06	0.962E 01	0.337E 02
16 ERWERB.SELBSTAENDIGE	0.209E 06	0.453E 02	0.659E 01	0.114E 02	0.380E 01	0.514E 02	0.103E 06	0.291E 02	0.717E 01
17 ERWERB.MITH.FAM.ANGEH	0.209E 06	0.453E 02	0.659E 01	0.114E 02	0.380E 01	0.514E 02	0.103E 06	0.291E 02	0.717E 01
18 ERWERB.BEAMTE	0.209E 06	0.510E 02	0.122E 02	0.171E 02	0.491E 01	0.569E 02	0.103E 06	0.348E 02	0.140E 01
19 ERWERB.ARBEITER	0.209E 06	0.587E 01	0.382E 02	0.335E 02	0.465E 02	0.139E 02	0.103E 06	0.159E 02	0.516E 02
20 SCHULAB.VOLKSSCHULE	0.209E 06	0.168E 02	0.240E 02	0.191E 02	0.321E 02	0.256E 02	0.103E 06	0.735E 01	0.372E 02
21 SCHULAB.ABITUR	0.209E 06	0.561E 01	0.364E 02	0.319E 02	0.450E 02	0.174E 02	0.103E 06	0.154E 02	0.502E 02
22 SCHULAB.BERUFSSCHULE	0.209E 06	0.383E 02	0.513E 01	0.675E 01	0.107E 02	0.440E 02	0.103E 06	0.220E 02	0.151E 02
23 SCHULAB.HOCHSCHULE	0.209E 06	0.446E 02	0.601E 01	0.109E 02	0.360E 01	0.507E 02	0.103E 06	0.284E 02	0.788E 01
24 PRIVATHAUSHALTE	0.209E 06	0.492E 02	0.106E 02	0.154E 02	0.388E 01	0.551E 02	0.103E 06	0.330E 02	0.349E 01
25 HAUSH.EINPERSONEN	0.117E 06	0.917E 05	0.917E 05	0.917E 05	0.917E 05	0.917E 05	0.119E 05	0.917E 05	0.918E 05
26 HAUSH.MEHRPERSONEN	0.175E 06	0.337E 05	0.337E 05	0.337E 05	0.337E 05	0.337E 05	0.695E 05	0.337E 05	0.337E 05
27 HAUSH.MEHRP.2 PERSON	0.203E 06	0.579E 04	0.582E 04	0.582E 04	0.582E 04	0.579E 04	0.973E 05	0.580E 04	0.583E 04
28 HAUSH.MEHRP.3 PERSON	0.209E 06	0.113E 02	0.280E 02	0.234E 02	0.363E 02	0.203E 02	0.103E 06	0.619E 01	0.415E 02
29 HAUSH.MEHRP.4 PERSON	0.209E 06	0.259E 02	0.132E 02	0.829E 01	0.214E 02	0.330E 02	0.103E 06	0.993E 01	0.266E 02
30 HAUSH.MEHRP.5 PERSON	0.209E 06	0.347E 02	0.480E 01	0.177E 01	0.131E 02	0.412E 02	0.103E 06	0.186E 02	0.178E 02
31 PERSON. IN ANSTALTEN	0.209E 06	0.346E 02	0.485E 01	0.182E 01	0.132E 02	0.412E 02	0.103E 06	0.185E 02	0.179E 02

	10	11	12	13	14	15	16	17	18	19	20
1	0.000E 00										
2	0.255E 02	0.000E 00									
3	0.193E 02	0.175E 02	0.000E 00								
4	0.110E 05	0.110E 05	0.110E 05	0.000E 00							
5	0.123E 02	0.236E 02	0.144E 02	0.110E 05	0.000E 00						
6	0.155E 02	0.158E 02	0.176E 02	0.110E 05	0.179E 02	0.000E 00					
7	0.367E 02	0.122E 02	0.266E 02	0.111E 05	0.350E 02	0.268E 02	0.000E 00				
8	0.367E 02	0.128E 02	0.266E 02	0.111E 05	0.350E 02	0.268E 02	0.000E 00	0.000E 00			
9	0.422E 02	0.184E 02	0.342E 02	0.111E 05	0.405E 02	0.324E 02	0.581E 01	0.581E 01	0.000E 00		
10	0.166E 02	0.323E 02	0.177E 02	0.110E 05	0.155E 02	0.204E 02	0.445E 02	0.445E 02	0.502E 02	0.000E 00	
11	0.815E 01	0.188E 02	0.137E 02	0.110E 05	0.106E 02	0.136E 02	0.303E 02	0.303E 02	0.359E 02	0.185E 02	0.000E 00
12	0.998E 01	0.311E 02	0.203E 02	0.110E 05	0.144E 02	0.209E 02	0.432E 02	0.432E 02	0.489E 02	0.106E 02	0.135E 02
13	0.310E 02	0.719E 01	0.207E 02	0.111E 05	0.282E 02	0.202E 02	0.855E 01	0.855E 01	0.138E 02	0.370E 02	0.244E 02
14	0.360E 02	0.121E 02	0.281E 02	0.111E 05	0.343E 02	0.260E 02	0.134E 01	0.134E 01	0.653E 01	0.438E 02	0.297E 02
15	0.407E 02	0.167E 02	0.322E 02	0.111E 05	0.387E 02	0.305E 02	0.415E 01	0.415E 01	0.231E 01	0.483E 02	0.343E 02
16	0.917E 05	0.917E 05	0.917E 05	0.256E 05	0.917E 05	0.917E 05	0.917E 05	0.917E 05	0.918E 05	0.917E 05	0.917E 05
17	0.337E 05	0.337E 05	0.337E 05	0.266E 05	0.337E 05	0.337E 05	0.337E 05	0.337E 05	0.337E 05	0.337E 05	0.337E 05
18	0.580E 04	0.581E 04	0.580E 04	0.883E 04	0.580E 04	0.580E 04	0.582E 04	0.582E 04	0.583E 04	0.579E 04	0.580E 04
19	0.102E 02	0.221E 02	0.115E 02	0.110E 05	0.114E 02	0.114E 02	0.344E 02	0.344E 02	0.402E 02	0.113E 02	0.877E 01
20	0.183E 02	0.773E 01	0.121E 02	0.110E 05	0.170E 02	0.105E 02	0.195E 02	0.195E 02	0.252E 02	0.254E 02	0.117E 02
21	0.265E 02	0.454E 01	0.188E 02	0.110E 05	0.245E 02	0.180E 02	0.108E 02	0.108E 02	0.165E 02	0.341E 02	0.198E 02
	0.265E 02	0.447E 01	0.187E 02	0.110E 05	0.244E 02	0.180E 02	0.109E 02	0.109E 02	0.166E 02	0.341E 02	0.197E 02

	21	22	23	24	25	26	27	28	29	30	31
1	0.000E 00										
2	0.368E 02	0.000E 00									
3	0.425E 02	0.786E 01	0.000E 00								
4	0.472E 02	0.117E 02	0.478E 01	0.000E 00							
5	0.917E 05	0.917E 05	0.917E 05	0.918E 05	0.000E 00						
6	0.337E 05	0.337E 05	0.337E 05	0.337E 05	0.583E 05	0.000E 00					
7	0.579E 04	0.582E 04	0.582E 04	0.582E 04	0.659E 05	0.279E 05	0.000E 00				
8	0.105E 02	0.274E 02	0.337E 02	0.383E 02	0.917E 05	0.337E 05	0.580E 04	0.000E 00			
9	0.240E 02	0.130E 02	0.188E 02	0.234E 02	0.917E 05	0.337E 05	0.561E 04	0.151E 02	0.000E 00		
	0.327E 02	0.601E 01	0.103E 02	0.147E 02	0.917E 05	0.337E 05	0.582E 04	0.241E 02	0.907E 01	0.000E 00	
	0.326E 02	0.611E 01	0.104E 02	0.148E 02	0.917E 05	0.337E 05	0.582E 04	0.240E 02	0.902E 01	0.307E 00	0.000E 00

Andererseits wurden bereits die Rohdaten im gleichen FIDAS-Aufruf mittels des SESOR-Formates "OSIEIN" bereitgestellt. Aus dem Protokoll geht hervor, daß es sich um 252 Städte handelt, die im Jahr 197o für zumindest eine der 31 Variablen Daten vorzuweisen haben.

```
/.DISTOBJ REMARK BILDE DISTANZEN ZWISCHEN STAEDTE
/STEP   REMARK  PROZEDUR ".DISTOBJ" WIRD AUFGERUFEN
/FILE DATEN.VAR.DEMO.ZWMTRX, LINK=DSETO9
/FILE NAMEN.OBJ.DEMO.LINK=DSET10
/REMARK OBEN:EINGEGANGSDATEIEN, UNTEN:AUSGANGSDATEI
/FILE DAT.QDIS.OBJ.DEMO,LINK=DSET12
/EXEC $KLACZKO.DISTAN
INCLUDE V32=300-399*
DISTANZEN ZWISCHEN STAEDTEN EINES BUNDES-LANDES IN OBDO ERZ.
ZWDA,QDIST,PRINT,DICT,OBDO*
V1-V31*
/STEP
/       SKIP .CLUSOBJ
/LOGOFF
```

DISTANZEN ZWISCHEN STAEDTEN EINES BUNDES-LANDES IN
CDDO ERZEUGEN

		1	2	3
1	FRANKFURT	0.000E 00		
2	WIESBADEN	0.938E 05	0.000E 00	
3	KASSEL	0.102E 06	0.875E 04	0.000E 00
4	DARMSTADT	0.117E 06	0.236E 05	0.150E 05
5	OFFENBACH	0.122E 06	0.282E 05	0.198E 05
6	GIESSEN	0.131E 06	0.377E 05	0.293E 05
7	FULDA	0.138E 06	0.439E 05	0.354E 05
8	MARBURG	0.137E 06	0.436E 05	0.350E 05
9	HANAU	0.135E 06	0.415E 05	0.330E 05
10	BAD HOMBURG	0.138E 06	0.445E 05	0.360E 05
11	WETZLAR	0.139E 06	0.457E 05	0.371E 05
12	BENSHEIM	0.141E 06	0.477E 05	0.391E 05
13	ESCHWEGE	0.142E 06	0.480E 05	0.401E 05
14	NEU-ISENBURG	0.140E 06	0.459E 05	0.373E 05

	4	5	6	7	8	9
4	0.000E 00					
	0.497E 04	0.000E 00				
	0.146E 05	0.993E 04	0.000E 00			
	0.204E 05	0.159E 05	0.838E 04	0.000E 00		
	0.200E 05	0.156E 05	0.803E 04	0.101E 04	0.000E 00	
	0.180E 05	0.134E 05	0.620E 04	0.256E 04	0.243E 04	0.000E 00
	0.210E 05	0.164E 05	0.841E 04	0.106E 04	0.152E 04	0.303E 04
	0.221E 05	0.176E 05	0.974E 04	0.182E 04	0.248E 04	0.422E 04
	0.241E 05	0.196E 05	0.113E 05	0.380E 04	0.428E 04	0.618E 04
13	0.251E 05	0.205E 05	0.124E 05	0.471E 04	0.516E 04	0.715E 04
14	0.223E 05	0.177E 05	0.930E 04	0.247E 04	0.290E 04	0.442E 04

	10	11	12	13	14
	0.000E 00				
11	0.138E 04	0.000E 00			
12	0.318E 04	0.203E 04	0.000E 00		
13	0.417E 04	0.296E 04	0.109E 04	0.000E 00	
14	0.150E 04	0.132E 04	0.206E 04	0.311E 04	0.000E 00

PROGRAMM DISTAN FEHLERFREI BEENDET.

```
==========================================================
/.DISTOBJ  REMARK BILDE DISTANZEN ZWISCHEN STAEDTE
/STEP      REMARK  PROZEDUR ".DISTOBJ" WIRD AUFGERUFEN
/FILE DATEN.VAR.DEMO.ZWMTRX,LINK=DSET09
/FILE NAMEN.OBJ.DEMO,LINK=DSET10
/REMARK  OBEN:EINGANGSDATEIEN,UNTEN:AUSGANGSDATEI
/FILE DAT.QDIS.OBJ.DEMO,LINK=DSET12
/EXEC $KLACZKO.DISTAN
INCLUDE V32=300-399*
DISTANZEN ZWISCHEN STAEDTEN EINES BUNDES-LANDES IN OBDO ERZEUGEN
ZWDA,QDIST,PRINT,DICT,OBDO*
V1-V31*
/STEP
/        SKIP .CLUSOBJ
/LOGOFF
==========================================================
```

Aufruf von FIDAS-SESOR um die Namen aller Städte Hessens zu selektieren

```
*               S E S O R   (VERSION 3.5)                    *

FORMATDATEI: SESOR-FORMATE4
-------------------------------------------------------------
FORMAT:          STA-ABK              4.10.1978     10.48 UHR
-------------------------------------------------------------
FORMAT-NAME:STA-ABK
ZWECK:STAEDTENAMEN (=OBJEKTENAMEN) ERZEUGEN
EINGABEDATEI:$KLACZKO.D2.F.DEMOGRAF.01-69,ABK.STAEDTE
SELEKTION:KEY.4='70'
KEYLISTE:=300:399
GRUPPENFELDER:@KOPPEL
BERECHNUNGEN? (J/N) N
KOPPELFELDER DATEI 1:KEY.1*3
KOPPELFELDER DATEI 2:STANR1
AUSGABE-ART:FIDAS/IREG/ISAM-F-K/SAM-F/DS:ISAMF
AUSGABEDATEI:NAMEN.OBJ.DEMO,E
BLOCKLAENGE DER AUSGABEDATEI = 2048*1
EINZELSATZAUSGABE:STNAME.1*20
```

Aufruf von FIDAS-SESOR um 31 demographische Variablen für das Jahr 197o und für alle Städte der Datei zu selektieren

```
*               S E S O R   (VERSION 3.5)                    *

FORMATDATEI: SESOR-FORMATE4
-------------------------------------------------------------
FORMAT:          OSIEIN               4.10.1978     10.49 UHR
-------------------------------------------------------------
FORMAT-NAME:OSIEIN
ZWECK:ANALYSEDATENBESTAND ERZEUGEN
EINGABEDATEI:$KLACZKO.D2.F.DEMOGRAF.01-69
SELEKTION:KEY.4='70'
BERECHNUNGEN? (J/N) N
AUSGABE-ART:FIDAS/IREG/ISAM-F-K/SAM-F/DS:SAMF
AUSGABEDATEI:DATEN.VAR.DEMO.FIDOSI.EIN,E
BLOCKLAENGE DER AUSGABEDATEI = 2048*1
EINZELSATZAUSGABE:
KEY.1*3,'        ',V01.3*10,V02.3*10,V04.3*10,V05.3*10,
V06.3*10,V07.3*10,V08.3*10,V09.3*10/
                         V11.3*10,V12.3*10,V13.3*10,V14.3*10,
V15.3*10,V16.3*10,V17.3*10,V18.3*10/V19.3*10,
             V20.3*10,V21.3*10,V22.3*10,V23.3*10,V24.3*10,
V25.3*10,V26.3*10,V27.3*10/V28.3*10,V29.3*10,
             V30.3*10,V31.3*10,V32.3*10,V33.3*10
```

Protokoll der erfolgten Datenselektion

```
D,STA-ABK
FORMAT STA-ABK GEDRUCKT
*STA-ABK
KOPPELBEGRIFF:  14 UNTERSCHIEDLICHE WERTE
INSGESAMT        14 SAETZE AUSGEWAEHLT
INSGESAMT        14 SAETZE BEARBEITET
AUSGABEDATEI:       NAMEN.OBJ.DEMO
D,OSIEIN
FORMAT OSIEIN  GEDRUCKT
*OSIEIN
INSGESAMT      252 SAETZE AUSGEWAEHLT
INSGESAMT      252 SAETZE BEARBEITET
AUSGABEDATEI:       DATEN.VAR.DEMO.FIDOSI.EIN
+
SESOR BEENDET -     22,1919 SEKUNDEN RECHENZEIT
F I D A S, VERSION 3.5   (OKTOBER 1977)
FORMULAR-ORIENTIERTES INTERAKTIVES DATENBANK-SYSTEM
TIPPEN SIE  +  ODER EIN KOMMANDO
F I D A S   BEENDET
/        SKIP .FIDOSI "SPRINGE NACH FIDOSI-PROGRAMM"
```

DISTAN ist in der Lage, allein durch Parameteränderung verschiedene Arten von Distanz- oder Ähnlichkeitsmaßen zu erzeugen:

0 = NOCA: Keine Distanzberechnung

1 = DIST: Lq-Distanz mit q=2 im Regelfall (Euklidische Distanz) und q=1,...,10 nach Bedarf.

2. AEHN: maximale Distanz zu zwei Objekten eines Clusters

3. QDIS: durchschnittliche euklidische Distanz

4. QAEH: durchschnittliche maximale Distanz

5. KORR: Korrelation

6. AKOR: Absolutwert der Korrelation

7. DKORR: 1-reziproke der Korrelation

8. DAKOR: 1-reziproke des Korrelationsbetrages

9. KOVA: Kovarianz

Das angeschlossene Programm CLUSTER ist in der Lage, mittels Parameterveränderung je eins von sieben verschiedenen Agglomerationsverfahren der CLUSTER-Analyse durchzuführen.

1. Single Linkage
2. Complete Linkage
3. Zentroid

4. Average Linkage (default)
5. Ward
6. Median
7. Flexible Strategy

Im nächsten Bild kann man je zwei Dendrogramme der 14 Städte Hessens (klassifiziert nach 31 demographischen Variablen) und je zwei Dendrogramme der 31 demographischen Variablen (klassifiziert nach den 14 Städten Hessens) sehen, die mit CLUSTER im Anschluß an DISTAN berechnet wurden.

Die Kombination aus CLUSTER und DISTAN erlaubt also die verschiedensten Distanzen und Agglomerationsverfahren (fast 7x9=63) für je einen Datensatz sowohl in seinem ursprünglichen als auch im transponierten Zustand zu klassifizieren.

Das Programm ZENTROID erlaubt wiederum die repräsentativen Städte eines Clusters sowie ihre charakteristischen Merkmale zu ermitteln.

```
====================================================
/.CLUMERK REMARK BERECHNEN DENDROGRAMM DER MERKMALE
/FILE DAT.GDIS.DEMO.MERK,LINK=DSET10
/FILE NAMEN.MERK.DEMO,LINK=DSET11
/FILE DRU.DENDR.MERK.DEMO.TRP,LINK=DSET15
/EXEC $KLACZKO.CLUST1
/STEP
/        SKIP .PRINT
/LOGOFF
====================================================
================================================
/.CLUSOBJ REMARK BERECHNEN DENDROGRAMM DER STAEDT
/STEP  REMARK PROZEDUR ".CLUSOBJ" WIRD AUFGERUFEN
/FILE DAT.GDIS.OBJ.DEMO,LINK=DSET10
/FILE NAMEN.OBJ.DEMO,LINK=DSET11
/FILE DRU.DENDR.OBJ.DEMO,LINK=DSET15
/EXEC $KLACZKO.CLUST1
/STEP
/        SKIP .PRINT
/LOGOFF
================================================
```

CLUSTER-DIAGRAMM
================

1 WOHNBEVOELKERUNG
2 WOHNBEV.FRAUEN
21 SCHULAB.ABITUR
19 ERWER.ARBEITER
6 WOHNBEV.EVANGELI
8 ERWERBST.FRAUEN
28 HAUSH.MEHRP.3 PERSON
14 BERUFSEINPENDLER
10 ERWER.PRODUZ.GEWERBE
20 SCHULAB.VOLKSSCHULE
12 ERWER.SONST.WIRTSCH.
15 HAUSHALTE.TELEFON
29 HAUSH.MEHRP.4 PERSON
3 WOHNBEV.65JAHRE
22 SCHULAB.BERUFSSCHULE
4 WOHNBEV.15JAHRE
30 HAUSH.MEHRP.5 PERSON
31 PERSON. IN ANSTALTEN
11 ERWER.HANDEL
5 WOHNBEV.AUSLAEND
16 ERWER.SELBSTAENDIGE
17 ERWER.HELF.FAM.ANGEH
23 SCHULAB.HOCHSCHULE
9 ERWER.LAND-FORSTWRT.
18 ERWER.BEAMTE
24 PRIVATHAUSHALTE
27 HAUSH.MEHRP.2 PERSON
13 BERUFSAUSPENDLER
26 HAUSH.MEHRPERSONEN
7 ERWERBSTAETIGE
25 HAUSH.EINPERSONEN

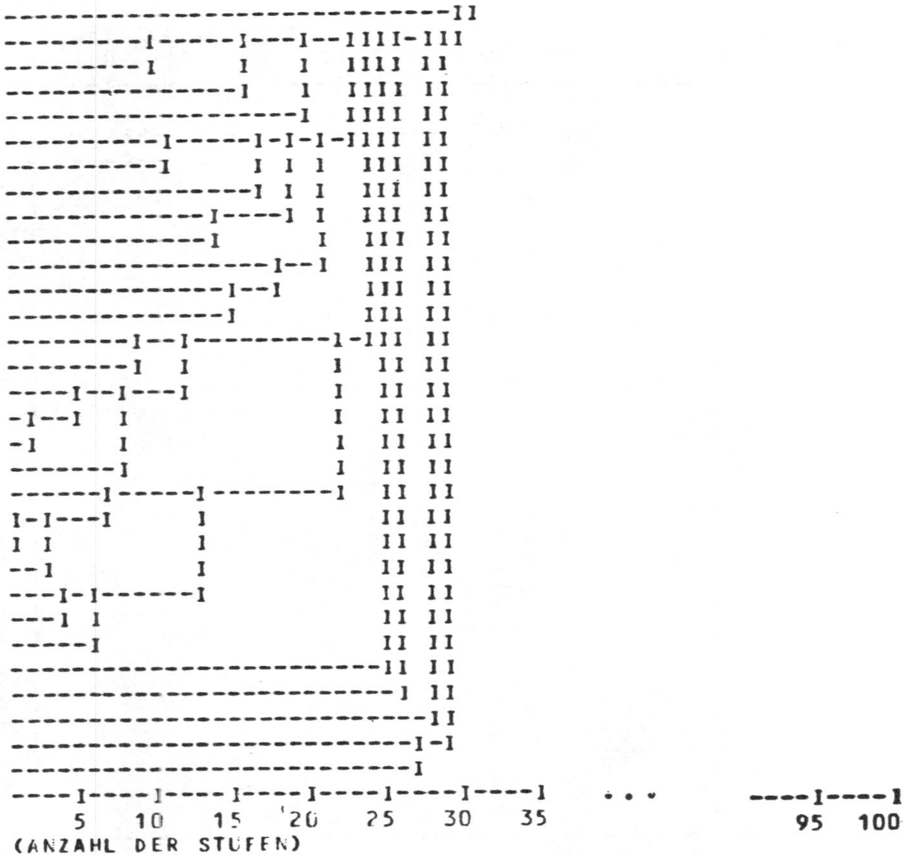

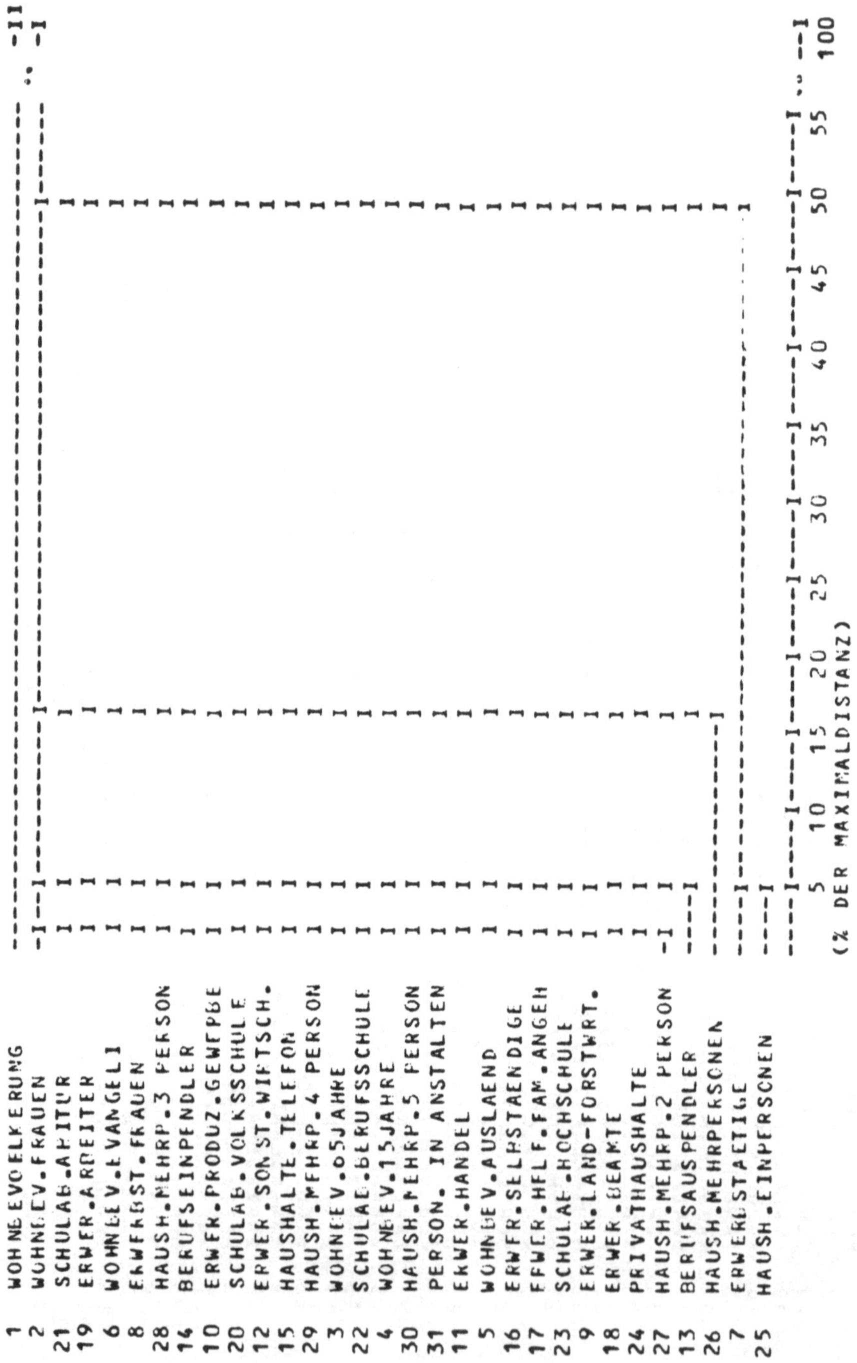
1 WOHNBEVOELKERUNG
2 WOHNBEV.FRAUEN
21 SCHULAB.ABITUR
19 ERWER.ARBEITER
6 WOHNBEV.EVANGELI
8 ERWERBST.FRAUEN
28 HAUSH.MEHRP.3 PERSON
14 BERUFSEINPENDLER
10 ERWER.PRODUZ.GEWERBE
20 SCHULAB.VOLKSSCHULE
12 ERWER.SONST.WIRTSCH.
15 HAUSHALTE.TELEFON
29 HAUSH.MEHRP.4 PERSON
3 WOHNBEV.65JAHRE
22 SCHULAB.BERUFSSCHULE
4 WOHNBEV.15JAHRE
30 HAUSH.MEHRP.5 PERSON
31 PERSON. IN ANSTALTEN
11 ERWER.HANDEL
5 WOHNBEV.AUSLAEND
16 ERWER.SELBSTAENDIGE
17 ERWER.HELF.FAM.ANGEH
23 SCHULAB.HOCHSCHULE
9 ERWER.LAND-FORSTWRT.
18 ERWER.BEAMTE
24 PRIVATHAUSHALTE
27 HAUSH.MEHRP.2 PERSON
13 BERUFSAUSPENDLER
26 HAUSH.MEHRPERSONEN
7 ERWERBSTAETIGE
25 HAUSH.EINPERSONEN
5 10 15 20 25 30 35 40 45 50 55 100
(% DER MAXIMALDISTANZ)

```
CLUSTER-DIAGRAMM
================
  1   FRANKFURT           ------------II
  2   WIESBADEN           --------I--II
  3   KASSEL              --------I  I
  4   DARMSTADT           ------I---II
  5   OFFENBACH           ------I   I
  6   GIESSEN             ---------II
  7   FULDA               I---I--I-I
  8   MARBURG             I   I  I
  9   HANAU               ----I  I
 10   BAD HOMBURG         ---I-I-I
 11   WETZLAR             --II I
 14   NEU-ISENBURG        --I  I
 12   BENSHEIM            -I---I
 13   ESCHWEGE            -I
                          ----I----I----I----I----I               ...    --I----I
                              5   10   15   20   25                        95  100
                          (ANZAHL DER STUFEN)

  1   FRANKFURT           --------------------------------------    ...    ------II
  2   WIESBADEN           -----I----------------------------I----          ------I
  3   KASSEL              -----I                            I
  4   DARMSTADT           --I--------------I----------------I
  5   OFFENBACH           --I              I
  6   GIESSEN             -------I---------I
  7   FULDA               I---I--I
  8   MARBURG             I   I
  9   HANAU               I   I
 10   BAD HOMBURG         II--I
 11   WETZLAR             II
 14   NEU-ISENBURG         I
 12   BENSHEIM            -I
 13   ESCHWEGE
                          ----I----I----I----I----I----I----I---    ...    --I----I
                              5   10   15   20   25   30   35              95  100
                          (% DER MAXIMALDISTANZ)
```

7. Automatische Cluster-Interpretation mit ZENTRO und MAXMIN

Als Beispiel der Möglichkeiten der an DENDRO angeschlossenen Zentroid-Analyse wurden die erwähnten 14 hessischen mit den 14 schleswig-holsteinischen Städten gemischt, die über 2o.ooo Einwohner vorweisen. Das Clusterprogramm bildete ein Dendrogramm der 28 Städte, die sich in den folgenden Clusters zusammenschließen:

LISTE MIT DURCHSCHNITTLICHEN EUKLIDISCHEN DISTANZEN
DER OBJEKTE ZUM ZENTROIDEN.

CLUSTER 1 MIT 4 OBJEKTEN.

1	KASSEL	0.37913E 00
2	KIEL	0.41020E 00
3	LUEBECK	0.50222E 00
4	WIESBADEN	0.58239E 00

CLUSTER 2 MIT 6 OBJEKTEN.

1	DARMSTADT	0.56553E 00
2	HANAU	0.64306E 00
3	OFFENBACH	0.70214E 00
4	BAD HOMBURG	0.83087E 00
5	NEU-ISENBURG	0.84008E 00
6	WETZLAR	0.88188E 00

CLUSTER 3 MIT 3 OBJEKTEN.

1	BENSHEIM	0.44340E 00
2	ESCHWEGE	0.48746E 00
3	FULDA	0.54721E 00

CLUSTER 4 MIT 7 OBJEKTEN.

1	RENDSBURG	0.41241E 00
2	ECKERNFOERDE	0.42632E 00
3	ITZEHOE	0.47746E 00
4	FLENSBURG	0.50156E 00
5	SCHLESWIG	0.53297E 00
6	HEIDE	0.62020E 00
7	HUSUM	0.64450E 00

CLUSTER 5 MIT 5 OBJEKTEN.

1	ELMSHORN	0.50468E 00
2	PINNEBERG	0.55732E 00
3	NEUMUENSTER	0.63809E 00
4	WEDEL	0.66227E 00
5	GEESTHACHT	0.69217E 00

CLUSTER 6 MIT 2 OBJEKTEN.

1	GIESSEN	0.61382E 00
2	MARBURG	0.61382E 00

CLUSTER 7 MIT 1 OBJEKTEN.

1	FRANKFURT	0.00000E 00

BEMERKUNG: LETZTES CLUSTER 7 IST EIN RESIDUAL-CLUSTER.

Die Werte rechts von den Namen der Städte sind die jeweiligen Distanzen dieser Städte zum Zentroiden, also zum Mittelpunkt ihres Clusters. Je geringer diese Distanz, um so repräsentativer ist die Stadt für den Cluster. Infolgedessen lassen sich die Städte nach sinkender Repräsentativität, d.h. nach steigender Distanz, vom Programm sortieren, wie der obige Computerausdruck es zeigt. In Cluster 1 ist Kassel die repräsentativste und Wiesbaden die eigenartigste oder am wenigsten repräsentative Stadt. Cluster 2 - bestehend nur aus mittleren hessischen Städten - zeigt die höchste Heterogenität, mit einer relativ hohen Minimaldistanz. Darmstadt als repräsentativste Stadt liegt nämlich fast so weit von ihrem Zentroiden 2 wie Wiesbaden, die am wenigsten repräsentative, von ihrem Zentroiden 1. Cluster 2 und 3 enthalten nur mittlere hessische Städte, Cluster 4 und 5 nur mittlere schleswig-holsteinische Städte. Cluster 6 enthält zwei kleinere hessische Universitätsstädte und Cluster 7 die Stadt Frankfurt.

Es liegt also nahe, anzunehmen, daß Regionalfaktoren von Hessen und Schleswig-Holstein jeweils 5 bzw. 4 verschiedene Typen von Städten erzeugten, die landestypische Ähnlichkeiten vorweisen. Um diese Annahme zu präzisieren, d.h., um die 7 Cluster zu interpretieren, liefert das Programm Zentro zunächst eine detaillierte Verteilung der Gewichte unter den Variablen eines Zentroids. Das Zentroid aller 28 Städte zusammen zeigt für alle Variablen (da die Daten mit der Z-Tranformation auf Mittelwert = O und Standardabweichung = 1 zuvor normiert wurden) annähernd den Wert O. Folglich ist ein Zentroid eines Clusters ausreichend gekennzeichnet durch Werte, die größer als 1 oder kleiner als -1 sind (starke Ausprägung) sowie durch Werte, die sich innerhalb des Intervalls (+1, -1) aber doch in der Nähe der Intervallgrenzen befinden (schwächere Ausprägung). Positive Werte gelten als über-, negative als unterdurchschnittlich. Werte mit negativen Exponenten gelten als ausgesprochen durchschnittlich, gleich, ob die Mantisse positiv oder negativ ist. Werte mit negativem Exponenten kleiner als -o2 gelten als gleich Null. Schauen wir uns die Gewichtsverteilung des Zentroiden für die Städte Kassel, Kiel, Lübeck und Wiesbaden näher an:

LISTE MIT CHARAKTERISTISCHEN WERTEN ALLER MERKMALE DES JEWEILIGEN CLUSTERS UND INSGESAMT.

CLUSTER: 1 MIT 4 OBJEKTEN

	MERKMALSBEZEICHNUNG	ZENTROID (MITTELWERT)	MAXIMALWERT	MINIMALWERT	DURCHSCHN. INNERGRUPPENVARIANZ	1.WERT ZUM ZENTROID	2.WERT ZUM ZENTROID
1	WOHNBEVOELKERUNG	0.10929E 01	0.13033E 01	0.86892E 00	0.24456E-01	0.86892E 00	0.13033E 01
2	WOHNBEV.FRAUEN	0.35641E 00	0.73050E 00	-0.18404E 00	0.11234E 00	0.39799E 00	-0.18404E 00
3	WOHNBEV.65JAHRE	0.89215E 00	0.11768E 01	0.70798E 00	0.32234E-01	0.90888E 00	0.70798E 00
4	WOHNBEV.15JAHRE	-0.63743E 00	0.65188E-01	-0.13301E 01	0.24475E 00	-0.68610E 00	-0.57877E 00
5	WOHNBEV.AUSLAEND	-0.26775E 00	0.37366E 00	-0.82585E 00	0.21281E 00	-0.59498E-01	-0.82585E 00
6	WOHNBEV.EVANGELISCH	0.15885E 00	0.86494E 00	-0.89123E 00	0.42515E 00	0.18903E 00	0.47267E 00
7	ERWERBSTAETIGE	0.91206E 00	0.10669E 01	0.67772E 00	0.26755E-01	0.67772E 00	0.10669E 01
8	ERWERBST.FRAUEN	0.13397E 00	0.10715E 01	-0.34623E 00	0.30379E 00	-0.34623E 00	-0.11756E 00
9	ERWER.LAND-FORSTWRT.	-0.19507E 00	0.26011E 00	-0.58023E 00	0.15079E 00	-0.58023E 00	-0.58023E 00
10	ERWER.PRODUZ.GEWERBE	-0.17116E 00	0.20436E 00	-0.56644E 00	0.95896E-01	0.46243E-01	-0.56644E 00
11	ERWER.HANDEL	0.30988E 00	0.99409E 00	-0.60725E 00	0.41135E 00	0.81940E 00	0.33789E-01
12	ERWER.SONST.WIRTSCH.	0.86551E-01	0.64678E 00	-0.60771E 00	0.30749E 00	-0.30749E 00	0.64678E 00
13	BERUFSAUSPENDLER	0.22412E 00	0.10507E 01	-0.28654E 00	0.25628E 00	0.19027E 00	-0.28654E 00
14	BERUFSEINPENDLER	-0.98058E 00	0.13785E 00	-0.17920E 01	0.49775E 00	0.13785E 00	-0.12657E 01
15	HAUSHALTE.TELEFON	0.37946E 00	0.10097E 01	-0.32334E 00	0.23397E 00	-0.32334E 00	0.56097E 00
16	ERWER.SELBSTAENDIGE	-0.57180E 00	0.57490E 00	-0.20214E 01	0.91140E 00	-0.11745E 00	-0.20214E 01
17	ERWER.HELF.FAM.ANGEH	-0.51902E 00	-0.29153E-01	-0.10089E 01	0.23997E 00	-0.10089E 01	-0.10089E 01
18	ERWER.BEAMTE	0.57720E-01	0.62149E 00	-0.99435E 00	0.39875E 00	0.14206E 00	0.46168E 00
19	ERWER.ARBEITER	0.10096E 00	0.10418E 01	-0.67028E 00	0.37440E 00	-0.24216E-01	0.56541E-01
20	SCHULAB.VOLKSSCHULE	0.12563E 00	0.52327E 00	-0.12639E 00	0.67091E-01	0.18724E 00	-0.81587E-01
21	SCHULAB.ABITUR	0.28904E 00	0.60347E 00	0.19624E-02	0.82790E-01	0.19624E-02	0.60347E 00
22	SCHULAB.BERUFSSCHULE	-0.72185E-01	0.60159E 00	-0.99862E 00	0.40786E 00	0.43314E 00	-0.32485E 00
23	SCHULAB.HOCHSCHULE	-0.21737E 00	0.42331E 00	-0.93814E 00	0.23410E 00	-0.13728E 00	-0.21737E 00
24	PRIVATHAUSHALTE	0.10197E 01	0.12329E 01	0.79055E 00	0.27062E-01	0.79055E 00	0.12329E 01
25	HAUSH.EINPERSONEN	0.82861E 00	0.10962E 01	0.54899E 00	0.44388E-01	0.54899E 00	0.10962E 01
26	HAUSH.MEHRPERSONEN	0.11277E 01	0.13076E 01	0.92932E 00	0.18926E-01	0.92932E 00	0.13076E 01
27	HAUSH.MEHRP.2 PERSON	0.10504E 01	0.17661E 01	0.67555E 00	0.17774E 00	0.88003E 00	0.88003E 00
28	HAUSH.MEHRP.3 PERSON	0.11834E 00	0.64739E 00	-0.36471E 00	0.14550E 00	0.64739E 00	-0.88674E-01
29	HAUSH.MEHRP.4 PERSON	-0.80735E 00	-0.42418E 00	-0.15737E 01	0.20525E 00	-0.69788E 00	-0.42418E 00
30	HAUSH.MEHRP.5 PERSON	-0.59266E 00	0.36714E-01	-0.12991E 01	0.26446E 00	0.36714E-01	-0.83671E 00
31	PERSON. IN ANSTALTEN	0.61153E 00	0.98029E 00	0.27607E 00	0.65891E-01	0.50975E 00	0.98029E 00

Aus den Exponenten des Zentroiden ist zu entnehmen, daß die extremste charakteristische Variable dieser 4 Städte der Mehrpersonenhaushalt ist, gefolgt von der leicht überdurchschnittlichen Bevölkerungsgröße, Haushalten mit 2 Personen und der Anzahl der Privathaushalte. Stark überdurchschnittlich ist die Anzahl der Erwerbstätigen und der Einpersonenhaushalte; stark unterdurchschnittlich dagegen die Anzahl der Berufseinpendler und der 4-Personen-Haushalte. Aus der 4.Zahlenspalte "Durchschnittliche Innergruppenvarianz" ist zu entnehmen, daß die 6 überdurchschnittlichen Variablen sehr homogen sind, d.h. innerhalb der Gruppe wenig streuen. Dagegen haben die zwei unterdurchschnittlichen Variablen eine höhere Varianz. Dies ist auch ersichtlich aus der Differenz zwischen der 2.Spalte (Maximalwerte) und der 3.Spalte (Minimalwerte), d.h. aus der Spannweite der Variablen. Analog können wir die anderen Cluster charakterisieren:

Stark überdurchschnittl.	Überdurchschnittl.	Unterdurchschnittl.
Cluster 1		
Mehrpersonenhaushalte	Erwerbstätige	Berufseinpendler
Wohnbevölkerung	1-Personenhaush.	Haushalte mit 4-5 Personen
2-Personenhaushalte	Wohnbevölkerung über 65 Jahre	
Privathaushalte		
Cluster 2 (Darmstadt, Hanau, Offenbach, Bad Homburg, Neu Isenburg, Wetzlar; also Hessen)		
Ausl.Wohnbevölkerung	Kathol.Bevölkerung	Erwerbstät.im eigenen Familienbetrieb
Anteil an Berufsschülern	Berufseinpendler	Haushalte mit 4 - 5 Personen
	Erwerbstätige im produz. Gewerbe	Erwerbst.in Land- u.Forstwirtschaft
Cluster 3 (Bensheim, Eschwege, Fulda; also Hessen)		
Kathol.Bevölkerung	5-Personen-Haush.	Haushalte m.Telefon

selbst.Erwerbstätige	Erwerbstätige im produz.Gewerbe	Beamte
	Berufseinpendler	Abiturienten

<u>Cluster 4</u> (Rendsburg, Eckernförde, Itzehoe, Flensburg, Schleswig, Heide u. Husum; also Schleswig-Holstein)

Evangel.Bevölkerung	Erwerbstät. in sonst. Wirtschaft.	Ausländer
Haushalte m. 4-5 Pers.	Erwerbst. im eigenen Familienbetrieb	Erwerbstät.Frauen
		Erwerbst.im produz.Gewerbe
		Auspendler
		Berufsschüler

<u>Cluster 5</u> (Elmshorn, Pinneberg, Neumünster, Wedel, Geesthacht, also vorwiegend Umland von Hamburg in Schleswig-Holst.

Erwerbst.in land- u. Forstwirtsch.	Bevölkerung unter 15 J.	Bevölkerung üb.65 J.
	Arbeiter	Erwerbst.i.sonst. Wirtsch.
	Haushalte mit 3 - 4 Personen	Einpendler
		Selbständige
		Beamte
		Hochschulabsolvent.
		2-Person.-Haush.

<u>Cluster 6</u> (Marburg,Gießen; kleinere Universitätsstädte i.Hessen)

Erwerbst.Frauen	5 Pers.-Haushalte	Frauenanteil
Erwerbst.i.sonst.Wirt.		Altenanteil
Berufsauspendler		Anteil a.Kindern bis zu 15 J.
Berufseinpendler		Erwerbst.i.produz. Gewerbe
Beamte		Arbeiter
Abiturienten		Volksschulabgänger
Hochschulabsolv.		

<u>Cluster 7</u> (Frankfurt, einzige Großstadt unter den 28 Städten)

Wohnbevölkerung	Erwerbst.i.Handel	Anteil d.unter 25 jähr.
Frauenanteil		Anteil Protestanten
Ausländeranteil		Erwerbst.i.Land-u.Forstwirtsch.
Ant.d.erwerbst.Frauen		Erwerbst.i.eig.Familienbetrieb
Berufsauspendler		4- u.5-Personen-Haushalte
Haushalte m.Telefon		
Privathaushalte		
1-u.2-Personen-Haush.		
Personen i.Anstalten		

Anschließend liefert das Programm MAXMIN die Liste der sechs wichtigsten Variablen, der sechs unwichtigsten und der Häufigkeit, mit der die sechs wichtigsten Variablen in den 7 Clustern jeweils und insgesamt erwähnt wurden mit Angabe ihrer Rangfolge zwischen den anderen Variablen. Aus der letzten Liste ist ersichtlich, daß die wichtigsten Cluster (also Cluster mit starker Beteiligung aller 6 wichtigsten Variablen), die Cluster 3 (kleinere Städte in Hessen), 5 (Hamburg Umland), 6 (Hochschulstädte) und 7 (Frankfurt) sind. Damit ist eine erhebliche Reduktion in den Variablen und untersuchten Städtetypen gewährleistet.

LISTE MIT MERKMALEN, DIE AN DER CLUSTERBILDUNG

AM STAERKSTEN BETEILIGT SIND.

NR.	MERKMALSBEZEICHNUNG	SQT * SQZ / SQI	DURCHSCHN. GESAMTVARIANZ (SQT)
25	HAUSH.EINPERSONEN	0.3406E 02	0.1000E 01
7	ERWERBSTAETIGE	0.3010E 02	0.1000E 01
24	PRIVATHAUSHALTE	0.2759E 02	0.1000E 01
1	WOHNBEVOELKERUNG	0.2406E 02	0.1000E 01
26	HAUSH.MEHRPERSONEN	0.2405E 02	0.1000E 01
31	PERSON. IN ANSTALTEN	0.2403E 02	0.1000E 01

NR.	(1) MINIMAL-VARIANZ.	CL.-NR.	(2) MINIMAL-VARIANZ.	CL.-NR.
25	0.0000E 00	7	0.1991E-02	6
7	0.0000E 00	7	0.3517E-02	3
24	0.0000E 00	7	0.4271E-02	3
1	0.0000E 00	7	0.5499E-02	3
26	0.0000E 00	7	0.4437E-02	3
31	0.0000E 00	7	0.1772E-02	6

NR.	(3) MINIMAL-VARIANZ.	CL.-NR.	(4) MINIMAL-VARIANZ.	CL.-NR.	(5) MINIMAL-VARIANZ.	CL.-NR.
25	0.4046E-02	3	0.1100E-01	5	0.2023E-01	4
7	0.1172E-01	6	0.1981E-01	5	0.2340E-01	4
24	0.7874E-02	6	0.2116E-01	5	0.2706E-01	1
1	0.1163E-01	6	0.2446E-01	1	0.2852E-01	5
26	0.1307E-01	6	0.1893E-01	1	0.2850E-01	5
31	0.1481E-01	5	0.2134E-01	3	0.5157E-01	2

LISTE MIT MERKMALEN, DIE AN DER CLUSTERBILDUNG

AM GERINGSTEN BETEILIGT SIND.

NR.	MERKMALSBEZEICHNUNG	SQT * SQZ / SQI	DURCHSCHN. GESAMTVARIANZ (SQT)
11	ERWER.HANDEL	0.4534E 00	0.9999E 00
16	ERWER.SELBSTAENDIGE	0.5297E 00	0.1000E 01
19	ERWER.ARBEITER	0.5882E 00	0.9999E 00
15	HAUSHALTE.TELEFON	0.5913E 00	0.9999E 00
18	ERWER.BEAMTE	0.6437E 00	0.9999E 00
22	SCHULAB.BERUFSSCHULE	0.7602E 00	0.1000E 01

UEBERSICHT MIT DEN ERSTEN 5 ERWAEHNUNGEN

DER MERKMALE IN DEN CLUSTERN.

		CLUSTER-NUMMER:						
NR.	MERKMALSBEZEICHNUNG	1	2	3	4	5	6	7
25	HAUSH.EINPERSONEN	0	0	3	5	4	2	1
7	ERWERBSTAETIGE	0	0	2	5	4	3	1
24	PRIVATHAUSHALTE	5	0	2	0	4	3	1
1	WOHNBEVOELKERUNG	4	0	2	0	5	3	1
26	HAUSH.MEHRPERSONEN	4	0	2	0	5	3	1
31	PERSON. IN ANSTALTEN	0	5	4	0	3	2	1
	SUMME ERWAEHNUNGEN	3	1	6	2	6	6	6

PROGRAMM MAXMIN FEHLERFREI BEENDET.

Nach Transposition der Matrix wird genauso eine Klassifikation der Variablen in Clusters vorgenommen und anschließend die Clusters anhand der beteiligten Städte interpretiert.

Es folgt daraus, daß die 5 charakteristischsten Städte unter den 28 Frankfurt, Marburg, Gießen, Schleswig und Husum sind. Sie tragen maximal zur Klassifizierung der anderen 23 Städte bei, entweder durch starke Trennwirkung gegenüber gruppenfremden Städten oder durch starke Bindungswirkung gegenüber gruppeneigenen Städten. Den geringsten Beitrag dagegen liefern Pinneberg, Eschwege, Fulda, Flensburg und Bensheim.

Dadurch ist es möglich, die weitere Datenanalyse und insbesondere die Mikrosimulation bzw. Modellbildung auf die wirklich entscheidenden Städte und Variablen zu reduzieren.

LISTE MIT MERKMALEN, DIE AN DER CLUSTERBILDUNG AM STAERKSTEN BETEILIGT SIND.

NR.	MERKMALSBEZEICHNUNG	SQT * SQZ/SQI	DURCHSCHN. GESAMTVARIANZ (SQT)	(1) MINIMAL-VARIANZ.	CL.-NR.	(2) MINIMAL-VARIANZ.	CL. NR.
1	FRANKFURT	0.2979E 02	0.4433E 01	0.0000E 00	9	0.2921E-01	5
8	MARBURG	0.1225E 02	0.2228E 01	0.0000E 00	9	0.2381E-01	4
6	GIESSEN	0.6752E 01	0.1102E 01	0.0000E 00	9	0.1671E-01	4
20	SCHLESWIG	0.5722E 01	0.9324E 00	0.0000E 00	9	0.3129E-01	3
24	HUSUM	0.4236E 01	0.1372E 01	0.0000E 00	9	0.2462E-01	4

(3) MINIMAL-VARIANZ.	CL.-NR.	(4) MINIMAL-VARIANZ.	CL.-NR.	(5) MINIMAL-VARIANZ.	CL.-NR.
0.5038E-01	2	0.1588E 00	4	0.2808E 00	3
0.4817E-01	5	0.5169E-01	1	0.1386E 00	2
0.3472E-01	1	0.4949E-01	3	0.1249E 00	2
0.4661E-01	1	0.1418E 00	4	0.1549E 00	2
0.1030E 00	8	0.1457E 00	1	0.3020E 00	6

LISTE MIT MERKMALEN, DIE AN DER CLUSTERBILDUNG AM GERINGSTEN BETEILIGT SIND.

NR.	MERKMALSBEZEICHNUNG	SQT * SQZ / SQI	DURCHSCHN. GESAMTVARIANZ (SQT)
23	PINNEBERG	0.4592E 00	0.4798E 00
13	ESCHWEGE	0.4920E 00	0.4992E 00
7	FULDA	0.5107E 00	0.7421E 00
17	FLENSBURG	0.6154E 00	0.3588E 00
12	BENSHEIM	0.6376E 00	0.7220E 00

UEBERSICHT MIT DEN ERSTEN 5 ERWAEHNUNGEN DER MERKMALE IN DEN CLUSTERN.

NR.	MERKMALSBEZEICHNUNG	CLUSTER-NUMMER: 1	2	3	4	5	6	7	8	9
1	FRANKFURT	0	3	5	4	2	0	0	0	1
8	MARBURG	4	5	0	2	3	0	0	0	1
6	GIESSEN	3	5	4	2	0	0	0	0	1
20	SCHLESWIG	7	5	2	4	0	0	0	0	1
24	HUSUM	4	0	0	2	0	5	0	3	1
	SUMME ERWAEHNUNGEN	4	4	3	5	2	1	0	1	5

PROGRAMM MAXMIN FEHLERFREI BEENDET.

8. Das Programm BIGFAC

BIGFAC ist ein Programm zur Durchführung von Faktorenanalysen mit bis zu 51o verschiedenen Merkmalen (oder Objekten im tranponierten Fall). Als Baustein wird eine Abwandlung des OSIRIS-Programmes für Faktorenanalyse verwendet. Letzteres Programm ist aber imstande, höchstens 6o Merkmale zu verarbeiten. Die benötigte Rechenzeit für das ursprüngliche OSIRIS-Programm steigt außerdem überquadratisch mit der Anzahl der Objekte. Auf der Siemens 4004/151 des Fraunhofer-Rechenzentrums in Karlsruhe würde es, der Formel $y=0{,}0115x^{2{,}4319}$ entsprechend, für 510 Merkmale (ggf.Objekte) einen Zeitaufwand von 44181 Sekunden, d.h. 12,3 Stunden bedeuten.

Um diese Einschränkungen zu umgehen, wurde eine Kombination aus Segmentierung und Kaskadierung der Merkmale bzw. Faktoren gewählt, die fast ein lineares statt ein exponentielles Wachstum der Rechenzeit ermöglicht, von der Ausweitung der Anzahl der Werte ganz abgesehen.

Die Rechenzeit des BIGFAC konnte um den Faktor 1o reduziert werden. Es trat dabei ein leichter Verlust an erklärter Varianz ein.

Die Schranke von 51o Merkmalen ist durch die Größe des virtuellen Speichers und durch die Konzeption des FORTRAN-Computers von Siemens gesetzt. BIGFAC verwendet eine vorher durchgeführte Cluster-Analyse, um eine optimale Segmentierung der Merkmale in Gruppen von 4o bis 6o Variablen zu erreichen. Unsere Versuche mit willkürlicher Segmentierung, bzw. mit geordneter Segmentierung nach dem Single-, Complete- und Average-Linkage-Verfahren der Cluster-Analyse ergaben einen minimalen Varianzverlust im letzteren Fall.

BIGFAC führt die übliche Faktorenanalyse mit Rotation durch, sowie die Hauptkomponentenanalyse. Ein zusätzliches Unterprogramm FAMERK liefert zwecks Interpretation die durch die Kaskadierung hindurch auf einen Faktor ladenden Variablen. Ein anderes Unterprogramm, IAOBJ, erzeugt eine Liste von Objekten (hier: Städte), die auf einen gegebenen Faktor laden, entsprechend der klassischen Cluster-Analyse.

9. Weitere Programme

Gleichzeitig zur restlichen Software wurde ein Compiler zur automatischen Generierung von dynamischen Simulationsmodellen der DYNAMO-Klasse entwickelt und implementiert. Der Compiler GRIPS (GRaphic Interactive Programming System), von Walter Hudetz, ist in der Lage, aus einem mit Lichtgriffel graphisch eingegebenen Blockschaltbild das dazugehörige Gleichungssystem zu erzeugen, die Anfangsdaten und Parameter zu verlangen bzw. einzusetzen und selbständig Simulationsläufe mit graphischer oder gedruckter Ausgabe durchzuführen.

Das Programmpaket SPIN (Sussex University) zur qualitativen Sensitivitätsanalyse von Simulationsmodellen wurde ebenfalls bereits implementiert und erprobt.

TEIL III
DYNAMO, Modellbanksysteme

DYNAMO und DYNAMO-Compiler - Möglichkeiten und Grenzen

Hermann Krallmann, Universität Mannheim

Inhaltsverzeichnis

H.-D. Heike, Modellierungs-Software

1. EINFÜHRUNG

Die Simulation[1)] ist ein effektives Instrumentarium zur Analyse und Beschreibung umfangreicher, komplexer sozio-ökonomischer sowie technischer Probleme. Die Simulation stellt hohe Anforderungen an die Computer-Software bezüglich der systemtechnisch organisatorischen Praktikabilität (Modularität, Flexibilität sowie Dokumentation) und der Sachzielerfüllung des Outputs. Die Benutzerfreundlichkeit bewirkt, daß die Abbildungsproblematik des realen Problems im Gegensatz zu den computerorientierten Anforderungen im Vordergrund steht. Die Simulationssprache DYNAMO[2)] bzw. der DYNAMO-Compiler versucht, diesem Gedanken nahe zu kommen und ist für die computergerechte Darstellung und Ausführung kontinuierlicher Modelle, die durch ein System von Differentialgleichungen (Differenzengleichungen) beschrieben werden, sehr geeignet. DYNAMO muß in sehr enger Beziehung zur Methode System Dynamics[3)] gesehen werden, die sich bereits bei der Abbildung komplexer Probleme bewährt hat.

Die langjährige Anwendung von System Dynamics in Wissenschaft und Praxis übte keinen geringen Einfluß auf die Entwicklung der Simulationssprache DYNAMO aus.

Der folgende Beitrag gibt zunächst einen Überblick der diversen DYNAMO-Compiler, wobei eine detaillierte Analyse des auf FORTRAN basierenden DYNAMO-Compilers erfolgt mit der Absicht der Gegenüberstellung des Konzeptes und der Implementierung einer verbesserten, "interaktiven" Version. Das Sprachkonzept von DYNAMO wird in einer knappen Form vorgestellt und einer kritischen Untersuchung im Vergleich zu anderen Programmiersprachen unterzogen. Die Vorstellung ausgewählter Anwendungen geschieht mit der Absicht, die Integration mit anderen Sprachen aufzuzeigen. Durch zusätzliche Softwarekomponenten wird es dem DYNAMO-Benutzer ermöglicht, komplexe Operationen, wie z.B. die Optimierung von Modellen zu realisieren, ohne die benutzerfreundliche Ebene zu verlassen.

Softwaresysteme zur Dokumentation (Documentor) umfangreicher DYNAMO-Modelle und zur empirischen Überprüfung (GPSIE/DYNASTAT) der Struktur und Parameter komplexer Systeme ergänzen die "Softwarefamilie" DYNAMO. In einer Zusammenfassung am Schluß dieser Ausführungen wird der Versuch gemacht, die der "Softwarefamilie" DYNAMO zugehörige Stellung im Rahmen der Systemanalyse zu definieren.

2. DIE DYNAMO-COMPILER

Mit steigender Popularität von System Dynamics einerseits und unter Berücksichtigung kommerzieller Interessen andererseits wurde die Entwicklung unterschiedlicher DYNAMO-Compiler-Versionen vorangetrieben. Um die Bedürfnisse der "Nicht-IBM-Benutzer" bzw. der Benutzer von Mini-Computern zu befriedigen, entstand der DYNAMO/F-Compiler bzw. die Mini-DYNAMO-Version. Der ursprüngliche DYNAMO-Compiler ist in AED (ALGOL Extented for Design) geschrieben und nur auf IBM-Anlagen ablauffähig. Die gesamte DYNAMO-Software und ihre populärsten Installationen sowie ihre Basissprachen sind in Abb. 1 dargestellt.

Der DYNAMO/F-Compiler und die Weiterentwicklung CDYNAMO, die am Industrieseminar der Universität Mannheim (ISM) durchgeführt wurde, werden im folgenden im Konzept und in der Funktionsweise detailliert erläutert.

2.1 Der DYNAMO/F-Compiler[4)]

Der DYNAMO/F-Compiler steht dem Benutzer im DIALOG- und Batch-Mode zur Verfügung und besteht aus dem Precompiler- und dem Laufzeitsystem[5)] (vgl. Abb.2).

Der Precompiler verarbeitet das DYNAMO-Modell und erstellt ein äquivalentes FORTRAN-Programm (Datei ZZMOD) und einen Datenfile (DAT), der die zur Laufzeit benötigten Konstanten enthält. Das generierte FORTRAN-Programm wird übersetzt und mit dem Laufzeit-Package zu dem ausführbaren Programm SDMOD gebunden. Das Laufzeitsystem enthält Subroutinen zur Änderung von Tabellen und Konstanten, zur Steuerung des Simulationsablaufes und zur Generierung des tabellarischen sowie graphischen Modelloutputs. Zum Zeitpunkt der Simulationsausführung wird neben dem Datenfile (DAT) ein File mit den Rerun-Modifikationen benötigt. Die für die tabellarische und graphische Ausgabe erzeugten Ergebnisse werden während des Simulationsablaufes in einem Scratch-File zur Unterstützung der Comparative Plot Version[6)] angesprochen.

2.1.1. Das Precompiler-System[7)]

Der Precompiler arbeitet in vier wesentlichen Phasen, die in ihrer prinzipiellen Bedeutung im folgenden erläutert werden:

Sprache	Mini-Compiler	IBM System 360-370	Andere Grossrechner
MINI-DYNAMO	Dec 10 PDP 11 Data General Nova Hewlett Packard 3000 Varian u. a.	möglich (Voraussetzung FORTRAN-Compiler)	möglich (Voraussetzung FORTRAN-Compiler)
DYNAMO II		DYNAMO II/370 (OS)/(MVS) AED (TSO)/(CMS)	DYNAMO II/F
DYNAMO III		DYNAMO III/370 AED	DYNAMO III/F
Gaming DYNAMO	möglich	Gaming DYNAMO/370 AED	Gaming DYNAMO/F
C-DYNAMO			Auf Basis von DYNAMO/F ISM 1)
Documentor		Documentor/AED	Documentor/COBOL ISM
GPSIE		GPSIE/PL1 GPSIE/F	GPSIE/PL1 GPSIE/F
DYNASTAT		DYNASTAT/370 AED	DYNASTAT/F

1) Industrieseminar der Universität Mannheim

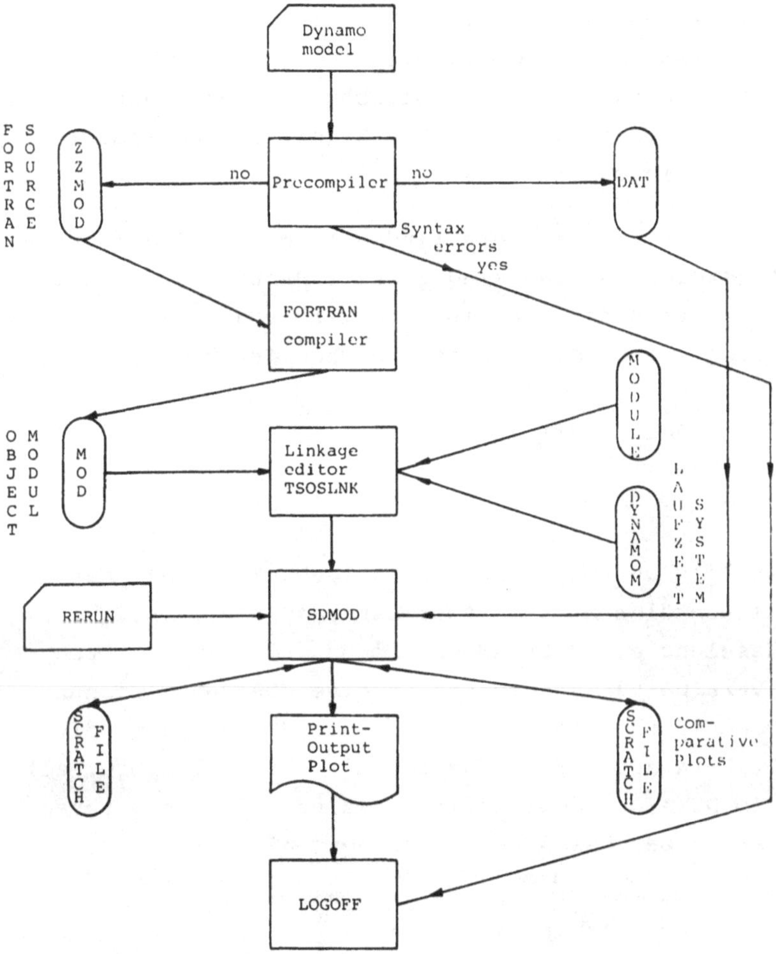

2 Arbeitsweise des DYNAMO/F-Compilers

Phase 1: Lesen DYNAMO-Anweisungen, Aufbau der DLIST und der SYMBOL-Table und Feststellen der zu speichernden Variablen anhand der PLOT- und/oder PRINT-Anweisung

Phase 2: Auflösung von Makros

Phase 3: Prüfen der SYMBOL-Tabelle

Phase 4: Sortieren der DYNAMO-Gleichungen und Generierung einer äquivalenten FORTRAN-Version des Modells und eines Datenfiles.

Die Operationen des Precompilers finden in einem eindimensionalen Arbeitsbereich WSP (Working Storage Partition) statt, dessen absolute Größe bei der Implementierung auf die jeweilige Anlage festgelegt wird. Der Arbeitsspeicher ist wie folgt organisiert:

(1) DLIST (= DATA LIST)
(2) SYMBOL-Table
(3) MACRO-Table

Alle drei Tabellen werden in Phase 1 aufgebaut, sobald das DYNAMO-Modell eingelesen ist. Jeder Eintrag in die DLIST ist die Verschlüsselung einer DYNAMO-Gleichung, die im weiteren Verlauf des Verarbeitungsprozesses in eine FORTRAN-Gleichung des Ausgabemodells transformiert wird. Die SYMBOL- bzw. die MACRO-Tabelle beinhaltet Einträge für alle Variablen bzw. alle Makros, die im DYNAMO-Modell definiert sind. Die Abb.3 veranschaulicht den Aufbau des Arbeitsspeichers WSP.

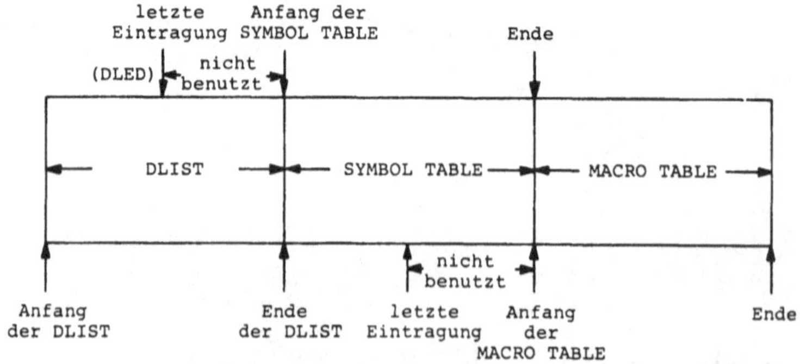

3 Aufbau der Working Storage Partition (WSP)

Die DLIST enthält neben den Dynamo- Gleichungen noch Konstanten, Tabellen (Tables) und Makros. Zur Reduzierung dcs Speicherbedarfs wird jeder Eintrag in selbsterklärender Form verschlüsselt (z.B. der Schlüssel -9999 kennzeichnet die Marke des Gleichungsendes).

Jeder Eintrag in der SYMBOL-Table beschreibt ein Symbol und ist 12 Worte[8] lang. In den ersten 6 Worten wird der Name der Variablen (0 bis 5), in Position 6 die Länge des Namens, in 7 die Art der Variablen (Skalar, Tabelle oder Matrix) und in 8 der Gleichungstyp (Level, Rate usw.)abgelegt. Die Information der restlichen 3 Worte stellen die Beziehungen zur DLIST her.

Jeder Eintrag in der MACRO-Table umfaßt 1o Worte und hat einen ähnlichen Aufbau wie die gerade erläuterten Einträge in der SYMBOL-Table.

Phase 1 - Lesen des DYNAMO-Modells

Bevor die Verarbeitung der Modellanweisungen in Angriff genommen wird, müssen Bereiche des Arbeitsspeichers WSP den jeweiligen Tabellen zugewiesen werden, die mit den in DYNAMO/F intern neun definierten Makros (DELAY1, DELAY3, DLINF3, SMOOTH, TABLE, PULSE, RAMP, SAMPLE und DELAYP), den eingebauten Funktionen und den sechs Variablen DT, LENGTH, PLTPER, PRTPER, SAVPER sowie TIME initialisiert werden.

Im Anschluß an diese Initialisierungsphase erfolgt das Einlesen aller Gleichungen und Steuervariablen einschließlich der ersten RUN-Anweisung und die Abspeicherung in den verschiedenen Tabellen.

Bei Erkennen einer Gleichung wird die definierte Variable (links vom Gleichheitszeichen) und ihr Typ in der SYMBOL-Table gespeichert, während die rechte Seite der Gleichung in die DLIST eingetragen wird. Variablennamen auf der rechten Gleichungsseite bewirken Einträge in der SYMBOL-Tabelle, Zahlen und Begrenzungssymbole (Klammern, Operatoren) gehen als Zeichen in die SYMBOL-Tabelle ein. Funktionen und Makros werden in den entsprechenden Tabellen vermerkt. Konstanten- und "Tablenamen" werden in der SYMBOL-Table, ihre Werte im A1-Format in der DLIST abgelegt. PRINT-, PLOT- und SAVE-Anweisungen legen fest, welche Variablen während der Laufzeit zur späteren Ausgabe gespeichert werden sollen. PRINT- und PLOT-Anweisungen werden nach Überprüfung in den intermediären File gespeichert.

Phase 2 - Auflösung der Makros

In der zweiten Phase werden Makros in der DLIST teilweise aufgelöst. Bei Erkennen eines Makros werden folgende Schritte ausgeführt:

(1) Die entsprechende Anzahl von internen (zusätzlichen) Variablen wird mit dem Typ und den Adressen der Gleichung, die von den mit der jeweiligen Makrodefinition verbundenen Einträgen in der SYMBOL-Table kopiert wurden, in die SYMBOL-Table aufgenommen.
(2) Der Querverweis zum Makro in der DLIST wird ersetzt durch einen Querverweis auf die nullte interne Variable.
(3) Die linke Klammer, die dem ehemaligen Makro-Querverweis folgt, veranlaßt einen Sprung zur Argumentenliste des Makros.
(4) Die Argumentenliste wird in der SYMBOL-Table mit einem Eintrag für jede der internen Variablen gespeichert.

Phase 3 - Prüfung der SYMBOL-Tabelle

Die Symbol-Tabelle wird auf folgende Bedingungen getestet:

(1) Jede Größe (Variable), die weder durch eine Funktion noch durch ein Makro erklärt wird, muß eine Gleichung haben oder muß einer Gleichung vom Typ N zugeordnet sein.
(2) Jedem Level muß ein Anfangswert zugeordnet sein.

Phase 4 - Generierung des FORTRAN-Programms und des Datenfiles

In der Phase 4 wird die äquivalente FORTRAN-Version des DYNAMO-Modells und der dazugehörige Datenfile generiert. Das erstellte FORTRAN-Programm ist ab der Version 3 des DYNAMO-Compilers ein Hauptprogramm, das zur Unterstützung des Simulationsablaufes die Subroutinen des Laufzeitpaketes aufruft und folgenden Aufbau hat:

(1) Programmname (für SIEMENS-Anlagen der Serie 4oo4)und einige Kommentarkarten werden erzeugt.

(2) Sämtliche Variable werden als REAL deklariert - mit Ausnahme der internen INTEGER Steuergrößen ZZN und ZZ, die den Programmablauf koordinieren, und der "FOR" Schleifenvariablen (DYNAMOIII/F).

(3) Die Programmvariablen werden in bestimmter Reihenfolge in einen Blank Common Bereich eingetragen.

(4) Die SYMBOL-Tabelle ZZNAM und PLOT- bzw. PRINT-Kontrollgrößen werden als INTEGER deklariert.

(5) Einige Deklarations- und Anfangswertanweisungen werden für die Initialisierungsphase des Programms gedruckt.

(6) Die Aufrufe der Subroutinen ZZFIL und ZZCYL werden erzeugt.

(7) ZZINTM wird .false. gesetzt zum Zeichen der Beendigung der Initialisierungsphase.

(8) Der Aufruf der Subroutine ZZDYN und das computed GOTO-statement (Anweisung für berechneten Sprung), das für die Kontrolle der gesamten Laufzeitlogik des Programms verantwortlich ist, werden generiert.

(9) Die "Level"-Gleichungen werden geschrieben, beginnend mit:

```
3 CONTINUE
TIME = TIME + DT
```

(1o) Die "Auxiliary"-Gleichungen werden generiert, beginnend mit

```
4 CONTINUE
```

(11) Anweisung 5 beinhaltet den Aufruf der Subroutine ZZTST,

die die Zeit TIME und die Abspeicherung der Outputgrößen überprüft.

(12) Sogenannte "Supplementary"-Gleichungen werden nach dem Statement 6 CONTINUE gedruckt.

(13) "Raten"-Gleichungen werden nach
7 CONTINUE abgelegt.

(14) Anfangswertgleichungen werden geschrieben beginnend mit
8 CONTINUE.

(15) Die END-Anweisung beschließt das Programm[9].

Das generierte FORTRAN-Programm besitzt folgendes prinzipielle Aussehen:

```
      PROGRAM    Name
      C
         Kommentare
      C
      INTEGER ZZD, ZZ          Variable zur Programmsteuerung
      REAL                     sämtliche Programmvariable
      COMMON                       "              "
      INTEGER                  ZZNAM und PLOT- und PRINT Kontroll-
                               größen
      DATA                     Anfangswertanweisungen
      CALL ZZFIL
    1 CALL ZZCYL
      ZZINTM = .FALSE.         Initialisierungsphase abgeschlossen
    2 CALL ZZDYN
      GOTO (1,...,8),ZZD       Kontrollvariable der Laufzeitlogik
    3 CONTINUE
      TIME = TIME + DT         "Level"-Gleichungen
      GOTO 2
    4 CONTINUE                 "Auxiliary"-Gleichungen
      GOTO 2
    5 CALL ZZTST               Abfrage der Zeit und der zu spei-
      GOTO 2                   chernden Variablen
    6 CONTINUE                 Berechnung der "Supplementary"-
                               Gleichungen (zur Bereitstellung der
```

```
  GOTO 2                    Programmergebnisse)
7 CONTINUE                  "Raten"-Gleichungen
  GOTO 2
8 CONTINUE                  Anfangswertgleichungen
  GOTO 2
  end
```

Diese generierte Programmstruktur verführt direkt dazu, durch geeignete Prozeduren Manipulationen an dem Quellenprogramm vorzunehmen, um deren Flexibilität zu verbessern(vgl. Kap.4).

2.1.2. Das Laufzeit-System

Das Laufzeitpaket (Runtime package) des DYNAMO-Compilers besteht aus einer Vielzahl von Unterprogrammen (s.Abb.4) zur Ausführung des Simulationssteps, indem sie

(1) die Startbedingungen (=Anfangswerte) eines Programmablaufs (Runs) bereitstellen, wobei ZZFIL die Werte für den Basislauf, ZZCYL die für die Reruns liest,
(2) errechnete Werte wegspeichern (ZZSAV),
(3) Endbedingungen für die Simulation abfragen (ZZTST),
(4) die errechneten Ergebnisse durch Formatieren und Skalieren aufbereiten und ausgeben (ZZSCA, ZZSCL, ZZSSC, ZZNSP, ZZPLT, ZZPRT).

Der Programmablauf zur Laufzeit läßt sich wie folgt schematisch darstellen.

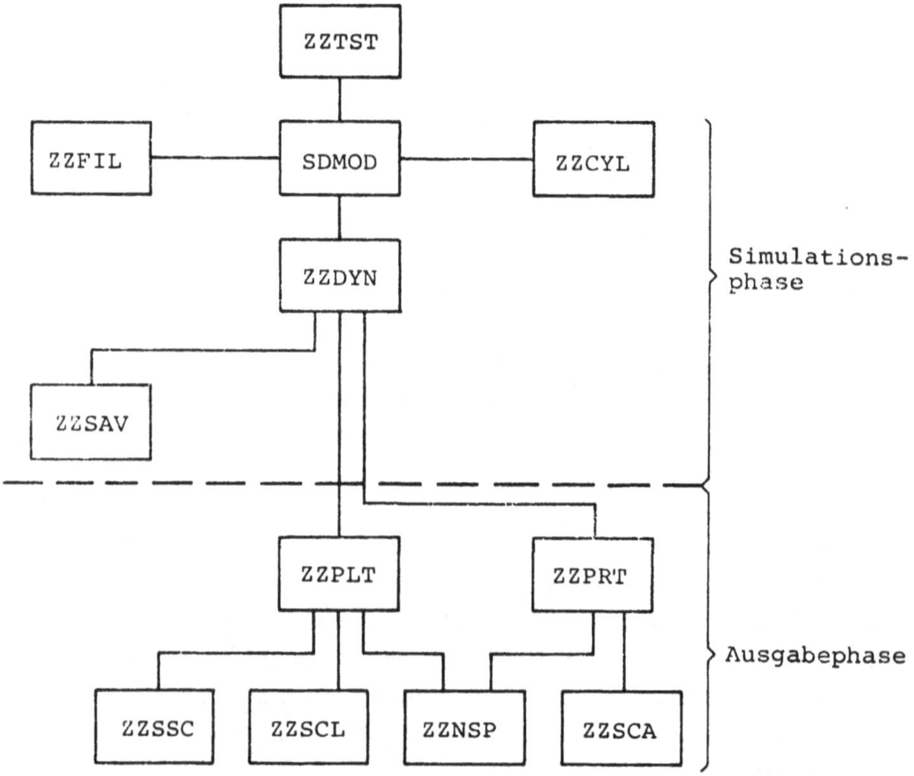

4 2-Phasen-Schema der DYNAMO/F-Version

Abbildung 4 verdeutlicht die 2-Phasen-Struktur der DYNAMO/F-Version. Bevor die Zusammenhänge der in dem Schema dargestellten Routinen verbal erläutert werden, sollen zunächst ihre wesentlichen Funktionen aufgezeigt werden:

SDMOD ist das vom Precompiler aus dem DYNAMO-Modell erzeugte FORTRAN-Programm. Es ist als Hauptprogramm den Routinen (Unterprogrammen) des Laufzeitpaketes übergeordnet.

ZZTST hat die Aufgabe, festzustellen, ob Bedingungen für die Beendigung eines Runs erfüllt sind; dies ist insbesondere dann der Fall, wenn die Werte der Variablen TIME und der Variablen LENGTH übereinstimmen.

ZZDYN ist die zentrale Unterrourine des Laufzeitpaketes, die in Abhängigkeit der Steuervariablen ZZD den Ablauf der Simulation steuert.

ZZFIL liest zu Beginn des Basisruns die Anfangsdaten der Variablen dcs DYNAMO-Modells und initialisiert interne Größen.

ZZCYL beschafft die Anfangswerte für die Reruns, stellt fest, um welche Anweisungstypen es sich dabei handelt und ob die Werte der Variablen und Parameter temporär oder permanent geändert werden sollen.

ZZSAV speichert die in SDMOD für die auszugebenden Variablen errechneten Werte in einem Plattenfile ab.

ZZPLT ist die Unterroutine, die für die Erstellung des graphischen Outputs zuständig ist.

ZZSSC errechnet für ZZPLT auf der Basis der Minimal- und Maximalwerte der auszugebenden Variablen die Skalierung für deren graphische Darstellung.

ZZSCL gibt die von ZZSSC errechneten Skalen der Plot-Ausgabe aus.

ZZPRT bearbeitet die tabellarische Ausgabe der Variablenwerte.

ZZSCA errechnet die Skalierungsfaktoren der Variablen für die tabellarische Ausgabeform.

ZZNSP ist sowohl ZZPLT als auch ZZPRT zugeordnet. Diese Unterroutine stellt dem jeweils aufrufenden Programm aufgrund bestimmter Satzschlüssel die relevanten Variablenwerte zur Verfügung, die von ZZSAV abgespeichert worden sind.

Zum Abschluß dieser kurzen Übersicht ist zu bemerken, daß jedem dieser Unterprogramme weitere Routinen angegliedert sind, auf deren Darstellung aber zugunsten einer größeren Transparenz hier verzichtet werden soll, zumal sie in der Regel jeweils nur Hilfsfunktionen gegenüber den oben beschriebenen realisieren.

Die Simulation gliedert sich in zwei Phasen auf: in die Simulationsphase und in die Ausgabephase. Die Simulationsphase besteht im wesentlichen in einem zyklischen Durchlauf des Programms SDMOD, in dem die Steuergröße ZZD die Kontrolle über den logischen Ablauf übernimmt.

Zu Beginn des ersten Zyklus, d.h. bevor der Basislauf bzw. ein Rerun gestartet wird, ruft SDMOD im ersten Fall die Subroutine ZZFIL, im anderen Falle die Subroutine ZZCYL auf, die die Anfangswerte für den jeweiligen Lauf bereitstellen und alle internen Variablen des Laufzeitpakets initialisieren.

Zu Beginn eines jeden Zyklus wird in SDMOD die Variable TIME um DT erhöht und in ZZTST abgefragt, ob der neue Wert den Wert von LENGTH (determiniert die Simulationsdauer) bereits erreicht hat; was einerseits zur Berechnung der Variablenwerte für das neue Zeitintervall oder andererseits zur Beendigung der Simulation führt. Die bereits erwähnte Steuervariable ZZD zeigt der anschließend aufgerufenen zentralen Kontrollroutine ZZDYN an, daß ein Aufruf von ZZSAV erfolgen soll. Dort werden die errechneten Variablenwerte abgespeichert, und die Steuerung geht über ZZDYN an SDMOD zurück zum erneuten Durchlauf des Zyklus. Stellt ZZTST eine Bedingung für die Beendigung eines Runs fest, so wird der Variablen ZZD ein entsprechender Wert zugewiesen, ins Hauptprogramm SDMOD zurückgesprungen und von dort ZZDYN aufgerufen. Anhand des Wertes von ZZD stellt ZZDYN fest, ob noch Werte von Variablen abzuspeichern sind und initiiert anschließend die Ausgabephase. Die Ausgabephase schließt sich immer an die Simulationsphase an, ein alternativer Weg ist nicht möglich. Die Ergebnisse aller Runs werden en bloc ausgedruckt. Der interne Ablauf soll im folgenden kurz dargestellt werden.

Zunächst wird ZZPRT, die Routine für den tabellarischen Output, aktiv, die im ersten Schritt die Tabellenkopfleiste mit den Namen der auszudruckenden Variablen aufbaut und ausgibt. ZZPRT ruft dann das Unterprogramm ZZSCA auf, in dem die Skalierungsfaktoren der einzelnen Variablen im Listenkopf errechnet und dem aufrufenden Programm für die Druckausgabe übergeben werden. Dazu ruft ZZPRT die Subroutine ZZNSP auf, in der nach einem bestimmten Satzschlüssel, der dieser Routine als Aktualparameter übergeben wird, die entsprechenden Ergebnisse eines Zeitintervalls gelesen und als Array der Routine ZZPRT zur Verfügung gestellt werden. ZZPRT bereitet sie auf und druckt sie aus. Dieser Datentransfer zwischen den beiden Routinen erfolgt, bis alle Werte, die für den tabellarischen Output gespeichert sind, gelesen und ausgegeben worden sind. Dann wird die Steuerung an ZZDYN zurückgegeben.

ZZDYN initiiert nun die graphische Ausgabe, indem das Unterprogramm ZZPLT aufgerufen wird, das zu Beginn die Dimension der Plotausgabe festlegt, d.h. es wird berücksichtigt, ob die Ausgabe in Form des Narrow-Plot gewünscht wird oder nicht.

Danach erfolgt ein Aufruf an das Unterprogramm ZZSSC, in dem die Skalierung für den Graph einer jeden Variablen berechnet wird. Die Werte werden über das Unterprogramm ZZPLT an die Unterroutine ZZSCL weitergegeben, die mit diesen Werten und den bekannten Minima und Maxima die Ordinaten für jede auszugebende Variable errechnet und ausdruckt. Anschließend werden in ZZNSP die für die Plotausgabe relevanten, durch einen Satz-

Schlüssel größer oder gleich null gekennzeichneten Datenarrays satzweise gelesen und dem aufrufenden Programm ZZPLT übergeben, in dem die einzelnen auszugebenden Variablen im Graph ausgedruckt werden. Der Datenaustausch zwischen ZZNSP und ZZPLT dauert solange, bis alle Plotsätze gelesen und ausgegeben sind. Danach geht die Steuerung zurück über ZZDYN und SDMOD an Subroutine ZZCYL, die den Programmablauf beendet.

2.2. Der CDYNAMO-Compiler

Der CDYNAMO-Compiler (Controlling DYNAMO-Compiler) repräsentiert das Ergebnis intensiver Bemühungen, einige der bisherigen DYNAMO/F-Versionen gemeinsamen Mängel zu beseitigen und die wichtigen Stadien der Modellentwicklung sowie des Modelltests möglichst komfortabel zu unterstützen. Im Mittelpunkt steht dabei der Gedanke eines echten Dialogs zwischen Benutzer und Computer mit den folgenden Möglichkeiten:

(1) den Simulationsablauf ständig verfolgen zu können,
(2) die ihn interessierenden bereits errechneten Daten durch "Blättern" im Datenfile beliebig oft abzurufen, ohne die Simulation abbrechen zu müssen,
(3) Tabellen- und Parameteränderungen in dem laufenden Run zu jedem beliebigen Zeitpunkt durchzuführen,
(4) einen Simulationslauf an einer beliebigen Stelle abzubrechen,
(5) die Daten für die Druckausgabe frei auszuwählen,
(6) die Listenausgabe noch während eines Runs zu initiieren,
(7) eine Listenausgabe beliebig oft zu wiederholen,
(8) das Benutzerprogramm (Simulationsmodell) für Arbeiten im Systemmodus zu unterbrechen.

Darüberhinaus steht dem Anwender ein internes Informationssystem zur Verfügung, das einerseits die vorhandenen Operationsmöglichkeiten aufzeigt und andererseits aufgetretene Fehler -

bedingungen mit Hilfe von Fehlerschlüsseln spezifiziert und Möglichkeiten zu deren Beseitigung anbietet.

Das Konzept dieser interaktiven Version wurde durch einige Modifikationen des Precompilers und umfangreiche Änderungen sowie Erweiterungen des Laufzeitsystems realisiert, die im folgenden in knapper Form erläutert werden.

2.2.1. Das Precompiler-System CDYNAMO

Die Änderungen am Precompiler beschränken sich auf die Subroutinen OPAL, OOMOD und ETERM. OPAL ist die Hauptsteuerroutine des Precompilers zur Verarbeitung verschiedener Optionen (z.B. NRWPLT und INTER)[10] und weist, je nachdem, ob im Batch- oder im interaktiven Mode (INTER=.true.)gearbeitet wird, die Ein-/Ausgabegeräteadressen zu sowie ruft die verschiedenen Routinen des übrigen Precompilers auf. Aufgrund einer kleinen Programmänderung wird für den interaktiven Benutzer, sobald die Bearbeitung seines Modells gestartet wurde, eine entsprechende Mitteilung auf dem Bildschirm ausgegeben, um den eventuell entstehenden Anschein zu verhindern, wegen einer längeren Ausgabephase sei das System inaktiv. Die Routine OOMOD hat die Aufgabe, abschließend zu den Vorarbeiten der übrigen Unterprogramme des Precompilers die notwendigen Variablendefinitionen und Modellgleichungen des zu generierenden Hauptprogramms SDMOD (FORTRAN-Code) in einem Plattenfile abzulegen. Der Aufbau des Hauptprogramms wurde bereits bei der Darstellung des Precompilers in Kapitel 2.1.1. beschrieben. Für die neue DYNAMO-Version mußten einige Modifikationen in dieser Unterroutine OOMOD vorgenommen werden, die die Erweiterung bereits vorhandener bzw. das Einfügen neuer Schreibbefehle für die FORTRAN-Definitionen und -Gleichungen umfaßten. So wurde zum Beispiel der Source von OMOD um eine WRITE-Anweisung erweitert, die bewirkt, daß in dem zu generierenden FORTRAN-Programm SDMOD folgende Abfrage unmittelbar nach dem Aufruf von ZZDYN eingefügt wird:

```
IF (ZZD.EQ.9)   GO TO 3.
```

Der Wert der Steuervariablen ZZD ist immer dann gleich 9, wenn während der Laufzeit die PARAM-Anweisung (siehe S.354) gegeben wurde, um den Simulationslauf ab einem zu definierenden Zeitpunkt neu zu starten. Dieser Befehl bewirkt intern das Zurücksetzen des Plattenfiles, das Lesen des Satzes, der als Ergebnisvektor des Zeitpunktes abgespeichert ist, das der Benutzer als Startzeitpunkt für den Restart der Simulation angegeben hat und die Zuweisung des Wertes "9" für ZZD. Nach dem Lesen wird ins Hauptprogramm SDMOD zurückverzweigt, in dem aufgrund der neu eingefügten Abfrage festgestellt wird, daß die Bedingung ZZD.EQ.9 erfüllt ist. Mit dem direkten Aufruf von ZZTST wird eine Erhöhung von TIME um DT umgangen. In ZZTST werden interne Größen in Abhängigkeit vom Wert der Variablen TIME zurückgesetzt, und durch die Zuweisung des entsprechenden Wertes zu RECID[11] wird bewirkt, daß nach Berechnung der übrigen Modellgrößen auf der Basis der zuletzt gelesenen Level-Werte der neue Satz durch die Unterroutine ZZSAV abgespeichert wird[12].

2.2.2. Das Laufzeit-System CDYNAMO

Das Laufzeitsystem hat in seiner Konzeption im Vergleich zur DYNAMO/F-Version grundlegende Modifikationen erfahren (siehe Abb.5), in dem mehrere Module erweitert und einige der in dem DYNAMO/F-System bereits vorhandene Unterprogramme z.T. wesentlich abgeändert worden sind. Neu hinzugekommen sind die Routinen ZZDDS, ZZNUM, CR3ØØ, BREAK, ZZCTRL und ZZHPL, die in Abbildung 5 durch einen Doppelrand rechts gekennzeichnet sind. Die Unterroutinen mit einem Doppelrand links sind die in der DYNAMO/F-Version bereits vorhandenen, aber in dem neuen Compiler erheblich modifizierten Module SDMOD, ZZDYN, ZZSAV, ZZPRT,

ZZNSP und ZZCYL. Bevor diese exemplarisch dargestellt werden, soll noch auf die augenfälligste Änderung im neuen Konzept hingewiesen werden. Während Abbildung 4 in der Batch-Version eine Differenzengleichung in der Simulationsphase und in der Ausgabephase zeigt, die zeitlich einander nachgelagert sind, wird in Abbildung 5 vielmehr ein neues Konzept buchstäblich aus einem Guß vorgestellt.

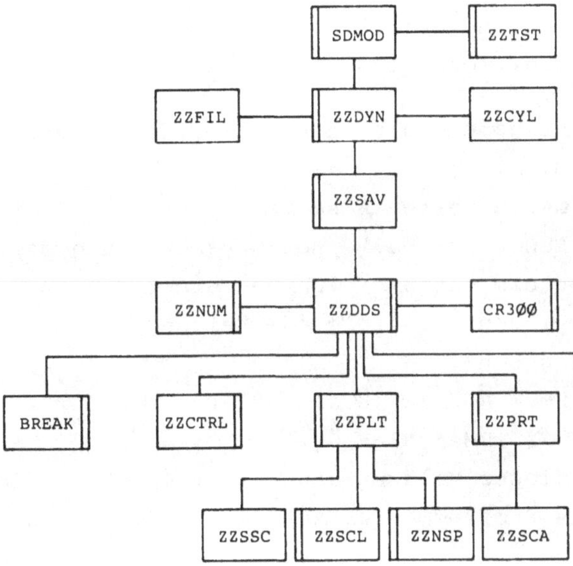

5 Struktur der interaktiven Version CDYNAMO

Der Verarbeitungszyklus der DYNAMO/F-Version wurde in der Weise erweitert, daß die Daten direkt nach Errechnung und Abspeicherung auf dem Bildschirm ausgegeben werden, d.h. Simulations- und Ausgabephase sind zu einer Einheit integriert. Zudem hat der Benutzer die Möglichkeit, nach jeder Unterbrechung der direkten Datenausgabe eine beliebig lange und beliebig umfangreiche individuelle Ausgabe einzuschieben, bevor die Simulation fortgesetzt, neu aufgesetzt oder abgebrochen wird. Die realisierte Steuerung des gesamten Ablaufes wird an anderer Stelle in diesen Ausführungen beschrieben. Zunächst sollen jedoch von den erweiterten und neuen Routinen des Laufzeitpaketes nur die wesentlichste Subroutine ZZDDS und die Hauptroutine des internen Informationssystems ZZHLP vorgestellt werden[13].

ZZDDS ist die zentrale Routine der interaktiven CDYNAMO-Version. Sie übt folgende Funktionen aus:

(1) Festsetzen des Ausgabemoduls in tabellarischer oder graphischer Form.
(2) Umschalten bei der direkten Ausgabe.
(3) Dialog mit dem Benutzer: bei einer Unterbrechung der direkten Ausgabe bzw. nach Ausführung einer Steuer- oder Ausgabeanweisung wird folgende Meldung auf dem Bildschirm ausgegeben:
S+ / S- / P+ / P- / R / A / CONT / PLOT / PRINT / RERUN / PARAM / SYSTEM / HELP[14].
Das Erscheinen dieser Meldung deutet dem Benutzer die Bereitschaft des Programms zur Ausführung einer neuen Anweisung an.
(4) Formale und logische Prüfung des Inputs des Benutzers.
(5) Automatische Eingabekorrektur.
(6) Kontrolle der Pointer-Position: wegen der Anwendung des Pointer-Konzeptes, bei dem ein Datenfile nach einer Datenausgabe nicht an den Anfang oder das Ende (EOF) der Datei gespult wird, sondern ein Pointer auf

das Ende des zuletzt ausgegebenen Satzes zeigt, ist es notwendig, ständig die aktuelle Position und damit die Anzahl Sätze zwischen Anfang der Datei und dem Pointer bzw. dem Pointer und dem Ende der Datei zu kennen.

(7) Initiierung der Ausgabe auf SYSLST (Drucker) analog der Bildschirmausgabe: dem Benutzer steht in der interaktiven CDYNAMO-Version die Möglichkeit offen, die mittels einer Ausgabeanweisung auf dem Bildschirm ausgegebenen Daten nach vollständiger oder teilweiser Ausführung der Anweisung auch der Systemdatei SYSLST zuzuweisen.

(8) Überlaufkontrolle des Bildschirms.

(9) Bearbeitung des PARAM-Statements: die Eingabe der PARAM-Anweisung zum Restart des Simulationslaufes ab einem bestimmten Zeitpunkt mit geänderten Parameterwerten (Gleichungen vom Typ C und T) initiiert in Subroutine ZZDDS verschiedene Aktivitäten.

(1o) Aufsuchen adressierter Sätze in der Ausgabedatei: nach Auffinden des gesuchten Satzes wird die Adresse und die Anzahl der auszugebenden Sätze für eine sich evt.an die Bildschirmausgabe anschließende Anweisung zur Druckausgabe abgespeichert.

(11) Anzeige der Beendigung der Simulation.

Die Hauptroutine des internen Informationssystems ZZHLP übernimmt die Funktion, den ihr von ZZDDS übergebene Information aufzulösen und die gewünschte Nachricht auf den Bildschirm oder auf den Drucker zu bringen. Folgende Möglichkeiten bestehen:

(1) Auflistung aller implementierten Anweisungen der interaktiven Version auf dem Bildschirm nach Eingabe des H(ELP)-Statements.

(2) Display einer detaillierten Erläuterung eines bestimmten Statements mit der Bezeichnung Hxx auf dem Bildschirm. Mit Eingabe z.B. der Anweisung H03 erscheint eine detaillierte Erläuterung des PARAM

```
Statements:
(OUT)      S+ / S- / P+ / P- / R / A / CONT / PLOT /
(OUT)      PRINT / RERUN/ PARAM / SYSTEM / HELP

(IN)  HO3
(OUT)
(OUT)      HO3       PAR(AM)
(OUT)
(OUT)
(OUT)
(OUT)        This option allows to change constants
(OUT)        and tables during runtime.
(OUT)
(OUT)        In this way a dynamo model can be con-
(OUT)        trolled by the user.
(OUT)
(OUT)        Attention: Only quantities in C and T
(OUT)        equations are really changeable, other
(OUT)        changes will be accepted but not executed.
(OUT)
(OUT)        Procedure:
(OUT)
(OUT)        (1) Input of actual restart time point
(OUT)        for run with changed quantities
(OUT)
(OUT)        (2) Input of changes is rerun mode.
(OUT)
(OUT)        (3) Input of RUN statement to restart
(OUT)        simulation
(OUT)
(OUT)
```

(3) Auflistung aller implementierten Anweisungen und anschließend aller detaillierten Erläuterungen hierzu auf SYSLST nach Eingabe von PH.

(4) Ausgabe der vom Benutzer ausgeführten Anweisung, die die Fehlerbedingung erzeugte, und der entsprechenden

Fehlerbeschreibung auf dem Bildschirm bei Eingabe des in der Fehlermeldung enthaltenen Fehlercodes in der Form Mxx. Bei Eingabe z.B. von M2o erfolgt eine ausführliche Beschreibung der fehlerhaften Anweisung des S-Parameters.

```
(OUT)      S+ / S- / P+ / P- / R / A / CONT / PLOT /
(OUT)      PRINT / RERUN / PARAM / SYSTEM / HELP

(IN)  S+oo1o,ooo6
(OUT)
(OUT)      First operand should be less  6       M2o

(IN)  M2o
(OUT)
(OUT)      Your input was: S+0010,0006
(OUT)
(OUT)      Reason for Message:
(OUT)
(OUT)      First operand is greater than number of re-
(OUT)      cords between actual location on file and
(OUT)      end of file, so that desired output is im-
(OUT)      possible.
(OUT)      Actual location on file has not been changed.
(OUT)
(OUT)
(OUT)
(OUT)
(OUT)
(OUT)  Measure:
(OUT)
(OUT)      Input of the correct option        or
(OUT)
(OUT)      Continuation with another option.
(OUT)
```

(5) Display der zuletzt eingegebenen Steuer- oder Ausgabeanweisung auf dem Bildschirm nach Eingabe von M.

Das en bloc Ausgabeverfahren der DYNAMO-Version konnte in CDYNAMO nicht mehr beibehalten werden, weil dem Benutzer die Möglichkeit eingeräumt werden sollte, sich Daten in beliebigem Umfang ausgeben zu lassen. Ein nicht unwesentlicher Teil der Arbeit galt daher der Anpassung dieser Unterprogramme an das neue Konzept, in dem in den Subroutinen ZZPLT und ZZPRT eine Überlaufkontrolle des Bildschirms eingebaut wurde. Da einschließlich der Kopfzeilen maximal 13 Zeilen ausgegeben werden können, um auch eine sinnvolle Unterteilung des Bildschirms in Ausgabe- und Kommunikationsbereich einzuhalten, wurde eine Möglichkeit der Ausgabeunterbrechung und der Rückkehr ins rufende Programm ZZDDS nach Beschreiben der dreizehnten Zeile zur Klärung der weiteren Verfahrensweise geschaffen.

Ein großes Problem bei der Anpassung der Ausgaberoutinen an die interaktive Version stellt jedoch die Lösung der Frage dar, wie der Dynamik der Skalierung bei der tabellarischen und graphischen Direktausgabe von Werten Rechnung getragen werden kann. Da die Kopfzeilen mit Variablennamen und Skalierungsfaktoren eines Modelloutputs immer nur zu Beginn einer Bildschirmausgabe zur Vermeidung eines ständigen Überschriftenwechsels erfolgen soll, um auf diese Weise eine Kontinuität der Ausgabe zu erreichen, ist damit zu rechnen, daß im Verlauf der direkten Datenausgabe Werte erzeugt werden müssen, die betragsmäßig größer als die bisherigen Extremwerte von Variablen sind und eventuell den auf der Basis dieser "alten" Extremwerte errechneten Skalierungsfaktoren nicht mehr zugeordnet werden können.

Die entsprechenden Feld- bzw. Skalierungsüberläufe werden durch das Zeichen "*" (tabellarischer Output) bzw. das Symbol "←" (graphischer Output) gekennzeichnet. Durch eine erneute Ausgabeanweisung, die das Zeitintervall mit diesem Überlauf umfaßt, wird auch optisch eine Korrektur der Skalierung und eine richtige Einordnung des Symbols im auszugebenden Graph realisiert.

Bei der Beschreibung der einzelnen Module des neuen Softwarepaketes wurden bereits die verschiedenen Möglichkeiten aufgezeigt, die das neue System CDYNAMO bietet. Dabei standen vor allem technische Aspekte und ihre Realisierung im Vordergrund. Da jedoch die programmtechnischen Details der neuen Version für den Benutzer von sekundärer Bedeutung sind, sollen nun bei der Erläuterung der Datenausgabe einige Formate und ihre Wirkungsweise dargestellt werden.

Der Ausgabemodus ist frei wählbar und kann während der Simulation bei Programmanfragen, sofern diese keine spezielle Beantwortung verlangen, jederzeit geändert werden.

Die graphische Ausgabe (PLOT) erfolgt in bildschirmgerechter Form, wobei die Effektivität der Darstellung direkt von der Anzahl der auszugebenden Variablen und Skalen abhängt. Die CDYNAMO-Version akzeptiert für die Bildschirmausgabe bis zu fünf unterschiedliche Skalen. Bei Überschreitung dieser Anzahl erfolgt ein diesbezüglicher Hinweis, verbunden mit der Anfrage

>BETTER MAX. 5 SCALES - CONTINUE PLOT-MODE? (Y/N)<.

Soll die Plotausgabe trotz "Kopflastigkeit" der Ausgabe fortgesetzt werden, so ist 'Y' einzutippen. Anderenfalls erfolgt die weitere Ausgabe in tabellarischer Form. Die Möglichkeit eines graphischen Output z.B. auf SYLST (Drucker) steht weiterhin offen.

Die Bildschirmausgabe in tabellarischer Form ist auf 18 Variable beschränkt. Bei Angabe weiterer Variablen wird ihre Ausgabe unterdrückt. Ein entsprechender Hinweis erfolgt auf dem Bildschirm. Die Listenausgabe bleibt von dieser Beschränkung unberührt.

Die Anweisungsformate im Dialogverkehr unterteilen sich in Ausgabe- und Steueranweisungen.

Die Ausgabeanweisungen[15] ermöglichen dem Benutzer, Ergebnisse aus einem Pool errechneter Daten zur Ausgabe auf Bildschirm oder SYSLST frei auszuwählen. Der Output erfolgt im jeweiligen Ausgabemodus.

Die Auswahl und Ausgabe von Daten geschieht in Form von "Blättern" im Daten-File. Nach Beendigung einer Ausgabe wird der File nicht auf Anfang oder Ende der Datei zurückgesetzt. Der Ausgangspunkt für eine neue Ausgabeoperation bleibt somit immer die aktuelle Pointerposition. Die Ausgabeanweisungen sind (in dieser Version noch) formatgebunden, d.h. führende Nullen müssen mit eingegeben werden (s. Abb.6). Der Eingabestring des Benutzers wird vor Ausführung auf formale und logische Richtigkeit überprüft.

Die Steueranweisungen ermöglichen dem Benutzer die Gestaltung des interaktiven Prozesses, die im allgemeinen ohne Operand einzugeben sind. Operanden sieht nur die HELP-Anweisung vor (vgl.S.354 dieser Ausführungen).

In Abbildung 6 sind in einer Übersicht alle implementierten Anweisungsformate dargestellt. Die PARAM-Anweisung, eine bedeutende Verbesserung im CDYNAMO -System, soll detaillierter erläutert werden.

Die PARAM-Anweisung initiiert den Aufruf der Simulationssteuerroutine ZZCTRL, der zentralen Neuerung im CDYNAMO-System, die es erlaubt, noch während eines Runs Parameter zu ändern und die Simulation an einer beliebigen Stelle wieder aufzunehmen. Die neue Möglichkeit findet vor allem dort Anwendung, wo die Simulation bis zu einem bestimmten Zeitpunkt für den Anwender zufriedenstellend verlaufen ist und von da ab eine nicht erwünschte oder nicht erwartete Richtung nimmt.

Dem Benutzer ist jetzt folgende Möglichkeit gegeben: Mit der Eingabe der PARAM-Anweisung wird dem Laufzeitsystem mitgeteilt, daß verschiedene Variablenwerte zu ändern sind. Anschließend erfolgt die Wahl des Zeitpunktes, dessen Levelwerte als Ausgangswerte für die weitere Simulation genommen werden sollen bzw. an den die Simulation erneut aufgesetzt werden soll.

Ist diese Zeitangabe nicht ein ganzzahliges Vielfaches der Ausgabeperiode des laufenden Ausgabemodus, so nimmt das Programm eine interne Korrektur so vor, daß es den dem angegebenen Zeitpunkt am nächsten kommenden Wert als Startzeitpunkt annimmt. Diese Wertkorrektur kann vom Benutzer akzeptiert oder abgelehnt werden, was besonders dann wichtig ist, wenn größere Ausgabeperioden definiert sind und somit zwischen zwei Ausgabeintervallen die zwischenzeitlich errechneten Daten nicht kontrolliert werden können. Bei Verneinung der Korrektur kann anschließend eine neue Startzeit angegeben werden. Anderenfalls ist das System bereit zur Annahme der Parameteränderungen, die nun wie Rerun-Änderungen eingegeben und mit der RUN-Anweisung abgeschlossen werden. Zur Kennzeichnung der verschiedenen Teilabschnitte der Simulation erweist es sich als vorteilhaft, jedem RUN-Statement einen neuen Namen als Kommentar beizufügen.

Die PARAM-Anweisung kann in beliebiger Vielfalt während eines Runs gegeben werden. Die Änderungen der Parameter behalten ihre Gültigkeit entweder bis zur nächsten Änderung oder bis zur Beendigung des laufenden Runs.

Das vorgestellte neue System stellt, gemessen an seinen Möglichkeiten und verglichen mit der DYNAMO/F-Version, eine sicherlich nicht unwesentliche Erleichterung und Verbesserung für den Benutzer dar, dessen Modell sich noch im Entwicklungsstadium befindet. Insbesondere dürfen ihm dabei die Einrichtung

(1) eines internen Informationssystems,
(2) die Möglichkeit der freien Auswahl von Daten zur Ausgabe und
(3) die Möglichkeit der permanenten Parameteränderung noch während eines Runs

eine wesentliche Hilfe sein. In der nächsten Zeit sollen noch

```
(OUT)
(OUT)        S+ / S- / P+ / P- / R / A / CONT / PLOT / PRINT / RERUN / PARAM / SYSTEM / HELP
(IN)      HELP
(OUT)
(OUT)        POSSIBLE PARAMETERS FOR PROCESSING SIMULATION AND FOR HANDLING SCRATCH FILE:
(OUT)
(OUT)      A(LL)                  OUTPUT OF ALL RESULTS COMPUTED                           HO1
(OUT)
(OUT)      C(ONT)                 CONTINUATION OF SIMULATION                               HO2
(OUT)
(OUT)      PAR(AM)                CALL OF CONTROLLING ROUTINE (PERMANENT PARAMETER         HO3
(OUT)                                                          CHANGE)
(OUT)      PL(OT)/PR(INT)         OUTPUT MODE IS PLOT (GRAPH)/PRINT (TABLE)                HO4
(OUT)
(OUT)      RER(UN)                TERMINATION OF SIMULATION - SKIP TO RERUN MODE           HO5
(OUT)
(OUT)      SY(STEM)               SIMULATION BREAK - S Y S T E M-MODE DESIRED              HO6
(OUT)
(OUT)      S(VXXXX)(,YYYY)        SET FILE FORWARD (V=+) OR BACKWARD (V=-)                 HO7
(OUT)
(OUT)      RXXXXX.XX(,YYYYY.YY)   OUTPUT OF REGION                                         HO8
(OUT)
(OUT)      P(VXXXX)(,YYYY)        SAME AS S-FORMAT BUT OUTPUT DIRECTLY TO SYSLST           H57
(OUT)
(OUT)      PXXXXX.XX(,YYYYY.YY)   SAME AS R-FORMAT BUT OUTPUT DIRECTLY TO SYSLST           H58
(OUT)
(OUT)      PA                     OUTPUT OF ALL DATA TO SYSLST                             HO9
(OUT)
(OUT)      PH                     LISTING OF ALL COMMANDS (HELP) UPON SYSLST
```

6 Anweisungen des CDYNAMO

folgende Vorstellungen realisiert werden:

(1) Formatfreie Eingabe von Anweisungen,

(2) Zulassung von Kleinbuchstaben auch bei der Eingabe von Rerun-Changes,

(3) Berücksichtigung von variablem DT, LENGTH, PLTPER und PRTPER[16),]

(4) Variabilität des Datenausgabefeldes auf dem Bildschirm (jetzt Zeile 1-13) je nach Bildschirmtyp,

(5) Einführung bildschirmspezifischer Steuerzeichen zur Zeilensteuerung,

(6) Wahlmöglichkeit zwischen Normal- und "NARROW"-Plot,

(7) Abfragemöglichkeit von noch nicht beantworteten Programmanfragen,

(8) Ausgabemöglichkeit von Ergebnissen früherer Sitzungen,

(9) Erweiterung der Laufzeitmodulbibliothek um OR- und Statistikprogramme. Diese Programme sollen standardmäßig den Benutzern zur Verfügung gestellt werden, so daß es vom Standpunkt des Anwenders keinen Unterschied bedeutet, ob eine Sprungfunktion (STEP-Fkt in DYNAMO) oder ein LP-Programm aufgerufen wird.

Unter Berücksichtigung dieser Modifikationen kann abschließend gesagt werden, daß die interaktive Simulation ein geeignetes Instrument zur Analyse komplexer Modelle darstellt.

2.3. Sonstige DYNAMO-Compiler

2.3.1. Der DYNAMOIII/37o-Compiler

Für IBM-Anlagen des Typs 37o wurde ein spezieller Compiler entwickelt, der zur Verarbeitung umfangreicher Modelle sehr geeignet ist. Diese AED-Version vermeidet besonders die Ineffektivitäten der FORTRAN-Version bei der Verarbeitung großer Modelle. Die Vorteile dieses Compilers umfassen die Möglichkeit, das sonst übliche Integrationsverfahren nach Euler durch die Runge-Kutta-Methode mit automatischer Fehlerkontrolle zu ersetzen. Eine weitere mnemotechnische Verbesserung besteht darin, gewöhnliche Indizes durch Variablen mit entsprechender Bedeutung zu ersetzen. An einem Beispiel soll die Benutzerfreundlichkeit erläutert werden:

In einem Bevölkerungssektor wird die Gruppe der 15- bis 18-jährigen durch die Größe BEV(3) beschrieben. Zur Verbesserung des Modellverständnisses kann BEV (3) durch BEV (TEENGR) ersetzt werden, wenn die entsprechenden mnemotechnischen Namen auf einer FOR-Karte[17] wie folgt definiert sind:

FOR AGE = 1,6: BABIES, KINDER, TEENGR, ...,HALTER

Testläufe mit dem DYNAMOIII/37o-Compiler erbrachten bei der Verarbeitung umfangreicher Modelle das erstaunliche Ergebnis einer Kostenreduzierung (bzgl. CPU-Zeit) von rund achtzig Prozent gegenüber der DYNAMOIII/F-Version.

2.3.2. Der MINI- und GAMING DYNAMO-Compiler

Die Mini-DYNAMO-Version wurde entwickelt, um die Nachfrage der Benutzer von Kleinrechnern[18] nach DYNAMO zu befriedigen. Mini-DYNAMO arbeitet nicht nach dem Precompiler-Prinzip, sondern übersetzt und führt das Modell in einem STEP aus.

Dieser Compiler bietet den gleichen Komfort wie die größeren Versionen mit der Einschränkung, daß die benutzerdefinierten Macros und die Handhabung von Arrays nicht unterstützt werden.

Trotz des Namens Mini-DYNAMO können Modelle bis zu 2ooo Variablen verarbeitet werden. Die folgende Tabelle beschreibt den Zusammenhang zwischen Modellgröße und Speicherkapazität:

Speicherkapazität	Modellgröße (Anzahl der Variablen)
16 K	15o
24 K	5oo
32 K	1ooo
48 K	2ooo

Eine ausgesprochene benutzerfreundliche Fehlerbehandlungsroutine wird auch den Benutzern den Zugang zur Sprache DYNAMO erleichtern, die wenig oder gar keine EDV-Kenntnisse besitzen. so daß Mini-DYNAMO als eine echte Alternative zur Programmiersprache BASIC angesehen werden kann.

Der GAMING DYNAMO-Compiler ähnelt der Mannheimer CDYNAMO-Version in der Weise, daß während der Simulationsphase in jedem Zeitpunkt Parameteränderungen durchgeführt werden können. Ein neuer Variablentyp "Decision" deklariert die zu ändernden Parameter. Der GAMING DYNAMO-Compiler liegt sowohl in der AED-Version als auch in der FORTRAN-Version vor.

2.3.3. Der"pipelined" DYNAMO-Compiler

Am Illinois Institute of Technology wurde der "pipelined" DYNAMO-Compiler für ein ringförmiges Netz von Mikrocomputern (16-Bit, LSI-11 mit 12 K Worten Minimum) entworfen, der parallel Codesegmente generiert.

Während der Compilierungszeit ist der Compiler leitungsartig strukturiert, wobei bestimmte Phasen parallel ausgeführt werden und die Koordination durch die Übertragung der Statements im "Transportbandstil" erfolgt. Die Phasen des Compilierungsprozesses sind auf separaten Mikrocomputern verfügbar, wobei aber eine asynchrone Kommunikation zwischen den Prozeßzuständen realisiert wird.

Der generierte Objektcode wird von dem Compiler automatisch in Mehrfachsegmente partitioniert, die den einzelnen Rechnern des

Netzes zur parallelen Ausführung zur Laufzeit zugewiesen werden.

Mikrocomputer sind vorwiegend zur Überwachung von Real-Time-Prozessen eingesetzt worden, wobei gewöhnlich Assembler-Sprachen zur Verfügung stehen. Die Implementierung eines DYNAMO-Compilers auf ein Rechnernetz stellt ein Forschungsergebnis dar, das neue Anwendungsmöglichkeiten für Mikrocomputer im Verbund eröffnen wird.

3. Die Simulationssprache DYNAMO[19)]

Im Rahmen der Konzipierung von System Dynamics (früher Industrial Dynamics) wurde mit DYNAMO ein Instrumentarium für die Transformation der Methode in ein mathematisches, computergerechtes Gleichungssystem geschaffen. DYNAMO ist eine problemorientierte Sprache zur näherungsweisen Lösung von Differentialgleichungen in Form von Differenzengleichungen.

Das vom Anwender erstellte DYNAMO-Gleichungssystem ist in seiner Anordnung (Reihenfolge) variabel. Der Compiler generiert die logische Struktur, nach der das Gleichungssystem sukzessiv gelöst wird. Diese Form der Darstellung ist sehr anwenderfreundlich und ermöglicht dem Benutzer, sich vorwiegend der Modellgenerierung und -gestaltung zu widmen. Da diese Prozedur zur Auflösung des Gleichungssystems nicht angegeben wird, eine Sortierung der Gleichungen und eine Auflösung der vom Anwender benutzten Makros durch den Compiler erfolgt, zählt DYNAMO zu den deskriptiven Sprachen.

3.1. Sprachbeschreibung

Das elementare Sprachkonzept von DYNAMO läßt sich in einen Gleichungs- und einen Spezifikationsteil unterteilen. Jede Gleichung wird durch ihren Typ charakterisiert, wobei die wichtigsten wie folgt gekennzeichnet sind:

L	Level
R	Rate
A	Auxiliary (Hilfsgröße)
N	Anfangswert
C	Konstante
T	Tabelle

Levels repräsentieren Bestandsgrößen eines Systems, die sich aus der Akkumulation der Differenzen zwischen der Zu- und Abflußgröße ergeben und sind wie folgt darzustellen:

L LEV.K=LEV.J+(DT)(ZR.JK-AR.JK)

mit

L	Gleichungstyp
LEV	Bestandsgröße
ZR	Zuflußrate
AR	Abflußrate
DT	Integrationsschrittweite

In mathematischer Schreibweise läßt sich ein Level als Integral schreiben:

$$LEV(t)=LEV(t_o)+\int_{t_o}^{t}(ZR(\tau)-AR(\tau))d\tau$$

Raten repräsentieren die Flußgrößen (Entscheidungsvariable) eines Systems und haben prinzipiell folgende Form:

R ZR.KL=f (Levels, Hilfsgrößen, Konstanten)

mit

R	Gleichungstyp
ZR	Zuflußrate
f	mathematische Funktion

Die Hilfsvariablen sind in der Regel algebraische Bestandteile der Raten und dienen dazu, die Ratengleichungen übersichtlicher zu gestalten.

Mit Konstanten (C) bzw. Tabellen (T) werden numerische Werte bzw. die Ordinatenwerte einer Tabellenfunktion mit äquivalenter Schrittweite festgelegt. N-Gleichungen definieren die Anfangswerte der Levels.

Wie aus den vorhergehenden Beispielen ersichtlich ist, sind die zeitvarianten Größen mit einer Zeitindizierung versehen. Für die Rechenvorschrift sind zwei aufeinanderfolgende Perioden relevant, wobei der aktuelle Zeitpunkt mit K, der vorhergehende mit J und der zukünftige mit L gekennzeichnet ist. Folglich hat das zurückliegende bzw. das zukünftige Intervall die Zeitnotation JK bzw.KL.

Die Berechnungssequenz der in DYNAMO dargestellten Größen Level (L), Rate (R) und Auxiliary (A) ist aus der folgenden Graphik (Abbildung 7) ersichtlich[2o]:

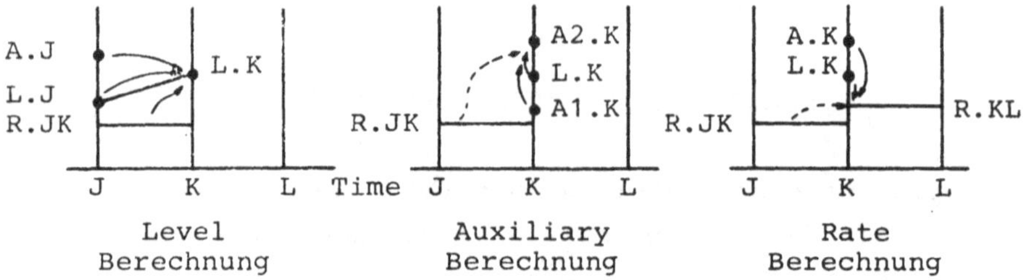

7 Berechnungssequenz der Level-, Raten - und Hilfsgrößen

Wesentliche Elemente des Gleichungsteils verkörpern die in DYNAMO bereits vorgesehenen Makros zur Beschreibung von in der Realität häufig auftretenden Verhaltensprozessen. Makros zur Abbildung exponentieller Verzögerungen (DELAY) und zur Darstellung exponentieller Glättung (SMOOTH) sind generiert. Diese Grundmenge interner Makros kann jederzeit durch vom Benutzer zu definierende Makros ergänzt werden.

DYNAMO bietet ebenfalls eine Basismenge interner Funktionen wie Sprung-, Tabellen- und Entscheidungsfunktionen und Funktionen Erzeugung normalverteilter Zufallszahlen an.

Der Spezifikationsteil des Simulationslaufes umfaßt die Vereinbarung

- der Integrationsschrittweite DT,
- der Simulationsdauer LENGTH,
- der Ausgabeanweisungen des graphischen und tabellarischen Outputs mit den Statements PLOT Variable i (i= 1,..., n) und der Schrittweite PLTPER sowie der PRINT Variable j (j =1, ..., m) mit der Schrittweite PRTPER und
- der Programmendekarte RUN.

Die wesentlichen Erweiterungen von DYNAMO bestehen in der Handhabung externer Funktionen und der Benutzung einfach oder mehrfach indizierter Felder. Die bedeutenden Ergänzungen verlangen aber auch einige Deklarationsanweisungen, die das einfache Konzept von DYNAMO aufweichen.

Mit dem Statement FNCTN wird die externe Funktion deklariert, die Gesamtanzahl der Parameter und die von dem Funktionsunterprogramm an das DYNAMO-Programm zu übergebenden Parameter festlegt.

Bei der Benutzung indizierter Größen muß der Index (ganzzahlig) in einer FOR-Anweisung einschließlich des möglichen Wertebereiches festgelegt werden. In der Version DYNAMOIII/F 3.o muß die Dimension eines Feldes noch explizit definiert werden, z.B. DMNSN FELD (6,5).

Zur Manipulation von Feldern ist die Menge interner Funktionen standardmäßig erweitert worden um:

- das Skalarprodukt zweiter Vektoren,
- das zyklische Vertauschen der Elemente eines Vektors,
- das lineare Vertauschen der Elemente eines Vektors,
- das Aufsummieren der Elemente eines Vektors.

3.2 Sprachanalyse

DYNAMO als eine überwiegend deskriptive Sprache, in der prozedurale Elemente durch externe Funktionen (FORTRAN) dargestellt werden, sieht sich im Vergleich mit anderen Programmiersprachen oft herber Kritik ausgesetzt. In den Arbeiten von Nullmeier[21)] und Zwicker[22)] wird DYNAMO mit CSMP und SIMULA bzw. FORTRAN verglichen und bezüglich ihrer Leistungsfähigkeit einer detaillierten, kritischen Analyse unterzogen. Wesentliche Gesichtspunkte sollen an dieser Stelle kurz aufgeführt werden:

- Eine modulare und hierarchisch-strukturierte Abbildung komplexer Modelle kann mit DYNAMO unter Verwendung des Datentyps ARRAY, der Makros und externer Funktionen nur in geringem Maße realisiert werden.
- Unter der Berücksichtigung der Integration externer FORTRAN-Funktionen wird eine kombinierte zeitdiskrete-kontinuierliche Simulation nur beschränkt verwirklicht, wobei hinzugefügt werden muß, daß die äquidistante Zeitfortschaltung in DYNAMO nur einen Spezialfall der allgemeinen zeitdiskreten Simulation darstellt[23)].
- Routinen zur Behandlung von Differentialgleichungen, die nicht sukzessiv und rekursiv lösbar sind, sondern nur über die Auflösung eines möglicherweise nichtlinearen Simultanteils zugänglich sind, werden von der Simulationssprache DYNAMO gefordert.
- Die Anwendung der Euler-Rechteckintegration in DYNAMO wurde bezüglich

  der Genauigkeit der Ergebnisse

der Effektivität und des Rechenaufwandes sowie der Nichtberücksichtigung des Auftretens diskreter Zustandsänderungen und unterschiedlicher Zeitkonstanten eines Modells

häufig bemängelt. Diese Diskussion bewirkte,daß das Integrationsverfahren Runge-Kutta mit automatischer Fehlerkontrolle in den neuesten DYNAMO-Versionen (DYNAMOIII/37o) implementiert wurde.

- Die mit der Einführung des Datentyps ARRAY für dessen Verwendung geltenden Bedingungen:
  keine Möglichkeit zur Modifikation des Wertebereiches der FOR-Variablen im Rerun,
  weitgehende Unbrauchbarkeit des Feldkonzeptes bei der Handhabung von Makros sowie
  weitere nach Pugh[24] geltende Regeln
  verdeutlichen den bestehenden Konflikt dieser Sprache zwischen Flexibilität und absoluter Benutzerfreundlichkeit[25].

4. Anwendungen in DYNAMO

DYNAMO kann und ist zur Beschreibung makro- und mikroökonomischer, technischer, sozio-ökonomischer und sozialer Probleme angewendet werden bzw. angewandt worden. An dieser Stelle sollen aus der Vielzahl der Anwendungen der Simulationssprache DYNAMO zur Darstellung komplexer Probleme drei Beispiele genannt werden, die einerseits die Optimierung von DYNAMO-Modellen und andererseits DYNAMO-Systeme im Verbund mit anderen Methoden veranschaulichen.

Beispiel 1[26]

Das Regelkreisprinzip liegt der Optimierung von Simulationsmodellen zugrunde (siehe Abbildung 8). Ein System Dynamics-Modell (realisiert in DYNAMO) wird als Regelstrecke in die Regelkreisstruktur integriert. Der Steuervektor $\underline{s}$ (t) bildet die

Eingangsgröße des SD-Modells. Die zu regelnde Zustandsgröße $\underline{Z}$ $(\underline{s},t)$ wird mit der Zielfunktion verglichen.

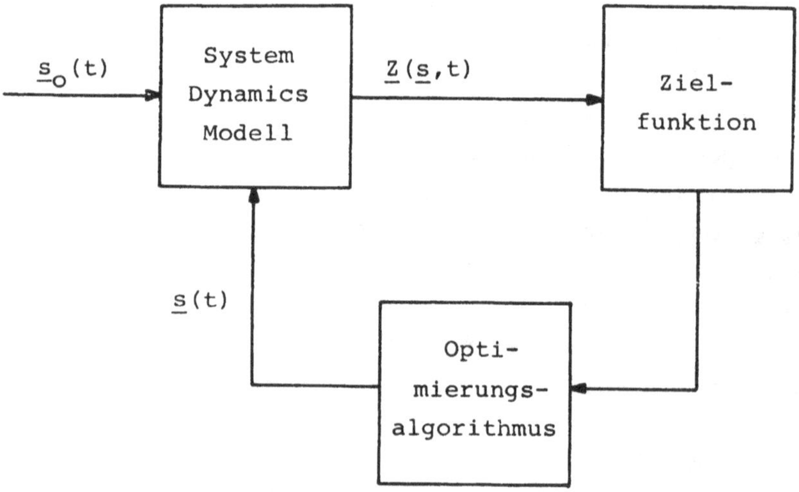

8 Das System Dynamics-Modell im Regelkreis

Die Elemente $s_i(t)$ des Steuervektors werden durch untere und obere Restriktionen begrenzt: $s_{iu}(t) \leq si(t) \leq s_{io}(t)$. Der Steuervektor s(t) wird durch den Optimierungsalgorithmus über den gesamten Simulationszeitraum $t_o \leq t \leq t_{max}$ in der Weise bestimmt, daß die Differenz zwischen den Komponenten des Ausgangsvektors $\underline{z}(\underline{s},t)=\underline{z}_1(\underline{s},t)$, $z_2(\underline{s},t)$ ..., $z_n(\underline{s},t)$ und den entsprechenden Komponenten der Zielfunktion $U(\underline{s},t)$ für $t_o \leq t \leq t_{max}$ innerhalb vorgegebener Schranken liegt.

Die Konstruktion der Zielfunktion ist eine der schwierigsten Probleme bei der Simulation und Optimierung von komplexen Systemen. Eine sinnvolle Definition der Zielfunktion des oben beschriebenen Optimierungsproblems ergibt sich durch das Festlegen von unteren und oberen Grenzen für die Ausgangsgröße $\underline{z}(\underline{s},t)$ des System Dynamics-Modells und durch Vorgabe von unteren und oberen Grenzen der Elemente des Steuervektors s(t).

Dieses Prinzip der Optimierung von in DYNAMO realisierten Simulationsmodellen fand Anwendung bei sozio-ökonomischen Problemen[27], bei der Bestimmung optimaler Investitionsstrategien auf dem Tankermarkt[28], bei einer Polykondensationsanlage für Synthesefasern und bei der Einführung von Produktinnovationen.

Beispiel 2[29]

Zur Untersuchung von Problemen der Rohstoffversorgung förderte das Bundesministerium für Forschung und Technologie (BMFT) eine Modellstudie, die einen Beitrag zur Entscheidungshilfe bei der Auswahl bestimmter F&E-Richtungen im Bereich der Chemischen Technik unter Berücksichtigung veränderter Ressourcenverfügbarkeit bzw. Rohstoffpolitik leisten soll. Der Projektzeitraum umfaßt die nächsten 25 Jahre.

Zwei wesentliche Fragenkomplexe sollen durch das Modell beantwortet werden:

- Welche technologischen und wirtschaftlichen Anpassungsvorgänge sind notwendig, um auf eine angenommene Preisentwicklung auf dem Rohstoffmarkt und/oder auf ein verändertes Rohstoffangebot sinnvoll zu reagieren?
- Welche Bedeutung kommt den Verfahrens- und Produktinnovationen, die im Rahmen eines Förderungsprogrammes entwickelt werden sollen, zur Überwindung von Rohstoffengpässen bzw. Realisierung von Rohstoffeinsparungen zu?

Somit werden Anforderungen an das analytische Instrumentarium eines quantitativen Gesamtmodells gestellt:

- Erfassung der Gesamtwirtschaft, darin konsistente Einbettung des Bereiches Chemische Technik (Input-Output-

Modell),
- Dynamische Darstellung der Erklärungszusammenhänge für Produktnachfrage und Investitionsverhalten im Bereich Chemische Technik (System Dynamics-Modell)

sowie
- Beschreibung der technischen Entwicklung der Produktionsverfahren im Bereich Chemische Technik (Lineares Optimierungsmodell)(vgl.Abb.9).

Die unterschiedlichen Methoden werden in der Weise auf die Teilprobleme angewandt, daß Problemcharakteristika und Charakteristika der Methoden nahezu kongruent sind und somit eine optimale Lösung des gesamten Problemkomplexes angestrebt wird.

Die Kopplung der drei Teilmodelle zu einem aussagefähigen Gesamtmodell ist befriedigend realisiert worden. In einer ex-post Projektion der Jahre 1958-1972 wurde das Gesamtmodell simuliert und dessen Ergebnisse mit der Realität verglichen. Abbildung 9 gibt einen Überblick über die interdependenten Beziehungen des Gesamtmodells. Mit dem simultanen Modell-Methodenverbund wurde methodisches und modelltechnisches Neuland beschritten. Aus den aufgetretenen Schwierigkeiten können sehr wesentliche Konsequenzen für die zukünftige Arbeit auf dem Gebiet der Modellkopplung gezogen werden. Die grundlegende Voraussetzung für eine Integration verschiedener Modelltypen umfaßt die Definition eindeutiger Schnittstellen. Eine derartige Beschreibung beinhaltet nicht nur die Anzahl und den Typ der Variablen, sondern auch die Dimension und den Skalierungsfaktor der betreffenden Größe. Bei Mißachtung dieser Restriktionen ergaben sich Schwierigkeiten bei der Kopplung von SD- und LP- mit dem I/O-Modell bei der Bewertung von Mengenströmen.

Beispiel 3 [3o)] [31)]

Das dritte Beispiel beschreibt die Prognose der Verbreitung produktionstechnischer Innovationen. Mit dem Gesamtmodell werden Auswirkungen von Marktveränderungen auf die Innovationstätigkeit einer Branche des Maschinenbaus erfaßt.

Es handelt sich dabei um eine Arbeit, die im Sonderforschungsbereich 57 "Produktionstechnik und Automatisierung" der TU Berlin vom Teilprojekt D "Innovations- und Investitionsplanung von Fertigungsmittel" durchgeführt wurde.

Der Verlauf innovativer Investitionen wird am Beispiel der NC-Technik simuliert. Das Modell hat unter Annahme mikroökonomisch rationalen Investitionsverhaltens erklärende Funktion und soll andererseits auch als Entscheidungshilfe bei der Automatisierung der Kleinserienfertigung dienen.

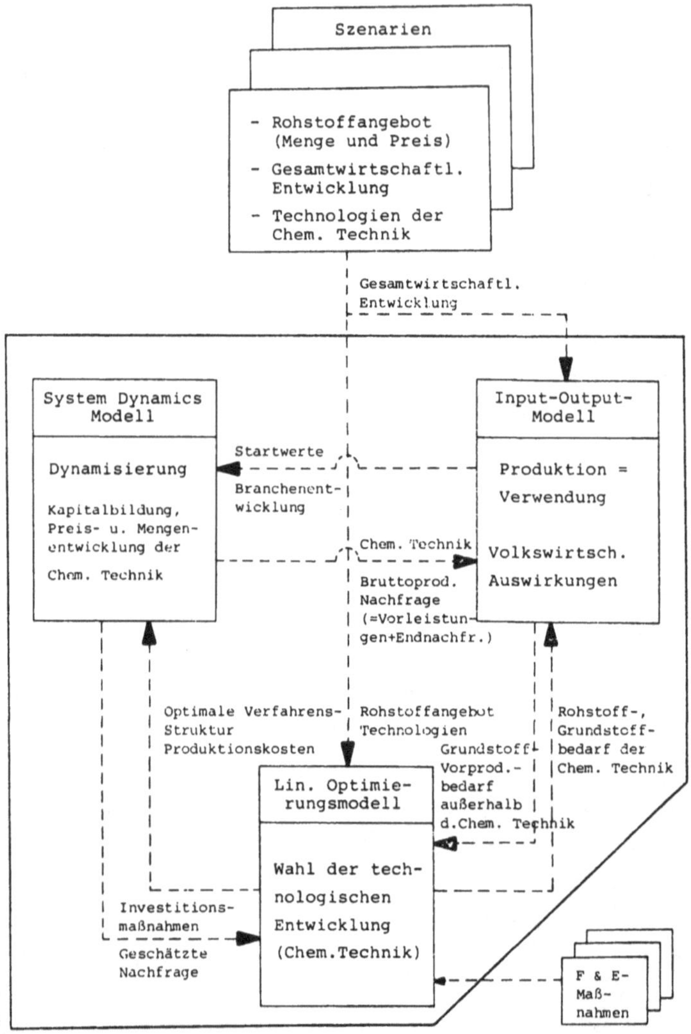

9 Konzeption des Gesamtmodells
(Quelle: Modell Chemische Technik/Vorstudie, a.a.O., S. 2-7)

Es geht dabei um die Erfassung derjenigen Einfluß- und Störgrößen, die die Einführung neuer Produktionstechnologien beeinflussen und um die Modellierung ihrer Auswirkungen. Nicht technische Größen spielen dabei die entscheidende Rolle, sondern ökonomische Faktoren.

Kernstück des Modells ist ein gekoppeltes System Dynamics- und Lineares Optimierungsmodell (SD -LP) Es wird davon ausgegangen, daß die Investitionsentscheidung von der finanziellen Situation und der vorhandenen Ausstattung an Fertigungsmitteln des Betriebes abhängt (mittelfristige Planung und Entscheidung).

Innerhalb des betrieblichen Ablaufs erfolgen kurzfristige Dispositionen im Investitions- und Finanzbereich zur Durchführung der mittelfristigen Planung.

Als eines der wichtigsten Entscheidungskriterien bei der Innovationsplanung ist darüber hinaus der erwartete Absatz der Branche berücksichtigt. Um zu einem Erklärungsmodell des Durchsetzungsverlaufes der NC-Technik in einer Branche zu gelangen, wird das SD-LP-Modell ergänzt um ein Input-Output-Modell (I/O-Modell) (vgl.Abb.1o). Es handelt sich um ein offenes statisches I/O-Modell, das durch ein dynamisiertes Modell der Investitionsgüternachfrage erweitert ist.

Modellannahmen: Es wird angenommen, daß

- der Umsatzverlauf investitionsgüterproduzierender Investoren durch die Gesamtnachfrage nach diesen Investitionsgütern bestimmt wird. Insbesondere wurde die direkte Investitionsnachfrage der Abnehmer im Inland berücksichtigt;
- die Bruttoproduktion aller Wirtschaftssektoren - auch der Hauptabnehmer von Gütern der betrachteten Branche - von der gesamten Nachfrageentwicklung beeinflußt wird. Die direkte Investitionsnachfrage im Inland hängt somit von der Entwicklung der sektoralen Bruttoproduktionswerte ab.

Es werden für die restlichen Endnachfrage-Komponenten alternative Entwicklungen vorgegeben und mit Hilfe des I/O-Modells die resultierenden Umsatzentwicklungen für die betrachtete Branche ermittelt.

Das SD-LP-Modell optimiert und simuliert die Investitionstätigkeit eines branchenrepräsentativen Betriebes. Das LP-Modell paßt bei vorgegebenem Absatzverlauf die Investitions- und Finanzplanung endwertoptimal an, während das SD-Modell den innerbetrieblichen Ablauf und die innerbetrieblichen Konsequenzen dieser Anpassung detailliert im Zeitverlauf simuliert.

Es muß an dieser Stelle ausdrücklich betont werden, daß die angeführten Beispiele bzw. die in DYNAMO abgebildeten Probleme ebenso gut - wenn nicht vom Standpunkt der Informatik eleganter - in einer anderen Programmiersprache wie z.B. FORTRAN oder SIMULA hätten realisiert werden können.

5. ERGÄNZENDE SOFTWARESYSTEME ZU DYNAMO

Die Programmdokumentation leistet einen wesentlichen Beitrag zur Verständlichkeit eines komplexen Modells. Unter diesem Aspekt wurde für DYNAMO-Modelle ein entsprechendes Programmpaket Documentor entwickelt.

Zur Reduzierung der Anpassungsschwierigkeiten von DYNAMO-Modellen an datenorientierte Probleme steht dem Benutzer neuerdings ein umfangreiches Statistik-Programmpaket GPSIE bzw. DYNASTAT zur Verfügung.

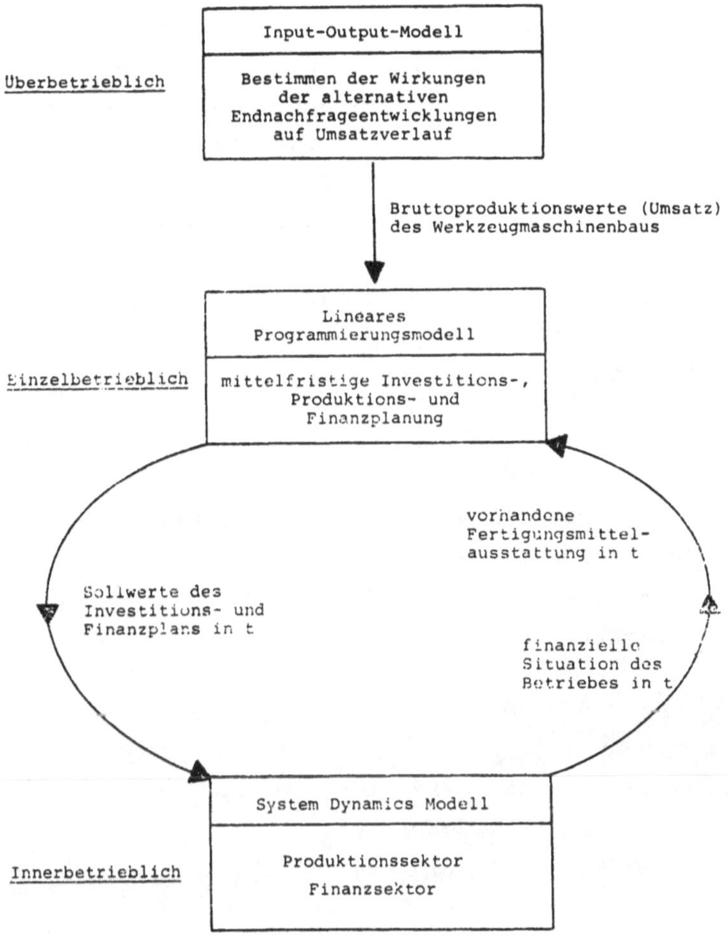

1o Struktur des Investitionsplanungsmodells

5.1 Das Dokumentationssystem DOCUMENTOR

Das Programmpaket DOCUMENTOR in AED bzw. COBOL[32] geschrieben, führt eine Beschreibung der in den Gleichungen eines DYNAMO-Modells benutzten Variablen durch, analysiert den Gleichungstyp und die zu einer Gleichung gehörenden Konstanten bzw. gehörende Tabelle mit ihren Werten sowie druckt eine alphabetische Auflistung aller Variablennamen und deren entsprechende Bedeutung am Programmende. Die Dokumentation der DYNAMO-Gleichungen ist an zwei Beispielen veranschaulicht . Die Gleichungen werden durchnumeriert, ihrem Typ nach gekennzeichnet und die auftretenden Konstanten mit ihren Werten dargestellt.

Dokumentation:

```
AQ.K=1VFEA.K)FEB.K)
     AQ      AUSGABEN FUER QUALITÄTSENTWICKLUNG (DM/MON)  1.0 A
     VFEA    VERHAELTNISFAKTOR F&E-AUSGABEN (DL)
     FEB     FORSCHUNGS- ENTWICKLUNGSBUDGET (DM/MON)
UQ.K=(IGI+QI)(1EXP(Q.K-1))/(GAI)                          2.0 A
IGI=1.5
OI=0.3o
GAI=5000000
     UQ      UMRECHNUNGSFAKTOR DER Q-ENTWICKLUNG (DL)
     IGI     INNOVATIONSGRAD ANFANGSWERT (E)
     QI      QUALITAET ANFANGSWERT (E)
     EXP     DYNAMO MAKRO (EXPONENTIAL FUNKTION)
     Q       QUALITAET DES STAND.-SOFTWARE-PAKETS (E)
     GAI     GESAMTAUSGABEN ANFANGSWERT (DM)
```

Alphabetische Auflistung:

```
A          ABSATZ DES PRODUKTS (ANZ.)
ABFRG      NAME EINES EXTERNEN FORTRAN-PROGR.
AEIG       AUSGABEN ZUR ENTW. DES INNOVAT.GRAD. (DM/MON)
AGB        ANPASSUNGSGRAD BENUTZER (DL)
AGIG       ANTEIL DER GEWUEN.ENT.DES IG. (E/MON)
AGMUR      ANTEIL AM GESAMTMARKT UNIVERSALRECHNER (ANZ.)
AGNAK      ANT. GENERIERT. NACHF. KONK. (DL)
```

AGQE	ANTEIL DER GEWUENSCHTEN Q-ENTWICKL. (E/MON)
AIGTB	ABWEICH.INNO.GRAD VOM TECHN. STAND BEN. (DL)
AKP	ABSATZ KONKURRENZPRODUKT (ANZ.)
AQ	AUSGABEN FUER QUALITAETSENTWICKLUNG (DM/MON)

5.2 Das Programmpaket GPSIE und DYNASTAT

Das Programmpaket GPSIE[33] (General Purpose System Identifier and Evaluator) ist in PL/1 geschrieben und kann zur Simulation und zu vielseitigen statistischen Berechnungen herangezogen werden. Der Benutzer transformiert sein DYNAMO-Modell in ein äquivalentes PL/1-Unterprogramm und entsprechende partiell abgeleitete Matrizen, die als Eingabe für GPSIE dienen (vgl. Abb.11). Die Transformationen werden dem Benutzer durch die Weiterentwicklung von GPSIE zum Programmsystem DYNASTAT abgenommen, d.h. DYNASTAT ist die benutzerfreundliche Version von GPSIE.

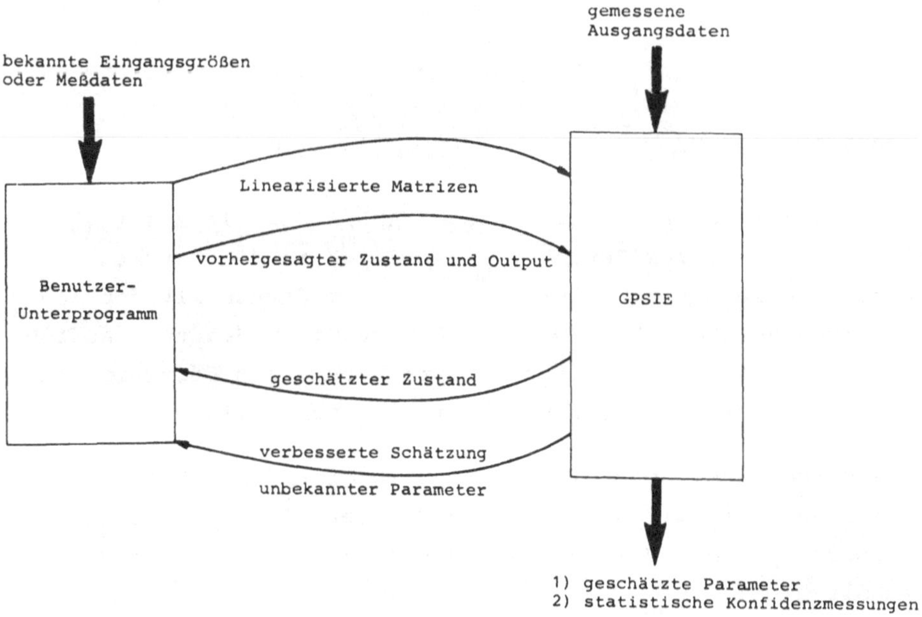

11 Interaktionen zwischen GPSIE und dem Benutzer-Unterprogramm

Das Programmpaket GPSIE bietet ein Spektrum von Verfahren an, die von der Maximum-Likelihood-Methode bis zum erweiterten (nichtlinearen) Kalman-Filter und den heuristischen Optimierungsverfahren reichen.

GPSIE kann für folgende Aufgaben benutzt werden:

(1) Simulation und graphische Darstellung der Ergebnisse,
(2) Berechnung der "Full-information Maximum Likelihood-schätzungen unbekannter Modellparameter unter Berücksichtigung von Meß- und Strukturfehlern,
(3) Schätzung von Modellparametern mit dem Kalman-Filter,
(4) Berechnung der Log-Likelihoods verschiedener Modelle (Hypothesentest)
(5) Konsistenztest von Modell und Daten (Gültigkeitstest),
(6) Lokalisierung von "bad data points" einer Datenmenge.

Mit GPSIE und insbesondere mit DYNASTAT stehen dem DYNAMO-Benutzer effiziente Programmsysteme zur Lösung oben genannter Aufgaben zur Verfügung, ohne daß die EDV-Anforderungen wesentlich steigen.

6. Zusammenfassung

Die ausführliche Darstellung des DYNAMO/F-Compilers erfolgte mit der Absicht, dem Benutzer einen Blick in die Struktur und Funktionsweise des Compilers zu geben, um daraus mit der alternativen Version CDYNAMO einem EDV-kundigen Benutzer aufzuzeigen, welche Möglichkeiten zur Steigerung der Effektivität an dem auf FORTRAN basierenden Compiler zu realisieren sind.

Die Programmiersprache DYNAMO steht in einem ernsthaften Konflikt einerseits mit der Steigerung ihrer Flexibilität und andererseits mit der Beibehaltung des "status quo" ihrer Benutzerfreundlichkeit.

Die Forderungen zur Flexibilitätssteigerung wurden detailliert erläutert und die Charakteristika der Benutzerfreundlichkeit:

- die automatische Sortierung der Gleichungen,
- die einfache graphische und tabellarische Darstellung der Ergebnisse und
- die sonstigen Vorteile einer deskriptiven Sprache

wurden beschrieben.

Für einen Benutzer mit ausgezeichneten Kenntnissen und großer Erfahrung des zu analysierenden Systems (Problems), aber mit nur geringem EDV-Know-How stellt DYNAMO ein sehr wichtiges und hilfreiches Instrumentarium zur computergerechten Modellrealisierung dar. Verlangt die Problemdarstellung

- die Einbeziehung zeitdiskreter Prozeßmodifikationen,
- die Berechnung komplexer Entscheidungsfunktionen und
- die erhöhte Genauigkeit der Ergebnisse,

d.h. generell prozedurale Sprachelemente, dann, und nur dann erweist sich DYNAMO als unzureichend[34]. Der Benutzer muß sich in dieser Situation einer anderen Programmiersprache (z.B. SIMULA, PL/1 usw.) mit entsprechend hohen EDV-Anforderungen zuwenden.

LITERATURVERZEICHNIS

Bea, F.-X.; Bohnet,A. und Klimesch, H.: Simulation komplexer dynamischer Systeme mit DYMOSYS, Stuttgart 1976.

Dahl, G.: Konzipierung und Implementierung eines interaktiven DYNAMO-Compilers, Diplom-Arbeit Universität Mannheim 1978.

Forrester, Jay W.: World Dynamics, Cambridge, Mass. 1971.

Krallmann, H.: Integration von Input-Output-Modellen im Modell-Methodenverbund - eine Anwendung zur innovativen Investitionsplanung im Maschinenbau, in: Verknüpfung sozioökonomischer Modelle, Hrsg.:H. Schmidt und B. Schips, Campus-Verlag, Frankfurt a.M. 1979, Publikation in Vorbereitung.

Krallmann, H.: Die Optimierung einer Polykondensationsanlage für Synthesefasern, in: Fallstudien des Operations Research, Band I, Hrsg.: H.Späth, Oldenbourg Verlag, München 1978, S. 84-1o2.

Krallmann,H. und Nestaas, L.: Optimale Investitionsstrategien auf dem Tankermarkt, in: OR Spektrum, Band 1, 1979, Publikation in Vorbereitung.

Krallmann,H. und Lehmann, G.: Optimierung dynamischer, nichtlinearer Systeme mit dem Razor Search-Verfahren, in: Angewandte Planung, Band 1, 1977, S. 3o-4o.

Meadows, Dennis u.a.: Die Grenzen des Wachstums, Bericht des Club of Rome zur Lage der Menschheit, Stuttgart 1972.

Nullmeier, E.: Untersuchungen zur Implementierung des System Dynamics Ansatzes für einzelbetriebliche Planungsmodelle, Diss. TU Berlin 1979.

Peterson, D.W.: GPSIE - General Purpose System and Evaluation, Users Manual, Cambridge, Mass. 1976.

Pugh, Alexander L. III: DYNAMO User's Manual, Cambridge, Mass. 1976.

Pugh, A.L.: DYNAMOIII/F Version 4 System Logic Manual, PRA 45 Draft.

Solomon, S.L.: Building Modelers: Teaching the Art of Simulation, in: Proceedings of the 12th annual Simulation

Symposium, Tampa, Florida 1979, p. 165-174.
Sonderforschungsbereich 57 (Hrsg.) TU Berlin: Forschungsbericht für die Jahre 1976-78.
Zwicker, E.: Analyse und Simulation dynamischer Systeme in den Wirtschafts- und Sozialwissenschaften, Berlin, Publikation in Vorbereitung.

ANMERKUNGEN

1) Vgl. Solomon, S.L.: Building Modelers:Teaching the Art of Simulation, in: Proceedings of the 12th annual Simulation Symposium, Tampa, Florida, 1979, p. 165-174.
2) DYNAMO wurde Ende der fünfziger Jahre am Massachusetts Institute of Technology konzipiert und in den folgenden Jahren von Pugh & Roberts Associates, Inc., Cambridge, weiterentwickelt.
3) System Dynamics ist eine von Jay W. Forrester am M.I.T. entwickelte Methode zur Analyse komplexer, nicht-linearer und dynamischer Systeme, die durch eine kontinuierliche Simulationssprache, wie z.B. DYNAMO in der Form von Differenzengleichungen abgebildet werden können. Die bekannteste Anwendung erfuhr System Dynamics in den Arbeiten: Forrester, Jay W.: World Dynamics, Cambridge, Mass. 1971 und Meadows, Denis u.a.: Die Grenzen des Wachstums, Bericht des Club of Rome zur Lage der Menschheit, Stuttgart 1972. Für eine Beschreibung der Simulationssprache DYNAMO vgl. Pugh, Alexander L. III: DYNAMO User's Manual, Cambridge, Mass. 1976.
4) Mit der Bezeichnung DYNAMO/F-Compiler werden charakteristische Merkmale aufgezeigt, die sowohl für die Versionen DYNAMOII/F als auch DYNAMOIII/F zutreffen.
5) Vgl. zur Konzeption des DYNAMO-Compilers die Programmstruktur von DYMOSYS, in: Bea, F.-X., Bohnet, A. und Klimesch,H.: Simulation komplexer dynamischer Systeme mit DYMOSYS, Stuttgart 1976.
6) Vgl. Pugh, A.L.: DYNAMO-User's Manual, a.a.O.,S. 39.
7) Vgl. Pugh, A.L.: DYNAMOIII/F Version 4 System Logic Manual, PRA 45 Draft, S. 2.
8) Im IBM-System/37o besteht ein Wort aus 4 Bytes (8-Bit-Zeichen).
9) Die oben beschriebene Programmstruktur bezieht sich auf die Version 4 des DYNAMO-Compilers. Gegenüber anderen Versionen können sich geringfügige Abweichungen ergeben.

1o) Die Option NRWPLT steuert den Maßstab (Breite) der Plot-Ausgabe.

11) Mit RECID wird ein interner Satzzähler gekennzeichnet.

12) Vgl. zusätzliche Erweiterungen in: Dahl, G.: Konzipierung und Implementierung eines interaktiven DYNAMO-Compilers, Diplom-Arbeit Universität Mannheim 1978.

13) Vgl. die ausführlichen Darstellungen von Dahl,G.: Konzipierung und Implementierung ...,a.a.O., S. 24 ff.

14) Die Erklärung und Bedeutung dieser Anweisungen sind aus Abbildung 6 ersichtlich.

15) Vgl. Dahl, G.: Konzipierung und Implementierung ...,a.a.O., S. 43 ff.

16) DT = Integrationsschrittweite; LENGTH = Simulationsdauer; PLTPER bzw. PRTPER = Intervall für graphische bzw. tabellarische Ausgabe.

17) Die FOR-Anweisung entspricht der DO-Schleife in FORTRAN.

18) Vgl. Abbildung 1 auf S.33o dieser Ausführungen.

19) Vgl. die ausführliche Darstellung von DYNAMO bei Pugh,A.L.: DYNAMO User's Manual, a.a.O.

2o) Siehe Pugh, A.L.: DYNAMO ..., a.s.O., S.5.

21) Vgl. Nullmeier,E.: Untersuchungen zur Implementierung des System Dynamics Ansatzes für einzelbetriebliche Planungsmodelle, Diss. TU Berlin Berlin 1979.

22) Vgl. Zwicker,E.: Analyse und Simulation dynamischer Systeme in den Wirtschafts- und Sozialwissenschaften, Berlin, Publikation in Vorbereitung.

23) Vgl. Nullmeier: Untersuchungen zur Implementierung ..., a.a.O., S.6o

24) Vgl. Pugh, A.L.: DYNAMO ...,a.a.O.,S.52

25) Diese Regeln garantieren die ordnungsgemäße Durchführung des automatischen Sortierverfahrens.

26) Die ausführliche Darstellung siehe Krallmann,H.:Die Optimierungs einer Polykondensationsanlage für Synthesefasern, in: Fallstudien des Operations Research, Band I, Hrsg.: H.Späth, Oldenbourg Verlag, München 1978, S.84-1o2.

27) Vgl. Krallmann,H. und Lehmann,G.: Optimierung dynamischer, nichtlinearer Systeme mit dem Razor Search-Verfahren,in: Angewandte Planung, Band 1, 1977, S. 3o-4o.

28) Vgl. Krallmann,H. und Nestaas, L.: Optimale Investitionsstrategien auf dem Tankermarkt, in: OR Spektrum, Band 1, 1979.

29) Vgl. Krallmann, H.: Die Kombination eines Branchen- und eines Input-Output-Modells in der DECHEMA-Studie "Chemische Technik", in: Makroökonomische Input-Output-Analysen und dynamische Modelle zur Erfassung technischer Entwicklungen, Hrsg.: Seetzen, J., Krengel,R. und G.v.Kortzfleich, Basel, Boston, Stuttgart 1979.

3o) Sonderforschungsbereich 57 (Hrsg.) TU Berlin: Forschungsbericht für die Jahre 1976-78.

31) Vgl. Krallmann, H.: Integration von Input/Output-Modellen im Modellmethodenverbund - eine Anwendung zur innovativen Investitionsplanung im Maschinenbau, in: Verknüpfung sozioökonomischer Modelle, Hrsg.:H. Schmidt und D. Schips, Campus-Verlag, Frankfurt a.M. 1979, Publikation in Vorbereitung.

32) Die in COBOL geschriebene Documentor Version ist nur am Industrieseminar der Universität Mannheim verfügbar.

33) Peterson, D.W.: GPSIE - General Purpose System and Evaluation, Users Manual, Cambridge, Mass. 1976.

34) Vgl. Nullmeier, E.: Untersuchungen zur Implementierrung..., a.a.O., S. 142.

Das GMD-Modellbanksystem zur Unterstützung der Arbeit mit sozio-ökonomischen Planungsmodellen

Siegfried Dickhoven, Willi Klösgen, Wilhelm Schwarz,
GMD, St. Augustin

Inhalt:

H.-D. Heike, Modellierungs-Software

1. ALLGEMEINE ZIELSETZUNG

Das GMD-Modellbanksystem wurde von 1976 bis 1978 im Rahmen des 3. DV- Förderungsprogramms der Bundesregierung im Institut für Planungs- und Entscheidungssysteme der GMD entwickelt. Als Pilotanwender haben das Bundesministerium für Arbeit und Sozialordnung und das Bundesministerium für Bildung und Wissenschaft mitgewirkt. Das System steht in einer ersten Version auf GMD-Rechnern für das SIEMENS- Betriebssystem BS 2000 zur Verfügung.

Mit seiner Entwicklung ist das Ziel verfolgt worden, ein Dialogsystem zur Unterstützung der Arbeit mit sozio-ökonomischen Modellen bereitzustellen. In erster Linie wendet sich das System an Benutzer aus den Bereichen Regierung, Verwaltung und Forschung, die mit Hilfe von Modellierungs- und Simulationstechniken sozio-ökonomische Realsysteme analysieren und gestalten wollen. Typische Anwendungsfälle sind daher z.B. Modelle zur Untersuchung der Bevölkerungsentwicklung oder spezieller Bevölkerungsgruppen (Schüler, Rentner...), zur Analyse und Prognose der Konjunktur oder zur Abschätzung der Auswirkungen bzw. der Ausgaben der Rentenversicherung oder von Transfer- und Leistungsgesetzen (wie Wohngeld, Einkommensteuer).

Diesen Modellen ist in der Regel folgende Formalstruktur gemeinsam:

- es wird eine zeitliche Entwicklung eines Realsystems abgebildet,

- es werden jeweils diskrete aufeinander folgende Zeitpunkte (i.a. äquidistant) untersucht,
- der Status zu einem Zeitpunkt t berechnet sich aus den Ergebnissen der Vorperiode t - j.

Bei folgenden Modellierungstechniken trifft diese allgemeine Formalstruktur zu:
- ökonometrische Modelle,
- System Dynamics Modelle,
- Gruppen Modelle,
- Mikromodelle.

Dies sind somit auch die Modelltypen zur Beschreibung des Verhaltens dynamischer Systeme,die vom Modellbanksystem unterstützt werden sollen. (Bis auf den Typus der Mikromodelle ist dies in der jetzt vorliegenden Version auch realisiert). Darüber hinaus werden statische Modelle als Spezialfall der allgemeinen Formalstruktur aufgefaßt. Im Unterschied zu existierenden Modellierungssystemen konzentriert sich das MBS nicht nur auf spezielle Modelltypen oder Modellierungsaufgaben, sondern versucht, ein möglichst breites Aufgabenspektrum bei der Arbeit mit sozio-ökonomischen Modellen, angefangen von der Konstruktion von Modellen über die Verknüpfung von Modellbausteinen und über die Vorbereitung, Überwachung und Auswertung von Simulationsexperimenten bis hin zur Verwaltung der Inhalte einer Modellbank (Modelle, Methoden, Ausgabeformate und Daten) zu unterstützen. Hierbei stehen die modelltypübergreifenden Aufgaben im Vordergrund. Soweit für bestimmte Modelltypen ganz spezielle Verfahren und Instrumente benötigt werden - das trifft insbesondere im Bereich der Modellkonstruktion zu - wurde eine Verbindung zu bereits existierenden Spezialsystemen realisiert.

Die Entwicklung des Modellbanksystems orientierte sich also an dem Gesamtziel, ein modelltypübergreifendes Arbeitsinstrument mit folgenden Eigenschaften zur Verfügung zu stellen:
- Der zur Konstruktion eines sozio-ökonomischen Modells in

der höheren Programmiersprache FORTRAN erforderliche Aufwand an Softwareproduktion ist zu reduzieren.

- Unter Beibehaltung bereits bewährter Modellierungstechniken sind zusätzliche Konstruktionsmöglichkeiten zur Erweiterung bzw. Verknüpfung bereits existierender Modelle (auch unterschiedlichen Typs) zu schaffen.
- Bereits vorhandene Modelle sind auf einheitliche Weise verfügbar zu machen; d.h.: es sind die instrumentellen Voraussetzungen für den Aufbau einer Modellbank zu schaffen.
- Die Konstruktion, insbesondere aber die Handhabung von sozio-ökonomischen Modellen ist mit Hilfe eines leicht zu handhabenden Dialogsystems zu vereinheitlichen und zu vereinfachen.

2. LEISTUNGSSPEKTRUM

Grundlegendes Konzept für die Realisierung eines modelltypübergreifenden Modellbanksystemsist das Konzept des Simulationsoperators als einheitliches Strukturmerkmal zur Darstellung des Modellkerns der verschiedenen in MBS verfügbaren Modelltypen. Ein solcher Simulationsoperator beschreibt lediglich die Fortentwicklung des Modells für einen (zeitlichen)Simulationstakt, d.h. die Transformation seiner Inputvariablen in seine Outputvariablen für einen (Zeit-)Schritt. Durch die Reduzierung der Modelldarstellung auf diesen Simulationsoperator wird erreicht, daß die verschiedenen in MBS verfügbaren Modelltypen gleichartig traktiert werden können. Das ist die Grundvoraussetzung für die Entwicklung eines modellübergreifenden Softwareinstruments, das entsprechend den unterschiedlichen Phasen bei der Arbeit mit sozio-ökonomischen Planungsmodellen strukturiert sein soll. Da jeder Simulationsoperator über eine wohldefinierte Datenschnittstelle verfügt, wird gleichzeitig die Möglichkeit eröffnet, verschiedene Operatoren über diese Schnittstelle miteinander zu verknüpfen sowie die Datenversorgung und

Ablaufsteuerung bei der Modellsimulation zentral zu organisieren. Schließlich wird durch das Operatorkonzept ein Beitrag zur Strukturierung von Modellen geliefert, der bezüglich der Modularisierung und damit insbesondere für den Transfer von Modellteilen und deren Wartbarkeit positive Auswirkungen erwarten läßt.

Aufbauend auf diesem Operatorkonzept konnte ein entsprechend den verschiedenen Modellierungsaufgaben strukturiertes Software-Instrument entwickelt werden, das für die unterschiedlichen Aufgaben auch unterschiedliche Software-Komponenten zur Unterstützung anbietet. Für die Arbeit mit sozio-ökonomischen Planungsmodellen ergeben sich dadurch ähnliche Strukturierungsvorteile, wie sie durch das Konzept des Simulationsoperators bereits für die Erstellung von Modellen gelten. Entsprechend dieser Aufgabenstrukturierung besitzt das Modellbanksystem folgende funktionale Struktur:

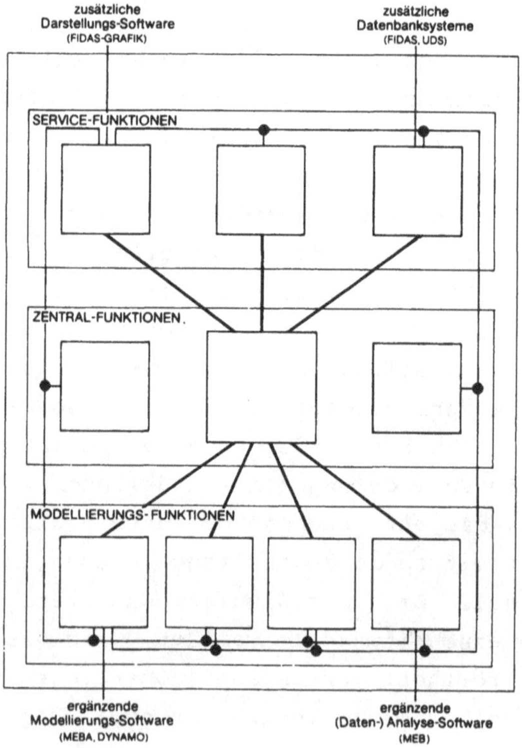

Abb. 1 Funktionale Struktur des Modellbanksystems

Die Leistungen des GMD-Modellbanksystems sollen im folgenden an Hand der Basisfunktionen des Modellbanksystems kurz skizziert werden.

2.1. Spezifikation von Modellen

MBS ist zunächst einmal ein System, das die Entwicklung von sozio-ökonomischen Modellen ermöglicht und vereinfacht. Wichtigstes Element für die Entwicklung von solchen Modellen, die in der Regel einen zeitlichen Verlauf beschreiben, ist dabei die Programmiersprache, in der der Modellbauer die mathematisch-logische Struktur des Modells formulieren kann. Obwohl sich im Bereich sozio-ökonomischer Modelle in der Vergangenheit viele verschiedene Modelltypen herausgebildet haben (als wichtigste seien die System-Dynamics-, die ökonometrischen, die Gruppen- und die mikroanalytischen Modelle genannt), für die auch spezielle Modellierungssprachen und Konstruktionssysteme entwickelt worden sind, ist FORTRAN in diesem Anwendungsbereich auch heute noch die am meisten verwendete Sprache. Neben der generell weiten Verbreitung von FORTRAN liegt ein weiterer Grund wohl darin, daß man bei neuartigen Anwendungen immer wieder auf Grenzen der für spezielle Anwendungen entwickelten Simulationssprachen stößt und der Umweg über eine allgemeine höhere Programmiersprache oft der einfachste Ausweg aus einer solchen Situation ist.

Die Programmiersprache FORTRAN ist deswegen die Basissprache in MBS für die Entwicklung von Modellen. Sie wird jedoch nur für die Formulierung des strukturellen Kerns von Modellen benötigt, das heißt für die Formulierung mathematischer Beziehungen. Die nicht zum strukturellen Kern gehörenden Teile eines sozio-ökonomischen Modells wie zum Beispiel Datenzuweisung und -aufbereitung, Ergebnistabellenerzeugung, Dialog- und Ablaufsteuerung bei der Benutzung, die bis zu 8o Prozent der Programmierarbeit eines in FORTRAN spezifizierten Modells ausmachen (im Durchschnitt sind es mindestens 5o Prozent, wobei noch nicht einmal berücksichtigt ist, daß ein längeres Programm einen überproportional größeren Test- und Wartungsbedarf hat), werden von MBS-Funktionsprogrammen übernommen. Der Entwickler eines Modells hat in MBS also lediglich den strukturellen Kern bzw. das zeitliche Verhalten des Modells in bezug auf einen einzigen Zeit- (beziehungsweise Simulations-)Takt mit FORTRAN zu spezifizieren, das heißt die Transformation der Inputvariablen in die Outputvariablen für einen (Zeit-)Schritt. Für jeden so erstellten 'Simulationsoperator' ist zusätzlich noch die Datenschnittstelle zu definieren, über die er bei der Simulation Daten entgegennimmt beziehungsweise abgibt, über die er aber auch auf einer zweiten Sprachebene mit anderen Operatoren verknüpftoder aber mit Operationen in dieser höheren Sprachebene traktiert werden kann (vgl. nachfolgendes Kapitel über Verknüpfungen).

Die Spezifikation dieser FORTRAN-Operatoren erfolgt im Betriebssystem-Editor, der direkt von MBS aus aufgerufen wird. Die Übersetzung einschließlich der Interpretation der als spezieller Kommentar spezifizierten Datenschnittstelle und die Übernahme des Simulationsoperators in die Bindemoduldatei übernimmt das MBS-Funktionsprogramm 'ÜBERNAHME'.

2.2 Übernahme von'Fremdmodellen' (auch unterschiedlichen Typs)

Innerhalb von MBS bleibt der Benutzer auf die Verwendung von FORTRAN als Entwicklungssprache für sozio-ökonomische Modelle beschränkt. Ihm wird jedoch ein indirekter Zugang zu bewährten Simulationssprachen beziehungsweise Konstruktionssystemen für die Modellbildungstechniken 'System-Dynamics' und 'Ökonometrie' eröffnet. Dieser Zugang wird in MBS nicht durch die Integration schon existierender Systeme erreicht; das würde neben technischen Schwierigkeiten noch Probleme mit der Vermischung unterschiedlicher Benutzerschnittstellen und bezüglich der Wartung und vertraglicher Regelungen aufwerfen. Ebenfalls wenig sinnvoll erscheint der Ausweg, eine eigene Spezialsprache beziehungsweise Spezialfunktionen für die Erstellung spezieller Modelltypen anzubieten. Neben Verträglichkeitsproblemen sprechen die geringe Bereitschaft von Modellbauern, neue Sprachen zu lernen, und der meist riesige Erfahrungsvorsprung bereits bewährter Sprachen und Systeme gegen diesen zweiten Weg. In MBS wurde deswegen der Weg beschritten, die Modellerstellung in den Originalsystemen beziehungsweise -sprachen zu belassen und erst die fertigen Modelle mit Hilfe spezieller Übernahmeprozessoren in das Modellbanksystem einzufügen.

Bei der Übernahme werden die Modelle mit Hilfe dieser Übernahmeprozessoren an das MBS-Konzept des Simulationsoperators mit wohldefinierter Datenschnittstelle angepaßt und können deswegen anschließend genauso traktiert werden wie die in MBS selbst (mit Hilfe der Programmiersprache FORTRAN) erstellten Simulationsoperatoren. Damit werden auch für diese fremderstellten Modelle zusätzliche Konstruktions- und Anwendungsmöglichkeiten eröffnet.

Das Modellbanksystem ist also gegenüber konkurrierenden Simulationsmethodologien neutral, erweitert gegenüber diesen speziellen Systemen die Konstruktionsmöglichkeiten um eine zusätzliche Sprachebene, die ganze (Teil-) Modelle traktieren beziehungsweise zu Modellkomplexen verknüpfen kann.

In der jetzt vorgestellten ersten Version des Modellbanksystems sind derartige Software-Schnittstellen realisiert für die ökonometrische Methodenbank (MEBA) und für die dynamische Simulationssprache DYNAMO. Schnittstellen zu weiteren Fremdsystemen sind in Vorbereitung.

2.3 Verknüpfung von Modellen zu Modellkomplexen

Durch das MBS-Konzept, die Formulierung eines sozio-ökonomischen Modells auf die Spezifikation des Simulationsoperators zu reduzieren, der lediglich die Fortentwicklung des Modells für einen einzigen Zeitakt beschreibt, ist in Verbindung mit der fest definierten Datenschnittstelle die Voraussetzung für die Verwendung solcher (Teil-)Modelle als modulare Bausteine geschaffen worden. Über diese Datenschnittstellen können einzelne (Teil-)Modelle miteinander, aber auch mit speziellen Report- und Analysebausteinen (-operatoren) verknüpft werden. Die Verknüpfung erfolgt explizit auf der zweiten Sprachebene von MBS als reiner Datenaustausch über die Datenschnittstellen der beteiligten Operatoren, wobei jedoch die auszutauschenden Daten auf der Verknüpfungsebene noch transformiert werden können.

Ergebnis einer solchen Verknüpfung ist wiederum ein Simulationsoperator, der ebenfalls nur die Transformation seiner Inputvariablen in seine Outputvariablen für einen einzigen gemeinsamen Zeittakt beschreibt (der jedoch auch ein ganzzahliges Vielfaches der Taktzeit eines an dieser Verknüpfung beteiligten (Teil-)Modells sein kann), und dessen Gesamtstruktur sich aus der Verknüpfungsstruktur plus den Strukturen der an der Verknüpfung beteiligten (Teil-)Modelle ergibt. Seine Datenschnittstelle ergibt sich aus der Summe der beteiligten Modul-Datenschnittstellen abzüglich der durch Verknüpfungsbeziehungen abgesättigten Input-Variablen. Für das Modellbanksystem ist deswegen nur die Verknüpfungsstruktur zu spezifizieren. Die Gesamtstruktur und die gemeinsame Datenschnittstelle des durch Verknüpfung entstandenen Simulationsoperators wird automatisch generiert (sofern keine Widersprüche in der Verknüpfungsstruktur feststellbar sind).

Durch diese Fähigkeit des Modellbanksystems wird zusätzlich zu den konventionellen Modellierungstechniken die Entwicklung von sehr komplexen Modellen unter Verwendung von 'Fertigbauteilen' ermöglicht. MBS trägt damit bei zur Beherrschung des Trends zu immer umfassenderen und detaillierteren Modellen und zur Förderung der Arbeitsteiligkeit in diesem Gebiet. Daneben wird durch die Übernahmemöglichkeit für Modelle aus

Fremdsystemen ein weites Forschungs- und Experimentierfeld aufgeschlossen, das die zwar oft naheliegende, wissenschaftlich jedoch noch weitgehend ungeklärte Problematik der Verknüpfung von Modellen unterschiedlichen methodischen Ansatzes zum Gegenstand hat.

2.4. Zugang zur Modellbank

Grundfunktion in einem Modellbanksystem muß der Zugang zu den Inhalten der Modellbank sein, das heißt der Zugang zu den verschiedenen (Teil-) Modellen und zu ihren Daten. Dieser Zugang darf sich jedoch nicht nur auf die maschinelle Verfügbarkeit dieser inhaltlichen Objekte beschränken, sondern er muß sich auch auf die Dokumentation aller Objekte für den Benutzer erstrecken. Als Randbedingung dieser Basisfunktion für ein Modellbanksystem ist aus (speicherplatz-) ökonomischen, vor allem aber aus Konsistenzgründen zu fordern, daß die inhaltlichen Informationen nur an einer Stelle im Modellbanksystem vollständig verwaltet werden, aus der sie in den verschiedenen Arbeitsphasen entnommen werden. Für Modelle muß diese Stelle der Sourcecode(das Modellprogramm) sein und bei Daten die (Zeitreihen-) Datenbank.

In MBS wird diese Grundfunktion realisiert durch das Programm 'MODELLBANK'. Als eine Zentralfunktion des Modellbanksystems steht dieses MBS-Programm in allen Arbeitsphasen zur Auskunft über die im Modellbanksystem verwendeten Objekte (Daten, Modelle, Methoden) zur Verfügung. In der Benutzerphase stehen neben der Datendokumentation (zeitl. Verfügbarkeit, Dimensionen, Beschreibung) folgende Dokumentationsdienste im Vordergrund: Liste der Anwendungskomplexe, die sich ein MBS-Benutzer angelegt hat (z.B. Demographie , Konjunktur), Beschreibung eines Anwendungskomplexes, Liste der zu einem Anwendungskomplex gehörenden Modelle/Methoden mit Kurzbeschreibung. In der Konstruktionsphase ist vor allem die gezielte Dokumentation der Datenschnittstellen, der Verknüpfungsstruktur, der Quellprogramme sowie der Operatorbeschreibungen erforderlich.

Neben der inhaltlichen Dokumentation, die sich im wesentlichen auf die Quellprogramme bezieht, müssen in einer Modellbank auch die Bindemodule der einzelnen (Teil-)Modelle unmittelbar zur Verfügung stehen. Aus speicherplatzökonomischen Gründen, aber auch, damit nicht nach jeder Änderung eines Quellprogramms für ein (Teil-)Modell das ganze System neu gebunden werden muß, werden in MBS erst zur Laufzeit (das heißt dynamisch) die Bindemoduln der jeweils unmittelbar beteiligten (Teil-)Modelle an das System angebunden.

2.5. Handhabung von sozio-ökonomischen Modellen

Während die Handhabung von konventionell in FORTRAN-spezifizierten Planungsmodellen für jedes einzelne Modell neu programmiert wird, werden diese Funktionen in MBS allgemein und einheitlich für alle Modelle bereitgestellt. Neben der erheblichen Reduzierung (bis zu 8o Prozent) des Programmieraufwandes bei der Erstellung des Modells hat das zur Folge, daß die Benutzung von Modellen vereinheitlicht wird. Durch die Fähigkeit, auch in Fremdsystemen erstellte Modelle in das Modellbanksystem übernehmen zu können, gilt diese Benutzervereinheitlichung auch für diese Modelle ebenso wie für die Modelle, die durch Verknüpfung von mehreren (Teil-)Modellen (auch unterschiedlichen Typs) entstanden sind. Alle in MBS verfügbaren Modelle, egal in welchem System oder wie sie erstellt wurden, können vom Benutzer auf die gleiche Art und Weise benutzt werden. Damit ist eine erste Voraussetzung dafür geschaffen worden, daß Modelle auch von Personen benutzt werden können, die nicht an der Entwicklung des speziellen Modells beteiligt waren beziehungsweise nicht mit den Benutzungsgewohnheiten eines Fremdsystems vertraut sind.

Ein zweiter wesentlicher Beitrag von MBS zur Unterstützung der Handhabung von Modellen liegt in der Strukturierung der Handhabung durch verschiedene MBS-Funktionsprogramme. Sie ermöglicht ein aufgabenorientiertes Arbeiten mit sozio-ökonomischen Planungsmodellen und trägt zur besseren Übersicht bei der Handhabung bei. Für die verschiedenen Aufgaben bei der Arbeit mit fertigen Planungsmodellen wie zum Beispiel

- der Definition des Simulationsexperiments (Erstellen des Szenarios und der Varianten),
- der Analyse der Simulationsergebnisse,
- der Darstellung von Ergebnissen in Übersichtstabellen und Grafiken,
- der Aktualisierung der Datenbestände oder
- der Definition von Standard-Simulationen

stehen in MBS jeweils separate Funktionsprogramme zur Verfügung, die den Benutzer im Dialog durch die jeweiligen Teilaufgaben führen. Diese Benutzungsführung wird durch ein einheitliches und formularorientiertes Dialogkonzept, durch Fehlermeldungen im Klartext sowie durch eine ausführliche Systemdokumentation unterstützt, aus der gezielt Informationen angefordert werden können. Für die Benutzung von Modellen ergeben sich also ähnliche Strukturierungsvorteile, wie sie duch das Konzept des Simulationsoperators bereits für die Erstellung von Modellen gelten.

Die Vereinheitlichung und Strukturierung der Handhabung führt zu einer erheblichen Vereinfachung der Arbeit mit sozio-ökonomischen Modellen. Dadurch können neue Benutzerschichten für die praktische Anwendung von Planungsmodellen erschlossen werden. Die damit bewirkte, verstärkte Benutzung durch Nichtentwickler könnte zu einer stärkeren Auseinandersetzung über die Modelle selbst führen, weil fremde Modelle leichter zugänglich und auch nachvollziehbar werden. Die so geförderte Kommunikation zwischen den Entwicklern von Modellen und verschiedenen Benutzern - das können auch konkurrierende Entwickler von Modellen sein - wird dazu beitragen, bereits vorhandenes Modellierungs-Know-how zu verbreiten und zu nutzen, Schwachstellen bei Modellen leichter aufzudecken und gemeinsam nach besseren Planungsmodellen zu suchen.

3. GEPLANTER AUSBAU

Neben seiner Anwendung durch die Pilotanwender wird das GMD-Modellbanksystem im Rahmen eines längerfristigen Forschungsprogramms über 'Planungsmodelle für den öffentlichen Bereich' einer intensiven Anwendung unterzogen, in der u.a. Probleme der Modellverknüpfung, der Modellbegutachtung und -aufbereitung, der Anwendung und Modernisierung von Methoden zur Auswertung von Simulationsmodellen untersucht werden, sowie der Aufbau einer Modellbank für wichtige sozio-ökonomische Planungsmodelle beabsichtigt ist.

Von dieser breit angelegten Benutzungsphase sind für das Modellbanksystem selbst Anregungen für einen weiteren Ausbau der Handhabungsunterstützung zu erwarten. Darüber hinaus sind sicherlich weitere Software-Schnittstellen zu anderen Modellierungs-Softwaresystemen zu realisieren, insbesondere zu Methodenbanksystemen. Es ist daher beabsichtigt, das GMD-Modellbanksystem um weitere wichtige Modellierungssoftware zu ergänzen mit dem Ziel, ein umfassendes und aufeinander abgestimmtes Software-Inventar zu schaffen, das die DV-technische Grundlage des Forschungsprogramms 'Planungsmodelle' darstellt. Der Aufbau einer solchen DV-technischen Infrastruktur für die Arbeit mit sozio-ökonomischen Planungsmodellen wird durch eine laufende Analyse und Bewertung der Entwicklung auf diesem Softwaresektor begleitet.

Nach dem Auslaufen dieser ersten Anwendungs- und Ausbauphase wird zu entscheiden sein, ob für das bis dahin aufgebaute Software-Inventar ein neues und stärker integriertes Gesamtsystem realisiert werden soll. Eine solche Entscheidung wird jedoch wesentlich davon abhängen, ob auf dem Gebiet der 'Methodenbanksysteme' Ergebnisse vorliegen, auf denen ein nicht nur lose verbundenes Softwaresystem aufgesetzt werden kann. Alternativ wird zu diesem Zeitpunkt zu prüfen sein, ob ein spezielles Subsystem zur Unterstützung von Mikromodellen in Angriff genommen werden kann.

Unabhängig von der gewählten Alternative soll als Ergebnis ein Servicezentrum für Modellierungssoftware entstehen, das neben der GMD auch anderen interessierten Institutionen aus Regierung, Wirtschaft und Wissenschaft über Rechnernetze (z.B. Hochschulrechnernetz) zur Verfügung steht.

LITERATUR

1.) Zur weiteren Information über das GMD-Modellbanksystem:
GMD (Hrsg.): Verzeichnis der im Rahmen des MBS-Projektes entstandenen Berichte und Veröffentlichungen, GMD-IPES, Bonn 1979

2.) Zur Problematik Methoden- und Modellbanksysteme:
K.H. Böhling,P.P. Spies (Hrsg.): GI - 9.Jahrestagung - Fachgespräch 'Methoden- und Modellbanksysteme' - Informatik Fachbericht Bd. 19, Heidelberg, New York 1979

Kolibri 360 GmbH
Ferdinand-Jühlke-Straße 7
99095 Erfurt, Deutschland
produktsicherheit@kolibri360.de